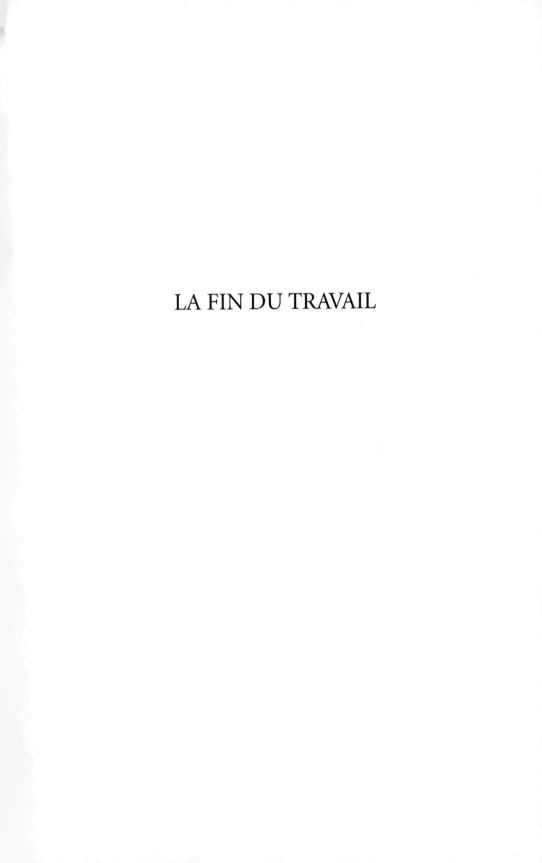

LA FIN DU TRAVAIL

Jeremy Rifkin

LA FIN DU TRAVAIL

Traduit de l'américain par Pierre Rouve

Éditions La Découverte
Éditions du Boréal

Les Éditions du Boréal sont inscrites au Programme de subvention globale
du Conseil des Arts du Canada et reçoivent l'appui de la SODEC.

Conception graphique : Gianni Caccia.
Photo de couverture : Malcolm Piers/Image Bank.

Diffusion au Canada : Dimedia

Données de catalogage avant publication (Canada)
    Rifkin, Jeremy
    La fin du travail
    Traduction de : The end of work.
    Comprend des réf. bibliogr.
    ISBN 2-89052-802-2 (Boréal) – ISBN 2-7071-2613-6 (La Découverte)
    1. Chômage technologique. 2. Travail, Marché du, Effets de l'automatisation sur le. 3.
Économie du travail. 4. Économie sociale. I. Titre.
    HD6331.R53314   1996   331.13'7042   C96-941295-9

A mon père, Milton Rifkin qui comprit mieux que personne les rouages du marché.

A ma mère, Vivette Rifkin, portrait vivant de l'esprit de bénévolat qui irrigue la société américaine.

A Ernestine Royster et sa famille, à leur rêve d'un avenir meilleur.

REMERCIEMENTS

Je voudrais exprimer ici ma reconnaissance toute particulière à Jeff Kellogg pour son aide dans mes recherches sur *La Fin du travail*. Ses travaux approfondis ainsi que ses nombreux conseils m'ont été infiniment précieux pour élaborer et peaufiner cet ouvrage. Merci à Andy Kimbrell pour son concours dans la mise au point finale du manuscrit : j'ai soumis à son jugement préalable nombre des idées exposées ici. Merci enfin à tous ceux qui ont contribué aux recherches et à la préparation de *La Fin du travail* : Anna Awimbo, Clara Mack, Carolyn Bennet et Jennifer Beck. Je tiens à remercier vivement Michel Drancourt pour m'avoir aimablement donné l'autorisation d'utiliser comme titre de la version française de cet ouvrage le titre de son livre pionnier (*La Fin du travail*, Hachette, coll. « Pluriel », Paris, 1984) qui explore à partir de perspectives différentes mais avec rigueur et lucidité les problèmes du travail et du temps libre. Enfin, je remercie feu Ping Ferry pour ses encouragements et son soutien.

Avant-propos

Robert L. Heilbroner

Les économistes hésitent quant aux conséquences du machinisme pour et sur nos vies. D'une part, les machines sont la concrétisation même de l'investissement, moteur de l'économie capitaliste. Mais, d'autre part, la plupart du temps, toute machine qui entre en scène en fait sortir un travailleur. Ou plusieurs. Ces mêmes économistes concèdent traditionnellement que, certes, telle ou telle machine peut bien évincer ici ou là quelques ouvriers. Mais ils assurent aussi qu'en fin de compte la productivité s'en trouvera immensément augmentée, et avec elle le revenu national.

Mais pour qui est-il, ce revenu ? En 1819, le célèbre économiste David Ricardo écrivait que la quantité d'emploi n'importait nullement dans une économie, pour autant que les loyers et les bénéfices, d'où découlaient de nouveaux investissements, ne diminuaient pas. « Vraiment ? » répliquait Simonde de Sismondi, critique suisse bien connu à l'époque. « La richesse est tout, les hommes absolument rien ? Quoi ? [...] Mais alors, il n'y a rien de plus à souhaiter que le Roi, resté seul sur son île, tourne indéfiniment la manivelle pour produire, avec des automates, tout ce que fait l'Angleterre*. »

Cet ouvrage fort éclairant de Jeremy Rifkin parle d'un monde où les entreprises ont supplanté les rois, et tournent des manivelles qui actionnent des robots mécaniques, électriques et électroniques d'où sortent les biens et les services d'un pays. Mais

---

* Les notes, regroupées par chapitre, se trouvent en fin de volume, p. 385.

9

cela n'est nullement nouveau. Un simple regard historique sur les rapports de l'homme et de la machine aux États-Unis (ou dans tout autre pays moderne) nous donnerait l'image bicentenaire du grand exode des travailleurs abandonnant à la technologie les emplois que celle-ci leur avait arrachés et en cherchant d'autres, qu'elle était en train de créer.

Lorsque le rideau se lève sur cette épopée, au début du XIXᵉ siècle, les machines sont encore discrètes. De quelque côté que l'on se tournât alors, l'agriculture était l'essence même du labeur, pour l'essentiel manuel, avec la seule aide de houes, pelles, charrues tirées par des chevaux, charrettes, ou autres.

Les choses commencèrent à changer vers le milieu du XIXᵉ siècle. Cyrus McCormick inventa la moissonneuse et John Deere le soc en acier. Le tracteur fit son apparition. Un quart de siècle plus tard encore, la proportion de main-d'œuvre que le pays consacrait à l'agriculture était tombée des trois quarts environ à la moitié. En 1900, elle n'atteignait plus qu'un tiers, puis un cinquième en 1940 et 3 % environ aujourd'hui.

Qu'arriva-t-il à ceux dont les emplois furent accaparés par les machines ? Ils partirent pour d'autres « champs », où la technologie créait de nouveaux espaces de labeur. En 1810, 75 000 personnes à peine travaillaient dans les fonderies, scieries et autres (hu)manufactures des premiers temps ; cinquante ans plus tard, elles étaient plus de 1,5 million ; plus de 8 millions en 1910 et le double en 1960. L'industrie, de bonds en rebonds, allait finir par offrir du travail à quelque 35 % de la population active totale.

Mais les chiffres ne grimpèrent pas indéfiniment. La technologie ne créait pas seulement des emplois dans les nouvelles usines d'automobiles, les fabriques d'appareils ménagers et les centrales de production énergétique. Elle procédait également à des élagages au fur et à mesure que les chaînes de montage succédaient aux tours, que les forets et les presses accéléraient, que de merveilleuses nouvelles « calculatrices » commençaient à simplifier le travail des contremaîtres. Les biens manufacturés furent toujours plus nombreux entre 1960 et 1990, mais le nombre d'emplois nécessaires à la création de cette opulence chuta de moitié.

La pièce touche à sa fin. Pendant toute cette période où le

travail entrait dans l'usine pour finalement en ressortir, un troisième grand secteur allait offrir des possibilités d'embauche croissantes. Celui, toujours plus volumineux, des emplois de « services » : enseignants et juristes, infirmières et médecins, femmes de chambre et gardiennes d'enfants, fonctionnaires et agents de la circulation, archivistes, dactylos, concierges, vendeurs. On ne saurait évaluer avec précision le nombre des employés de « service » au début du XIXᵉ siècle, mais en 1870 il y avait peut-être 3 millions de personnes dans les diverses branches de ce secteur. Et près de 90 millions dans les années quatre-vingt-dix. Ces emplois du tertiaire ont donc sauvé les économies modernes d'un sous-emploi cataclysmique [2].

Tout comme elle l'avait fait avec la production industrielle, la technologie allait donner d'une main au tertiaire ce qu'elle lui reprendrait de l'autre. On vit ce secteur croître avec la machine à écrire et le téléphone, puis se rétrécir sous les coups du photocopieur et du catalogue de vente par correspondance. Mais, bien entendu, c'est l'ordinateur qui nous rapproche d'un épilogue menaçant : les entreprises vont pouvoir s'installer sur leur île et tourner la manivelle pendant que les automates s'en iront au travail.

C'est l'histoire de cette transformation que Jeremy Rifkin a écrite pour nous. Son livre, fourmillant de détails, nous passionne par son ancrage dans la réalité, l'étendue de son regard, l'énoncé des implications planétaires et/ou nationales de ces bouleversements technologiques, la puissance de leurs répercussions sur notre époque. S'il a raison (et l'étendue et la dimension de ses recherches nous incitent fortement à abonder dans son sens), alors nous sommes en train de tisser entre les machines et le travail une relation dépassant l'inconfortable compromis qui prévalut ces deux derniers siècles : la nouvelle configuration des choses reste fort difficile à anticiper. Soyons certains cependant qu'elle sera franchement autre que par le passé.

Rifkin explore certains des changements évidents qui nous seront imposés par cette relation naissante : éclatements et dysfonctionnements, indifférence étudiée au problème, mais aussi possibilité de créer un nouveau secteur pourvoyeur d'emploi (que je lui laisserai le soin d'exposer) ; rien n'exclut non plus une refonte des schémas de la vie ouvrière, qui ferait paraître l'avenir aussi spectaculairement différent du présent d'aujourd'hui que celui-ci l'est de l'époque de Dickens.

Souhaitons que ce livre vienne au centre d'un débat national long et nourri dans notre pays. J'y vois une introduction indispensable à un problème avec lequel nous et nos enfants allons devoir vivre jusqu'à la fin de nos jours.

Robert L. Heilbroner est l'auteur de nombreux ouvrages et articles économiques, dont entre autres Le Marxisme pour et contre *(Economica, Paris, 1984),* Le Capitalisme : nature et logique *(Economica, Paris, 1986),* Comprendre la macroéconomie *(Economica, Paris, 1986) et* Le Capitalisme du XXIᵉ siècle *(Bellarmin, Paris, 1993).*

Introduction

Le niveau du chômage a atteint aujourd'hui dans le monde son point le plus haut depuis la grande crise des années trente. Plus de 800 millions d'êtres humains sont actuellement sans emploi, ou sous-employés[1]. Ce chiffre va vraisemblablement grimper en flèche d'ici au tournant du siècle, car des millions de nouveaux arrivants sur le marché du travail ne trouveront pas d'emploi, victimes souvent d'une révolution technologique qui les remplace à grande vitesse par des machines, dans la quasi-totalité des secteurs et des branches de l'économie mondiale. Après des années de prévisions aveuglément optimistes et de faux départs, les nouvelles technologies de l'informatique et de la communication sont finalement en train de peser véritablement sur le lieu de travail et l'économie, jetant le monde entier dans la mêlée d'une troisième grande révolution industrielle. Des millions de travailleurs sont définitivement éliminés du processus économique, des catégories entières d'emploi ont fondu, ont été restructurées ou ont disparu.

L'âge de l'information est à nos portes. Des logiciels nouveaux et toujours plus complexes vont, ces prochaines années, rapprocher davantage encore la civilisation d'un monde à peu près dépourvu de travailleurs. Dans les secteurs primaire, secondaire et tertiaire, les machines remplacent rapidement le travail humain et annoncent une économie de production quasi automatisée d'ici au milieu du XXIe siècle. La substitution massive des machines aux travailleurs s'apprête à contraindre tous les pays à repenser le rôle des êtres humains dans la société. L'urgence sociale absolue est sans doute, pour le siècle à venir, de redéfinir les perspectives de vie et les responsabilités de millions de personnes dans une société où l'emploi sous sa forme massive actuelle aura disparu.

Tandis que l'opinion continue d'être bercée par l'espoir d'une embellie économique, les travailleurs demeurent partout perplexes devant ce qui semble être une « relance sans emploi ». Des entreprises transnationales annoncent chaque jour le renforcement de leurs positions planétaires. On nous dit que les bénéfices grimpent à un rythme soutenu. Mais, simultanément, les sociétés annoncent des licenciements massifs. Pour le seul mois de janvier 1994, les plus gros employeurs américains se sont défaits de plus de 108 000 employés. L'essentiel de ces dégraissages concerne le secteur tertiaire, où les restructurations et l'introduction de technologies nouvelles économes en main-d'œuvre entraînent une hausse des rendements et des profits, et une baisse de l'emploi[2].

Nous entrons dans une nouvelle phase de l'histoire du monde : de moins en moins de travailleurs seront nécessaires pour produire les biens et les services destinés à la population de la planète. *La Fin du travail* s'intéresse aux innovations technologiques et à l'économisme qui nous poussent à l'orée d'un monde sans travailleurs, ou presque. Nous explorerons les promesses et les dangers de la troisième révolution industrielle et aborderons les problèmes complexes qui accompagnent la transition jusque dans une ère postmarchande.

La première partie, intitulée « Les deux visages de la technologie », sera l'occasion d'un regard panoramique sur la révolution technologique en cours, pour chercher à comprendre ses effets sur l'emploi et l'économie mondiale. Pour mieux évaluer à la fois les conséquences et les issues possibles de cette troisième révolution industrielle, nous mettrons face à face les deux visions rivales du progrès technique qui ont accéléré le mouvement vers une société automatisée. Nous nous demanderons de quelle façon chacune d'elles est susceptible d'influer sur la tournure que la société pourrait finalement prendre, alors que le village planétaire *high-tech* se dessine à l'horizon.

Pour nourrir quelque peu le débat actuel sur la technologie et l'emploi, nous ferons porter notre attention, avec la deuxième partie, sur « La troisième révolution industrielle » : comment les premiers pas de l'automatisation ont affecté le gagne-pain des travailleurs afro-américains et le syndicalisme. Leur expérience pourrait préfigurer ce qui attend des millions de travailleurs du tertiaire, ou de « cols blancs », ainsi qu'un nombre croissant de cadres moyens ou de spécialistes et experts divers, partout dans le monde. Nous terminerons cette partie sur une analyse des bouleversements introduits dans les structures organisationnelles des entreprises et leurs méthodes de gestion pour y intégrer les nouvelles hautes technologies du XXIe siècle.

Dans le passé, lorsque de nouvelles technologies remplacèrent des travailleurs dans un secteur particulier, de nouvelles branches émergèrent systématiquement pour absorber ces ouvriers mis à l'écart. Aujourd'hui, les trois secteurs traditionnels de l'économie (l'agriculture, la production industrielle et les services) subissent des mutations technologiques qui envoient des millions de personnes grossir les rangs du chômage. L'unique secteur émergent est celui du savoir : une petite élite d'innovateurs industriels, de scientifiques, de techniciens, d'informaticiens, d'intellectuels aux qualifications diverses, d'enseignants et de consultants. Ce secteur grandit, certes, mais nul n'espère le voir absorber davantage qu'une faible part des centaines de millions d'individus qui seront balayés au cours des décennies à venir par la déferlante des percées technologiques que nous préparent les sciences de l'information et de la communication. Avec la troisième partie, « Le déclin mondial du travail », nous explorerons en profondeur les immenses changements technologiques et organisationnels qui s'installent dans l'agriculture, l'industrie et les services, et qui réduisent considérablement le nombre des travailleurs nécessaires pour produire les biens et les services dans le monde entier.

La restructuration des modes de production et le remplacement incessant des travailleurs humains par des machines ont commencé à frapper tragiquement les vies de millions de salariés. Dans la quatrième partie, « Le prix du progrès », nous observerons attentivement comment la troisième révolution industrielle affecte le monde du travail, au niveau planétaire. Les technologies de l'information et de la communication ainsi que les forces planétaires du marché disjoignent rapidement la population du monde en deux forces irréconciliables et potentiellement conflictuelles : d'une part, une nouvelle élite cosmopolite de manipulateurs d'abstraction (*symbolic analysts*) contrôlant les technologies et les forces productives et, d'autre part, une masse croissante de travailleurs constamment ballottés, n'ayant que peu d'espoirs ou même de perspectives de trouver un emploi porteur de sens dans la nouvelle économie planétaire ultramoderne. Nous évaluerons l'impact de la nouvelle révolution technologique tant sur les pays industrialisés que sur ceux en développement. Nous nous intéresserons plus particulièrement à l'inquiétante relation entre l'accroissement du chômage technologique et la montée de la criminalité et de la violence partout dans le monde. Dans un dénuement désespéré, un nombre croissant d'êtres humains végètent aux portes du nouveau village planétaire high-tech : beaucoup, pour survivre, finissent par tomber dans la délinquance, alimentant une vaste et nouvelle sousculture criminelle. Ce nouveau monde hors la loi commence à faire peser une menace très grave et très réelle sur la capacité des pouvoirs publics à maintenir l'ordre et assurer la sécurité de leurs citoyens. Nous étudierons soigneusement ce nouveau phénomène, ainsi que la façon dont les États-Unis et d'autres pays tentent de faire face à ses implications et conséquences sociétales.

La troisième révolution industrielle est un vecteur puissant, susceptible de servir le bien tout comme le mal. Au siècle prochain, les nouvelles technologies de l'information et des télécommunications seront indifféremment capables de libérer ou de déstabiliser la civilisation. Elles pousseront nos pas vers une vie de loisirs plus développés **ou** déboucheront sur un chômage massif et une possible crise planétaire selon, principalement, la façon dont chaque pays appréhendera la question des progrès de la productivité. Enfin, avec « L'aube de l'ère postmarchande », nous explorerons plusieurs mesures concrètes susceptibles de maîtriser les gains de productivité afin d'amortir les effets de la substitution des machines au travail humain, tout en profitant des bienfaits de la révolution high-tech.

Pendant toute l'ère moderne, la valeur des hommes s'est mesurée à l'aune de la valeur marchande de leur travail. Maintenant que celle-ci devient de plus en plus marginale et inadéquate dans un monde toujours plus automatisé, il faudra sonder de nouvelles pistes pour définir la valeur humaine et les relations sociales. Nous conclurons cet ouvrage en formulant un nouveau paradigme postmarchand et discuterons des voies envisageables pour passer d'une vision d'un monde à vocation commerciale à une nouvelle perspective ouvrant sur un troisième secteur.

I

Les deux visages de la technologie

1

La fin du travail

Depuis ses débuts, la civilisation s'est largement structurée autour du concept de travail. Du chasseur-cueilleur paléolithique au cultivateur néolithique, de l'artisan médiéval au travailleur à la chaîne contemporain, le travail a toujours été présent dans la vie quotidienne. Aujourd'hui, pour la première fois, il est systématiquement éliminé, sous sa forme humaine, du processus de la production. En moins d'un siècle, les « masses ouvrières » du secteur marchand seront vraisemblablement évacuées de la quasi-totalité des pays industrialisés du monde. Une nouvelle génération de technologies de l'information et de la communication déferle sur la plupart des branches d'activités. Des machines intelligentes remplacent les êtres humains dans un nombre infini de tâches, rejetant des millions de cols blancs ou bleus dans les rangs des sans-emploi ou, pis encore, vers les soupes populaires.

Dirigeants d'entreprise et économistes orthodoxes nous expliquent que les chiffres croissants du chômage correspondent à des « ajustements » à court terme imputables aux puissantes forces du marché qui poussent impitoyablement l'économie mondiale vers une troisième révolution industrielle. Ils nous brandissent la promesse d'un nouveau monde exaltant de production ultramoderne, automatisée, d'un commerce mondial en plein essor, d'une abondance matérielle jamais vue.

Des millions de travailleurs, cependant, restent sceptiques. Chaque semaine, de nouveaux salariés apprennent qu'on va les remercier. Dans les bureaux et les usines du monde entier, des gens attendent, anxieux, espérant être épargnés un jour encore. Une nouvelle maladie économique, étrange et apparemment inexplicable, s'étend comme une épidémie mortelle, taille inexorablement sa route au travers des marchés, détruit des vies et déstabilise des groupes humains entiers sur son passage. Aux États-Unis, plus de deux millions d'emplois sont détruits chaque année par les entreprises[1]. A Los Angeles, la First Interstate Bankcorp, treizième plus gros holding bancaire du pays, a restructuré ses activités, éliminant du même coup 9 000 emplois, soit plus de 25 % de son personnel. A Columbus, en Indiana, Arvin Industries a rationalisé son usine de pièces pour automobiles et envoyé leur lettre de licenciement à près de 10 % de ses employés. A Danbury, dans le Connecticut, Union Carbide a reconfiguré ses systèmes de production, d'administration et de distribution pour les « dégraisser », et économisera ainsi quelque 575 millions de dollars de frais en 1995. Au passage, plus de 13 900 travailleurs, soit près de 22 % de sa main-d'œuvre, ont disparu des bordereaux de paie de la société. Cette dernière devrait d'ailleurs encore se séparer de 25 % de ses employés avant d'avoir fini de « se réinventer », dans les deux années suivantes[2].

Des centaines d'autres sociétés ont également annoncé des licenciements. GTE a récemment congédié 17 000 employés. NYNEX Corp. annonce le licenciement de 16 800 travailleurs. Pacific Telesis a supprimé plus de 10 000 emplois. Pour le *Wall Street Journal*, « ces réductions de personnel sont le plus souvent facilitées, d'une façon ou d'une autre, par les nouveaux logiciels, l'amélioration des réseaux informatiques et la puissance renforcée des ordinateurs », qui permettent aux entreprises de produire plus avec moins de personnel[3].

Certes, quelques nouveaux emplois apparaissent, là où les salaires sont bas et où l'embauche est généralement précaire. En avril 1994, les deux tiers des emplois créés aux États-Unis se situaient au bas de l'échelle des salaires. Pendant ce temps, l'entreprise de reclassement de cadres Challenger, Gray and Christmas signalait qu'au premier trimestre 1994 les licenciements dans les grandes entreprises avaient augmenté de 13 % par rapport à 1993, et les analystes du secteur industriel prévoyaient des réductions d'effectifs plus sévères encore pour les mois et les années à venir[4].

L'économie américaine n'a pas le monopole de la perte des emplois bien rémunérés. En Allemagne, le géant de l'électronique et de la construction mécanique Siemens a allégé sa structure hiérarchique, réduit ses charges de 20 % à 30 % en trois ans seulement et éliminé plus de 16 000 employés de par le monde. A Stockholm, la coopérative alimentaire suédoise ICA, qui pèse 7,9 milliards de dollars, a reconfiguré ses activités et s'est dotée d'un système de gestion des stocks à la pointe du progrès. Les économies de main-d'œuvre rendues possibles par les nouvelles technologies lui ont permis de fermer le tiers de ses entrepôts et centres de distribution : l'ensemble de ses charges a fondu de moitié. Ce faisant, ICA a réussi à se débarrasser de plus de 5 000 employés, soit 30 % de sa main-d'œuvre globale en trois années exactement, alors que ses revenus grimpaient de plus de 15 %. Au Japon, lorsque l'entreprise de télécommunications NTT a annoncé son intention de renvoyer 10 000 employés en 1993, elle a expliqué que, dans le cadre de son programme de restructuration, 30 000 salariés disparaîtraient à terme, soit 15 % de son personnel[5].

Les rangs des sans-emploi et des sous-employés grossissent chaque jour en Amérique du Nord, en Europe et au Japon. Les pays en développement eux-mêmes sont confrontés à la montée du chômage d'origine technologique, car les entreprises transnationales bâtissent des unités de production ultramodernes partout dans le monde, abandonnant des millions de travailleurs qui ne peuvent plus concurrencer la rentabilité financière, la maîtrise qualitative et la vitesse de livraison auxquelles parvient la fabrication automatisée. Les médias du monde entier parlent de plus en plus de production à flux tendus (ou légère, allégée, maigre, compétitive, flexible), de *reengineering* (ou reconfiguration majeure), de gestion totale de la qualité (ou GTQ), de post-fordisme, de dégraissages et de plans massifs de licenciement. Partout, des hommes et des femmes s'inquiètent pour leur avenir. La jeunesse commence à faire entendre son impatience et sa colère au travers de comportements de plus en plus antisociaux. Les travailleurs plus âgés, coincés entre un passé prospère et un futur blême, semblent résignés, avec le sentiment croissant de leur impuissance face à des dynamiques sociales sur lesquelles ils n'ont aucune prise, ou si peu. Partout dans le monde s'installe le sentiment qu'un changement capital est en cours. Une métamorphose si gigantesque que nous sommes à peine capables d'en sonder les conséquences ultimes. La vie telle que nous la connaissons va être modifiée dans ses fondements mêmes.

Quand le logiciel remplace le personnel

Les technologies industrielles antérieures avaient supplanté le travail humain sous son aspect de puissance physique, en remplaçant le corps et les muscles par des machines. Les nouvelles technologies informatiques promettent la relève du cerveau humain lui-même, en substituant aux êtres humains des machines pensantes dans toute la gamme des activités économiques. Les implications en sont profondes et d'une portée incalculable. Constatons d'abord que plus de 75 % de la main-d'œuvre, dans la majorité des pays industriels, effectue des travaux ne demandant guère plus que de simples gestes répétitifs dont les outillages automatiques, robots et ordinateurs de plus en plus complexes pourraient le plus souvent s'acquitter. Pour les seuls États-Unis, cela signifie que dans les années à venir plus de 90 millions d'emplois, sur une population active totale de 124 millions de personnes, pourraient être remplacés par des machines. Des études actuelles montrent que, dans le monde, moins de 5 % des sociétés ont à peine engagé cette transition vers une nouvelle culture de l'automatisation : un chômage massif, d'une ampleur jamais connue auparavant, semble donc strictement inévitable pour les décennies à venir[6]. Insistant sur la signification de la transition en cours, l'économiste et prix Nobel Wassily Leontief avertit qu'avec l'introduction d'ordinateurs sans cesse plus complexes « le rôle des humains en tant que principal facteur de la production est condamné à diminuer, de la même manière que celui des chevaux dans la production agricole fut d'abord réduit, puis finalement éliminé par l'introduction des tracteurs[7] ».

Aux prises avec une concurrence mondiale grandissante et des coûts salariaux en hausse, les sociétés multinationales semblent déterminées à hâter le passage des travailleurs humains à leurs ersatz mécaniques. Cette ardeur révolutionnaire fut récemment attisée par d'irrésistibles considérations de pure rentabilité. En Europe, où la stagnation économique et la perte de compétitivité sur les marchés mondiaux sont imputées à la hausse du coût du travail, les sociétés s'empressent de remplacer leurs employés par l'informatique et la télématique. Aux États-Unis, pour les huit dernières années, les charges de personnel ont plus que triplé par rapport au coût des équipements. (En termes réels, les salaires sont restés en dessous de l'inflation et ont de fait baissé, mais les charges sociales, en particulier le coût de l'assurance maladie, ont fortement augmenté.) Désireuses de réduire ces coûts et d'améliorer les marges bénéficiaires, les entreprises ont installé des machines à la place du travail humain à un rythme accéléré. Citons à titre d'exemple la Lincoln Electric, fabricant de moteurs industriels à Cleveland, qui a prévu d'augmenter de 30 % ses dépenses d'équipement entre 1992 et 1993. Richard Sobow, directeur général adjoint de la Lincoln, traduit bien la pensée de nombreux autres responsables industriels lorsqu'il dit : « Nous avons tendance à privilégier l'investissement par rapport à l'embauche [8]. »

Au cours des années quatre-vingt, les entreprises ont dépensé plus de 1 000 milliards de dollars en ordinateurs, robots et autres installations automatiques. Mais ces dépenses massives n'ont commencé que tout récemment à devenir rentables en termes de productivité accrue, de moindres coûts salariaux et de bénéfices en augmentation. Aussi longtemps que les chefs d'entreprise ont tenté de greffer les nouvelles technologies sur les structures organisationnelles et les procédés classiques, les ordinateurs et les outils informatiques les plus modernes sont restés figés, incapables d'efficacité, inaptes à donner la pleine mesure de leurs talents. Mais les entreprises ont maintenant commencé à restructurer le lieu de travail pour l'acclimater à la culture du machinisme, version high-tech.

Le *reengineering*

La vague du *reengineering* déferle sur le monde du travail. Les plus réticents des chefs d'entreprise reconfigurent dans la hâte et avec l'ardeur des néophytes les activités de leurs établissements, pour les mettre à l'heure informatique. Chemin faisant, ils éliminent des strates de gestion traditionnelle, compressent des catégories d'emplois, créent des équipes de travail, forment leurs employés à des compétences multiniveaux, raccourcissent et simplifient les processus de production et de distribution, rationalisent leurs services administratifs. Les résultats sont éloquents. Aux États-Unis, la productivité globale a fait un bond de 2,8 % en 1992, soit la plus forte hausse en deux décennies [9]. Les pas de géant réalisés en matière de productivité ont impliqué des réductions massives d'effectifs. Michael Hammer, ancien professeur au Massachusetts Institute of Technology (MIT) et pionnier de la restructuration du lieu de travail, affirme que le *reengineering* entraîne généralement la suppression de plus de 40 % des emplois d'une société ordinaire, et jusqu'à 75 % dans certains cas particuliers. L'encadrement intermédiaire est particulièrement vulnérable à ces reconfigurations. Hammer estime à 80 % la proportion des cadres moyens susceptibles de voir leur poste disparaître [10].

Selon le *Wall Street Journal*, cette grande lessive de l'organisation industrielle pourrait globalement éliminer 1 à 2,5 millions d'emplois par an « à échéance prévisible » dans l'économie américaine [11]. Tandis que le *reengineering* fait ses premiers pas, certaines études prédisent une perte totale de 25 millions d'emplois dans le secteur privé, dont l'effectif actuel approche les 90 millions. En Europe et en Asie, où les restructurations industrielles et le chômage technologique commencent à sévir tout aussi gravement, les analystes du secteur industriel s'attendent à des pertes comparables dans les années à venir. Des consultants comme John C. Skerritt s'inquiètent des conséquences économiques et sociales de ces chambardements organisationnels : « Nous pouvons envisager de très, très nombreuses façons de détruire des emplois, mais nous ne discernons pas où l'on va en créer. » D'autres, comme John Sculley, ancien de chez Apple Computer, estiment que la « réorganisation du travail » pourrait être aussi massive et déstabilisante que l'avènement de la révolution industrielle. « C'est peut-être le principal problème social des vingt années à venir » ajoute-t-il [12]. Hans Olaf Henkel, directeur général d'IBM Deutschland, avertit : « Une révolution est en cours [13]. »

Les effets de la révolution informatique et des reconfigurations du lieu de travail ne se font nulle part mieux sentir que dans le secteur manufacturier. Cent quarante-sept ans après que Karl Marx eut appelé les prolétaires de tous les pays à s'unir, Jacques Attali, conseiller spécial du président socialiste François Mitterrand, pouvait proclamer avec assurance la fin de l'ère des travailleuses et des travailleurs. « Les machines sont le nouveau prolétariat. La classe ouvrière est remerciée [14]. »

Le rythme soutenu de l'automatisation fait rapidement avancer l'économie mondiale vers le jour où les usines n'auront plus d'ouvriers. Entre 1981 et 1991, plus de 1,8 million d'emplois de production ont disparu aux États-Unis [15]. En Allemagne, les industriels se sont débarrassés plus vite encore de leurs ouvriers, éliminant plus de 500 000 emplois sur une seule période de douze mois entre 1992 et 1993 [16]. Le déclin de ces types d'emplois s'intègre à une tendance lourde consistant à remplacer les êtres humains par des machines. Dans les années cinquante, 33 % des travailleurs américains étaient employés à des tâches industrielles. Dix ans plus tard, le nombre de ces emplois avait chuté à 30 %, pour atteindre 20 % dans les années quatre-vingt. Aujourd'hui, les cols bleus représentent moins de 17 % de la main-d'œuvre. Le consultant en management Peter Drucker estime que les emplois industriels vont continuer de disparaître pour passer à moins de 12 % de la population active des États-Unis au cours de la prochaine décennie [17].

A-t-on assez répété, tout au long des années quatre-vingt, que la perte des emplois industriels aux États-Unis était imputable à la concurrence étrangère et aux faibles coûts du travail sur les marchés étrangers ? Mais, depuis peu, à la lumière de nouvelles enquêtes approfondies sur le secteur manufacturier américain, des économistes commencent à douter. Certains, aussi réputés que Paul R. Krugman, du MIT, ou Robert L. Lawrence, de l'université Harvard, émettent l'hypothèse (en s'appuyant sur de très nombreuses données) que « l'inquiétude, largement

exprimée pendant les années cinquante et soixante, que l'automatisation prendrait leurs emplois aux travailleurs de l'industrie
est plus proche de la vérité que les prétentions actuelles à expliquer la perte des emplois industriels par la concurrence étrangère [18] ».

Alors que le nombre des travailleurs en col bleu continue de
décroître, la productivité industrielle augmente considérablement. Aux États-Unis, la productivité annuelle, qui augmentait
d'à peine plus de 1 % au début des années quatre-vingt, a fait
un bond de plus de 3 % grâce à l'informatisation plus poussée
des automatismes et à la restructuration des postes de travail.
De 1979 à 1992, elle s'est accrue de 35 % dans l'industrie, pendant que les effectifs diminuaient de 15 % [19].

William Winpisinger, ex-président du Syndicat international
des conducteurs de machines (International Association of
Machinists, IAM), dont le nombre des adhérents a diminué de
près de moitié avec les progrès de l'automatisation, cite une
étude de la Fédération internationale des organisations de travailleurs de la métallurgie (FIOM) à Genève, prévoyant que,
dans les trente prochaines années, 2 % de l'actuelle main-
d'œuvre mondiale « suffiront à produire la totalité des marchandises nécessaires à la demande totale [20] ». Yoneji Masuda,
l'un des principaux architectes du projet japonais visant à faire
de son pays la première société intégralement informatisée, dit
que « dans un futur proche, des usines entières seront complètement automatisées et, ces prochaines vingt ou trente années,
on verra probablement naître [...] des établissements ne nécessitant strictement aucun travail manuel [21] ».

Pendant que l'on expulse graduellement les ouvriers du processus économique, beaucoup d'économistes et de responsables
politiques continuent d'afficher la conviction que le secteur tertiaire pourra absorber les millions de chômeurs en quête de travail. Ces espoirs seront vraisemblablement anéantis. L'automatisation et le *reengineering* mettent d'ores et déjà le travail humain
au ban des immenses territoires de l'emploi tertiaire. Les nouvelles « machines pensantes » sont capables d'exécuter nombre
des tâches mentales aujourd'hui confiées à des êtres humains, et
bien plus vite. Andersen Consulting Company, l'une des plus
importantes sociétés de restructuration d'entreprises, estime,

pour ne citer qu'une seule activité de services (les banques de commerce et les établissements d'épargne), que 30 % à 40 % des emplois y seront perdus sur les sept années à venir du fait des reconfigurations qui se préparent. Autant dire que près de 700 000 emplois seront supprimés[22].

Ces dix dernières années, plus de 3 millions d'emplois de bureau ont été éliminés aux États-Unis. Certaines de ces pertes furent indubitablement dues au renforcement de la concurrence internationale. Mais, comme l'observèrent David Churbuck et Jeffrey Young dans *Forbes*, « la technologie a largement contribué à ces licenciements ». Et lors même que l'économie reprenait son élan en 1992 avec un honorable taux de croissance de 2,6 %, plus de 500 000 emplois techniques ou administratifs supplémentaires disparurent, tout simplement[23]. Les rapides progrès de l'informatique, entre autres avec le traitement en parallèle et l'intelligence artificielle, vont probablement mettre au chômage d'innombrables cols blancs pendant les premières décennies du siècle prochain.

Les spécialistes de l'analyse des systèmes admettent que les grandes entreprises se défont de quantités particulièrement importantes de travailleurs, mais font valoir que les petites entreprises relancent la machine en embauchant davantage. David Birch, chercheur associé au MIT, fut parmi les premiers à suggérer que les petites entreprises comptant moins de 100 employés sont les moteurs de la nouvelle croissance économique de l'ère high-tech. Birch en est venu à émettre l'opinion que plus de 88 % de l'ensemble des nouvelles créations d'emplois était le fait de PME, très souvent à la pointe de la nouvelle révolution industrielle. Ses données furent reprises par des économistes conservateurs pendant les mandats Reagan-Bush pour démontrer que les innovations technologiques de l'époque créaient autant d'emplois qu'elles en détruisaient. Mais des études plus récentes ont réduit à néant le mythe qui avait fait des petites entreprises les moteurs de la croissance en matière d'emploi, en ces temps nouveaux. Bennett Harrison, professeur d'économie politique à l'école d'administration et de gestion publique H. J. Heinz III (université Carnegie-Mellon), s'appuie sur des statistiques d'origines très diverses, dont celles de l'Organisation internationale du travail (OIT) et du Bureau américain des statistiques sociologiques (US Bureau of the Census) pour affirmer qu'aux États-Unis « la proportion d'Américains travaillant dans des petites entreprises ou des sociétés isolées [...] n'a pratiquement pas évolué depuis le début des années soixante au moins ». Il ajoute que la situation est identique dans les deux autres superpuissances économiques que sont le Japon et l'Allemagne de l'Ouest [24].

Le fait est que si moins de 1 % de la totalité des sociétés américaines emploie 500 personnes ou plus, ces grosses entreprises employaient encore plus de 41 % de la main-d'œuvre totale du secteur privé à la fin de la dernière décennie. Et ce sont ces géants, justement, qui reconfigurent radicalement leurs activités et se défont d'un nombre inimaginable d'employés [25].

La vague actuelle de suppressions d'emplois prend une dimension politique plus forte encore si l'on songe que les économistes ont tendance à constamment réviser à la hausse leur opinion sur le niveau « acceptable » du chômage. Comme pour tant d'autres choses de la vie, nous ajustons souvent nos perspectives en fonction des circonstances mouvantes qui sont les nôtres en un moment particulier. Dans le cas de l'emploi, les économistes ont pris goût à un jeu dangereux d'adaptation à des taux toujours plus élevés de chômage. Confrontés à une courbe historique menant inexorablement vers un monde de plus en plus dépourvu de travailleurs, ils cachent au fond de leurs tiroirs le tableau dérangeant de ses conséquences ultimes.

Une étude de l'activité économique sur le demi-siècle écoulé dévoile une tendance troublante. Le taux moyen de chômage pour la décennie cinquante était de 4,5 %. Dans les années soixante, il a atteint 4,8 %. Les années soixante-dix l'ont vu passer à 6,2 % et les années quatre-vingt à 7,3 %. Le taux moyen est de 6,65 % pour les trois premières années de la décennie quatre-vingt-dix [26].

Le pourcentage des chômeurs ayant grimpé peu à peu pendant la période de l'après-guerre, les économistes ont modifié leur définition du plein emploi. Dans les années cinquante, un chômage de 3 % était, pour la plupart, synonyme de plein emploi. Dès les années soixante, les administrations Kennedy et Johnson clamaient que 4 % de chômage correspondait à l'objectif du plein emploi. Dans les années quatre-vingt, l'orthodoxie économique consista à voir le quasi plein emploi dans un taux de 5 % ou même 5,5 % de chômage[27]. Aujourd'hui, au mitan des années quatre-vingt-dix, de plus en plus d'économistes et de dirigeants d'entreprise révisent encore leurs vues sur les « niveaux naturels » du chômage. Tout en hésitant à parler de « plein emploi », nombre d'analystes de Wall Street affirment que les niveaux de chômage ne devraient pas descendre au-dessous de 6 %, sous peine de voir l'économie risquer une nouvelle période d'inflation[28].

La hausse régulière du chômage, décennie après décennie, semble plus déconcertante encore si l'on y intègre le nombre grandissant des employés à temps partiel mais qui souhaitent un travail à plein temps, et celui des travailleurs découragés qui ont renoncé à chercher quelque travail que ce soit. En 1993, plus de 8,7 millions de personnes étaient sans emploi ; 6,1 millions travaillaient à temps partiel mais auraient souhaité un temps plein ; plus d'un million étaient si découragées qu'elles avaient cessé toute recherche. Soit un total de 16 millions de travailleurs américains, ou 13 % de la population active sans emploi ou sous-employée[29].

Il convient de souligner que, en dépit des reculs passagers du taux de chômage, la tendance à long terme est toujours à la hausse. L'adoption de technologies plus sophistiquées et les gains de productivité qui les accompagnent signifient que l'économie mondiale peut produire de plus en plus de biens et de services en employant une proportion toujours moindre de la main-d'œuvre disponible.

Un monde sans travailleurs

Lorsque la première vague d'automatisation frappa le secteur industriel à la charnière des années cinquante et soixante, les dirigeants syndicaux, les militants des droits civiques et une meute d'observateurs et de commentateurs furent prompts à sonner l'alarme. Mais leurs inquiétudes n'émurent que bien peu les responsables d'entreprise de l'époque, toujours persuadés que les gains de productivité apportés par la nouvelle technologie de l'automatique ne feraient que pousser la croissance économique et promouvoir l'emploi et le pouvoir d'achat. Aujourd'hui, un nombre réduit mais croissant de responsables économiques commencent à s'inquiéter de la direction dans laquelle nous emporte la nouvelle révolution high-tech. Asea Brown Boveri, constructeur helvético-suédois de génératrices électriques et de systèmes de transport, l'une des plus grosses entreprises de construction mécanique du monde (29 milliards de dollars par an), vient d'imiter d'autres sociétés de taille mondiale. ABB a récemment reconfiguré de fond en comble ses activités... et éliminé près de 50 000 salariés tout en augmentant son chiffre d'affaires de 60 % pendant la même période. Percy Barnevik, son directeur général, s'interroge : « Où vont aller tous ces gens [sans emploi] ? » Il prévoit que la proportion de la main-d'œuvre européenne employée dans l'industrie et les services aux entreprises déclinera de 35 % aujourd'hui à 25 % dans dix ans, pour tomber finalement à 15 % à vingt ans d'échéance. Barnevik est profondément pessimiste quant à l'avenir européen. « Si quelqu'un me raconte que dans deux ou trois ans il va y avoir une formidable demande de travail, je réponds : Où ça ? Quels emplois ? Dans quelles villes ? Quelles entreprises ? Lorsque je fais l'addition, j'aboutis à la conclusion que les 10 % de sans-emploi ou de sous-employés risquent fortement de passer à 20 % ou 25 %[30]. »

Peter Drucker, dont les nombreux ouvrages et articles ont, au fil des années, contribué à l'instauration de la nouvelle réalité économique, annonce crûment que « la disparition du travail en tant que facteur essentiel de la production » va devenir le plus sensible des « chantiers inachevés de la société capitaliste[31] ».

Pour certains, en particulier les scientifiques, les ingénieurs et les employeurs, un monde sans travail sonnerait l'avènement d'une nouvelle ère historique dans laquelle les hommes seraient enfin libérés d'une vie de labeur épuisant et de tâches répétitives et stupides. D'autres ne voient dans la société sans travailleurs qu'un avenir lugubre de chômage massif et de misère noire, planétaire, ponctué de troubles et de soulèvements sociaux toujours plus graves. Mais tous ou presque sont d'accord sur un point. Nous sommes, de fait, à l'orée d'une nouvelle période historique : celle où les machines remplacent toujours davantage les êtres humains dans les processus de fabrication et de transport des marchandises, et dans les activités du tertiaire. Ayant compris cela, les rédacteurs du magazine *Newsweek* ont entrepris de méditer sur l'impensable, dans un récent numéro consacré au chômage technologique. « Et si vraiment il n'y avait plus d'emplois ? » questionne *Newsweek*[32]. L'idée d'une société non fondée sur le travail est si radicalement étrangère à toutes nos conceptions sur la façon d'organiser en sociétés cohérentes les grands groupes humains que nous nous trouvons confrontés à la perspective de devoir repenser le fondement même du contrat social.

La plupart des travailleurs se sentent totalement désemparés devant le gigantisme de la transition qui s'annonce. Les percées technologiques actuelles et les restructurations économiques semblent avoir fait irruption dans nos vies sans prévenir. Soudain, partout dans le monde, des hommes et des femmes se demandent s'il y aura un rôle pour eux dans l'avenir que dessine l'économie mondiale. Des spécialistes compétents, riches de diplômes et d'expérience, voient se profiler l'éventualité très concrète que les rouages de l'automation et de l'informatique ne les relèguent au rayon des antiquités. Ce qui, quelques petites années auparavant, n'était qu'un débat plutôt ésotérique entre intellectuels et un petit nombre de sociologues et essayistes sur le rôle de la technologie dans la société est aujourd'hui au cœur des conversations fébriles de millions de travailleurs. Chacun se demande si sa tête sera la prochaine à tomber sur l'autel des nouvelles machines pensantes. Une enquête de 1994, réalisée par le *New York Times*, révèle que deux travailleurs américains sur cinq craignent d'être licenciés, ou d'être forcés d'accepter des réductions d'horaires ou de salaire, dans les deux années suivantes. Soixante-dix-sept pour cent des personnes interrogées disent connaître parmi leurs relations directes une personne ayant perdu son emploi ces dernières années, et 67 % affirment que le chômage a des répercussions sensibles dans leur entourage[33].

En Europe, la crainte de la montée du chômage provoque d'importants remous sociaux et permet l'émergence de mouvements néo-fascistes. Effrayés, les électeurs en colère expriment dans les urnes leur conviction d'avoir été trompés et renforcent les partis d'extrême droite en Allemagne, en Italie, en Russie.

Au Japon, la peur grandissante du chômage contraint les principaux partis politiques, pour la première fois depuis des décennies, à parler de l'emploi.

Nous sommes aspirés dans une formidable révolution technologique qui nous fait espérer de grandes transformations sociales, sans équivalent dans l'histoire. La nouvelle révolution des hautes technologies pourrait se traduire par moins d'heures de travail et un bien-être accru pour des millions de gens. Pour la première fois dans l'histoire moderne, d'immenses populations humaines pourraient être libérées de leurs longues heures de labeur sur le marché traditionnel, être libres de s'adonner longuement à des activités de loisirs. Mais les mêmes ressorts technologiques pourraient, tout aussi bien, mener à un chômage grandissant et à une crise planétaire. L'utopie qui nous attend sera blanche ou noire en fonction, pour une grande part, de la façon dont les gains de productivité de l'âge de l'information seront distribués. Pour être juste et équitable, cette répartition nécessiterait une réduction de la semaine de travail partout dans le monde, et un effort concerté des États pour dégager des emplois différents, « alternatifs », dans le troisième secteur qu'est l'économie sociale, en faveur de ceux dont le travail n'est plus utile sur le marché. Si toutefois les spectaculaires gains de productivité de la révolution des technologies de pointe ne devaient pas être partagés mais utilisés prioritairement au renforcement des bénéfices des entreprises et au profit exclusif des actionnaires, des responsables industriels et de l'élite émergente du savoir high-tech, les risques seraient grands alors que l'élargissement du fossé entre les plus fortunés et les plus démunis n'entraîne des soulèvements sociaux et politiques à l'échelle planétaire.

Les nouvelles technologies pleuvent sur nos têtes chaque jour et nous coupent le souffle avec leurs exploits extraordinaires. Nous en sommes venus à attendre notre salut des merveilles de la technologie moderne. Des millions d'êtres humains ont placé leurs espoirs de lendemains qui chantent dans le potentiel libérateur de la révolution informatique. Mais la situation économique de la majorité des travailleurs continue de se détériorer dans un océan d'opulence technologique. Dans tous les pays industriels, les peuples commencent à se demander pourquoi, aujourd'hui, à l'aube de l'âge de l'information, le rêve immémorial d'abondance et de loisirs, tellement attendu par des générations d'êtres humains enchaînés à leur besogne, semble plus lointain qu'à aucun autre moment du demi-siècle écoulé. La réponse se trouve dans la compréhension d'un concept économique important quoique méconnu, et qui a longtemps dominé la pensée des dirigeants économiques et politiques du monde entier.

2

L'« effet de percolation » et les réalités du marché

Depuis plus d'un siècle, l'orthodoxie économique veut que les nouvelles technologies dynamisent la productivité, abaissent les coûts de production et augmentent l'offre des marchandises bon marché : tout cela stimule le pouvoir d'achat, élargit les marchés et génère des emplois supplémentaires. C'est sur ce postulat que sont bâties les politiques économiques de tous les pays industriels du monde. C'est cette logique qui nous entraîne aujourd'hui vers des niveaux jamais vus de « chômage technologique », vers un déclin brutal du pouvoir d'achat des consommateurs, vers le spectre d'une crise mondiale d'une ampleur et d'une durée incalculables.

L'idée que les bienfaits spectaculaires apportés par les progrès technologiques et les améliorations de la productivité finissent par « filtrer » jusqu'à la masse des travailleurs sous la forme de marchandises moins chères, d'un pouvoir d'achat supérieur et de plus d'emplois correspond pour l'essentiel à la théorie de l'« effet de percolation » (*trickle-down technology*). Certes, les zélateurs du modernisme, les économistes ou les dirigeants d'entreprise n'utilisent que rarement cette image pour décrire les impacts de la technologie sur les marchés et l'emploi, mais leurs hypothèses économiques équivalent à son acceptation implicite.

Cette façon de voir les choses remonte à l'œuvre d'un économiste français du début du XIXᵉ siècle, Jean-Baptiste Say, qui fut l'un des premiers à affirmer que l'offre crée sa propre demande : « Un produit créé offre, dès cet instant, un débouché à d'autres produits, pour tout le montant de sa valeur. [...] Le fait seul de la formation d'un produit ouvre, dès l'instant même, un débouché à d'autres produits [1]. » Plus tard dans ce même siècle, les idées de Say sur les marchés, connues sous le nom de loi des débouchés, furent reprises par les économistes néo-classiques qui affirmaient que les nouvelles technologies économes en travail humain augmentent la productivité en permettant aux fabricants de produire davantage de marchandises pour un moindre coût unitaire. Selon eux, l'offre accrue de marchandises à bon marché crée sa propre demande. En d'autres termes, les baisses de prix résultant des progrès de la productivité stimulent la demande de biens disponibles. La demande accrue pousse à son tour à une production supplémentaire et nourrit donc encore la demande, en une spirale infinie de production et de consommation croissantes. Le volume accru des ventes constitue la garantie que toute perte d'emploi initialement provoquée par les perfectionnements technologiques sera rapidement compensée par une embauche, pour satisfaire des niveaux de production plus élevés. De plus, l'abaissement des prix résultant de l'innovation technologique et de la plus forte productivité se traduira par des disponibilités financières pour le consommateur, qui pourra ainsi acheter d'autres produits, d'où un nouveau coup de fouet à la productivité et une augmentation du volume de l'emploi dans d'autres secteurs de l'économie.

L'un des corollaires de l'effet de percolation est que, même si des travailleurs sont expulsés par les nouvelles technologies, le problème du chômage finira par se résoudre de lui-même. Le nombre croissant des chômeurs finira par tirer les salaires vers le bas. Les employeurs auront alors tendance à embaucher davantage de travailleurs plutôt que d'acheter de nouveaux biens de production onéreux, ce qui modérera l'impact de la technologie sur l'emploi [2].

L'idée que l'innovation technologique stimulerait à l'infini la croissance et l'emploi s'est heurtée à une opposition farouche au fil des ans. Dans le premier volume du *Capital*, publié en 1867, Karl Marx affirmait que les producteurs s'efforcent continuellement de réduire le coût du travail et de maîtriser davantage les moyens de production en remplaçant les travailleurs par des équipements, partout et à chaque fois que cela est possible. Les capitalistes tirent profit non seulement d'une plus forte productivité, de coûts réduits et d'un meilleur contrôle du lieu de travail, mais aussi, subsidiairement, de la création d'une immense armée de réserve de travailleurs sans emploi, dont la force de travail est immédiatement disponible à l'exploitation, quelque part ailleurs dans le champ économique.

Marx prédisait que l'automatisation croissante de la production finirait par éliminer totalement le travailleur. Visionnaire, le philosophe allemand évoquait par euphémisme la « dernière [...] métamorphose du travail », lorsque « un ensemble de machines automatiques » finirait par remplacer les êtres humains dans le processus économique. Marx pronostiqua la progression régulière de machines de plus en plus sophistiquées qui viendraient se substituer au travail humain. Il affirmait que chaque nouvelle percée technologique « transforme de plus en plus les tâches du travailleur en opérations mécaniques, de sorte qu'à un certain moment le mécanisme pourra prendre sa place. Nous voyons donc directement comment une forme particulière de travail est transférée du travailleur au capital sous la forme de la machine, et comment sa propre force de travail est dévaluée en conséquence de cette transposition. D'où la lutte du travailleur contre le machinisme. Ce qui jusque-là relevait de l'activité laborieuse du travailleur ressort de celle de la machine[3] ».

Marx considérait que la recherche permanente, par les producteurs, du remplacement du travail humain par les machines ne pouvait déboucher que sur l'échec. En éliminant directement le travail humain du processus de production et en créant une armée de réserve de travailleurs et donc une chute interminable des salaires, les capitalistes creusaient sans le savoir leur propre tombe : les consommateurs seraient de moins en moins nombreux à disposer d'un pouvoir d'achat suffisant pour acquérir leurs produits.

Nombre d'économistes orthodoxes furent d'accord, pour partie, avec l'analyse de Marx. Ils étaient prêts à admettre que les gains de productivité et la substitution des machines aux êtres humains créaient une armée de réserve de sans-emploi. Au contraire de Marx cependant, ils considéraient souvent les mutations technologiques comme un mal nécessaire à l'avancée d'une prospérité globale de l'économie. En « libérant » des travailleurs, les capitalistes créaient un réservoir d'emplois bon marché pour les nouvelles industries qui, à leur tour, utiliseraient le surplus de main-d'œuvre pour augmenter leurs propres profits. Ces derniers seraient alors réinvestis dans de nouvelles technologies réductrices d'emploi qui, une fois encore, déplaceraient le travail, réduiraient les coûts unitaires et augmenteraient les ventes, créant un cycle ascendant perpétuel de croissance économique et de prospérité. John Bates Clark, fondateur de l'American Economic Association, observait : « Il y aura toujours une réserve de travailleurs sans emploi et il n'est ni possible ni normal qu'elle soit totalement supprimée. Le bien-être des ouvriers impose que le progrès continue, et l'on ne peut obtenir ce résultat sans provoquer des mouvements provisoires de main-d'œuvre [4]. »

Et William Leiserson, autre économiste américain, de faire écho à l'enthousiasme de Clark : « L'armée des sans-emploi n'est pas plus inemployée que les pompiers qui attendent, dans leur caserne, que la sirène sonne, ou que les forces de police de réserve, prêtes à intervenir au prochain appel [5]. »

Les Années folles

Le machinisme moderne crée-t-il la croissance des emplois et la prospérité, ou bien le chômage, la récession et même la dépression ? La question allait se cristalliser pendant les années vingt. Comme aujourd'hui, une restructuration fondamentale du travail et un torrent de technologies nouvelles réductrices d'emploi déferlaient sur le paysage économique. La chaîne de montage Ford et la révolution organisationnelle de General Motors modifiaient radicalement la façon dont les entreprises produisaient les biens et les services. Le moteur à combustion interne et l'automobile accéléraient le rythme des transports. L'électricité procurait une énergie motrice bon marché et abondante. La productivité avait monté régulièrement depuis le tournant du siècle. En 1912, il fallait 4 664 heures-homme pour construire une voiture. Au milieu des années vingt, 813 suffisaient [6]. De nombreuses autres industries affichaient des gains de productivité semblables.

Entre 1920 et 1927, la productivité de l'industrie américaine fit un bond de 40 %. Entre 1919 et 1929, le rendement par heure-homme enfla vertigineusement, de 5,6 % par an dans l'industrie manufacturière. Simultanément, plus de 2,5 millions d'emplois disparurent. Le secteur manufacturier à lui seul perdit plus de 825 000 cols bleus[7].

En 1925, la commission sénatoriale de l'éducation et du travail, présidée par Robert Wagner, s'informa auprès de nombreux experts sur le nombre croissant des gens déclassés par les nouvelles technologies et les gains de productivité. Elle conclut que la plupart des travailleurs qui avaient perdu leur place en raison des « avancées technologiques » restaient au chômage pendant de longues périodes et ne retrouvaient finalement un emploi qu'à un niveau de rémunération généralement inférieur[8].

Tandis que la productivité grimpait en flèche dans les années vingt et qu'un nombre croissant de travailleurs recevaient leur lettre de licenciement, les ventes chutèrent brutalement. La presse commença à parler de « grèves des acheteurs », à évoquer des « marchés limités ». Confronté à l'engorgement, à la surproduction et à la pénurie d'acheteurs, le Syndicat national du patronat (National Association of Manufacturers) fit front avec des opérations de relations publiques, pour rallier les consommateurs à sa cause. Il exhorta le public à « mettre fin à la grève des achats ». A New York, des hommes d'affaires créèrent un « Bureau de la prospérité » pour convaincre les consommateurs qu'ils devaient « acheter maintenant », « remettre l'argent au travail » : « Vos achats font travailler l'Amérique. » Les chambres de commerce locales se jetèrent dans la bataille pour relayer le message des entreprises dans tout le pays[9]. Le monde des affaires espérait qu'en convainquant ceux qui travaillaient encore d'acheter plus et épargner moins, on parviendrait à dégonfler les stocks et à relancer l'économie américaine. Une croisade s'élança pour faire entendre l'« évangile de la consommation » aux travailleurs américains : ils devaient devenir une « masse » de consommateurs.

L'évangile de la consommation de masse

Le mot « consommation » vient à la fois de l'anglais et du français. Le sens originel du verbe *to consume* est celui de destruction, pillage, assujettissement, épuisement. En anglais, ce mot imprégné de violence n'a guère eu de consonances autres que négatives jusqu'à l'époque contemporaine. (Pour sa part, le français confond, surtout aux XVIᵉ et XVIIᵉ siècles, *consommer* et *consumer*, détruire peu à peu. *NDT*.) Jusqu'aux années vingt, le terme « consomption » servait encore à désigner la maladie la plus terrible de l'époque, la tuberculose. Aujourd'hui, l'Américain(e) moyen(ne) consomme deux fois plus qu'il (elle) ne le faisait à la fin de la Seconde Guerre mondiale [10]. La métamorphose de la consommation de vice en vertu est l'un des plus importants événements sociaux (et l'un des moins étudiés) du XXᵉ siècle.

Le phénomène de consommation de masse n'a pas jailli spontanément ; il n'était pas non plus l'inévitable sous-produit d'une nature humaine insatiable. Bien au contraire. Au début du XXᵉ siècle, les économistes observaient que la plupart des travailleurs se contentaient très bien de gagner juste assez pour satisfaire leurs besoins élémentaires et quelques plaisirs, après quoi ils préféraient voir augmenter leur temps de loisir plutôt que leurs heures de travail et leur salaire. D'après les économistes de l'heure comme Stanley Trevor et John Bates Clark, au fur et à mesure que les revenus des individus et l'abondance augmentaient, l'utilité de ces récompenses matérielles paraissait moins évidente, ce qui rendait moins désirable toute nouvelle augmentation de la richesse. Le fait que les gens préféraient troquer les heures supplémentaires de travail contre des heures supplémentaires de loisir se changea en une source d'inquiétude majeure et en un véritable fléau pour les industriels, dont les stocks de marchandises s'entassaient rapidement dans tous les ateliers et entrepôts du pays.

Le nombre des travailleurs chassés par les nouvelles technologies économes en main-d'œuvre augmentant, la production montant en flèche, le patronat se mit à chercher fébrilement comment réorienter les préférences de ses salariés pour les attirer vers ce qu'Edward Cowdrick, consultant en relations industrielles de l'époque, appela le « nouvel évangile économique de la consommation[11] ».

Convaincre les Américains de passer d'une psychologie de l'épargne à son contraire allait se révéler ardu. L'éthique protestante du travail, tellement prégnante dans la culture de la conquête de l'Ouest américain, restait fortement enracinée. La frugalité et la modération, héritages majeurs de l'ancienne tradition yankee, avaient servi de guide et de mode de vie à des générations d'Américains, autant que de repères aux immigrants de fraîche date, bien déterminés à ce que la vie de leurs enfants soit meilleure que la leur. Pour la plupart, le goût du sacrifice l'emportait largement sur l'attrait du plaisir immédiat à travers la consommation. Il allait falloir transformer radicalement cette mentalité sur laquelle s'était bâti un pays tout entier : faire de ce peuple d'épargnants une nation de consommateurs.

Très vite, le patronat comprit que pour faire « vouloir » par quelqu'un une chose qu'il n'avait jamais auparavant désirée, il lui fallait fabriquer un « consommateur insatisfait ». Charles Kettering, de General Motors, fut parmi les premiers à prêcher le nouvel évangile de la consommation. GM, qui avait déjà commencé à modifier chaque année ses modèles d'automobiles, lança une formidable campagne publicitaire conçue pour rendre ses clients insatisfaits de la voiture qu'ils possédaient déjà. « La clef de la prospérité économique, disait Kettering, c'est la création d'une insatisfaction organisée. » L'économiste John Kenneth Galbraith résuma cette pensée quelques années plus tard en observant que la nouvelle mission de l'entreprise était de « créer les besoins qu'elle cherche à satisfaire[12] ».

L'accent mis de longue date sur la production (les économistes l'avaient mise au centre de leurs préoccupations au début du siècle) était soudain éclipsé par un intérêt, tout récent, pour la consommation. Un nouveau champ d'étude, celui de l'« économie de la consommation », allait s'ouvrir dans les années vingt, alors qu'un nombre croissant d'économistes commençaient à s'intéresser au consommateur. Le « marketing », dont le rôle jusqu'alors n'avait été que marginal dans les affaires, allait prendre une importance inédite. La culture de production allait se muer, du jour au lendemain, en une culture de consommation [13].

L'attrait naissant pour les techniques de commercialisation reflétait la prise de conscience croissante dans le monde des affaires du rôle central du consommateur en tant que pilier de l'économie. L'historien Frederick Lewis Allen résume ainsi cette prise de conscience : « L'entreprise apprit comme jamais auparavant l'importance du consommateur final. Sauf à le persuader d'acheter (et d'acheter sans compter), cette avalanche de voitures à six cylindres, de récepteurs-radio à changement de fréquence, de cigarettes, de poudriers compacts et de frigos électriques serait vouée à engorger les stocks [14]. »

Les publicitaires ne furent pas longs à abandonner leurs arguments utilitaires et descriptifs pour faire jouer les violons du statut social et de la distinction. Le commun des mortels fut invité à imiter les riches, à se vêtir des signes extérieurs du succès et de la prospérité, jusque-là réservés à l'aristocratie des affaires et à l'élite sociale. « Mode » devint le maître mot de l'instant. Les sociétés et les industries firent tout pour vendre de la vogue et du chic.

Les économistes de la consommation comme Hazel Kyrk furent prompts à souligner les avantages commerciaux de cette métamorphose, à l'échelle du pays, du travailleur en un consommateur préoccupé par son statut. La croissance exigeait un nouveau niveau d'achat chez le consommateur : le « luxe des puissants » devait « devenir indispensable aux classes pauvres ». La surproduction et le chômage technologique pourraient être atténués, ou même éliminés, si seulement on pouvait rééduquer la classe ouvrière, lui apprendre la « consommation active des produits de luxe [15] ».

Transformer le travailleur américain en un consommateur conscient, quelle gageure ! La grande masse de la population en était encore à produire elle-même l'essentiel de sa consommation. Les publicitaires firent feu de tout bois pour dévaloriser les produits domestiques et promouvoir les articles « achetés en magasin », « fabriqués en usine ». On visa particulièrement les jeunes. Les messages publicitaires visaient à leur faire honte de porter ou d'utiliser des produits faits à la maison. Des lignes de démarcation furent tracées entre le clan des « modernes » et celui des « ringards ». La peur d'être laissé sur le bord de la route se révéla un puissant stimulant du désir d'acheter. Le spécialiste en histoire du travail Harry Braverman retrace bien l'état d'esprit commercial de l'époque : « La marque de la respectabilité ne réside plus dans la capacité à faire des choses mais simplement à les acheter [16]. »

De nouvelles conceptions du marketing et de la publicité, qui avaient lentement gagné du terrain pendant les décennies précédentes, décollèrent dans les années vingt, reflétant la détermination de plus en plus forte des entrepreneurs à vider leurs entrepôts et à intensifier le rythme de la consommation pour l'adapter à une productivité en accélération permanente. Les marques, jusqu'alors ressenties plutôt comme des manifestations d'extravagance, devinrent un trait permanent de l'économie américaine. Après la guerre de Sécession, l'unique nom de marque que l'on risquait de rencontrer chez l'épicier du coin était celui du chocolat Baker. Jusqu'en 1900, la plupart des boutiquiers tiraient de tonneaux ou de caisses sans nom ni étiquette spécifique leurs articles de première nécessité tels que sucre, vinaigre, farine, clous ou épingles.

Les fabricants, impatients de voir circuler leurs produits, inquiets des lenteurs des sous-traitants et des grossistes, commencèrent à vendre directement au public, sous des noms de marques. Nombre de produits étaient nouveaux et impliquaient des changements dans les modes de vie et les habitudes alimentaires des consommateurs. Susan Strasser raconte les nombreux problèmes de commercialisation que rencontrèrent les sociétés dans leurs tentatives de vendre des produits qui n'avaient jamais existé auparavant, et de créer des besoins jamais ressentis jusqu'alors : « On a appris à des gens qui n'avaient encore jamais acheté de *corn flakes* à en avoir besoin : des populations qui, avant, se satisfaisaient d'acheter les flocons d'avoine vendus en vrac par leur épicier furent informées des raisons qui leur feraient préférer les Quaker Oats en boîte. Simultanément, elles apprenaient en quoi les petits déjeuners de céréales conditionnées cadraient bien avec la modernité urbaine, convenaient aux gens en quête de solutions pratiques [17]. »

De nombreuses sociétés cherchèrent de nouvelles manières de réorienter leurs produits pour en augmenter les ventes. Le Coca-

Cola, originellement commercialisé en tant que médicament contre les maux de tête, fut campé comme boisson de grande consommation. Asa Candler, qui avait acheté le brevet du procédé à un pharmacien d'Atlanta, fit le raisonnement que « la migraine chronique ne se manifeste guère qu'une fois par semaine. De nombreuses personnes n'en souffrent qu'une fois par an. Il y avait cependant un syndrome terrible dont tout un chacun [...] souffrait quotidiennement [...] et qui, six ou huit mois par an, pourrait être traité et soulagé, pour réapparaître dans l'heure suivante : la maladie de la soif[18] ».

En 1919, la société American Sugar Refining Company lança son Domino Golden Syrup, un produit nouveau pouvant être fabriqué tout au long de l'année. Jusqu'alors, les Américains utilisaient des mélasses, que l'on préparait à l'automne et dont on faisait grand usage à la saison hivernale des crêpes. Convaincre les consommateurs de manger des crêpes tout au long de l'année risquant d'être difficile, Domino trouva une alternative pour son nouveau sirop de mélasse : on entreprit de vendre le produit dans les débits de boissons non alcoolisées, sous le nom de Domino Syrup Nut Sundae, pendant les chaleurs estivales[19].

Des entreprises expérimentèrent aussi un certain nombre de modèles de commercialisation directe pour promouvoir leurs produits et augmenter les ventes. Les primes et autres cadeaux publicitaires furent courants au milieu des années vingt. De nombreux grands fabricants de produits ménagers s'appuyèrent aussi considérablement sur les bons de réduction de toutes sortes et de vastes campagnes publicitaires dans la presse locale.

Rien, cependant, ne se révéla plus efficace pour réorienter les habitudes d'achat des salariés américains que la notion de crédit à la consommation. L'achat à tempérament était séduisant. Il devint une drogue pour beaucoup. En moins de dix ans, une population rompue au dur labeur et à la sobriété fut convaincue de se jeter dans une culture hédoniste, en quête de chemins toujours nouveaux de satisfaction immédiate. Au moment du grand effondrement des marchés boursiers, 60 % des radios, des automobiles et des meubles vendus aux États-Unis étaient en cours de paiement à crédit[20].

Nombre de facteurs s'additionnèrent dans les années vingt pour créer cet état d'esprit de consommation massive. Le plus durable des changements intervenus dans cette décennie de transition fut peut-être l'apparition des banlieues résidentielles. Cette façon moderne d'élire domicile cherchait, pour partie, à imiter la vie campagnarde et oisive des personnages riches et célèbres. L'économiste Walter Pitkin annonça que « le propriétaire de ces maisons individuelles deviendrait le consommateur idéal [21] ».

Dans les années vingt, plus de 7 millions de familles des classes moyennes adoptèrent ce mode de résidence [22]. Pour nombre d'entre elles, le passage de la ville à sa banlieue fut vécu comme un rite initiatique, l'apposition d'un sceau d'intégration dans la société américaine. La propriété d'un coin de banlieue résidentielle conférait un statut d'un genre encore inconnu, qui se reflétait dans les noms aux consonances aristocratiques dont furent affublés rues et quartiers (« allée du Club », « domaine des Verts-Arpents »…). La maison en banlieue se révéla une affaire de prestige autant que de logement. « Faire aussi bien que les Dupont » devint un sujet de préoccupation et, pour nombre de ces propriétaires, une quasi-obsession. Les publicitaires firent leur cible de ces nouveaux « aristocrates » de banlieue, bien décidés à remplir leurs manoirs d'une infinité de nouveaux produits et services.

En 1929, la psychologie de masse du consumérisme avait pris pied en Amérique. Les vertus yankees traditionnelles de frugalité et de sacrifice en vue d'un futur lointain se fanaient. Cette année-là, le Comité sur les changements économiques récents, mis sur pied par le président Herbert Hoover, publia un rapport révélateur du profond changement d'état d'esprit qui s'était manifesté en moins d'une décennie. Il concluait à un devenir flamboyant pour l'Amérique :

> L'enquête démontre de façon sûre ce que l'on avait longtemps tenu pour vrai en théorie, à savoir que les désirs sont insatiables ; qu'un désir satisfait ouvre la voie à un autre. Pour conclure, nous dirons qu'au plan économique un champ sans limite s'offre à nous ; de nouveaux besoins ouvriront sans cesse la voie à d'autres plus nouveaux encore, dès que les premiers seront satisfaits. […] La publicité et autres moyens promotionnels […] ont attelé la production à une puissance motrice quantifiable. […] Il semble que nous

pouvons continuer à augmenter l'activité. [...] Notre situation est heureuse, notre élan extraordinaire [23].

Quelques mois plus tard, la Bourse s'effondrait, plongeant le pays et le monde dans la plus noire dépression des temps modernes.

La comité Hoover était, à l'instar de nombreux politiciens et dirigeants économiques de l'époque, tellement certain que l'offre créait la demande qu'il avait été incapable de voir la dynamique négative qui faisait verser l'économie dans une dépression de grande envergure. Pour compenser la montée du chômage technologique amenée par l'introduction des nouvelles technologies à faible intensité de main-d'œuvre, les entreprises américaines consacrèrent des millions de dollars à la publicité et aux campagnes commerciales, espérant convaincre ce qui leur restait de personnel de se lancer dans une orgie de dépenses. Malheureusement, le revenu des salariés ne grandissait pas suffisamment vite pour tenir le rythme des augmentations de la productivité et de la production. La plupart des employeurs préféraient empocher les profits supplémentaires obtenus par les gains de productivité plutôt que de confier ces sommes aux travailleurs, sous forme d'augmentations de salaires. Henry Ford, grâces lui en soient rendues, émit l'hypothèse qu'il conviendrait que les travailleurs soient suffisamment payés pour acheter les produits que les entreprises fabriquaient. Autrement, demandait-il, « qui va acheter mes voitures ? [24] ». Ses pairs choisirent d'ignorer ce conseil.

Le monde des affaires demeura convaincu qu'il pourrait continuer d'engranger la manne des bénéfices et baisser les salaires tout en comptant sur les consommateurs pour absorber suffisamment la surproduction. Mais, la pompe était désamorcée. Les nouveaux programmes publicitaires et commerciaux stimulaient effectivement une nouvelle psychologie de la consommation de masse. Mais, les revenus ne suffisant pas à acheter tous les nouveaux produits qui inondaient le marché, les travailleurs américains continuèrent de se les procurer à crédit. Certains critiques de l'époque avertirent que « les marchandises sont mises au clou avant même d'être produites [25] ». Ces mises en garde ne rencontrèrent d'écho que lorsqu'il fut trop tard.

Les patrons d'entreprise n'avaient pas su comprendre que leurs succès étaient à la base de la crise économique grandissante. En se défaisant des travailleurs au profit des machines, les sociétés américaines augmentaient la productivité, mais au prix d'un nombre croissant de chômeurs et de travailleurs sous-employés ne disposant pas du pouvoir d'achat qui leur aurait permis d'acheter ces produits. Même pendant les années de la crise, les gains de productivité continuèrent d'occasionner des substitutions homme/machine, d'autres chômeurs encore et une aggravation supplémentaire de la dépression économique. Dans une étude du secteur manufacturier publiée en 1938, Frederick Mills établit que 51 % du déclin des heures-homme travaillées étaient directement reliés à la chute de la production, mais que, de façon surprenante, les 49 % restants étaient imputables aux gains de productivité et aux suppressions d'effectif concomitantes [26]. Le système économique semblait pris dans un cercle vicieux et sans issue visible. Prisonnières d'une dépression en constante aggravation, nombre d'entreprises continuaient de limiter leurs coûts en remplaçant les travailleurs par des machines. Elles espéraient pousser ainsi la productivité, mais ne firent que jeter de l'huile sur le feu.

Au pire de la dépression, l'économiste britannique John Maynard Keynes publia sa *Théorie générale de l'emploi, de l'intérêt et de la monnaie,* qui allait modifier très sérieusement la façon dont les États conduiraient dorénavant leurs politiques économiques. Dans un passage prémonitoire, il avertissait le lecteur d'un phénomène nouveau et dangereux dont l'impact serait vraisemblablement violent dans les années à venir : « Nous souffrons d'une nouvelle maladie dont certains lecteurs ignorent peut-être encore le nom, mais dont ils entendront abondamment parler dans les années à venir, le "chômage technologique". Il s'agit du chômage dû à notre découverte de moyens d'économiser le recours au travail à un rythme qui surpasse celui auquel nous sommes capables de trouver de nouveaux usages pour celui-ci [27]. »

Dès les années trente, nombre d'économistes orthodoxes suggérèrent que l'efficacité accrue et la hausse de la productivité apportées par les technologies économes en main-d'œuvre ne faisaient qu'exacerber les difficultés économiques dans tous les pays industrialisés. Les syndicalistes, les dirigeants patronaux, les économistes et les responsables gouvernementaux commencèrent à chercher une issue à ce qui apparaissait à beaucoup comme l'ultime contradiction du capitalisme. Les syndicats commencèrent à militer pour une semaine de travail plus courte comme solution équitable à la crise, les travailleurs ayant droit à bénéficier eux aussi des gains de productivité apportés par les nouvelles technologies à faible intensité de main-d'œuvre. L'emploi de davantage de gens pendant un nombre d'heures réduit permettrait, selon eux, de réduire le chômage, de stimuler le pouvoir d'achat et de raviver l'économie. Les syndiqués se mirent à défiler dans tout le pays sous des banderoles appelant à « partager le travail ».

Le mouvement pour le partage du travail

En octobre 1929, le nombre des chômeurs était inférieur à 1 million. En décembre 1931, plus de 10 millions d'Américains étaient sans emploi. Six mois plus tard, en juin 1932, ils étaient 13 millions. Le chiffre du chômage allait dépasser 15 millions au plus fort de la dépression, en mars 1933 [28].

Un nombre croissant d'économistes accusèrent la révolution technologique des années vingt d'être coupable de la dépression : la productivité et les rendements avaient grandi plus vite que ne pouvait augmenter la demande des biens et des services correspondants. Plus d'un demi-siècle auparavant, Friedrich Engels avait écrit que « la perfectibilité infinie des machines de la grande industrie est une loi impérative pour chaque capitaliste industriel pris à part [...] l'obligeant à perfectionner de plus en plus son machinisme [...] [mais] l'expansion des marchés ne peut aller de pair avec l'expansion de la production. La collision est inéluctable [29] ».

Les vues d'Engels, que d'aucuns avaient considérées comme exagérément pessimistes et même erronées, étaient maintenant reprises par des ingénieurs et des économistes orthodoxes. Dexter Kimball, doyen de l'école d'ingénierie de l'université Cornell, en vint, comme beaucoup d'autres, à considérer comme inextricable la relation entre les nouvelles technologies, qui économisaient du temps et du travail, l'accroissement de la productivité et le chômage montant. « Pour la première fois, observait Kimball, une question nouvelle et terrible est soulevée quant à nos méthodes et nos moyens de fabrication, et la crainte est là que nos équipements industriels soient si efficaces qu'une surproduction permanente [...] ne s'instaure et que le chômage technologique résultant ne devienne un facteur constant[30]. »

Les dirigeants syndicaux de l'époque envisagèrent alors de compenser les gains de productivité par une réduction des horaires de travail, qui permettrait de remettre les travailleurs à leur poste, d'accroître le pouvoir d'achat et de redémarrer en force une économie grippée. Certes, tout au long des années vingt, ils avaient dit et répété que les gains de productivité devraient profiter aussi aux travailleurs sous la forme d'horaires réduits, mais l'argumentation en faveur d'une semaine de travail plus courte s'était davantage centrée sur les bénéfices sociaux et psychologiques des loisirs que sur son intérêt économique. L'historien Benjamin Hunnicutt observe que le rapport final sur les réductions d'horaires présenté par le conseil exécutif lors de la convention du syndicat AFL (American Federation of Labor) « ne parlait ni de chômage ni de salaires plus élevés, mais s'attachait plutôt à un long éloge des loisirs du travailleur, les décrivant comme nécessaires au bon développement du corps, de l'esprit et de l'âme [...] à la richesse de la vie [...] au progrès social [...] à la civilisation elle-même[31] ».

En 1932, les organisations de travailleurs étaient passées de préoccupations quant à la qualité de la vie à des revendications de justice économique. Les dirigeants syndicaux voyaient le chômage technologique comme « un résultat naturel de la rentabilité croissante, des surplus économiques et des limites du marché[32] ». Pour eux, si le pays voulait échapper à un chômage généralisé et permanent, il fallait que le patronat partage les gains de productivité avec ses ouvriers, sous la forme d'une réduction des horaires de travail. Cette redistribution apparaissait de plus en plus comme une question de survie. Si les nouvelles technologies augmentaient la productivité et débouchaient sur des effectifs réduits et de la surproduction, l'unique antidote véritable résidait dans une réduction des heures travaillées, de sorte que chacun eût un gagne-pain, des revenus et un pouvoir d'achat suffisants pour absorber les hausses de production. Le célèbre mathématicien et philosophe britannique Bertrand Russell résuma l'affaire en ces termes : « Il ne faut pas huit heures de travail pour certains et zéro pour d'autres, mais quatre heures de travail pour tous [33]. »

Le 20 juillet 1932, le conseil exécutif de l'AFL, réuni à Atlantic City, rédigea une déclaration demandant au président Hoover de convoquer une conférence des dirigeants patronaux et syndicaux afin de mettre en place une semaine de travail de trente-deux heures dans le but de « créer des possibilités d'embauche pour des millions d'hommes et de femmes inactifs [34] ». Soucieux de stimuler le pouvoir d'achat des consommateurs et n'entrevoyant aucune autre solution viable, nombre de chefs d'entreprise se joignirent à contrecœur à la campagne pour une semaine de travail plus courte. Certaines grosses firmes comme Kellogg's, de Battle Creek, Sears, Roebuck, Standard Oil du New Jersey et Hudson Motors réduisirent volontairement leurs horaires hebdomadaires à trente heures pour conserver leurs employés [35].

Les décisions de Kellogg's furent les plus audacieuses et novatrices parmi tous ces plans de sauvetage. W. K. Kellogg, propriétaire de l'entreprise, estima que « si nous passons à quatre postes de six heures [...] au lieu de trois de huit, trois cents chefs de famille supplémentaires auront un travail et un salaire à Battle Creek ». Afin d'assurer un pouvoir d'achat suffisant à son personnel, la société porta le salaire minimal de ses employés masculins à 4 dollars par jour et augmenta de 12,5 % les rémunérations horaires, ce qui compensait la perte journalière de deux heures de travail [36].

La direction de Kellogg's assurait que ses travailleurs étaient en droit de profiter des augmentations de la productivité au travers de meilleurs salaires et de semaines de travail plus courtes. La société diffusa des rapports montrant que les emplois du temps allégés amélioraient l'entrain et l'efficacité au travail. En 1935, elle publia une étude détaillée prouvant qu'à la suite de « cinq années sous le régime des six heures par jour, le poids [ou les coûts généraux] unitaire avait chuté de 25 % [...] le coût unitaire du travail était réduit de 10 % [...] les accidents avaient diminué de 41 % [...] [et] les effectifs de Kellogg's avaient augmenté de 39 % par rapport à 1929 [37] ». La société était fière de ses réalisations et souhaitait ardemment partager ses vues avec d'autres responsables économiques : « Il ne s'agit pas simplement d'une théorie qui nous serait propre. Nous l'avons prouvé, tout au long de cinq années d'expérience effective. Nous avons établi qu'avec un horaire de travail inférieur la rentabilité et le moral de nos employés sont tellement meilleurs, le nombre des accidents, les prix des assurances et le coût unitaire de la production ont tellement fléchi que nous pouvons nous permettre de payer six heures de la même manière que huit précédemment [38]. »

La philosophie de Kellogg allait bien au-delà des concepts de rentabilité du personnel et de réduction du chômage. Le président de l'entreprise, Lewis L. Brown, parlant au nom de la famille Kellogg, disait que l'objectif d'augmentation de la productivité ne devait pas se limiter au seul profit, mais viser aussi à davantage de temps libre pour des millions de travailleurs américains, afin qu'ils puissent s'investir autrement dans leur vie familiale et leur collectivité, et explorer leur propre liberté individuelle. La société introduisit nombre de nouveautés dans et hors ses murs, pour promouvoir une philosophie des loisirs, notamment avec un gymnase et une salle des fêtes, un stade d'athlétisme en plein air, un parc de loisirs, des jardins ouvriers, des crèches, un site naturel pour permettre à ses employés de profiter des beautés de la campagne du Michigan [39].

Une étude menée auprès de 1 718 responsables d'entreprise par l'Industrial Conference Board montra qu'en 1932 plus de la moitié des industries américaines avaient réduit le nombre des heures travaillées pour sauvegarder l'emploi et encourager la consommation [40]. H. I. Harriman, président de la Chambre nationale de commerce, s'exprima en faveur d'une répartition plus équitable du travail entre les travailleurs américains : « Il est préférable que chacun d'entre nous travaille un peu, plutôt que certains travaillent sans cesse pendant que d'autres ne travaillent pas du tout [41]. »

Le 31 décembre 1932, le sénateur de l'Alabama Hugo L. Black proposa au Sénat une loi pour la semaine de trente heures, la « seule méthode concrète et envisageable pour résoudre la question de l'emploi ». Black s'adressa à tout le pays sur les ondes, pressant ses concitoyens de soutenir la « loi des trente heures ». Il assurait que son adoption déboucherait sur la réembauche immédiate de 6,5 millions d'Américains au chômage et profiterait à l'industrie en augmentant le pouvoir d'achat de ces millions de nouveaux salariés[42].

Lors des audiences du Congrès sur la loi Black, en janvier et février 1933, William Green, de l'AFL, témoigna de sa certitude que « la réduction de la journée et de la semaine de travail doit être mise en application de façon générale et universelle si nous voulons offrir et créer des chances de travailler à des millions de travailleurs inactifs, et qui ne souhaitent pas le rester[43] ».

A la grande surprise du pays, le Sénat vota la loi Black le 6 avril 1933, par 55 voix contre 30 : toutes les entreprises prenant part à des échanges inter-États ou avec l'étranger allaient devoir passer aux trente heures hebdomadaires. Le vote du Sénat enthousiasma le public mais fit frissonner d'horreur Wall Street. « GRANDE VICTOIRE », clamait en gros titre *Labor*, un journal syndical. Ses éditorialistes, aussi stupéfaits que le reste du pays par les événements du Sénat, commentaient l'importance de cet épisode : « Il y a dix ans, une loi de ce type aurait été mise au placard, en commission. La semaine dernière, une formidable majorité de sénateurs, progressistes et conservateurs, lui ont donné vie. C'est le plus extraordinaire revirement d'opinion publique de l'histoire récente[44]. »

La loi Black fut immédiatement transmise à la Chambre des représentants, où William P. Connery Jr, élu du Massachusetts, président de la commission de l'emploi, lui prédit un vote rapide. La loi fut adoptée en commission, avec recommandation à la Chambre d'en accepter le texte. Son avenir semblait assuré. La plupart des Américains se voyaient déjà les premiers au monde à travailler trente heures par semaine. Mais ce souffle d'espoir allait vite retomber. Le président Roosevelt, soutenu par les principaux responsables industriels du pays, prit immédiatement des mesures pour torpiller le projet. Si le gouvernement reconnaissait qu'une réduction du nombre des heures travaillées fournirait des emplois à court terme et dynamiserait le pouvoir d'achat, Roosevelt craignait un contrecoup négatif sur le long terme et un ralentissement de la croissance, un handicap pour l'Amérique sur les marchés étrangers. Le patronat, quoique favorable aux stratégies à court terme et non obligatoires de réduction des horaires de travail, s'opposait à une loi fédérale qui aurait institutionnalisé la semaine de trente heures et en aurait fait un trait définitif de l'économie américaine.

Roosevelt convainquit la commission des lois de la Chambre de saborder le texte Black-Connery et de voter en échange une loi sur la relance industrielle (*National Industrial Recovery Act*, NIRA) prévoyant la possibilité pour le gouvernement de fixer la durée de la semaine de travail dans certaines branches. Le Congrès et les syndicats capitulèrent, en grande partie parce que le NIRA garantissait aux travailleurs le droit de coalition et de négociation collective avec leurs employeurs : c'était une revendication syndicale ancienne en matière de droit fédéral. Pour l'essentiel, l'exigence d'horaires plus courts avait été sacrifiée au profit de l'assurance que des lois fédérales protégeraient désormais les syndicats dans leurs efforts pour s'organiser sur les lieux de travail.

Plus tard, Roosevelt « émit des regrets pour ne s'être pas rangé derrière la loi Black-Connery sur les trente heures et ne l'avoir pas soutenue devant le Congrès [45] ». En 1937, lors d'une session spéciale du Congrès convoquée pour examiner l'aggravation des conditions de l'emploi cette année-là, il posa à ses collègues une question tout aussi actuelle et pertinente aujourd'hui qu'hier, après plus d'un demi-siècle : « Que gagne finalement le pays si nous encourageons les entrepreneurs à augmenter la capacité de production de l'industrie américaine sans veiller à ce que le revenu de notre population active augmente, et que soient donc créés des marchés capables d'absorber ce surcroît de production [46] ? »

La croisade de l'« évangile de la consommation » bloquée par l'effondrement du crédit à la consommation, le mouvement pour le « partage du travail » paralysé par l'inaction des représentants du peuple, le pays s'en remettait finalement au gouvernement fédéral pour renflouer une économie malade. Et ce fut le *New Deal*, une nouvelle démarche pour résoudre les problèmes jumeaux qu'étaient le chômage technologique généralisé et la demande vacillante des consommateurs américains.

Le *New Deal*

Quelques mois seulement après son élection, le président Franklin Delano Roosevelt mettait en vigueur le premier d'une série de programmes législatifs conçus pour remettre l'Amérique au travail. Avec le NIRA de 1933, le pays s'engageait à employer des millions de travailleurs dans le cadre d'un énorme programme de grands travaux. Exposant celui-ci au peuple américain, Roosevelt avait clairement indiqué que « notre premier objectif est de créer des emplois le plus rapidement possible ». Le gouvernement du *New Deal* concevait son rôle comme celui d'employeur de la dernière chance, une sorte de mécanisme de soutien capable de faire redémarrer en force une économie bloquée. Roosevelt insistait sur le nouveau rôle de l'État, expliquant que « l'objectif de cet ensemble d'efforts est de restaurer notre riche marché intérieur en développant son énorme capacité de consommation [...] la demande refoulée de la population est considérable et, si nous savons la libérer sur un front de cette ampleur, soyons sûrs que la relance ne tardera pas[47] ».

Le NIRA fut suivi de l'action de la Civil Works Administration en 1933 et 1934, qui trouva à employer plus de 4 millions de chômeurs[48]. En 1935, Roosevelt lança un plan de création d'emplois plus ambitieux encore avec la Works Progress Administration (WPA). L'objectif de la WPA était de stimuler le pouvoir d'achat immédiat des consommateurs en lançant ce que l'administration Roosevelt appela des « projets légers » (*light projects*), autrement dit des programmes exigeant beaucoup de main-d'œuvre, peu onéreux dans leur mise en chantier et susceptibles d'un achèvement rapide. L'idée était d'utiliser plus d'hommes que de matériels et de machines, et de salarier un nombre aussi important que possible d'ouvriers. En privilégiant la main-d'œuvre peu ou pas qualifiée par rapport aux dépenses d'équipement, la Maison-Blanche espérait transférer directement de l'argent entre les mains du groupe le plus susceptible de le dépenser immédiatement, pour stimuler le commerce de détail[49]. Harry Hopkins, auquel Roosevelt avait confié la direction de la WPA, trouva des arguments forts pour expliquer que la priorité du gouvernement était de « relever le revenu national [de sorte que] le tiers le plus défavorisé de la population américaine se mue en une masse de consommateurs et participe ainsi à l'économie ». Pour Hopkins et d'autres membres de l'équipe de Roosevelt, il était devenu évident que la principale cause de la dépression résidait dans le fait que « les revenus des consommateurs n'augmentent pas assez vite pour absorber les marchandises commercialisées [50] ». La tâche de l'État était de fournir des emplois, des revenus et un pouvoir d'achat supérieur, pour faire repartir le moteur économique.

Outre la WPA, l'administration Roosevelt lança également la Tennessee Valley Authority (TVA) et construisit les barrages de Boulder et de Grand Coulee, ainsi que d'autres usines hydroélectriques, pour donner un coup de fouet aux embauches publiques et approvisionner en électricité bon marché les zones d'habitation et les exploitations rurales. La National Youth Administration fut mise sur pied en 1935 pour former et employer les jeunes. Un projet fédéral pour le théâtre (Federal Theater Project) et un projet fédéral pour les auteurs (Federal Writers's Project) remirent au travail de nombreux artistes. Une administration fédérale du logement (Federal Housing Administration, FHA) fut instaurée et une association d'aide à l'accès à la propriété (Homeowner's Loan Association) fut chargée de développer l'emploi dans le bâtiment et d'aider financièrement les propriétaires surendettés. Enfin, la loi de 1933 sur les ajustements agricoles (*Agriculture Adjustment Act*) et celle de 1936 sur la protection des sols (*Soil Conservation Act*) vinrent aider les agriculteurs à survivre à la dépression.

Pour soutenir les personnes âgées et stimuler la consommation, l'administration Roosevelt fit voter une loi sur la sécurité sociale (*Social Security Act*, 1935). Des indemnités de chômage furent instaurées pour soulager les difficultés des travailleurs mis à pied temporairement. Une loi garantissant un minimum salarial (*Fair Labor Standard Act*) fut également votée ainsi qu'une autre sur la syndicalisation des ouvriers (*National Labor Relations Act*). On pensait qu'un mouvement syndical fort pourrait négocier plus efficacement des hausses de salaires et dégager un plus fort pouvoir d'achat, ce qui serait bénéfique à l'économie.

Les responsables de cette *nouvelle donne* cherchèrent également à jouer sur le pouvoir d'achat par la politique fiscale. Certains économistes comme Marriner Eccles combattirent avec acharnement en faveur de mesures de stimulation de l'économie par l'abaissement des taxes à la consommation (elles représentaient près de 60 % des recettes fiscales fédérales) et l'augmentation des impôts sur les revenus, les dons, les bénéfices des entreprises, les plus-values immobilières. On cherchait comment prendre de l'argent aux nantis, plus susceptibles de « surépargner », pour en donner davantage aux classes moyennes et travailleuses et aux pauvres, plus aptes à le dépenser et donc à dynamiser les ventes et la croissance économique[51].

Le *New Deal* fut, au mieux, une réussite partielle. En 1940, le taux de chômage oscillait autour de 15 %, chiffre évidemment fort inférieur à celui de 1933, où il avait atteint 24,9 %, mais qui laissait l'économie en situation de dépression[52]. En tout état de cause, les nombreux programmes de réforme de Roosevelt avaient installé l'État fédéral dans un rôle nouveau qui, depuis lors, est resté fermement enraciné dans les politiques publiques. Par la suite, l'État s'acquitterait d'une mission majeure dans la régulation des activités économiques du pays en s'efforçant de garantir des niveaux corrects d'emploi et de revenu, pour empêcher l'économie de trébucher.

Malgré les nombreux programmes gouvernementaux lancés tout au long des années trente aux États-Unis et ailleurs, les faiblesses chroniques du système industriel, qui avaient, au départ, précipité la crise économique, continuaient de ronger l'économie internationale. Seule la guerre mondiale allait sauver l'économie américaine. Dans l'année qui suivit l'entrée en guerre des États-Unis, les dépenses publiques passèrent de 16,9 à plus de 51,9 milliards de dollars. En 1943, les dépenses fédérales pour la guerre se montaient à 81,1 milliards de dollars. Le chômage, diminué de moitié en 1942, fut encore divisé par deux l'année suivante[53].

Le monde de l'après-guerre

Après la victoire sur le Japon, l'économie de guerre survécut sous la forme d'un gigantesque complexe militaro-industriel, un labyrinthe d'établissements financés par le Pentagone et qui finirent par dominer l'économie américaine. A la fin des années quatre-vingt, plus de 20 000 grandes entreprises produisaient sous contrat du matériel militaire ; 100 000 autres travaillaient en sous-traitance sur des projets du Pentagone[54]. La part du militaire dans la consommation totale des biens dépassa 10 % au cours des années Reagan-Bush. Le complexe militaro-industriel avait enflé dans des proportions tellement monstrueuses que, s'il s'était agi d'une nation distincte, il aurait pris place au treizième rang des puissances mondiales. Dans les années quatre-vingt, les États-Unis dépensèrent plus de 2,3 billions de dollars pour leur sécurité militaire. Sur 100 dollars d'investissements nouveaux, près de 46 allaient à la chose militaire[55].

Même soutenu par un complexe militaro-industriel insatiable, l'essor de l'après-guerre resta sous la menace d'un chômage technologique structurel dans les années cinquante et soixante : l'automatisation ne cessait décidément pas de progresser. Des produits nouveaux (en particulier la télévision et l'électronique grand public) permirent d'amortir le choc et d'offrir des emplois aux travailleurs éliminés par les machines dans d'autres branches industrielles. Le tertiaire gonfla aussi notablement, en partie pour combler le vide laissé par des millions de femmes qui n'étaient plus « au foyer » mais « au travail ». Les dépenses publiques continuèrent aussi de fournir des emplois et donc d'émousser les effets du chômage technologique. De 12 % du PNB en 1929, elles étaient passées à plus de 33,2 % en 1975[56].

La loi de programmation militaire des années cinquante sur les communications autoroutières (*National Defense Highway Act*), le plus onéreux des projets de travaux publics de l'histoire, engendra une nouvelle culture du bitume et du pavillon résidentiel qui dégagea de nouveaux gisements d'emploi dans tout le pays. Les programmes dits de la « Grande Société » (*Great Society*) des années soixante procurèrent du travail à d'innombrables pauvres gens, adoucissant à nouveau les conséquences négatives de la productivité galopante et du chômage technologique grandissant. La guerre froide et celle du Viêt-nam déversèrent davantage encore la manne publique dans les industries de défense et garantirent une expansion économique et des emplois à des foules de travailleurs qui, autrement, auraient été éliminés par les nouvelles technologies. En fin de compte, au milieu des années soixante-dix, plus de 19 % de l'ensemble des travailleurs américains relevaient du secteur public : l'État fédéral était devenu le plus gros employeur du pays[57].

Les nouvelles réalités

Les nouvelles réalités économiques du siècle qui approche rendent infiniment peu probable que le marché ou le secteur public puissent, une fois encore, préserver l'économie de la crue du chômage technologique et du fléchissement de la demande chez les consommateurs. L'informatique et les télécommunications menacent des dizaines de millions d'emplois dans les années à venir, et pourraient faire décliner sans remède de nombreuses activités et catégories d'emplois. Les thuriféraires de la technologie répliquent que les nouveaux produits et services de la révolution high-tech engendreront des emplois supplémentaires, et soulignent qu'au début de ce siècle l'automobile a certes envoyé le cheval et le cabriolet aux oubliettes de l'histoire, mais fait simultanément jaillir des millions d'emplois nouveaux. S'il est bien vrai que de nombreux produits et services de l'âge de l'information rendent obsolètes nombre d'autres qui les ont précédés, il est exact aussi que leur fabrication et leur fonctionnement nécessitent infiniment moins de travailleurs. Prenons par exemple ces fameuses autoroutes de l'information, qui sont une forme nouvelle et révolutionnaire de communication bidirectionnelle, capable d'apporter toute une gamme d'informations et de services directement au consommateur, en court-circuitant les canaux traditionnels de transport et de distribution. Elles emploieront un nombre croissant d'informaticiens, d'ingénieurs, de producteurs, d'auteurs et d'animateurs qui programmeront, superviseront et feront fonctionner les réseaux. Pourtant, ce ne sera qu'une bien maigre foule en regard des millions d'employés des secteurs de la distribution de gros et de détail dont les emplois, devenus sans objet, seront balayés par ce nouveau média.

Dennis Chamot, ancien dirigeant du syndicat des techniciens et cadres de la centrale AFL-CIO, mentionne l'autre exemple tout aussi accablant des biotechnologies, l'une des plus récentes industries de croissance de la révolution high-tech. L'administration Clinton et tout particulièrement le vice-président Al Gore ont souvent présenté les biotechnologies comme le prototype des industries nouvelles capables de créer des catégories d'emplois entièrement inédites, dont un bon nombre n'étaient même pas imaginables il y a simplement dix ans. Mais si ces catégories sont nouvelles, les volumes d'emploi sont réduits en raison du caractère très capitalistique de ces activités. La biotechnologie a généré moins de 97 000 emplois ces dix dernières années. Chamot nous rappelle que « deux fois plus d'emplois ont été éliminés par les licenciements massifs de la seule année [1993] ». Pour réduire le chômage d'un petit 1 % seulement, dit Chamot, « il nous faudrait inventer, en un clin d'œil, quelque chose comme onze activités équivalentes aux biotechnologies » — une prouesse qui dépasse de très loin les capacités scientifiques, technologiques et économiques actuelles de notre société [58].

On admet assez volontiers dans les milieux d'affaires que les dernières innovations et activités liées à la haute technologie créent bien moins d'emplois qu'elles n'en remplacent. Mais on continue néanmoins de croire que les pertes sur le marché intérieur seront équilibrées par une augmentation de la demande étrangère et l'ouverture de nouveaux marchés au-delà des frontières. Les entreprises de taille mondiale sont aujourd'hui engagées dans une bataille féroce visant à supprimer les barrières douanières pour s'introduire dans des régions non encore exploitées, afin d'y trouver des marchés pour une production toujours croissante de biens et de services. Elles espèrent que de nouveaux débouchés pourront être créés suffisamment vite pour absorber le potentiel accru de production de la nouvelle révolution technologique. Murray Weidenbaum, ex-président du Bureau des conseillers économiques (Council of Economic Advisors) du président Reagan, affirme, avec d'autres, que les nouveaux marchés qui s'ouvrent en Asie et dans le Pacifique constitueront probablement une source nouvelle de pouvoir d'achat et de consommation pour les marchandises fabriquées en Amérique [59].

Les efforts des entreprises américaines pour créer de nouveaux marchés ne rencontrent pourtant que des succès limités pour la simple raison que l'essentiel de l'économie planétaire est soumis aux mêmes contraintes technologiques et économiques. En Europe, au Japon et dans un nombre croissant de pays en développement, le *reengineering* et l'automatisation chassent le travail humain à un rythme toujours plus rapide et réduisent la demande effective dans quantité de pays.

Confrontés à des marchés anémiés tant à l'intérieur qu'à l'étranger, nombre de sociétés font appel à de nouvelles technologies consommant peu de main-d'œuvre, dans lesquelles elles voient un moyen de réduire les coûts et d'extraire davantage de profits à partir d'une base de recettes toujours plus étroite. « Les sociétés américaines, très sensibles aux coûts, cherchent en fait à remplacer le travail par des machines, au lieu d'acheter plus de machines et plus de travail », explique David Wyss, économiste chez DRS/McGraw-Hill, une société de consultants. Alors que les sociétés américaines ont dépensé en 1993 plus de 592 milliards de dollars en capitaux frais, le ministère du Commerce signale que moins de 120 milliards ont été consacrés à la construction d'usines neuves et de sites employant davantage de travailleurs. Le reste est allé à l'amélioration des rendements des installations existantes et a permis aux entreprises de maintenir leur production à l'identique avec des coûts moindres et moins d'employés. Bien évidemment, les économies se sont révélées très provisoires. Moins de travailleurs signifie moins de pouvoir d'achat pour l'économie dans son ensemble, un rétrécissement supplémentaire des marchés et des revenus potentiels [60].

La demande ayant sérieusement faibli du fait de la montée du chômage et du sous-emploi dans l'essentiel du monde industrialisé, les entreprises ont cherché une issue en facilitant les crédits à la consommation afin de stimuler le pouvoir d'achat. Les achats à tempérament, les prêts et les cartes de crédit sont devenus « monnaie courante » dans de nombreux pays industriels. Aux États-Unis seulement, la dette des ménages s'est accrue de 210 % pendant les années soixante et de 268 % pendant les années soixante-dix. Elle représente aujourd'hui plus de 4 000 milliards de dollars [61]. Si l'on en croit un rapport de 1994 de la Réserve fédérale, les familles des classes moyennes versent près du quart de leurs revenus à des établissements de crédit, soit un niveau notablement plus élevé qu'au cours de précédentes périodes d'embellie économique. Ces chiffres inquiétants ont poussé Lawrence B. Lindsey, de la Réserve fédérale, à estimer que « ce qui semble, pour notre pays tout entier, l'une des époques les plus fastes au plan financier paraît au contraire être l'un des moments les plus dangereux auxquels auront été confrontées d'importantes proportions de l'ensemble des ménages depuis bien des années [62] ». Le rapport poursuit en suggérant que les salariés des classes moyennes ont peut-être presque atteint les limites de leur capacité d'emprunt.

Dans le passé, lorsqu'une révolution technologique a menacé d'aboutir à une perte d'emplois généralisée dans un secteur économique donné, un nouveau secteur a toujours émergé, qui a absorbé la main-d'œuvre excédentaire. Il y a quelques dizaines d'années, les secteurs industriels émergents ont pu aspirer massivement des millions d'ouvriers agricoles et de petits paysans évincés par la mécanisation rapide de l'agriculture. Entre le milieu des années cinquante et le début des années quatre-vingt, le secteur tertiaire, en croissance rapide, a pu réemployer nombre d'ouvriers victimes de l'automatisation. Mais aujourd'hui, tandis que tous ces secteurs tombent sous les coups d'une restructuration et d'une automatisation rapides, aucune nouvelle branche « significative » n'est apparue pour résorber les millions de nouveaux chômeurs. L'unique secteur nouveau à l'horizon est celui du savoir, une nouvelle gamme d'industries et de champs professionnels de haut niveau qui ouvrent la voie à la nouvelle économie robotisée du futur. Ces nouveaux cadres hyperspécialisés, « manipulateurs d'abstractions » ou, en termes plus simples, travailleurs du savoir, viennent des domaines de la science, de l'ingénierie, de la gestion, du conseil, de l'enseignement, de la mercatique, des médias, des loisirs. Leur nombre continuera effectivement de croître mais restera faible par rapport à celui des travailleurs écartés par les prochaines générations de « machines pensantes ».

Se recycler — pour faire quoi ?

L'administration Clinton a mis tous ses espoirs dans la reconversion professionnelle de millions d'Américains en direction des emplois de haute technologie. Tel est à ses yeux l'unique moyen viable de réduire le chômage technologique et d'améliorer le bien-être économique de la population active. La Maison-Blanche envisage de consacrer plus de 3,4 milliards de dollars de financements fédéraux à la modernisation des programmes de formation existants et au lancement de nouveaux projets pour recycler plus de 2 millions d'Américains qui perdent chaque année leur travail[63]. Le ministre du Travail Robert Reich a fait le tour du pays pour convaincre tout un chacun de soutenir cette entreprise massive de requalification. Discours après discours, il a répété que les États-Unis sont entrés dans une nouvelle économie mondiale fortement concurrentielle et que, « pour y réussir, nos travailleurs doivent être plus instruits, hautement qualifiés et adaptables, mais aussi formés pour soutenir la comparaison avec le monde entier[64] ». Pendant que la Maison-Blanche plaide sa cause, des commentateurs, toujours plus nombreux, commencent à poser la question « Se recycler, pour faire quoi ? ». Les secteurs agricole, industriel et tertiaire, tous en train de s'automatiser et de se reconfigurer, jettent des millions d'Américains à la rue : la question de savoir où ces travailleurs évincés trouveront finalement des emplois après avoir appris un nouveau métier devient absolument vitale. Une étude de 1993 du ministère du Travail établit que moins de 20 % des personnes recyclées dans le cadre des programmes fédéraux de lutte contre le chômage réussissent à trouver un nouvel emploi leur apportant au moins 80 % de leur ancien salaire[65].

Les nouveaux emplois rémunérateurs qui apparaissent dans la toute nouvelle économie mondiale high-tech sont ceux du savoir. Il serait naïf de croire qu'une multitude de travailleurs en cols blancs ou bleus, qualifiés ou non, puissent être transformés en physiciens, informaticiens, techniciens supérieurs, biologistes moléculaires, consultants d'affaires, avocats, comptables et autres. Pour ne parler que de cela, les gouffres scolaires qui séparent les personnes en recherche d'emploi de la catégorie des emplois high-tech disponibles sont tels qu'aucun programme de recyclage ne saurait prétendre améliorer le niveau d'instruction des individus concernés au point qu'ils puissent correspondre à l'offre (limitée) d'emplois existant sur le marché. Charles F. Albrecht Jr, président de la société de consultants en ressources humaines Drake Beam Morin, explique qu'« une grande majorité des gens [chassés par la télématique et l'informatique] n'auront pas les bases indispensables ni les capacités pour se recycler ». La dure réalité, insiste-t-il, est que « les processus mentaux et la capacité d'initiative indispensables pour utiliser ces machines et les faire fonctionner ne sont pas à leur portée[66] ».

D'après une étude sur l'illettrisme chez les adultes aux États-Unis commandée par le ministère de l'Éducation, 90 millions d'Américains ont un niveau scolaire si bas qu'ils ne peuvent même pas « écrire une courte missive expliquant une erreur concernant une carte de crédit, trouver sur un horaire d'autobus une possibilité de départ un samedi, ou utiliser une calculatrice pour établir la différence entre un prix promotionnel et un prix courant[67] ». Actuellement, aux États-Unis, un adulte sur trois est fonctionnellement, marginalement ou totalement illettré. Plus de 20 millions d'Américains ne savent pas lire ou lisent moins bien qu'un enfant de cours moyen. Trente-cinq millions d'autres sont au-dessous du niveau de la classe de 3e. Jonathan Kozol, éducateur, souligne : « Hormis une poignée d'emplois de maison, ce n'est qu'à partir du niveau de la classe de 3e que l'on peut prétendre à un emploi qualifié[68]. » Pour ces personnes, l'espoir de bénéficier d'un recyclage professionnel ou scolaire pour trouver un emploi dans l'élite du savoir relève, disons-le, du fantasme. Et même si l'on se lançait dans une rescolarisation et des reconversions professionnelles à grande échelle, le nombre d'emplois disponibles dans l'économie robotisée du XXIe siècle ne suffirait pas à absorber les cohortes de travailleurs remerciés.

Le déclin du secteur public

Ces soixante dernières années, l'accroissement des dépenses publiques a été le seul moyen de « ruser avec la malédiction d'une demande incertaine », explique l'économiste Paul

Samuelson[69]. Depuis les années cinquante, l'économie américaine se caractérise par l'innovation technologique, la productivité croissante, le chômage technologique montant et une demande stagnante. Tous ces éléments ont contraint le gouvernement fédéral à adopter une stratégie de dépenses supérieures aux recettes pour créer des emplois, stimuler le pouvoir d'achat et dynamiser la croissance économique. Il en est résulté un budget fédéral déficitaire chaque année, à une seule exception près, depuis l'entrée en fonctions du président Kennedy en 1961[70].

En 1960, le déficit fédéral dépassait 59 milliards de dollars et la dette nationale s'établissait à 914,3 milliards. En 1991, il dépassait les 300 milliards et la dette, écrasante, approchait les 4 000 milliards. Le déficit a dépassé 225 milliards en 1993. Le gouvernement américain emprunte actuellement un dollar à chaque fois qu'il en dépense quatre. Le remboursement des intérêts de la dette nationale approchent les 300 milliards par an, soit plus de 20 % des dépenses publiques[71].

Les déficits fédéraux en hausse et la montée astronomique de la dette nationale ont convaincu l'opinion de la nécessité de rogner les dépenses. Des inquiétudes sur les déficits budgétaires et la démultiplication de la dette se font entendre aussi dans d'autres pays. Partout dans le monde, les États commencent à réduire leurs budgets pour s'attaquer au problème des déficits et des dettes nationales.

Aux États-Unis, les réductions budgétaires affectent à plus d'un titre la défense. Le complexe militaro-industriel, qui joua un rôle majeur dans le maintien de la prospérité économique du pays pendant plus d'un demi-siècle, subit aujourd'hui le contrecoup de la fin de la guerre froide. Son démantèlement soudain est largement dû à la désintégration de l'Union soviétique.

Dans les années quatre-vingt, le budget du Pentagone enfla de 5 % par an, pour atteindre 371 milliards de dollars en 1986. Pendant les années Reagan, le nombre des Américains travaillant pour la défense ou employés directement par les forces armées atteignit 6,7 millions de personnes, soit 5,6 % de la population active. Les dépenses militaires ont chuté de 26 % ces cinq dernières années pour aboutir à 267 milliards de dollars en 1993[72].

Entre 1989 et 1993, plus de 440 000 travailleurs des industries d'armement ont été congédiés. En outre, 300 000 militaires en uniforme et plus de 100 000 fonctionnaires civils du ministère de la Défense sont également partis. On estime qu'en 1997 le budget du Pentagone aura décru à moins de 234 milliards de dollars, soit 3 % du PIB. Il s'agira du plus petit budget de défense (par rapport au produit national) depuis Pearl Harbour. Une étude de la Réserve fédérale prévoit qu'entre 1987 et 1997 les coupes claires dans les budgets de la Défense pourraient amener une perte globale de 2,6 millions d'emplois [73].

Aux réductions des budgets de défense font écho d'autres projets gouvernementaux encore. Au début des années quatre-vingt, l'État fédéral employait 17,9 % de la main-d'œuvre totale des États-Unis. A la fin de cette même décennie, cette proportion était tombée à 16,4 % [74]. Le nombre des fonctionnaires devrait diminuer davantage encore d'ici à la fin du siècle, au fur et à mesure que les autorités fédérales et locales réduiront leurs activités et automatiseront leurs services.

Le gouvernement Clinton a déjà fait connaître son intention de « reconfigurer » l'administration publique en ayant recours à nombre des pratiques de gestion et des nouvelles technologies de l'information qui ont si spectaculairement augmenté la productivité dans le secteur privé. L'objectif, dans une première phase de restructuration, étant d'éliminer quelque 252 000 fonctionnaires, soit plus de 12 % de l'actuel personnel fédéral. Il est prévu aussi d'introduire des systèmes informatiques élaborés pour optimiser les pratiques d'achat et mieux répondre aux attentes des citoyens. Le gouvernement insiste tout particulièrement sur la réduction des effectifs de l'encadrement intermédiaire et estime que cet effort de reconfiguration constituera pour l'État et les contribuables une économie de plus de 108 milliards de dollars [75]. Soucieuses de ne pas rester à la traîne, les autorités locales et celles des États ont annoncé aussi leurs intentions de prendre le train du *reengineering* et promis davantage de productivité et des réductions de personnels conséquentes, dans un futur très proche.

Une part importante du zèle actuel à refréner les dépenses publiques et à réduire les déficits vient de la conviction que la réduction de ces derniers contribuera à abaisser les taux d'intérêt. Un coup de fouet à la consommation et aux investissements en résulterait. Certes, une baisse des taux d'intérêt stimulerait quelque peu le secteur du bâtiment et augmenterait les ventes d'automobiles, mais il faut s'attendre à un étouffement de cet effet par le chômage et la perte de pouvoir d'achat imputables à la réduction drastique des dépenses de l'État. Quant à la perspective que des taux d'intérêt plus bas puissent encourager les investissements, nombre d'économistes estiment que « l'investissement créateur d'emploi est davantage influencé par la demande du marché et les perspectives de bénéfices que par les taux d'intérêt[76] ». La baisse des taux est pratiquement inefficace lorsque les consommateurs ne sont plus assez nombreux pour acheter les produits qu'on leur propose.

Quelques économistes continuent de protester contre la philosophie officielle, et avertissent que de nouvelles réductions des dépenses publiques jetteront probablement l'économie dans un désordre pire encore, dont elle pourrait bien ne pas se remettre. Ceux-là partagent les conclusions d'une étude récente de la croissance économique à long terme : « Ce siècle n'a connu aucune période longue de croissance économique rapide qui ne soit allée de pair avec une croissance rapide des commandes de l'État[77]. » Gar Alperovitz, économiste, président du National Center for Economic Alternatives, note que si le déficit américain actuel tourne aux alentours de 4,8 % du PNB, la Grande-Bretagne présentait en 1983 un déficit de 4,4 % de son PNB ; le Japon, en 1979, était à 5,6 %. Au cours des deux guerres mondiales, le déficit américain a grimpé en flèche pour culminer à 27,7 % du PNB en 1919 et à 39 % à la fin de la Seconde Guerre mondiale. Alperovitz affirme que le déficit est moins à craindre que la rhétorique politique actuelle ne le suggère. Tout au contraire, observant les récentes surchauffes des temps de guerre, il considère qu'« une augmentation très substantielle (plutôt que symbolique) du déficit à court terme, parce qu'elle stimule une croissance forte, peut être récupérée les années suivantes par des hausses des prélèvements fiscaux, lorsque les affaires ont recouvré leur bonne santé et que les gens travaillent à temps plein ». Alperovitz admet cependant que « cette orientation ne manque pas de défenseurs réputés, mais sa faisabilité politique est, pour l'heure, réduite[78] ».

Malgré les preuves de plus en plus manifestes des effets déstabilisants de la révolution des hautes technologies, les dirigeants politiques continuent de brandir leur « percolateur », convaincus qu'ils sont, contre toute évidence, que les innovations technologiques, les gains de productivité et les chutes de prix engendreront une demande suffisante et conduiront à plus de créations que de pertes d'emploi. Pendant l'ère Reagan-Bush, les économistes de l'offre, comme George Gilder et David Stockman, furent prompts à embrasser la théorie de l'effet percolateur, prétendant que la clef de la croissance résidait dans les politiques de stimulation de la production. En 1987, l'Académie nationale des sciences reprit ces arguments dans son rapport prospectif sur « La technologie et l'emploi ».

En réduisant les coûts de production et par conséquent en abaissant le prix d'une marchandise donnée dans un marché concurrentiel, l'évolution technologique débouche fréquemment sur une augmentation de la demande, qui entraîne une augmentation de la production et par conséquent une demande de travail supplémentaire ; les conséquences pour l'emploi des réductions des besoins de main-d'œuvre du fait de l'évolution technologique sont ainsi compensées. Même lorsque la demande d'une marchandise dont le processus de production a été transformé n'augmente pas de façon significative après l'abaissement de son prix, les profits continuent de s'accumuler puisque les consommateurs peuvent utiliser l'argent économisé grâce aux réductions de prix pour acheter d'autres biens et services. Au bout du compte, c'est donc l'emploi qui augmente la plupart du temps. [...] L'histoire montre (et montrera certainement encore dans un avenir prévisible) que lorsque des procédés technologiques innovants ont réduit la quantité de travail nécessaire, cette diminution a été (et continuera d'être) contrebalancée par les effets positifs sur l'emploi de l'augmentation de la production totale qui s'ensuit généralement [79].

Certes, l'administration Clinton n'évoque pas ouvertement l'« effet de percolation », mais elle continue de suivre un programme économique essentiellement fondé sur ses postulats. Postulats qui deviennent de plus en plus suspects, voire dangereux. Dans un monde où les progrès technologiques promettent des avancées extraordinaires de la productivité et de la production matérielle tout en marginalisant ou en éliminant des millions de travailleurs du processus économique, le concept de diffusion par percolation semble naïf, pour ne pas dire inepte. S'agripper à ce paradigme économique suranné dans une ère nouvelle postindustrielle, post-tertiaire, pourrait se révéler désastreux pour l'économie mondiale et la civilisation, au XXIe siècle.

Si la théorie de l'effet percolateur a dominé la pensée des responsables économiques et politiques pendant l'essentiel de ce siècle, une autre perspective, très différente, sur le rôle des technologies s'est emparée des esprits. Les partisans de l'esprit d'entreprise et du marché ont certes toujours considéré les nouvelles technologies comme un moyen d'engendrer des augmentations de production, des profits plus élevés et de plus en plus de travail. Mais l'opinion caresse depuis longtemps un tout autre espoir : un jour la technologie remplacera le travail des hommes et les libérera, leur offrira une vie de plus en plus consacrée aux loisirs. Ce rêve ne provient pas des œuvres arides des économistes politiques, mais des écrits millénaristes d'auteurs populaires et autres essayistes américains. Leurs peintures saisissantes d'un paradis technologique futur, libéré du labeur et de ses tâches éreintantes, a captivé les imaginations de générations successives de pèlerins en quête d'un nouveau paradis terrestre.

Ces deux conceptions très différentes de la relation de la technologie au travail deviennent de plus en plus conflictuelles à la veille de la nouvelle révolution des hautes technologies. La question est de savoir si les technologies de la troisième révolution industrielle concrétiseront le rêve des économistes d'une production et d'un profit sans limite ou bien l'aspiration des gens à davantage de loisirs. Et la réponse sera pour une large part donnée par celle de ces deux visions du futur de l'humanité qui apparaîtra suffisamment irrésistible pour attirer à elle les énergies, les talents et les passions de la génération montante. Le projet des entrepreneurs nous garde prisonniers d'un monde de relations marchandes et de considérations commerciales. Son rival, défendu par de nombreux et célèbres utopistes américains, nous amène dans une ère nouvelle où la dynamique du marché serait modérée par les sentiments solidaristes d'une société éclairée.

Aujourd'hui, nombre de gens, hébétés, ne parviennent pas à

comprendre comment les ordinateurs et autres nouvelles technologies de l'information, qu'ils avaient tant appelés de leurs vœux émancipateurs, semblent plutôt maintenant se transformer en monstres mécaniques, en baisses de salaires, en emplois engloutis et en moyens d'existence menacés. On a longtemps fait croire aux travailleurs américains qu'en étant de plus en plus productifs ils finiraient par s'émanciper d'un labeur incessant. Aujourd'hui, pour la première fois, ils se mettent à soupçonner que les gains de productivité mènent souvent non pas à davantage de loisirs, mais à la file des chômeurs. Pour comprendre comment les rêves de lendemains meilleurs ont pu se métamorphoser si vite en un cauchemar technologique, il est nécessaire de revenir aux racines utopistes d'une autre vision technologique américaine, celle qui promettait un avenir libéré du besoin, du dur labeur et des exigences implacables du marché.

3

Le rêve d'un paradis technologique

Chaque société crée une image idéalisée du futur — une vision qui l'éclaire comme un phare et oriente l'imagination et l'énergie de ses membres. Les anciens Juifs priaient pour leur délivrance en invoquant une terre promise où coulaient le lait et le miel. Plus tard, les clercs de la chrétienté offraient la promesse du salut éternel dans le royaume des cieux. Dans les temps modernes, l'idée d'une utopie technologique a servi de vision d'avenir à la société industrielle. Pendant plus d'un siècle, des rêveurs utopistes et des hommes et des femmes de lettres et de science ont tourné leurs espoirs vers un monde futur où les machines remplaceraient le travail humain, créant une société d'abondance et de loisir où le travail serait rendu presque inutile.

Nulle part cette utopie technologique n'a suscité tant de ferveur qu'aux États-Unis. C'est sur le sol intellectuel fertile de la jeune Amérique que deux grands courants philosophiques ont convergé pour créer une unique et nouvelle image du futur. Le premier de ces courants insistait sur le royaume des cieux et la rédemption éternelle, le second invoquait les forces de la nature et les mécanismes du marché. Dès le premier siècle de l'histoire de la nation américaine, ces deux puissantes orientations philosophiques ont œuvré main dans la main pour la conquête du continent. Avec la fermeture officielle de la frontière en 1890, les énergies millénaristes et utilitaristes qui avaient si nettement caractérisé l'esprit de l'Ouest se virent réorientées vers une nouvelle frontière — celle de la science et de la technologie

modernes. Cette inflexion coïncidait avec les vastes bouleversements économiques qui suivirent la guerre de Sécession et qui
firent passer la société américaine d'une civilisation rurale à une
civilisation urbaine et d'une économie agricole à une économie
industrielle.

Le dernier quart du XIXᵉ siècle vit le rapide développement
d'une avalanche de nouvelles découvertes scientifiques qui
allaient complètement transformer le paysage et la conscience
de l'Amérique. La plus importante de ces découvertes fut la maîtrise de l'énergie électrique. Si le grand accomplissement des
pionniers de l'Ouest avait été la traversée d'un continent et la
transformation d'une étendue sauvage en plaine civilisée, les
nouveaux pionniers — les savants et les ingénieurs — revendi-
quaient d'avoir dompté une force de la nature plus primordiale
encore : l'électricité. Cent ans après que Benjamin Franklin
s'était pour la première fois mesuré à ces forces primitives,
Alexander Graham Bell et ses disciples réussissaient à maîtriser
ce fluide puissant et énigmatique et à le coloniser au service de
la nouvelle frontière technologique. Grâce à l'électricité, les plus
vastes distances pouvaient être franchies en un instant. La durée
pouvait être réduite à l'état de quasi-simultanéité. Le télégraphe
et le téléphone, la batterie électrique, le cinéma et, plus tard, la
radio en étaient d'audacieuses extensions, dotant l'être humain
de pouvoirs presque divins sur le temps, l'espace et la nature.

En 1886, l'électricité éclaira pour la première fois les vitrines
des magasins de New York. Les spectateurs de ce prodige en
furent fascinés. L'*Electrical Review* évoqua la réaction des passants
à cette brillante illumination : « Ils s'agglutinaient et papillon-
naient alentour comme des phalènes autour d'une lampe à huile
[...] la demande d'éclairage s'est étendue rapidement, au point
qu'actuellement, à peine la lumière électrique fait son apparition
dans un endroit d'une ville américaine, elle s'étend de magasin
en magasin et de rue en rue[1]. »

Le nouveau médium était si puissant que les savants et les
ingénieurs prédirent que son usage généralisé ferait reverdir les
villes, comblerait le fossé entre les classes sociales, permettrait de
produire une abondance de nouveaux biens, étendrait la durée
du jour jusqu'au cœur de la nuit, guérirait les maladies de la
vieillesse et apporterait la paix et l'harmonie au monde[2]. Leur

optimisme sans réserves reflétait l'atmosphère de l'époque. Les États-Unis étaient en train de prendre la tête de la révolution industrielle en cours. Dans de petits ateliers de fortune dispersés à travers tout le pays, des bricoleurs souvent sans la moindre instruction s'affairaient à expérimenter un nombre incroyable d'engins mécaniques et électriques, dans l'espoir d'accélérer les échanges et d'améliorer les performances industrielles. Les machines qui, jadis encore, passaient pour des nouveautés étaient en train de devenir une composante omniprésente et essentielle du nouveau mode de vie « moderne ».

La machine, qui avait déjà un impact économique important, devint une icône culturelle au cours du dernier quart du XIXᵉ siècle. La vision mécaniste du monde avait déjà été intronisée depuis longtemps par les hommes de science en tant que métaphore essentielle du cosmos. René Descartes, le philosophe et mathématicien français, fut le premier à avancer l'idée radicale que la nature était une machine. Dans l'univers utilitariste de Descartes, Dieu le berger bienveillant et compatissant de la chrétienté était remplacé par Dieu le technicien froid et lointain qui avait créé et mis en branle un univers mécanique qui n'était qu'ordre, prévisibilité et mouvement perpétuel. Descartes priva la nature de sa vie en réduisant tant la création que les créatures à des êtres mathématiques et mécaniques. Il alla même jusqu'à décrire les animaux comme des « automates sans âme » dont les mouvements étaient à peine différents de ceux des pantins automatiques qui dansaient sur l'horloge du clocher de la cathédrale de Strasbourg[3].

Bien qu'assez populaire en tant que métaphore scientifique, la vision mécaniste du monde n'eut que peu d'influence sur l'opinion américaine pendant les trois premiers quarts du XIXᵉ siècle. Beaucoup moins que les métaphores organiques qui évoquaient le passé agricole romantisé de l'Amérique et les métaphores religieuses qui parlaient à son sentiment longuement éprouvé d'un avenir messianique. La transition d'un mode de vie rural à un mode de vie industriel fournit le nouveau contexte social au sein duquel la vision mécaniste du monde allait s'épanouir.

La technologie devint la nouvelle divinité laïque, et la société américaine fut rapidement amenée à remodeler sa propre conscience de soi à l'image de ses nouveaux et puissants outils.

Scientifiques, éducateurs, écrivains, politiciens et hommes d'affaires commencèrent à reformuler l'image et la nature de l'homme en termes mécanistes, à penser le corps humain et toute la création comme des machines compliquées dont les principes opératoires et les performances reflétaient ceux des machines les plus sophistiquées de l'industrie moderne. Il ne fait pas de doute que de nombreux Américains partageaient le point de vue de l'essayiste et critique social Thomas Carlyle qui, près d'un siècle auparavant, avait écrit à propos de la nouvelle culture technologique : « Si nous devions caractériser cette époque par une seule épithète, nous serions tenté de l'appeler non pas l'âge héroïque, l'âge philosophique ou l'âge moral, mais avant tout l'âge mécanique. C'est l'âge de la machinerie dans tous les sens, intérieurs et extérieurs, de ce terme. [...] Les hommes sont devenus mécanique de cœur et de tête, non moins que par le travail de leurs mains[4]. »

Le « cadre de référence technologique » devint un trait permanent de la vie américaine, enfermant plusieurs générations successives dans une vision du monde qui glorifiait la culture des machines et attribuait une nature technique à tout ce qui était vivant et faisait partie du monde organique. Dans cette nouvelle époque, les êtres humains commencèrent à se penser eux-mêmes comme des outils — de simples instruments de production. Cette nouvelle image de soi renforça le *modus operandi* de l'économie industrielle naissante, dont la première préoccupation était d'être productive. En moins d'un demi-siècle, l'utopie technologique avait réussi à transformer les masses américaines de fantassins du Seigneur en facteurs de production, et d'êtres sensibles créés à l'image de Dieu en outils façonnés à l'image des machines.

Les ingénieurs de l'utopie

Les prosélytes de la nouvelle vision technologique du monde étaient les auteurs de science-fiction populaires du moment. Entre 1883 et 1933, des douzaines d'auteurs américains de souche produisirent force romans à quatre sous exaltant les vertus d'un futur royaume terrestre, une utopie technologique de plaisirs matériels et de loisirs illimités. Du jour au lendemain, une plèbe affamée embrassait cette nouvelle théologie laïque. La vision chrétienne immémoriale d'un salut éternel trouvait une version affadie dans cette nouvelle croyance en un paradis terrestre. Les nouveaux dieux étaient les savants et les techniciens qui, grâce à leur ingéniosité et à leur compétence, pouvaient faire des miracles et nous faire pénétrer dans un royaume millénaire gouverné par la rigueur du calcul mathématique et de l'expérimentation scientifique. En compensation de leur dur labeur et de leur foi durable dans les principes de la science et les pouvoirs miraculeux de la technologie, les citoyens pouvaient envisager le jour point trop lointain où ils accéderaient à la nouvelle utopie : un monde technologisé où leurs espoirs et leurs rêves seraient enfin réalisés.

Le principal apôtre du nouveau royaume technologique était Edward Bellamy, dont le livre *Looking Backward : 2000-1887*, publié en 1888, devint un best-seller et convertit en un tour de main des millions d'Américains au nouvel évangile du salut par la technologie. Parmi les auteurs de science-fiction populaires de l'époque, on compte aussi par exemple George Morrison et Robert Thurston, tous deux ingénieurs des travaux publics. Le fabricant de voitures à cheval Charney Thomas et l'éminent inventeur King Camp Gillette faisaient également partie des auteurs de science-fiction les plus en vogue. Les titres de ce nouveau type d'ouvrages ont souvent une résonance millénariste, évoquant par là une connexion intime avec la tradition chrétienne évangéliste qui a inspiré deux grands mouvements d'enthousiasme (littéralement, les « grands réveils », *great awakenings*) religieux dans l'histoire de l'Amérique, et dont l'énergie a contribué à la colonisation de ce grand continent. *Perfecting the Earth*, de Charles Woolridge, *The New Epoch*, de George Morrison, *The Great Awakening*, d'Albert Mervill, et *The Golden Age*, de Fred Clough, sont parmi les titres les plus acclamés. D'autres ouvrages exploitaient une veine plus économique que religieuse, en lien avec l'autre grande tradition de l'Amérique, l'utilitarisme : citons par exemple *The Milltillionaire*, de Albert Howard, *The Day of Prosperity*, de Paul Devinne, et *Life in a Technocracy*, de Harold Loeb[5].

Les utopistes technologiques réussirent à fusionner la conception chrétienne du salut éternel et l'ethos utilitariste américain en une nouvelle synthèse culturelle particulièrement efficace. L'idée que la science et la technologie — maîtrisées par une nation de travailleurs fidèles et dévoués pétris de l'éthique moderne du travail — nous ouvriraient les portes d'un royaume terrestre d'abondance et de loisir continue à être un paradigme économique et social dominant de nos jours.

Les images du futur présentées par ces premiers auteurs de science-fiction continuent à frapper l'imagination et sont étonnamment peu affectées par le temps. Nombre de ces écrivains concevaient le nouveau paradis terrestre comme une série de mégalopoles — d'immenses zones urbaines et suburbaines irradiant en cercles concentriques jusqu'à un millier de kilomètres à partir d'un noyau central. Dans *The Milltillionaire*, Albert Howard divisait les États-Unis en vingt mégalopoles de ce type, chacune d'entre elles étant alimentée par la « puissante énergie de l'électricité[6] ».

Au centre de ces grandes cités, des centaines de gratte-ciel géants s'élançaient vers le ciel comme autant de cathédrales. A la vue de trente-six mille édifices de ce type, palais de marbre entourés de larges avenues ornées de fleurs et de frondaisons magnifiques, un visiteur d'une de ces utopies ne peut s'empêcher de demander : « Pouvez-vous imaginer la beauté infinie d'une telle conception[7] ? »

Ces grandes mégalopoles étaient conçues par leurs créateurs comme des machines sociales, méthodiquement planifiées, rationnellement organisées et efficacement gérées pour le bien de tous leurs habitants. Tout comme les principes mathématiques selon lesquels elles étaient bâties, les mégalopoles étaient nettes et ordonnées. Leur environnement était propre, voire aseptisé, répondant au caractère synthétique de cette nouvelle nature artificielle. C'est l'électricité, source silencieuse, invisible et pure de toute énergie, qui anime la machine sociale. Un habitant de l'utopie en décrit les caractéristiques : « Nos dispositifs sanitaires et nos laboratoires sont ce qu'il y a de mieux, et d'accès très facile ; nos routes sont bien pavées ; la fumée et les cendres nous sont inconnues car l'électricité remplit tous les usages pour lesquels on devait jadis faire brûler des feux ; nos bâtiments et notre mobilier, faits de verre et d'aluminium, sont nettoyés par une machinerie de précision qui opère automatiquement. Les moindres parcelles de matière impure sont éliminées par le plus puissant des désinfectants, l'eau électrifiée, qui est projetée sur nos murs et pénètre la moindre fente et la moindre fissure[8]. »

Tout, dans la nouvelle utopie technologique, est sous le contrôle de l'œil vigilant de la science. Même le climat est contrôlé technologiquement par de puissantes machines. « Nous exerçons un contrôle absolu sur le temps », déclare un utopien[9].

Dans les nouvelles utopies, la production est automatisée. Dans *The Golden Age*, Fred Clough décrit une visite à une usine presque sans travailleurs : « Lors de leur tournée d'inspection, ils [les visiteurs de l'utopie] pouvaient contempler un spectacle magnifique ; sur des hectares entiers, de merveilleuses machines opéraient en silence et à la perfection[10]. » Dans ces mondes du futur, « presque toutes les professions [...] sont industrielles[11] ». Les enfants sont formés aux métiers techniques dès leur plus jeune âge et sont voués à devenir savants, ingénieurs et techniciens du nouvel ordre technologique.

Les utopistes technologiques décrivaient ce à quoi ressemblerait la vie quotidienne dans le nouvel Éden. Pratiquement tous leurs récits parlent des nombreuses nouvelles machines qui économiseront du temps et du travail et qui libéreront les gens pour leur offrir une vie de plus en plus consacrée aux loisirs. Bien entendu, toutes ces machines tirent leur énergie du miracle de l'électricité. Les auteurs de science-fiction ont prédit avec justesse l'invention des machines à laver et des sèche-linge, des aspirateurs, des climatiseurs, des réfrigérateurs, de l'évacuation automatique des ordures et même des rasoirs électriques. Des tubes pneumatiques souterrains relieraient entre eux les usines, les entrepôts, les détaillants et les clients et achemineraient vingt-quatre heures sur vingt-quatre les marchandises dans tous les foyers et dans les recoins les plus éloignés des mégalopoles. Le pneumatique souterrain, déclare un citoyen d'utopie, est « comme un gigantesque moulin dans la hotte duquel les marchandises sont constamment déversées par trains et bateaux entiers et qui ressortent à l'autre bout en paquets correspondant au kilo ou au gramme près, au mètre ou au centimètre, au litre ou au centilitre, à l'immense variété et complexité des besoins personnels d'un demi-million de consommateurs[12] ».

Toutes ces inventions, prétendaient les nouveaux utopistes, signifiaient la délivrance de « toutes les contrariétés » des travaux ménagers et du travail. L'objectif du nouvel ordre était d'employer ces technologies de plus en plus sophistiquées au service de « tout ce que l'esprit d'entreprise peut imaginer comme confort, économie, commodité et moyen de se libérer des soucis de la vie[13] ».

La plupart des utopistes technologiques pensaient que leur vison du futur serait réalisée aux États-Unis et ailleurs en moins d'une centaine d'années. Ils étaient persuadés que la science et la technologie remplaceraient l'inspiration et l'intervention divines, créant une nouvelle théologie laïque plus puissante que tout ce qu'avaient pu concevoir les hommes d'Église. Dans un de ces romans, le protagoniste déclare : « L'éternité est déjà là. Nous vivons en son sein. » Un autre citoyen de l'utopie proclame audacieusement : « Le paradis descendra sur terre[14]. »

Si les romanciers populaires firent beaucoup pour répandre la « bonne parole » en convertissant un nombre infini de lecteurs à leur rêve technologique, c'est la complexe mise en scène des grandes expositions internationales qui stimula le plus les foules américaines. Plusieurs d'entre elles furent organisées aux États-Unis, à commencer par celle de Chicago en 1893, et jusqu'au point culminant constitué par l'Exposition internationale de New York en 1939-1940. Ces manifestations attiraient des millions de visiteurs. Elles jouaient toutes fortement sur les thèmes promus par les auteurs de science-fiction de l'époque. Le message central des expositions internationales était que les frontières de la science et la technologie étaient repoussées toujours plus loin : leurs progrès civilisaient le monde sauvage, domestiquaient les forces de la nature, canalisaient les facultés des êtres humains et adaptaient la culture aux dures exigences du credo technologique. Des expositions parrainées par l'État et les entreprises privées offraient au public un premier aperçu en trois dimensions de l'avenir technologique stupéfiant qui l'attendait. Cette vision et ces perspectives captivèrent des générations d'Américains, faisant d'eux des vrais croyants de l'ère du Progrès.

Pendant les années trente, en pleine crise, les expositions jouèrent un rôle encore plus important. Préoccupés par la montée du chômage et l'agitation sociale, les organisateurs étaient soucieux de remonter le moral d'une opinion quelque peu déprimée et se servirent de ces événements pour faire passer l'idée que la nouvelle utopie était à portée de main. L'Exposition internationale de New York fut bâtie autour du thème du « Monde de demain » pour souligner l'imminence de la nouvelle société technologique. Les nombreuses expositions présentaient des prototypes de nouveaux appareils ménagers, des systèmes de transports sophistiqués et de nouveaux moyens de communication, dont la télévision, qui allait rapidement être mise sur le marché. L'objectif des organisateurs était de d'insuffler un nouvel espoir aux visiteurs, de stimuler leur désir de lendemains meilleurs et de raviver en eux l'esprit du progrès technologique, ce catéchisme laïque qui avait si bien servi à motiver les foules pendant deux générations.

Sur l'arcade surmontant la porte d'entrée de l'Exposition de New York étaient inscrits ces mots : LA SCIENCE EXPLORE, LA TECHNOLOGIE EXÉCUTE, L'HOMME S'ADAPTE. Pour le prix du ticket d'entrée, les visiteurs étaient éblouis par les panoramas technologiques proposés à leur vue. Leur foi en la science et la technologie serait récompensée par un avenir d'abondance et de loisir — la technologie serait le nouvel esclave, délivrant l'humanité qui pourrait alors se consacrer au jeu, à la flânerie ou à de plus hautes exigences.

Anticipant la révolution de l'automation des années cinquante et soixante, Chrysler proposait aux visiteurs un film expérimental intitulé *In Tune with Tomorrow*, qui montrait le montage d'une automobile Plymouth. Projeté en trois dimensions, ce film d'animation montrait des valves et des ressorts lancés dans une danse endiablée, un vilebrequin qui s'adaptait tout seul sur le bloc-moteur et « quatre pneus qui chaloupaient en chantant "ma carrosserie est quelque part dans l'usine" sur l'air de *My Bonnie Lies Over the Ocean*[15] ». Derrière l'humour et le divertissement, le message était clair : l'automatisation des chaînes de montage était pour bientôt, et elle changerait à jamais notre façon d'envisager le travail.

Pour les Américains des premières décennies du XXe siècle,

cette vision nouvelle d'une utopie technologique fut un puissant cri de ralliement. Les immigrants, tout comme les citoyens nés sur le sol des États-Unis, étaient impatients de se joindre à la marche vers la terre promise, la nouvelle utopie qui les attendait juste au-delà de l'horizon scientifique. Dans les années vingt, Walter Lippmann écrivait que « les miracles de la science semblent être inépuisables ». Le nouveau Moïse qui mènerait le peuple élu à la terre où coulent le lait et le miel ne serait plus un homme de Dieu, mais plutôt un homme de science. « Rien de surprenant, disait Lippmann, à ce que les hommes de science aient acquis une bonne partie de l'autorité intellectuelle que les hommes d'Église exerçaient jadis. Les savants, bien entendu, ne parlent pas de leurs découvertes comme de miracles. Mais pour l'homme de la rue, elles revêtent largement le même caractère[16]. »

Le culte de l'efficacité

Tous les utopistes technologiques partageaient l'obsession du pouvoir créateur et rédempteur de l'efficacité, obscure valeur chronométrique d'origine anglaise, jadis imprégnée de signification religieuse, qui s'était transformée en une puissante valeur laïque dans la nouvelle culture mécaniste. Un usage plus efficace des machines et un usage plus efficace du temps, croyaient-ils, déboucheraient sur un avenir sans travail caractérisé par une énorme abondance matérielle et un temps libre illimité.

Cette conception moderne de l'efficacité émergea au cours du XIXᵉ siècle à la suite des expérimentations faites dans le nouveau champ scientifique constitué par la thermodynamique. Les ingénieurs qui faisaient fonctionner des machines à vapeur commencèrent à utiliser le terme d'« efficacité » pour mesurer les flux et les pertes entropiques d'énergie. Le terme en vint à désigner le rendement maximal obtenu dans le temps le plus bref possible, en exploitant la moindre quantité possible d'énergie, de travail et de capital.

Le principal responsable de la popularisation du concept d'efficacité dans le processus économique fut Frederick

W. Taylor. Ses principes du « management scientifique », publiés en 1895, devinrent la référence obligée en matière d'organisation du travail — et bientôt en matière d'organisation sociale en général. L'historien de l'économie Daniel Bell dit de lui que « si on doit pouvoir attribuer quelque bouleversement social à un seul homme, alors la logique de l'efficacité comme mode de vie est due à Taylor[17] ».

A l'aide d'un chronomètre, Taylor réduisit les différentes tâches de travailleurs à leurs plus petites composantes opérationnelles repérables, puis les mesura pour obtenir le temps de travail minimal nécessaire pour une tâche donnée sous des conditions opératoires optimales. Ses recherches permirent de calibrer la performance des travailleurs à la fraction de seconde près. En calculant les durées moyennes et les durées optimales de toutes les composantes des tâches ouvrières, Taylor put formuler des recommandations concernant les aspects les plus ténus de l'exécution des tâches de façon à économiser de précieuses secondes, voire fractions de seconde. Le management scientifique, écrit Harry Braverman, « est l'étude organisée du travail, la réduction analytique du travail à ses plus simples éléments et l'amélioration systématique de leur exécution par les travailleurs[18] ».

L'efficacité finit par dominer les lieux de travail et la vie tout entière de la société moderne, en grande partie grâce à son adaptabilité tant à la machine qu'à la culture humaine. Cette façon de mesurer le rapport entre l'*input* et l'*output* d'énergie et de vitesse dans les machines pouvait facilement être adaptée au travail humain et aux activités de toute la société. Sous son empire, chaque force et chaque activité se retrouvèrent soumises à des objectifs productifs et utilitaires. Dès lors, les êtres humains et les machines se verraient attribuer une valeur conforme à leur efficacité relative. En 1912, les éditeurs de *Harper's Magazine* écrivaient : « De grandes choses sont en train de s'accomplir dans le développement de ce pays. Avec l'extension du mouvement vers une plus grande efficacité, une ère nouvelle et meilleure de notre vie nationale a commencé[19]. »

La manie de l'efficacité s'empara de l'Amérique au cours des années vingt et trente. Nombreux étaient ceux qui pensaient qu'en devenant plus efficaces, ils pourraient réduire la quantité d'effort personnel nécessaire pour accomplir une tâche et par conséquent obtenir plus de richesses et de temps libre. Des comités pour l'efficacité furent établis dans les bureaux, les usines, les écoles et les institutions publiques à travers le pays tout entier.

Les réformateurs prônaient une approche plus rationnelle du fonctionnement du marché, fondée sur les principes du management scientifique. Les économistes de l'époque commencèrent à penser la mission de l'entreprise tant en termes de stimulation du progrès technologique et des objectifs d'efficacité que d'obtention de profits pour les actionnaires. John Kenneth Galbraith devait plus tard résumer cette nouvelle tendance à la compétence technologique et à l'efficacité productive dans son livre *Le Nouvel État industriel*. Il annonçait que, dans les entreprises géantes, le pouvoir était passé des actionnaires à la « techno-structure ». Galbraith soutenait que la complexité croissante de l'entreprise moderne, accompagnée de l'introduction de technologies de plus en plus sophistiquées, exigeait des « talents spécialisés » et une nouvelle race de managers à l'esprit scientifique qui sauraient mieux gérer ces organisations comme les machines efficaces qu'elles étaient en train de devenir[20].

Les progressistes de l'époque en appelaient à la dépolitisation de l'État et à l'introduction des principes du management scientifique dans les politiques publiques au niveau national et local. De nouveaux organismes régulateurs, dont la Federal Communications Commission et la Securities and Exchange Commission, furent créés dans les années trente dans le but de protéger les domaines que de nombreux réformateurs considéraient comme d'ordre purement administratif des manipulations et des intrigues des politiciens traditionnels. Ces réformateurs pensaient qu'une nouvelle génération de managers professionnels allait remplacer les décideurs nommés par les politiques à travers la structure tout entière de l'administration, rendant ainsi l'État plus scientifique et plus efficace. De nouvelles écoles professionnelles furent créées pour apprendre aux étudiants comment appliquer les principes du management scientifique aux politiques publiques, dans l'objectif de remplacer l'art de la politique par la science de l'administration.

Au niveau local, la planification urbaine devint populaire. Des centaines de villes créèrent des commissions et des organismes de planification pour coordonner plus efficacement le développement économique et résidentiel et faire fonctionner les services municipaux[21]. De nombreuses villes remplacèrent les maires par des urbanistes et des spécialistes — en général des architectes, des ingénieurs et autres, dont la fonction était de remplacer le vieux système de clientélisme et de favoritisme politique par une gestion rapide et efficace des services.

La croisade de l'efficacité atteignit tous les secteurs de la vie de l'Amérique, remodelant la société selon les critères chronométriques astreignants de la culture machinique et industrielle. Il ne fallut pas attendre longtemps pour que les magazines et la presse populaires commencent à faire pression sur le système éducatif américain, accusant ses enseignants et ses administrateurs de faire preuve d'une grossière inefficacité et de gaspiller la contribution productive potentielle de la prochaine génération de travailleurs. Le *Saturday Evening Post* s'alarma de l'existence « dans la gestion économique de nombreuses écoles d'une inefficacité qui ne serait pas tolérée dans le monde des bureaux et des ateliers[22] ». Au cours de l'été 1912, le *Ladies' Home Journal* publia un article cinglant sous le titre « L'école publique est-elle un échec ? », mettant au compte de méthodes d'éducation inefficaces, incapables de préparer les jeunes du pays à être des citoyens efficaces et productifs, toutes sortes de phénomènes, dont la montée du chômage, la faim, l'inceste et la débauche[23]. Cette même année, au congrès annuel des directeurs d'école, les participants se virent rappeler que « l'appel à l'efficacité se fait sentir aux quatre coins du pays, et cette exigence se fait chaque jour plus insistante[24] ».

Le dogme de l'efficacité était même importé jusque dans les zones les plus intimes de la vie quotidienne. En 1912, cette manie atteignit le foyer avec la publication d'un article du *Ladies' Home Journal* intitulé « Le nouvel art de la maîtresse de maison ». Son auteur, Christine Frederick, informait les ménagères de l'Amérique tout entière qu'il était temps de rendre les tâches ménagères plus efficaces et plus productives. Frederick confiait à ses lectrices qu'elle avait elle-même sans le savoir gaspillé un temps précieux en employant des méthodes inefficaces en matière de travail domestique. « Pendant des années, je ne me suis pas rendu compte que, rien que dans le lavage, j'accomplissais pas moins de quatre-vingts mouvements erronés, sans compter tous ceux qui concernent le tri, le séchage et le rangement[25]. » L'auteur demandait à ses lectrices : « Ne perdons-nous pas de temps à nous déplacer dans des cuisines mal rangées ? [...] Les activités ménagères ne pourraient-elles pas être organisées tâche après tâche, comme un train qui va de gare en gare[26] ? »

De la démocratie à la technocratie

Les valeurs des ingénieurs envahirent et transformèrent la culture américaine au cours des premières décennies du XXᵉ siècle. La fermeture de la frontière de l'Ouest et l'ouverture de la frontière technologique furent accueillies avec espoir et enthousiasme par tous les enfants du pays : les garçons échangèrent rapidement leurs pistolets et leurs chapeaux de cow-boys contre des jeux de construction. En 1915, la notice d'emploi d'un de ces jeux expliquait que « Erector est le seul jeu de construction dont les poutres ressemblent aux vraies structures matérielles utilisées dans les grands gratte-ciel, les bureaux, les usines et les édifices publics ». Le fabricant invitait les jeunes du pays à « construire des derricks, des ateliers de mécanique, des navires de guerre, des aéroplanes, des maquettes d'arches et de ponts célèbres, etc., qui peuvent être actionnés par un moteur électrique[27] ».

Le cow-boy, héros de l'Amérique d'après la guerre de Sécession, était désormais rejoint par un nouveau héros, l'ingénieur des travaux publics de l'ère technologique. Plus d'une centaine de films muets, ainsi qu'une quantité de best-sellers, le font alors apparaître dans ce rôle. Les romans de Tom Swift, destinés aux jeunes garçons, étaient pleins de références aux miracles de la science et aux merveilles des nouvelles technologies. En 1922, un sondage fait auprès de 6 000 lycéens montrait que 31 % des garçons désiraient devenir ingénieurs[28].

L'ingénieur, équipé des outils de l'efficacité, était le nouveau constructeur d'empire. Son œuvre majestueuse était omniprésente. Des gratte-ciel géants, des barrages et des ponts aux proportions imposantes étaient construits à travers tout le pays. Cecilia Ticht écrit que « l'ingénieur renouvela la mission spirituelle inscrite depuis plus de deux siècles et demi dans l'expérience nationale. Il promettait apparemment de faire entrer directement l'Amérique industrielle au paradis terrestre[29] ».

L'histoire d'amour entre l'Amérique et l'idéologie de l'efficacité attira l'attention des critiques de la société. H. L. Mencken n'épargna pas ses sarcasmes à un pays qui semblait devenir tout entier une nation d'ingénieurs. Les fabricants de matelas devenaient des « ingénieurs du sommeil », les esthéticiens étaient transformés en « ingénieurs cosmétiques », les éboueurs se désignaient désormais comme « ingénieurs de l'hygiène publique[30] ».

Si une indépendance farouche, l'audace et le bon sens étaient les valeurs les plus prisées de l'Ouest américain, l'organisation et l'efficacité étaient les nouvelles valeurs chéries par une Amérique de plus en plus urbaine et industrialisée. En 1928, le pays était prêt à élire son premier ingénieur à la Maison-Blanche : Herbert Hoover.

La conversion de masse aux nouvelles valeurs technocratiques fut si efficace que même le choc de la crise de 1929 ne dissuada pas les Américains de continuer à défendre leur utopie technologique. Ils choisirent plutôt de retourner leur colère et leur peur contre les hommes d'affaires avides qui, dans leur esprit, avaient sapé et contrecarré les objectifs élevés des nouveaux héros du pays : les ingénieurs. Un nombre appréciable d'Américains étaient d'accord avec la critique formulée avant même la crise par l'économiste et sociologue Thorstein Veblen qui, en 1921, avait rédigé une attaque frontale et caustique contre les hommes d'affaires américains. Veblen soutenait que l'avarice commerciale et l'irrationalité du marché sapaient l'impératif technologique et se traduisaient par des gaspillages et des inefficacités à une échelle monumentale. Il estimait que c'était seulement en confiant l'économie du pays aux ingénieurs professionnels — dont les nobles critères s'élevaient au-dessus des intérêts monétaires et de l'esprit de clocher — qu'on pouvait la sauver et transformer les États-Unis en un nouvel Éden. Veblen pensait que si « l'industrie productive du pays était organisée de façon compétente comme un ensemble systématique, et gérée par des techniciens compétents préoccupés par [...] la maximisation de la production de biens et de services au lieu, comme c'est le cas maintenant, d'être mal gérée par des hommes d'affaires igno-rants préoccupés par [...] la maximisation de leurs profits, la production actuelle de biens et de services serait sans aucun doute multipliée plusieurs fois[31] ».

Veblen envisageait un pays dirigé par des ingénieurs profes-sionnels qui, s'appuyant sur les critères d'efficacité les plus rigou-reux, élimineraient les facteurs d'inefficacité et géreraient le pays tout entier comme une mégamachine de précision. Plus tard, au pire moment de la dépression, un groupe de réformateurs qui s'étaient baptisés les Technocrates relancèrent l'exhortation de Veblen à l'Amérique en proposant de confier des pouvoirs quasi dictatoriaux aux ingénieurs. Les Technocrates manifestaient un dédain arrogant à l'égard de la démocratie et du suffrage popu-laire, soutenant que « toutes les conceptions philosophiques de la démocratie humaine et de l'économie politique [...] se sont révélées totalement inadéquates et incapables de contribuer en quoi que ce soit à l'élaboration d'un contrôle technologique à l'échelle du continent[32] ». Les partisans de la technocratie favo-risaient le « pouvoir de la science » plutôt que le « pouvoir de l'homme » et défendaient l'instauration d'un corps national — le *technate* — chargé de gérer les ressources du pays et de prendre des décisions concernant la production et la distribution des biens et des services dans le but d'assurer l'usage le plus efficace possible du capital naturel, humain et technique.

Les Technocrates sont à l'époque le mouvement politique qui est allé le plus loin sur la voie de l'intégration directe de l'utopie technologique dans le processus politique. Les leaders de ce nou-veau mouvement demandèrent au peuple américain de trans-former son rêve de lendemains meilleurs en réalité effective ici et maintenant : « Dans la technocratie, nous voyons la science bannir à jamais le gaspillage, le chômage, la faim et l'insécurité des revenus [...] nous voyons la science remplacer une économie de la rareté par une ère d'abondance [...] [et] nous voyons la compétence fonctionnelle se substituer à l'incompétence grotes-que et gaspilleuse, les faits aux conjectures, l'ordre au désordre, la planification industrielle au chaos industriel[33]. »

Le mouvement des Technocrates s'empara de l'imagination américaine en 1932. Le *Literary Digest* proclama que « la Technocratie fait fureur. Dans le pays tout entier on en parle, on l'explique, on s'en émerveille, on la loue, on la condamne[34] ». Son succès devait être de courte durée. Les querelles internes entre ses dirigeants entraînèrent l'éclatement du mouvement en factions hostiles. A cela s'ajoute le fait qu'avec l'ascension foudroyante d'Hitler au pouvoir et l'obsession fanatique du IIIe Reich pour l'efficacité technologique, de nombreux intellectuels, et plus d'un électeur, commencèrent à voir d'un autre œil l'appel des Technocrates à une dictature technologique aux États-Unis. La vision du monde technocratique souffrit une défaite encore plus décisive en 1945, quand des avions américains lancèrent des bombes atomiques sur les villes japonaises : le monde entier fut tout d'un coup contraint de percevoir le côté sombre de l'utopie technologique. La génération d'après-guerre fut la première à vivre avec la conscience permanente du pouvoir terrifiant de la technologie moderne : celui de détruire aussi bien que de créer l'avenir.

Le lancement d'un satellite spatial russe et la course au cosmos de la guerre froide dans les années cinquante et soixante ranimèrent la flamme de l'utopie technologique. Dans le monde entier, les jeunes se mirent à vouloir rivaliser avec les nouveaux héros de l'ère spatiale. Les garçons et les filles rêvaient de devenir un jour astronautes et de commander un vaisseau spatial, voguant vers les régions les plus lointaines de l'univers. Quand l'équipage du *Challenger* trouva brusquement la mort dans les flammes d'une explosion, sous le regard incrédule de millions d'enfants, la grande promesse de la science et de la technologie moderne subit une remise en question sans précédent, et avec elle nombre des espoirs et des rêves d'une génération qui, jusque-là, avait cru de toute son âme à l'utopie d'un futur paradis technologique.

Au cours des dernières années, d'autres accidents technologiques ont renforcé ce scepticisme général, altérant l'enthousiasme sans limite de jadis pour l'utopie technologique. L'énergie nucléaire, longtemps présentée comme la réponse donnée à une humanité en quête d'une source d'énergie peu coûteuse et efficace, se transforma en phénomène inquiétant et menaçant à la suite de l'accident de la centrale nucléaire de Three Miles Island et de la catastrophe de Tchernobyl. La menace croissante de la pollution planétaire a entamé encore plus l'utopie technologique, avec la conscience de plus en répandue à travers le monde des terribles coûts écologiques que les technologies modernes nous font payer au nom du progrès.

Mais si les menaces et les déceptions dont sont porteuses les technologies modernes se sont multipliées au cours des dernières années, ternissant l'image jadis irrésistible d'un avenir fondé sur la technologie, le rêve qu'un jour la science et la technologie libéreront l'humanité de sa vie de privation et de labeur et lui ouvriront les portes d'un paradis terrestre d'abondance et de loisir reste étonnamment vif et présent chez de nombreux membres des jeunes générations. Nos enfants rêvent de voyager à des vitesses calculées en nanosecondes le long de puissantes autoroutes de l'information, de pénétrer dans les mondes de la réalité virtuelle et du cyberespace, où ils pourront transcender les contraintes et les limites traditionnelles de l'espace-temps terrestre et devenir maîtres d'un univers délimité par la technologie. Pour eux, l'utopie technologique est aussi réelle et attirante qu'elle l'était pour la génération de leurs arrière-grands-parents il y a plus d'un siècle, quand leurs pensées se tournèrent pour la première fois vers la perspective d'un monde futur de confort et d'aisance construit par la technologie.

De nos jours, cette vision séculaire est à portée de main. Les technologies de l'information et la révolution de la communication renferment la promesse longtemps anticipée d'un monde presque sans travailleurs pour le prochain siècle. L'ironie de la chose, c'est que plus nous semblons approcher de l'accomplissement technologique de cette utopie, plus l'avenir nous apparaît sous le jour d'une anti-utopie. La raison en est que les forces du marché continuent à engendrer production et profit sans guère se soucier de pourvoir au temps libre des millions de travailleurs éliminés par la technologie.

L'ère de l'information high-tech est à nos portes. Son avènement produira-t-il une nouvelle et dangereuse version des hypothèses qui ont présidé au fonctionnement du percolateur technologique, et avec elles l'insistance permanente sur une production, une consommation et un travail sans limites ? Ou bien la révolution high-tech amènera-t-elle la réalisation de l'utopie millénaire du remplacement du travail humain par les machines, permettant ainsi à une humanité émancipée d'avancer dans une ère postmarchande ? Telle est la grande question qui se pose à un monde plongé dans une transition difficile vers une nouvelle période de son histoire.

II

La troisième révolution industrielle

4

Par-delà les technologies de pointe

La transition vers une société de l'information presque dépourvue de travailleurs est la troisième et dernière étape d'une grande mutation des paradigmes économiques, marquée par le passage des sources d'énergie renouvelables à celles qui ne le sont pas, et des sources d'énergie biologiques à celles de l'énergie mécanique. Tout au long de leur longue histoire, la survie des hommes fut intimement liée à la fécondité du sol et au déroulement des saisons. Le rayonnement solaire, le climat, les séquences écologiques conditionnaient toute économie sur terre. Le rythme de l'activité économique était déterminé par l'asservissement de l'énergie éolienne, hydraulique, animale et humaine.

A la fin de l'ère médiévale, plusieurs événements jetèrent les bases d'un ralliement généralisé de la vie économique à la puissance mécanique. En Angleterre, l'ouverture de nouvelles routes commerciales, une population croissante, l'émergence des grandes villes et d'une économie de marché firent gonfler les flux des échanges marchands et pesèrent lourdement sur la capacité de charge écologique du pays. L'abattage d'immenses étendues forestières pour construire la flotte royale, assurer les fournitures en potasse, en matériaux de construction et en bois de feu alors que la population augmentait dénuda les forêts et précipita une crise des approvisionnements à l'échelle du pays. Cette pénurie imposa l'adoption d'une nouvelle source énergétique jusqu'alors intouchée, le charbon. Au même moment à peu près, un Anglais du nom de Thomas Savory inventait une pompe à pression à vapeur qui allait permettre d'évacuer l'eau des mines souterraines. L'avènement simultané du charbon et de machines produisant de la vapeur marqua le début de l'ère économique moderne et la première étape d'un long périple qui allait voir le remplacement du travail humain par la puissance mécanique.

Pendant la première révolution industrielle, la vapeur servit à l'exploitation minière, à la production des textiles et à la fabrication manufacturière de toutes sortes de marchandises que l'on confectionnait jusqu'alors artisanalement. Le navire à vapeur remplaça la goélette et la locomotive à vapeur fit disparaître les chevaux attelés aux wagons : les méthodes de transport des matières premières et des produits finis s'améliorèrent formidablement. La machine à vapeur était une manière d'esclave moderne dont les prouesses physiques étaient sans commune mesure avec celles des animaux et des êtres humains.

La deuxième révolution industrielle intervint entre 1860 et la Première Guerre mondiale. Le pétrole commença à concurrencer le charbon et la maîtrise effective, enfin, de l'électricité offrit une nouvelle source d'énergie pour faire tourner les moteurs, éclairer les villes et permettre aux êtres humains de communiquer instantanément. Comme lors de la révolution de la vapeur, le pétrole, l'électricité et les inventions connexes de la deuxième révolution industrielle continuèrent de faire glisser de l'homme vers la machine le fardeau de l'activité économique. Depuis les mines jusqu'aux campagnes, aux transports et à la manufacture, des sources énergétiques non biologiques, combinées aux machines, augmentèrent, amplifièrent et finalement remplacèrent toujours davantage les tâches humaines et animales dans le processus économique.

La troisième révolution industrielle s'annonça immédiatement après la Seconde Guerre mondiale mais ne commence qu'aujourd'hui à peser sur la manière dont la société organise ses activités économiques. Des robots à commandes numériques, des ordinateurs et des logiciels ultrasophistiqués envahissent la dernière sphère encore proprement humaine, celle de l'esprit. Dûment programmées, ces nouvelles « machines pensantes » savent de mieux en mieux exécuter les tâches de conception, de gestion, d'administration et de coordination des flux de la production, depuis l'extraction des matières premières jusqu'à la commercialisation et la distribution finale des biens et des services.

Des machines qui pensent

Nombre de spécialistes de l'informatique en sont venus à parler de leurs nouvelles créations en des termes quasi religieux. Edward Fredkin, scientifique éminent, va jusqu'à s'exclamer que les récents développements technologiques représentent le troisième plus grand épisode de l'histoire de l'univers : « Le premier événement fut la création de l'univers [...] le deuxième, l'apparition de la vie [...] le troisième est l'intelligence artificielle [1]. »

L'expression « intelligence artificielle » fut créée à l'occasion de la première conférence sur ce thème, qui se déroula à Dartmouth en 1956. Aujourd'hui, lorsque des scientifiques l'utilisent, ils évoquent généralement « l'art de créer des machines capables de s'acquitter de fonctions demandant de l'intelligence lorsqu'elles sont effectuées par des êtres humains [2] ». Certes, les scientifiques, les philosophes, les observateurs et les commentateurs des faits de société s'accordent rarement sur ce qui constitue une intelligence « authentique », par opposition à la computation mécanique. Nul doute cependant que certains ordinateurs se chargent de tâches d'une complexité croissante et, ce faisant, changent de manière fondamentale notre compréhension de la personne et de la société.

La plupart des chercheurs informaticiens n'oseraient pas, sans doute, hisser l'intelligence artificielle au niveau de la création de l'univers et de l'apparition de la vie sur terre. Mais ils sont à peu près unanimes dans leur certitude qu'à un moment donné du siècle prochain cette puissante et nouvelle force technologique sera capable de mieux penser que l'esprit humain moyen. Le gouvernement japonais a récemment lancé un programme de recherche décennal pour mettre au point des ordinateurs capables de copier les plus subtiles fonctions du cerveau humain. Cet ambitieux projet de *situation réelle* (Real-World Program) tentera de mettre au point ce que les Japonais appellent « traitement souple des données » ou « logique douce », qui correspond au type de pensée intuitive que nous utilisons pour prendre des décisions[3]. A l'aide de nouveaux ordinateurs équipés de moyens colossaux de traitement en parallèle, de réseaux neuronaux et de signaux optiques, les Japonais espèrent créer une nouvelle génération de machines intelligentes capables de lire des textes, de comprendre un discours complexe, d'interpréter des mimiques et expressions de visage, et même d'anticiper les comportements.

Des machines intelligentes équipées de moyens de reconnaissance vocale rudimentaires existent d'ores et déjà : les sociétés BBN Systems and Technologies, à Cambridge dans le Massachusetts, ou Dragon Systems à Newton, dans ce même État, ont mis au point des ordinateurs dotés de lexiques de 30 000 mots[4]. Certaines des nouvelles machines pensantes savent reconnaître un discours informel, tenir des conversations sensées, et même solliciter des informations complémentaires pour prendre des décisions, émettre des recommandations, répondre à des questions.

Actuellement, on compte dans le monde entier environ 100 millions d'ordinateurs et les sociétés qui les fabriquent prévoient de parvenir à un parc de plus d'un milliard au tournant du siècle[5]. Nombre de savants informaticiens guettent le jour où les machines intelligentes seront assez raffinées pour évoluer par elles-mêmes et créer, de fait, leur propre conscience, sans que soit nécessaire une intervention humaine constante. Pour Daniel Hillis, de la Thinking Machines Corporation, « les machines finiront par devenir si douées devant la complexité qu'elles pourront commencer à s'occuper de leur propre complexité, et nous aurons alors des systèmes évolutifs[6] ». Nicholas Negroponte, au Media Lab du MIT, imagine une nouvelle génération d'ordinateurs si humains dans leur comportement et leur intelligence qu'on les verra plus comme des compagnons et des collègues que comme des accessoires mécaniques. Dans son livre *The Architecture Machine*, Negroponte écrit : « Imaginez une machine capable de suivre votre méthodologie conceptuelle et, en même temps, de discerner et assimiler les idiosyncrasies de votre discours. Après avoir observé votre comportement, elle pourra bâtir un modèle capable de prévoir vos manières de converser. [...] Le dialogue sera si intime (et même exclusif) que seuls la persuasion et le compromis mutuels déboucheront sur des idées ; des idées inconcevables par l'un ou l'autre des interlocuteurs pris séparément[7]. »

Les scientifiques espèrent humaniser un jour leurs machines, créer des images vivantes de visages humains générées par ordinateur, qui pourront converser avec l'utilisateur à partir d'un écran vidéo. D'ici la fin de la première moitié du XXIe siècle, il sera possible, disent-ils, de créer des images holographiques grandeur nature d'êtres humains, générées par ordinateur et capables d'interférer avec les véritables êtres humains dans le temps et dans l'espace. Ces images tridimensionnelles, estime Raymond Kurzweil, directeur général de Kurzweil Applied Intelligence, seront si ressemblantes qu'on ne les « distinguera pas des personnes réelles[8] ».

Plusieurs des meilleurs esprits de ce monde tourbillonnant qu'est l'informatique voient leurs créations moins comme des machines, au sens dépassé d'appendices mécaniques, que comme de nouveaux êtres intelligents et évolués, dignes de respect et d'égards. Negroponte dit que le partenariat entre les êtres humains et les ordinateurs « ne sera pas celui du maître et de l'esclave mais plutôt celui de deux associés doués d'un potentiel et d'un désir d'accomplissement de soi[9] ». Hillis personnalise plus encore sa relation avec l'ordinateur : « Je voudrais construire une machine qui puisse être fière de moi[10]. »

Les espèces « branchées »

Le rêve de créer un substitut mécanique aux êtres humains remonte à l'Antiquité. Il y a plus de deux mille ans, Héron l'Ancien imaginait des automates à l'image des animaux, des oiseaux et des êtres humains. Au début de l'ère industrielle, alors que la naissance des mécanismes et des principes machiniques captivaient l'imagination des philosophes aussi bien que celle des artisans, on se mit à fabriquer des automates dans toute l'Europe. Des ingénieurs construisirent des petits garçons mécaniques écrivant des poèmes ou de la prose, de mignonnes demoiselles dansant en musique, des animaux de toutes sortes et aspects exécutant de merveilleuses prouesses. Ces jouets, fort appréciés des princes et des rois, voyagèrent en expositions itinérantes dans tout le continent. Les plus extraordinaires furent le fruit des réflexions d'un brillant et imaginatif ingénieur français, Jacques de Vaucanson. En 1738, Vaucanson stupéfia ses compatriotes avec son joueur de flûte traversière, totalement automatique. Ce petit androïde mécanique « possédait des lèvres animées, sa langue bougeait pour moduler les entrées d'air, et ses doigts mobiles à bouts de cuir ouvraient et fermaient les trous de la flûte ». Voltaire fut tellement stupéfait à la vue d'une aussi fantastique petite créature, si vivante d'aspect, qu'il qualifia Vaucanson de « rival de Prométhée ». Le chef-d'œuvre de Vaucanson fut un canard mécanique aux capacités restées inégalées à ce jour. Il buvait du bec l'eau de sa mare, mangeait des morceaux de grain et, dans une chambre spéciale, laissait à voir à ses admirateurs ébahis le processus de la digestion. « Chacune de ses ailes contenait quatre cents pièces mobiles et pouvait s'ouvrir et se fermer comme celles d'un canard vivant[11]. »

Pendant que de nombreux artisans jouaient avec des automates mimant la vie, s'efforçaient de reproduire les caractéristiques physiques et les mouvements de créatures douées de sensibilité, d'autres fanatiques de la mécanique bataillaient pour créer des mécanismes complexes capables de calquer l'esprit humain et même de résoudre des problèmes difficiles nécessitant l'intelligence. Blaise Pascal inventa en 1642 la première machine à calculer automatique, qui devint rapidement la coqueluche de toute l'Europe. Il se risqua à estimer que « la machine arithmétique fait des effets qui approchent plus de la pensée que tout ce que font les animaux ». Le philosophe-inventeur modéra cependant son enthousiasme en ajoutant que sa *Pascaline* « ne fait rien qui puisse faire dire qu'elle a de la volonté comme les animaux[12] ».

Gottfried Wilhelm Leibniz ajouta encore à l'exploit de Pascal en intégrant la multiplication aux capacités de calcul de la machine. En 1821, Charles Babbage rédigea ses *Observations sur les applications de la mécanique à la computation des tables mathématiques*, qui restent considérées de nos jours comme le premier travail théorique d'informatique. Par la suite, Babbage innovera avec une machine analytique, susceptible d'être programmée pour résoudre des problèmes logiques ou des séries d'opérations complexes. La technologie qui aurait permis de concrétiser ses plans manquait encore et les machines de Babbage ne furent jamais entièrement réalisées. Mais il sut magistralement anticiper nombre des traits les plus caractéristiques de nos méthodes de calcul actuelles. Babbage intégra à ses dessins des cartes perforées et même une imprimante, cinquante ans avant que les composeuses de caractères et les machines à écrire ne fussent inventées. Il conçut même une unité de mémoire chargée de recevoir des programmes et développa un langage machine qui n'est pas si éloigné de ceux en usage aujourd'hui dans les ordinateurs modernes [13].

La première machine à calculer véritablement opérationnelle fut celle de William Burroughs, à la fin du XIXe siècle. Quoique non programmable, son succès commercial allait servir de socle au lancement des machines à calculer complexes dans le monde des entreprises.

En 1890, le Bureau américain des statistiques organisa un concours pour trouver des méthodes nouvelles et innovantes de présentation des résultats de ses recensements. A cette époque, le pays était devenu si grand et ses données démographiques si lourdes à manier qu'il fallait sept ou huit ans pour mettre en forme les résultats de chaque recensement. Le lauréat fut un ingénieur, employé du Bureau, Herman Hollerith. Ce jeune inventeur s'était servi de cartes perforées identiques à celles imaginées par Babbage. Il avait aussi créé une perforeuse à clavier qui permettait de coder les informations et une presse à aiguilles pour lire les cartes. La machine électromécanique de Hollerith acheva le traitement des informations du recensement de 1890 en moins de deux années et demie, ce qui réduisait des deux tiers le temps nécessaire à sa mise en forme. Pour commercialiser ce nouvel et fantastique engin, l'inventeur créa sa propre entreprise, la Tabulating Machine Company. En 1924, cette société prendra le nom d'International Business Machines... IBM [14].

Le premier calculateur programmable numérique fut construit en 1941 par un ingénieur des travaux publics allemand, Konrad Zuse. Sa machine avait pour but d'alléger les tâches de calcul de ses collègues. A peu près simultanément, les services de renseignement britanniques inventaient leur propre calculatrice (d'un type non programmable) pour faciliter le décryptage des messages militaires allemands. Cette machine, baptisée Robinson, devint la pièce maîtresse d'un travail gigantesque de collecte de renseignements qui réunirait plus de 10 000 personnes. Une fois le système de codage allemand décrypté par les chercheurs de l'*Ultra Team*, les Alliés disposèrent d'informations vitales sur les plans stratégiques et les mouvements de troupes allemands pendant la guerre [15].

En 1944, des scientifiques de Harvard et du MIT inventèrent leur propre calculatrice programmable, Mark I. Cette machine, haute de 2,40 mètres et longue de plus de 15 mètres, fut surnommée par ses inventeurs « le monstre [16] ». Deux années plus tard exactement, des scientifiques de l'école d'ingénieurs Moore, à l'université de Pennsylvanie, firent connaître leur invention, plus extraordinaire encore. Leur calculateur-intégrateur numérique électronique (Electronic Numerical Integrator and Computer, ENIAC) comportait 18 000 tubes, 70 000 résistances, 10 000 condensateurs, 6 000 commutateurs. Il mesurait 12 mètres de long, 6 mètres de haut et pesait plus de 30 tonnes [17]. Malgré sa complexité et son énormité, il n'en était pas moins une merveille de la technologie moderne. L'ENIAC fut le premier calculateur électronique numérique (programmable) à usages multiples. On a dit que cette machine pensante géante était si puissante que, lorsque ses créateurs la mirent en marche pour la première fois, les éclairages de Philadelphie vacillèrent [18]. Le génie japonais de l'informatique Yoneji Masuda résumera l'importance historique de la nouvelle invention en observant que « pour la première fois, on avait fabriqué une machine qui créerait et fournirait des informations [19] ».

Les inventeurs de l'ENIAC, J. Presper Eckert et John W. Mauchly, vendirent leur machine à Remington-Rand. Elle fut dès lors présentée comme calculateur automatique universel (Universal Automatic Computer, UNIVAC). Le premier UNIVAC fut acheté par le Bureau des statistiques, qui s'en servit pour traiter le recensement de 1950 [20]. En 1951, six exemplaires étaient en service. Le pays apprit pour la première fois l'existence de ces nouvelles et étranges machines lorsque la chaîne de télévision CBS utilisa un UNIVAC pour prédire (avec succès) la victoire écrasante du président Eisenhower sur le sénateur Adlai Stevenson [21].

IBM qui, deux années plus tôt à peine, ironisait sur le potentiel commercial des calculateurs, prévoyant un marché mondial de vingt-cinq machines tout au plus, s'empara soudain de la nouvelle technologie. En 1953, l'entreprise sortit son Model 650, un engin que l'on pouvait louer pour 3 000 dollars par mois. Mais, cette fois encore, elle estima le marché potentiel à quelques centaines d'exemplaires au maximum. Les entreprises américaines, plus audacieuses, se dotèrent de milliers de calculateurs IBM dans les quelques années suivantes [22].

Les premiers calculateurs, encombrants, voraces en électricité, chauffaient énormément. Complexes, d'un coût de fabrication élevé, ils tombaient constamment en panne. Mais les scientifiques ne furent pas longs à savoir remplacer les plus onéreux des tubes électroniques à vide par de petits semiconducteurs monolithiques, ou transistors. Ces calculateurs de deuxième génération allaient révolutionner toute la branche en réduisant spectaculairement les dimensions et le coût des machines, tout en augmentant à la fois leurs rendements et leurs capacités. Une troisième génération pointa à la fin des années cinquante, avec l'introduction des circuits intégrés en une seule phase de fabrication. Au début des années soixante-dix, la quatrième génération, fondée sur les microprocesseurs et les puces, arriva, réduisant une fois encore les coûts et rationalisant les procédés : le micro-ordinateur allait envahir la vie quotidienne de tous les pays industrialisés [23].

Les ordinateurs au travail

L'ordinateur programmable arrivait à son heure dans les années cinquante. L'industrie était déjà engagée dans une restructuration radicale de ses activités pour automatiser complètement une part aussi importante que possible des processus de fabrication. En avril 1947, le vice-président de Ford, Del Harder, avait mis sur pied un département « automation » (le terme apparaissait donc là pour la première fois) [24]. Mais il n'avait pas prévu les débuts encore hésitants de l'industrie des calculateurs, ni que, dans l'esprit de la plupart des gens, les termes automatisation et informatisation allaient devenir des quasi-synonymes. Il pensait plutôt que cette nouvelle unité permettrait d'améliorer l'emploi des technologies existantes (hydraulique, électromécanique et pneumatique) pour accélérer les opérations et accroître la productivité des chaînes de montage.

Mais l'on parlait, un peu partout, de l'« usine automatique ». Six mois avant exactement, *Fortune* annonçait que « la menace et la promesse de machines sans travailleurs sont plus proches que jamais [25] ». Le magazine présenta sous le titre « Des machines sans hommes » un article provocateur signé par deux Canadiens, J. J. Brown et E. W. Leaver, qui avaient imaginé un avenir d'usines sans travailleurs, fonctionnant automatiquement. Les auteurs attiraient l'attention sur les nombreuses avancées de la mécanisation et le potentiel révolutionnaire de la mutation électronique, pour conclure que l'usine sans travailleurs était à portée de main. Le travail humain y était vilipendé et présenté, au mieux, comme un « expédient », tandis que les nouvelles technologies de maîtrise des processus apparaissaient comme « non inféodées à une quelconque limite humaine. Elles ne se soucient pas de travailler vingt-quatre heures sur vingt-quatre. Elles n'ont jamais faim et ne connaissent pas la fatigue. Elles sont toujours satisfaites des conditions de travail et ne réclament jamais de hausses de salaires au prétexte que la société pourrait bien les leur payer. Non seulement elles provoquent moins de désordres que les êtres humains qui effectueraient une tâche comparable, mais elles peuvent être conçues pour tirer la sonnette d'alarme dans une salle de contrôle centralisée lorsqu'une déficience apparaît dans leur travail [26] ».

L'article et d'autres qui le suivirent se voulaient annonciateurs d'une troisième révolution industrielle. Le thème de l'usine automatique n'allait pas tomber dans l'oreille de sourds. La fin de la Seconde Guerre mondiale apportait avec elle une vague d'agitation ouvrière. Furieux des gels de salaires imposés pendant la guerre et impatients de reconquérir le terrain perdu dans les négociations collectives du fait de leur engagement à ne pas faire grève pendant le conflit, les syndicats avaient entrepris de lancer de vastes offensives tous azimuts. Entre 1945 et 1955, les États-Unis connurent 43 000 grèves, qui constituèrent globalement la plus puissante vague de confrontations ouvriers/patronat de l'histoire industrielle [27].

Le patronat s'inquiétait de plus en plus de ce qu'il percevait de la part des travailleurs comme un viol concerté de ses chasses gardées traditionnelles. Les questions de l'embauche et du renvoi, de la promotion, des mesures disciplinaires, des régimes de soins médicaux et de la sécurité étaient présentes dans les négociations collectives de toutes les branches. *Business Week* avertissait que « l'heure est venue de s'opposer [...] à ces nouvelles atteintes aux prérogatives des directions d'entreprise[28] ».

Menacés par la virulence croissante des revendications ouvrières mais résolus à conserver leur mainmise fort ancienne sur les moyens de production, les géants de l'industrie américaine se tournèrent vers les nouvelles technologies de l'automatisation autant pour se débarrasser de leurs travailleurs rebelles que pour augmenter leur productivité et leurs bénéfices. Cette nouvelle stratégie patronale se révéla payante. En 1961, une sous-commission de la Chambre des représentants publia des statistiques sur l'impact de l'automatisation sur l'emploi dans les cinq années précédentes. Le syndicat ouvrier de la métallurgie (Steel Workers Union) signalait la perte de 95 000 emplois alors que la production avait augmenté de 121 %. Celui de l'industrie automobile (United Auto Workers, UAW) indiquait que 160 000 de ses membres avaient été chassés par l'automatisation. Le syndicat international de l'électricité (International Union of Electricians, IUE) dénonçait la perte de 80 000 emplois dans sa branche, tandis que la productivité avait augmenté de plus de 20 %[29]. Entre 1956 et 1962, plus de 1,5 millions d'ouvriers perdirent leur travail aux États-Unis[30].

Les rêves patronaux d'une usine sans travailleurs s'approchèrent davantage encore de la réalité au début des années soixante avec l'introduction des ordinateurs dans les ateliers. Les nouvelles machines « pensantes » étaient capables de gérer un nombre de tâches bien plus important que Del Harder ne l'avait jamais entrevu lorsqu'il avait créé son premier département « automation » chez Ford, après la guerre. Cette nouvelle démarche consistant à assister les automatismes par ordinateur fut baptisée commande numérique (N/C). La commande numérique permet de stocker dans un programme informatique la façon dont une pièce de métal doit être laminée, tournée, soudée, boulonnée ou peinte. Le programme informatique indique à la machine-outil comment produire une pièce et aux robots de la chaîne de montage comment façonner ou assembler les pièces pour en faire un produit. On a dit de la commande numérique qu'elle était « probablement l'événement nouveau le plus marquant dans les technologies de fabrication depuis la chaîne de montage mobile de Henri Ford [31] ». Du point de vue patronal, la commande numérique a grandement amélioré les rendements et la productivité, tout en diminuant simultanément les besoins de travail humain dans l'atelier.

Toutes les compétences, connaissances et savoirs que recelaient jusqu'alors les cerveaux des travailleurs étaient, de fait, transférés sur une bande magnétique, et le processus de fabrication, pilotable à distance désormais, exigeait bien moins de surveillance directe et d'interventions sur le lieu de production. Avec la commande numérique, nombre des décisions affectant l'atelier et le processus de fabrication passèrent des ouvriers aux programmeurs et aux gestionnaires. Les avantages de la nouvelle technologie de l'automation n'échappèrent pas aux responsables industriels. A partir de ce moment, un contrôle plus rigoureux allait pouvoir s'exercer sur tous les aspects de la production, y compris sur le rythme même du processus de fabrication. Les directeurs d'entreprise, et tout particulièrement ceux de l'industrie, se pâmaient devant tant de merveilles. Dans son rapport sur les machines-outils à commande numérique, la société de consultants d'entreprise Cox and Cox, à Chicago, expliquait : « La révolution managériale est en marche [...] ce ne sont plus des hommes qu'il faudra encadrer, mais des machines qu'il faudra gérer [32]. » Peu après avoir assisté à la première démonstration de machines à commande numérique qui eut lieu au MIT, Alan A. Smith, de chez Arthur D. Little, résumera le sentiment de nombre de ses collègues dans un courrier adressé à James McDonough, l'un des coordinateurs du projet, où il lui faisait part de son ravissement : la nouvelle génération des outils à commande numérique contrôlés par ordinateur « marque notre émancipation vis-à-vis des travailleurs humains [33] ».

Au fil de la progression de l'automatisation dans toutes les branches industrielles et dans tout le pays, ses effets sur les personnes et les collectivités humaines commencèrent à se faire sentir. Le premier des groupes à en pâtir fut celui des Noirs américains. Les effets des progrès de l'automation sur le sort des

Africains-Américains est l'un des phénomènes les plus marquants et pourtant les moins connus de l'histoire sociale du XXe siècle. L'analyse soigneuse de ce que vécurent les Noirs américains est la toile de fond historique indispensable pour qui veut comprendre l'impact que le *reengineering* et les nouvelles technologies de l'automation auront probablement sur la vie des travailleurs du monde entier.

5

La technologie et l'expérience des Noirs américains

Au début du XXᵉ siècle, plus de 90 % de la population noire des États-Unis vivait encore dans les États ex-confédérés du Sud[1]. La grande majorité des Noirs dépendait d'une forme d'agriculture qui n'avait guère évolué depuis l'arrivée des premiers esclaves en Amérique. Si la guerre de Sécession avait offert aux Noirs américains leur émancipation politique, ils restaient toujours sous le joug d'un système d'exploitation économique qui les maintenait dans un état de quasi-servitude.

Après la guerre de Sécession et la brève période dite de la Reconstruction, au cours de laquelle les Noirs obtinrent des gains politiques importants, les propriétaires blancs des plantations réussirent à reprendre le contrôle de leurs anciens esclaves en instaurant le système du métayage. Toujours au bord de la famine, dépourvus de terre et désespérément en quête de travail, les Noirs américains devinrent des pions dans ce nouveau système d'exploitation. Dans le nouveau système, on leur procurait de la terre, un logement, des semences, des outils et des mules. En retour, 40 % de leur récolte allait au propriétaire. Si, en principe, le reste était destiné au métayer lui-même, il en allait rarement ainsi dans la pratique. Le montant de la somme mensuelle, ou *finish*, fournie au métayer pour couvrir ses dépenses était toujours trop faible, ce qui l'obligeait à s'endetter auprès du magasin de la plantation. Les marchandises étaient souvent vendues excessivement cher et les taux d'intérêt généralement exorbitants. En conséquence de quoi, une fois la récolte engrangée, au moment de faire les comptes, les métayers découvraient inévitablement qu'ils devaient au propriétaire plus que la valeur de leur part de la récolte, s'enfonçant ainsi dans une spirale sans fin de dette et de dépendance. Bien souvent, ce sont les planteurs eux-mêmes qui tenaient les comptes, ce qui leur permettait d'abuser encore plus leurs métayers. Un système de ségrégation légale rigide soutenu par le règne de la terreur garantissait la suprématie des Blancs et la docilité de la main-d'œuvre.

La plupart des métayers noirs plantaient du coton, qui est une des cultures demandant le plus de main-d'œuvre. La cueillette du coton était un labeur exténuant. Les travailleurs étaient obligés de ramper sur les genoux ou d'avancer courbés dans les champs de coton. Il fallait arracher la molle touffe de coton à une tige dure qui blessait constamment les mains. Le coton était recueilli dans des sacs de trente-quatre kilos retenus par une sangle autour de l'épaule. La cueillette durait du lever au coucher du soleil. Dans ce laps de temps, un cueilleur chevronné pouvait récolter plus de quatre-vingt-dix kilos [2].

Les logements fournis par la plantation étaient primitifs, dépourvus de chauffage et de sanitaires. Les enfants n'étaient que rarement scolarisés et devaient généralement aider les adultes au travail des champs. Il ne s'agissait guère que d'une forme d'esclavage sous un autre nom.

Un nombre croissant de Noirs commencèrent à émigrer vers les villes du Nord pendant et immédiatement après la Première Guerre mondiale pour échapper à l'appauvrissement des campagnes du Sud. La guerre avait provisoirement mis fin à l'immigration, et les industriels du Nord qui avaient désespérément besoin de main-d'œuvre non qualifiée commencèrent à recruter en masse parmi les Noirs du Sud. Pour beaucoup d'Africains-Américains, la perspective de gagner un salaire dans les usines du Nord suffisait à leur faire plier bagage et à abandonner femme et enfants en quête d'une vie meilleure. Toutefois, la plupart d'entre eux choisirent de rester, préférant éviter les risques et les incertitudes de la vie dans les villes du Nord.

Mais en octobre 1944, le delta du Mississippi fut le siège d'un événement qui devait changer à jamais les conditions de vie des Africains-Américains. Le 2 octobre, une foule d'environ trois mille personnes se rassembla sur un champ de coton à la sortie de Clarksdale pour contempler la première démonstration réussie d'une ramasseuse mécanique de coton. Nicholas Lemann, dans son livre *The Promised Land,* décrit cet événement : « Les ramasseuses mécaniques, peintes de rouge vif, pénétrèrent les rangs de coton blancs. Chacune d'entre elles était armée d'une rangée de fuseaux qui ressemblait à une énorme bouche verticale pleine de dents de métal. Les fuseaux, gros à peu près comme des doigts d'homme, tournaient sur eux-mêmes de façon à arracher le coton de la plante, suite à quoi il était aspiré dans un tube qui le projetait dans le grand panier métallique qui surmontait la ramasseuse. »

La foule n'en revenait pas. En une heure, un travailleur agricole pouvait cueillir neuf kilos de coton. La ramasseuse mécanique pouvait en récolter plus de quatre cent cinquante dans le même laps de temps. Chaque machine pouvait faire le travail de cinquante personnes [3].

L'arrivée de ces machines dans le Sud était fort opportune. De nombreux soldats noirs, à peine démobilisés, commençaient à défier les lois racistes et les règlements ségrégationnistes qui les avaient maintenus en quasi-servitude depuis l'époque de la Reconstruction. Ayant combattu pour leur pays et connu des régions des États-Unis et des pays d'outre-Atlantique où ces lois n'existaient pas, de nombreux vétérans n'étaient plus disposés à accepter le *statu quo.* Certains commencèrent à remettre en question le système, d'autres passèrent à l'action. A Greenville, dans le Mississippi, quatre vétérans noirs se rendirent au tribunal du comté et demandèrent à être inscrits sur les listes électorales. Après avoir essuyé plusieurs refus, ils déposèrent une plainte auprès du FBI, qui envoya ses agents à Greenville pour les aider à s'inscrire et leur permettre ainsi de voter dans leur État [4].

Les Blancs du Mississippi et d'autres États du Sud commencèrent à s'inquiéter. La rumeur orageuse du changement se rapprochait et menaçait de miner la précaire stabilité des règles qui avaient permis à l'économie de plantation de survivre si longtemps. Un éminent planteur du delta écrivit à l'association locale des producteurs de coton pour faire une proposition qui allait être rapidement reprise par tous les propriétaires blancs du Sud. Il s'appelait Richard Hopson et était le frère de Howard Hopson, qui avait prêté ses terres pour les besoins de la démonstration des prouesses de la nouvelle ramasseuse mécanique.

Dans cette lettre, Hopson considérait la montée des tensions raciales dans la région du delta et écrivait : « Je ne doute pas que vous soyez conscient du sérieux problème racial auquel nous devons faire face à l'heure actuelle, un problème qui pourrait bien s'aggraver avec le temps. [...] Je suis fortement partisan que les planteurs du delta passent le plus rapidement possible du vieux système de métayage à un système d'exploitation agricole complètement mécanisé. [...] Ce système mécanisé n'emploierait plus qu'une petite fraction de la main-d'œuvre requise par le métayage, ce qui tendrait à ramener la population noire à un niveau démographique équivalent à celui des Blancs et rendrait automatiquement notre problème racial beaucoup plus facile à maîtriser [5]. »

En 1949, seulement 6 % du coton du Sud était récolté par des moyens mécaniques ; en 1964, cette proportion était de 78 %. Huit ans plus tard, on avait atteint 100 % de mécanisation [6].

Pour la première fois depuis qu'ils avaient été transportés comme esclaves pour travailler les champs du Sud, les mains et les dos des Noirs étaient devenus inutiles. Du jour au lendemain, la technologie avait rendu le système du métayage obsolète. Les planteurs évincèrent de leurs terres des millions de cultivateurs noirs qui se retrouvèrent sans foyer et sans travail. D'autres évolutions hâtèrent ce processus. Des programmes fédéraux imposèrent une réduction de 40 % de la superficie des cultures cotonnières dans les années cinquante [7]. La plupart des terres concernées furent transformés en pâturages ou en zone d'exploitation forestière, activités qui requéraient moins de main-d'œuvre. Les restrictions à la production de tracteurs furent levées après la guerre, ce qui accéléra fortement la substitution de la main-d'œuvre par des moyens mécaniques. L'introduction de défoliants chimiques contre les mauvaises herbes ne fit que renforcer cette évolution — traditionnellement, on confiait le désherbage aux travailleurs noirs. Quand l'État fédéral étendit le salaire minimal aux travailleurs agricoles, la plupart des planteurs du Sud estimèrent plus économique de remplacer le désherbage manuel par les défoliants chimiques, privant ainsi les Noirs de toute source d'emploi [8].

L'impact de la mécanisation de l'agriculture du Sud combiné

à l'attrait des hauts salaires dans les villes industrielles du Nord produisit ce que Nicholas Lemann a appelé « une des plus vastes et des plus rapides migrations internes de l'histoire ». Plus de cinq millions d'hommes, de femmes et d'enfants noirs partirent vers le Nord en quête de travail entre les années quarante et les années soixante-dix [9]. Les routes migratoires allaient de la Georgie, des Carolines et de la Virginie, le long de la côte atlantique, vers New York et Boston, du Mississippi, du Tennessee, de l'Arkansas et de l'Alabama vers Chicago et Detroit, et du Texas et de la Louisiane vers la Californie. Quand la migration prit fin, plus de la moitié des Noirs américains avaient quitté le Sud pour le Nord et abandonné un mode de vie rural profondément enraciné pour devenir membres d'un prolétariat industriel urbain [10].

La mécanisation des campagnes affecta profondément tous les secteurs agricoles, obligeant des millions et des millions d'exploitants et de travailleurs de la terre à quitter celle-ci. Mais son effet sur les Africains-Américains fut plus drastique et plus immédiat en raison de leur plus grande concentration dans les régions cotonnières du Sud, où cette mécanisation se répandit plus rapidement et plus vigoureusement que dans d'autres secteurs. Une autre raison importante de cet impact différencié est le fait que, contrairement à la plupart des autres agriculteurs, les Noirs n'étaient pas propriétaires de la terre qu'ils travaillaient. Comme la plupart d'entre eux étaient des métayers à la merci des planteurs, et subsistaient largement en dehors de l'économie monétaire, ils ne disposaient pas de capital et n'avaient donc aucun moyen de résister à la tempête technologique qui dévastait leurs communautés. Le révérend Martin Luther King a raconté sa surprise quand, lors d'une visite à une plantation dans l'Alabama en 1965, il rencontra des paysans noirs qui n'avaient jamais vu un billet de banque [11].

La ramasseuse mécanique se révéla beaucoup plus efficace que la proclamation d'émancipation pour libérer les Noirs de l'économie de plantation. Mais cette délivrance eut un prix terrible. L'éviction forcée de la terre et la migration de millions de Noirs américains misérables vers le Nord ne devaient pas tarder à déchaîner des forces politiques et sociales d'ampleur inimaginable — des forces qui allaient mettre à l'épreuve l'âme même du contrat social américain. En 1947, le juriste et homme d'affaires sudiste David Cohn implorait la nation de prendre garde aux nuages annonciateurs de tempête qui s'accumulaient à l'horizon politique. Il lançait un avertissement :

> Notre pays est à l'aube d'un processus de transformation aussi important que tout ce qui est arrivé depuis la révolution industrielle. [...] Cinq millions de personnes vont devoir quitter la terre dans les années à venir. Elles devront bien aller quelque part, mais où ? Il leur faudra bien faire quelque chose, mais quoi ? Elles devront être logées, mais où sont les logements ?
>
> La plupart de ces gens sont des Noirs ruraux absolument pas préparés à la vie industrielle urbaine. Comment seront-ils absorbés par notre industrie ? Quels seront les effets de leur arrivée subite sur le marché du travail ? Quel impact sur les relations raciales aux États-Unis ? Les victimes de la mécanisation agricole deviendront-ils les victimes de conflits raciaux ?
>
> Une immense tragédie se prépare si les États-Unis n'agissent pas, et rapidement, pour affronter un problème qui affecte des millions de gens et la structure entière de la nation [12].

Entre deux technologies

Bien que les Africains-Américains n'en fussent pas conscients au moment de leur grand exode vers le Nord, une seconde révolution technologique avait déjà commencé dans les usines de Chicago, de Detroit, de Cleveland et de New York, une révolution qui allait une nouvelle fois leur fermer l'accès des emplois fructueux. Cette fois, ce bouleversement économique allait créer dans son sillage un nouveau sous-prolétariat permanent au cœur des villes et les conditions d'une agitation et d'une violence sociales qui persistent jusqu'à notre fin de siècle [13].

Au début, les Noirs purent accéder dans certaines limites à un certain nombre d'emplois non qualifiés dans les secteurs automobile, métallurgique, pneumatique, chimique et dans l'agro-alimentaire. Les industriels du Nord les utilisaient souvent comme briseurs de grèves pour combler le vide laissé par le déclin de la main-d'œuvre immigrante en provenance de l'étranger. Le sort des travailleurs noirs dans le Nord s'améliora régulièrement jusqu'en 1954, qui marqua le début d'un déclin historique de quarante ans.

Au milieu des années cinquante, l'automatisation commença à faire des victimes dans l'industrie américaine. Les plus durement touchés furent les emplois non qualifiés, précisément dans les industries où se concentraient les travailleurs noirs. Entre 1953 et 1962, 1,6 million d'emplois de cols bleus furent supprimés dans l'industrie [14]. Alors que le taux de chômage des Noirs n'avait jamais dépassé 8,5 % entre 1947 et 1954, tandis que celui des Blancs était de 4,6 % au maximum, en 1964, les Noirs connaissaient un taux de chômage de 12,4 % contre seulement 5,9 % pour les Blancs. Depuis 1964, le taux de chômage des Noirs aux États-Unis est constamment resté le double de celui des Blancs. Dans son livre *The Problem of the Negro Movement*, le militant des droits civiques Tom Kahn écrivait sarcastiquement en 1964 : « C'est comme si le racisme, après avoir installé le Noir à la place qui lui revient dans l'économie, se retirait de la scène pour mieux contempler la destruction de cette place par la technologie [15]. »

A partir du milieu des années cinquante, les entreprises commencèrent à construire de plus en plus d'usines automatisées dans les nouvelles zones industrielles émergeant à la périphérie des villes. L'automatisation et la délocalisation vers les zones suburbaines produisirent une crise de dimension tragique pour les travailleurs noirs sans qualifications. La vieille usine à plusieurs étages du centre-ville commença à céder la place aux nouvelles implantations à un seul étage, plus compatibles avec les technologies de l'automation. La faible disponibilité en espace et la hausse des impôts locaux incitaient fortement les industriels à déménager vers les nouvelles banlieues. Le nouveau système autoroutier fédéral et les rocades et voies express en construction autour des métropoles du Nord favorisaient de plus en plus le transport routier au détriment du train, augmentant d'autant plus l'incitation à délocaliser en banlieue [16]. Enfin, les employeurs, désireux de réduire le coût de la main-d'œuvre et d'affaiblir les syndicats, voyaient dans la délocalisation un moyen de mettre une certaine distance entre les usines et les concentrations syndicales militantes. C'est la même impulsion antisyndicale qui devait finir par amener les entreprises à se délocaliser vers le Sud, au Mexique et outre-mer.

La nouvelle stratégie capitaliste d'automatisation et d'abandon des centres-villes se manifesta aussitôt de façon transparente dans le cas de l'industrie automobile. Le complexe River Rouge de Ford à Detroit fut longtemps l'usine modèle et le porte-drapeau des activités de cette entreprise dans le monde entier. River Rouge était aussi le foyer de la section la plus active et la plus militante du syndicat de l'automobile UAW, dont 30 % des membres étaient noirs. Cette section était si puissante qu'un mouvement de grève initié par elle pouvait paralyser à lui seul toutes les activités de Ford [17].

Malgré la marge d'expansion encore appréciable du complexe de River Rouge, la direction de Ford décida de déménager la majeure partie de la production hors de ce site vers de nouvelles usines automatisées en banlieue, en grande partie pour affaiblir le syndicat et reprendre le contrôle de ses activités industrielles. En 1945, River Rouge accueillait 85 000 ouvriers. A peine quinze ans plus tard, ce chiffre était tombé à moins de 30 000. L'historien Thomas J. Sugrue signale que, de la fin des années quarante à 1957, Ford a dépensé plus de 2,5 milliards de dollars dans l'automatisation et le développement de ses usines. Même chose chez Chrysler et General Motors. A eux trois, ceux qu'on appelait les Big Three construisirent vingt-cinq nouvelles usines automatisées dans les banlieues entourant Detroit [18].

Les sous-traitants de l'industrie automobile, eux aussi, commencèrent à automatiser la production dans les années cinquante — en particulier les fabricants de machines-outils, de fil électrique, de pièces détachées et d'autres composants métalliques. De nombreux fabricants de pièces détachées comme Briggs Manufacturing et Murray Auto Body furent contraints de fermer dans la seconde moitié des années cinquante au fur et à mesure que les géants de l'automobile intégraient leurs processus de production en reprenant de plus en plus la fabrication de composants sur de nouvelles chaînes automatisées [19].

Le nombre des emplois industriels à Detroit connut une baisse dramatique à partir du milieu des années cinquante en raison de l'automatisation et de la « suburbanisation » de la production. Les travailleurs noirs qui, quelques années auparavant, avaient été chassés des campagnes du Sud par les ramasseuses automatiques, se trouvèrent à nouveau victimes de la mécanisation. Dans les années cinquante, 25,7 % des salariés de Chrysler et 23 % de ceux de General Motors étaient africainsaméricains. Comme les travailleurs noirs formaient la majorité de la main-d'œuvre non qualifiée, ils furent aussi les premiers à être évincés par l'automatisation. En 1960, on ne comptait que 24 Noirs parmi les 7 425 travailleurs qualifiés employés chez Chrysler. Chez General Motors, on en comptait seulement 67 sur 11 000 [20]. Les chiffres de l'emploi et de la productivité nous racontent la suite de cette histoire. Entre 1957 et 1964, le produit industriel doubla aux États-Unis, alors que le nombre de cols bleus baissait de 3 % [21]. Encore une fois, nombre des victimes de cette nouvelle vague d'automatisation étaient des travailleurs noirs, disproportionnément représentés parmi les travailleurs non qualifiés qui furent les premiers à être éliminés par les nouvelles machines. Dans toutes les activités manufacturières de la ceinture industrielle du nord et de l'ouest du pays, les forces de l'automatisation et de la suburbanisation continuèrent à faire des ravages parmi les travailleurs noirs non qualifiés, laissant des dizaines de milliers de chômeurs et de chômeuses structurels dans leur sillage.

L'introduction d'ordinateurs et de machines à commande numérique dans les ateliers dans les années soixante accéléra ce phénomène de chômage technologique. Dans les quatre plus grandes villes du pays, New York, Chicago, Philadelphie et Detroit, où les Noirs formaient une grande partie de la maind'œuvre ouvrière non qualifiée, plus d'un million d'emplois furent éliminés dans l'industrie et le commerce de gros et de détail, dans la plupart des cas en raison d'innovations technologiques. James Boggs a bien exprimé la préoccupation de nombreux membres de la communauté noire quand il déclara que « la cybernétisation [...] est en train d'éliminer les "boulots noirs" [22] ».

Tandis que les entreprises fuyaient vers les banlieues, des millions de familles de la classe ouvrière et de la classe moyenne blanches en faisaient autant en s'installant dans des quartiers résidentiels de la périphérie. Les centres-villes devinrent de plus en plus noirs et pauvres au cours des années soixante et soixante-dix. Le sociologue William Julius Wilson écrit que « la proportion de Noirs vivant dans le centre des villes est passée de 52 % en 1960 à 60 % en 1973, tandis que celle des Blancs passait de 31 % à 26 % ». Wilson attribue à cet exode le rétrécissement de la base fiscale des municipalités du centre, le déclin accéléré des services publics et l'enfermement de millions de Noirs américains dans un cercle vicieux de chômage permanent et de dépendance de l'aide publique. A New York en 1975, plus de 15 % des résidents dépendaient d'une façon ou d'une autre de l'aide publique. A Chicago, ils étaient presque 19 % [23].

Dans les années quatre-vingt, plusieurs villes du Nord connurent une renaissance partielle en devenant des plaques tournantes de la nouvelle économie de l'information. De nombreux centres-villes passèrent du statut de « centres de production et de distribution de biens matériels à celui de centre d'administration, d'échange d'information et de fourniture de services à forte valeur ajoutée [24] ». L'émergence des industries de l'intelligence et de l'information a entraîné une offre croissante d'emplois pour les travailleurs du tertiaire et des services hautement qualifiés. Mais pour un grand nombre d'Africains-Américains, cette renaissance urbaine n'a fait qu'élargir le fossé de l'emploi et des revenus entre les Blancs fortement diplômés et les Noirs pauvres et sans qualifications.

La seule augmentation importante de l'emploi des Noirs américains au cours des vingt-cinq dernières années a eu lieu dans le secteur public : on lui doit plus de 55 % de la hausse nette de l'emploi des Noirs dans les années soixante et soixante-dix [25]. De nombreux Noirs diplômés trouvèrent un emploi grâce aux programmes fédéraux lancés par l'administration de Lyndon Johnson dans le cadre de ce qu'on appelait alors la Grande Société. D'autres trouvèrent des emplois dans l'administration des États ou des collectivités locales, comme gestionnaires de services sociaux et de programmes d'aide destinés à la communauté noire victime de l'automatisation et de la suburbanisation. En 1960, 13,3 % de la population active noire travaillait dans le secteur public. Dix ans plus tard, plus de 21 % des travailleurs noirs étaient salariés des administrations publiques [26]. En 1970,

57 % des hommes noirs et 72 % des femmes noires sortis du *college* avec un diplôme travaillaient pour l'État[27].

L'automatisation et la formation du sous-prolétariat urbain

La course des entreprises à l'automatisation et à la relocalisation des postes de travail industriels a produit l'éclatement de la communauté noire en deux groupes économiques distincts. D'un côté, des millions de travailleurs non qualifiés et leurs familles sont devenus membres de ce que les historiens et les sociologues appellent désormais une *underclass* — une fraction de la population dont le travail non qualifié est devenu inutile, vouée à un chômage permanent et à une vie précaire d'assistés, de génération en génération. De l'autre, un groupe moins nombreux de Noirs instruits membres de la classe moyenne est entré dans la fonction publique pour y gérer les nombreux programmes d'assistance destinés à venir en aide à ce nouveau sous-prolétariat urbain. Ce système a pu être caractérisé par Michael Brown et Steven Erie comme une forme de « colonialisme assistantiel » (*welfare colonialism*), qui amène « les Noirs à administrer eux-mêmes leur propre état de dépendance[28] ».

L'opinion américaine aurait sans doute perçu avec plus d'acuité l'impact de l'automation sur l'Amérique noire dans les années soixante et soixante-dix si un nombre important d'Africains-Américains n'avait pas été absorbé par le secteur public. Dès 1970, le sociologue Sidney Willhelm observait que « si que le gouvernement devient le premier pourvoyeur d'emplois en général pendant la phase de transition à l'automation, il l'est d'autant plus pour les travailleurs noirs. De fait, sans les emplois publics, les Noirs qui perdent leur travail dans le secteur privé gonfleraient le taux de chômage dans des proportions extrêmes[29] ».

La visibilité publique d'une classe moyenne noire prospère et en pleine croissance a suffi à détourner en partie l'attention de la situation de plus en plus critique des nombreux membres du nouveau sous-prolétariat noir, qui sont les premières victimes de l'automatisation et des nouvelles technologies.

Le chômage technologique a altéré de façon fondamentale la sociologie de la communauté noire américaine. La pénurie permanente d'emplois a entraîné une vague croissante de délinquance dans les rues des villes des États-Unis et la complète désintégration de la vie des familles noires. Les statistiques font froid dans le dos. A la fin des années quatre-vingt, un jeune homme noir sur quatre était en prison ou en liberté surveillée. Dans la capitale, Washington, 42 % des Noirs ayant entre dix-huit et vingt-cinq ans sont en prison, en liberté conditionnelle, en attente d'un procès ou bien recherchés par la police. La première cause de décès parmi les jeunes hommes noirs est désormais l'assassinat[30].

En 1965, Patrick Moynihan, aujourd'hui sénateur, publia un rapport controversé intitulé *Emploi, revenu et crise de la famille noire*, dans lequel il défendait vigoureusement l'idée que « le chômage des pères a entraîné la déchéance de la famille noire[31] ». A l'époque où ce rapport était écrit, 25 % de toutes les naissances d'enfants noirs avaient lieu hors des liens du mariage et près de 25 % des chefs de famille noirs étaient des femmes. Les foyers monoparentaux dirigés par des femmes ont tendance à se retrouver prisonniers d'un cycle de dépendance de l'aide publique qui se perpétue génération après génération. Aujourd'hui, 62 % des familles noires sont des ménages monoparentaux[32].

Ces chiffres risquent fort d'augmenter dans la décennie à venir, avec l'éviction du procès de travail d'un nombre croissant de travailleurs noirs sans qualifications sous l'effet de la vague actuelle de réduction d'emplois et de *reengineering*. D'après un rapport publié par la Commission pour l'égalité face à l'emploi, les salariés noirs comptaient pour près d'un tiers des 180 000 emplois industriels supprimés entre 1990 et 1991[33]. Les Noirs souffraient également de façon disproportionnée des suppressions d'emplois de cols blancs et de travailleurs des services au début des années quatre-vingt-dix. Les raisons de cette hécatombe d'emplois noirs, selon le *Wall Street Journal*, résident dans le fait que « les Noirs sont concentrés dans les emplois les plus précaires. Plus de la moitié des travailleurs noirs occupaient des emplois dans les quatre catégories qui ont connu le plus de licenciements : emplois de bureau, ouvriers qualifiés, OS et manœuvres[34] ». Pour John Johnson, directeur du département

117

du travail de la National Association for the Advancement of Coloured People (NAACP), « ce que les Blancs oublient souvent, c'est qu'alors qu'ils vivent une simple récession, les Noirs connaissent une véritable dépression [35] ».

Il y a plus de quarante ans, à l'aube de l'ère informatique, le père de la cybernétique, Norbert Wiener, avait lancé un avertissement quant aux conséquences probables des nouvelles technologies de l'automation. « N'oublions pas, disait-il, que la machine automatique [...] est l'équivalent économique exact du travail servile. Toute forme de travail qui veut rivaliser avec l'esclavage doit accepter les conséquences économiques de l'esclavage [36]. » Il n'est donc guère surprenant que la première victime des ravages de la révolution cybernétique soit la communauté noire américaine. L'introduction de l'automation a permis de remplacer par une forme de travail inanimé moins coûteuse des millions d'Africains-Américains qui avaient longtemps accompli des travaux épuisants au plus bas de la pyramide sociale, tout d'abord comme esclaves des planteurs, puis comme métayers et enfin comme travailleurs non qualifiés dans les fonderies et les usines du Nord.

Pour la première fois dans l'histoire des États-Unis, le système économique n'avait plus besoin des Africains-Américains. Sidney Willhelm a résumé la signification historique de ce processus dans son livre *Who Needs the Negro ?* « Avec l'arrivée de l'automation, le Noir quitte son état historique d'oppression pour tomber dans l'inutilité. L'exploitation cède de plus en plus le pas à une forme d'inanité économique. [...] L'élite blanche n'a plus besoin d'exploiter la minorité noire : plus l'automatisation progresse, plus il sera facile aux Blancs d'en négliger l'existence. En bref, l'Amérique blanche, grâce à une application perfectionnée de la mécanisation et un usage déterminé de l'automation, se débarrasse du Noir ; en conséquence de quoi, le Noir passe du statut de force de travail exploitée à celui d'exclu [37]. »

Écrivant de sa cellule de la prison de Birmingham, le révérend Martin Luther King déplorait la détérioration constante de l'image que les Noirs américains se font d'eux-mêmes en étant « éternellement confrontés à un sentiment dégradant de "nullité" [38] ». L'armée de réserve du capital de Marx en était réduite au spectre de l'« homme invisible » décrit par le romancier noir américain Ralph Ellison. L'automatisation avait rendu un grand nombre de travailleurs noirs superflus. Les contraintes économiques qui avaient traditionnellement maintenu les Noirs américains « à leur place », dépendant passivement des autorités blanches pour leur subsistance, avaient disparu. Vaincus et oubliés, des milliers de Noirs américains exprimèrent leur frustration et leur colère en descendant dans les rues des ghettos urbains à travers tout le pays. Les émeutes commencèrent à Watts en 1965 et s'étendirent vers l'est en passant par Detroit et d'autres villes industrielles du Nord jusqu'à la fin des années soixante. Après les émeutes, un habitant de Watts délivra au pays un sévère avertissement, exprimant ouvertement la rage contenue qui avait provoqué les événements : « Les Blancs s'imaginent qu'ils peuvent tout bonnement parquer les gens dans un quartier comme Watts et, après ça, les oublier. Ça n'a pas marché [39]. »

Notons qu'à l'époque les dirigeants de la lutte pour les droits civiques n'ont pas tous su diagnostiquer le problème. Nombre des leaders traditionnels des organisations noires les plus modérées ont continué à percevoir la condition des Noirs en termes strictement politiques. Ils défendaient l'idée que c'était la discrimination sociale qui était à la racine du problème, et qu'une législation antidiscriminatoire constituait le remède approprié. Peu nombreux furent ceux qui perçurent les évolutions économiques annonciatrices d'un bouleversement plus fondamental des relations entre Blancs et Noirs, un bouleversement lourd de conséquences pour l'avenir de l'Amérique. Dans la conclusion de son livre poignant sur le sujet, Sidney Willhelm écrivait : « La sous-estimation de la révolution technologique ne peut qu'entraîner une sous-estimation de la révolution raciale qui l'accompagne, celle qui fait passer les Noirs de l'exploitation à l'inutilité ; en croyant que le présent n'est qu'une continuation de l'industrialisation plutôt que l'aube d'une nouvelle ère technologique, on se rend incapable d'anticiper le système de relations raciales largement inédit qui attend les Noirs évincés [40]. »

La prédiction de Willhelm s'est avérée. Aujourd'hui, des millions d'Africains-Américains se retrouvent prisonniers d'un sous-prolétariat permanent sans espoir de délivrance. Ils n'ont aucune qualification, personne n'a besoin d'eux, et la valeur marchande

de leur travail a été rendue pratiquement nulle par les technologies de l'automation qui les ont chassés du paradis high-tech
de la nouvelle économie mondialisée.

6

Le grand débat sur l'automatisation

Tandis que le mouvement des droits civiques commençait, dès le début des années soixante, à s'alarmer des conséquences qu'aurait l'automatisation pour la communauté afro-américaine, d'autres personnes entreprirent simultanément d'élargir, à l'échelle du pays tout entier, le débat autour des effets probables de cette évolution sur l'économie et l'emploi. Les pertes d'emplois de plus en plus nombreuses dans la communauté noire allaient considérablement alimenter cette discussion.

En mars 1963, un groupe d'éminents scientifiques, économistes et universitaires, avec à leur tête J. Robert Oppenheimer, directeur de l'Institut des hautes études (Institute for Advanced Studies) de l'université Princeton, publiait une lettre ouverte au président des États-Unis, dans le *New York Times*, pour avertir des dangers que l'automatisation faisait peser sur l'avenir de l'économie américaine et appeler à un dialogue national sur le sujet. Le « comité spécial sur la triple révolution » (Ad Hoc Committee on the Triple Revolution), ainsi nommé en raison de ses analyses sur les trois mutations nouvelles de la société (révolution cybernétique, révolution des armements et révolution des droits de l'homme), affirmait que les nouvelles technologies cybernétiques obligeaient à un changement fondamental dans la relation entre travail et revenu. Les auteurs soulignaient que jusqu'à ce moment de l'histoire « les ressources économiques avaient toujours été distribuées sur la base des contributions respectives à la production ». Cette relation historique était maintenant menacée par les nouvelles technologies de l'informatique. Ils insistaient : « Une nouvelle ère de production a commencé. Ses principes organisationnels sont aussi différents que ceux de l'ère industrielle le furent de l'agriculture. La révolution cybernétique résulte du mariage de l'ordinateur et de la machine automatique autorégulée. Il en résulte un système à capacité de production quasi illimitée qui demandera de moins en moins de travail humain [1]. »

Le comité répétait que « les Noirs sont les plus durement touchés parmi les nombreux groupes jetés au ban de l'économie par la cybernétisation », mais prévoyait qu'avec le temps la nouvelle révolution informatique prendrait en charge de plus en plus de tâches productives dans l'économie et priverait des millions de travailleurs de leurs emplois [2]. Il pressait le président et le Congrès de songer à garantir à tous les citoyens « un revenu adéquat, légalement exigible », qui constituerait un mode de redistribution des richesses aux millions de personnes évincées par les nouvelles technologies à faible intensité de main-d'œuvre [3].

Les avertissements du comité retinrent l'attention de la Maison-Blanche. En juillet 1963, le président Kennedy demanda la constitution d'une commission nationale sur l'automatisation [4]. Six mois plus tard, dans son message sur l'état de l'Union, le président Lyndon Johnson proposait la création d'une commission sur l'automatisation, la technologie et le progrès économique. Ce printemps-là, le Congrès tint des audiences publiques et décision fut prise de la créer [5].

Le gouvernement adopte une voie médiane

Le rapport de la commission publié en 1965 tenta d'adopter une voie médiane entre ceux qui prétendaient que la révolution cybernétique imposait une réponse immédiate des autorités et ceux, tout particulièrement dans le monde des affaires, pour qui les bouleversements technologiques étaient une péripétie normale du progrès économique destinée, au bout du compte, à être absorbée par une économie robuste. « Si l'on en croit un point de vue extrême, le monde (ou du moins les États-Unis) serait au bord de la saturation. La productivité pourrait rendre obsolètes nos institutions économiques et la notion d'emploi rémunérateur. Nous ne partageons pas ce point de vue. [...] Mais nous réfutons également l'autre considération extrême dans sa complaisance qui nie l'existence de problèmes sociaux et économiques graves liés aux conséquences de l'évolution technologique[6]. »

Curieusement, malgré la tentative des auteurs du rapport gouvernemental de se tenir à distance des critiques et de trouver une approche médiane sur la question, nombre de leurs conclusions renforçaient les arguments avancés par le comité Oppenheimer sur la triple révolution. C'est ainsi par exemple qu'étaient reconnues les répercussions destructrices de la nouvelle révolution technologique sur l'Amérique noire :

> Les technologies agricoles modernes, depuis les machines à cueillir le coton et les énormes moissonneuses-batteuses jusqu'aux engrais et insecticides chimiques, ont entraîné une migration rapide des ouvriers agricoles vers les villes et contribué à de graves problèmes urbains.
> La révolution technologique agricole a aggravé les difficultés de pans entiers de la population noire. Repoussée hors des zones rurales, une portion importante de celle-ci s'est déplacée vers les villes en quête de moyens de subsistance. Mais beaucoup sont arrivés au moment précis où [...] la marche en avant technologique réduisait le nombre des emplois industriels non ou peu qualifiés, auxquels ils auraient pu prétendre. Malgré certaines améliorations au cours des deux années écoulées, on compte 700 000 emplois de production et d'entretien de moins qu'à la fin de la guerre de Corée[7].

Reprenant l'argument d'Oppenheimer et des auteurs qui s'étaient exprimés sur la triple révolution, la commission gouvernementale affirmait que « la technologie élimine les emplois, pas le travail ». Si l'économie produisait du travail sans travailleurs, comme chacun semblait le suggérer, alors il faudrait que l'État intervienne d'une façon ou d'une autre pour dégager une source de revenu et de pouvoir d'achat en faveur de ces masses croissantes d'employés évincés à la fois par les technologies à faible besoin de main-d'œuvre et par la productivité accrue. La commission concédait : « La politique économique se doit, en permanence, d'harmoniser les augmentations du potentiel de production et celles du pouvoir d'achat et de la demande. Faute

de quoi les perspectives créées par le progrès technique déboucheraient sur le gaspillage, l'inactivité, le chômage et le dénuement[8]. »

Pour finir, elle faisait machine arrière sur les questions que
soulevait l'automatisation, concluant que le chômage technologique était une situation nécessaire et provisoire sur le chemin
du progrès économique. Cet optimisme mesuré s'appuyait sur
un retournement récent, à la hausse, de l'économie et sur une
baisse des chiffres du chômage, imputables pour une large part
au développement du conflit vietnamien. Ce que la commission
admettait d'ailleurs : « Avec l'intensification de la guerre au
Viêt-nam, les perspectives sont à l'amélioration de la courbe du
chômage[9]. » En aparté, comme frappés d'un pressentiment, les
auteurs du rapport prévenaient cependant : « Il faudrait ne pas
bercer le pays d'illusions consécutives à un besoin temporaire de
dépenses d'armements supplémentaires[10]. » L'avertissement fut
noyé dans le vacarme des tambours et la militarisation massive
de l'économie.

La capitulation des syndicats

Après des années d'inquiétude grandissante face au chômage
technologique, le débat tant attendu sur l'automatisation fit long
feu, au milieu des années soixante. Charles Silberman écrivit
dans *Fortune* que « les effets de l'automatisation sur l'emploi ont
été violemment exagérés, de façon irresponsable, par des sociologues qui semblent faire assaut de sinistrose[11] ».

Les syndicats ont leur part de responsabilité dans cette mau-
vaise approche de la question. Voix organisée de millions de travailleurs américains, le mouvement syndical parla souvent pour
ne rien dire à ce sujet sinon pour, finalement, se ranger aux côtés
du patronat, au détriment de ceux-là mêmes qu'il représentait.

Le père de la cybernétique, Norbert Weiner, était en mesure
de percevoir mieux que personne peut-être les conséquences à
long terme des nouvelles technologies de l'automatisation. Il
dénonça les dangers d'un possible chômage généralisé et permanent : « Si ces modifications de la demande de travail nous
tombent dessus de façon désordonnée et aléatoire, il se peut bien

que nous entrions dans la plus grande période de chômage jamais vue à ce jour [12]. »

Weiner finit par tant redouter l'avenir high-tech que lui et ses collègues étaient en train de créer qu'il sollicita une audience auprès de Walter Reuther, président du syndicat ouvrier de l'industrie automobile (UAW), dans une lettre peu commune. Il y expliquait que la révolution cybernétique « mènera inéluctablement à l'usine sans employés » et que, « dans le contexte de la société industrielle actuelle, le chômage produit par de telles usines ne saurait être que désastreux », et promettait à Reuther son soutien loyal pour toute campagne nationale concertée que le mouvement syndical voudrait bien lancer sur la question [13].

Reuther, tout d'abord ouvert aux inquiétudes de Weiner, les relaya timidement devant les commissions du Congrès et dans ses discours publics. Il expliquait que « l'économie n'a pas su générer le pouvoir d'achat nécessaire à absorber le volume des biens et des services que nous sommes capables [...] de produire avec nos technologies » et pressait le gouvernement de « créer la demande nécessaire [14] ».

D'autres responsables syndicaux s'exprimèrent précautionneusement contre les nouvelles forces technologiques qui menaçaient des millions d'emplois. George Meany, le puissant président de l'AFL-CIO, dénonçait les nouvelles technologies économes en main-d'œuvre qui « deviennent rapidement une malédiction pour cette société [...] dans leur impatience folle à produire de plus en plus avec de moins en moins de travail, sans égard [envers ce que] cela peut signifier pour l'économie dans son ensemble [15] ».

Malgré tous les discours publics, les syndicats se révélèrent finalement beaucoup plus conciliants dans l'intimité des salles de négociations collectives. Comme l'établit l'historien David Noble dans *The Forces of Production*, les syndicats, pour l'essentiel, capitulèrent devant le patronat sur les questions de l'automatisation. Craignant d'être traités de modernes luddites et accusés de faire obstacle au progrès, les dirigeants syndicaux se réfugièrent dans une attitude défensive. Nombre d'entre eux, y compris dans le syndicat de Reuther, accueillirent à bras ouverts les nouvelles technologies. En 1955, lors de sa convention annuelle, l'UAW rendit publique une résolution où perçait un vibrant hommage à l'automatisation, qui commençait pourtant à sérieusement éroder sa propre base : « L'UAW accueille favorablement l'automation [et] le progrès technologique. [...] Nous offrons notre coopération [...] à une recherche commune de politiques et de programmes [...] qui assureront la poursuite du progrès technologique au profit de l'humanité [16]. »

Ayant accepté tant l'inéluctabilité que la désirabilité des technologies économes en travail, le mouvement syndical commença à perdre de cet élan qui l'avait porté depuis la fin de la Seconde Guerre mondiale. Acculé, il battait hâtivement en retraite et axerait désormais les négociations collectives non plus sur la question du contrôle de la production et des procédures de travail mais sur des revendications de reconversion professionnelle. A la veille de la transition historique qui allait faire passer la production de la mécanique à l'automatique, le mouvement syndical, certain qu'une immense foule d'emplois non qualifiés étaient désormais voués à la disparition et que le nombre des emplois qualifiés et techniques allait donc s'accroître, fit le calcul qu'il fallait exiger des formations de requalification professionnelle. La CIO mit au clair sa nouvelle stratégie dans une brochure publiée en 1955, intitulée *Automation*.

L'introduction des machines automatiques et des calculateurs électroniques débouchera vraisemblablement sur des licenciements et une élévation du niveau de qualification demandé aux travailleurs. [...] La perspective des suppressions d'emploi peut être partiellement compensée par le dialogue entre les entreprises et les syndicats et par la planification de la gestion, pour orchestrer l'introduction de l'automation pendant les périodes de plein emploi, permettre un effet d'érosion, réduire le volume de la main-d'œuvre, et trouver le temps de recycler les employés [17].

L'AFL-CIO vota de nombreuses résolutions lors de ses conventions annuelles des années soixante pour demander que les négociations collectives débouchent sur des mesures de requalification professionnelle. Les employeurs ne furent que trop heureux de céder aux nouvelles exigences syndicales. Les coûts d'introduction de programmes de recyclage étaient infiniment inférieurs à la perspective d'une longue et interminable bataille contre les syndicats sur la mise en place des nouvelles technologies de l'automation dans les ateliers. Entre 1960 et 1967, le pourcentage d'accords patronats-syndicats contenant des mesures de recyclage professionnel passa de 12 % à plus de 40 % [18]. Le mouvement ouvrier prêta aussi son poids politique à la mise en place d'un droit fédéral visant à promouvoir les reconversions. En 1962, l'AFL-CIO mobilisa le ban et l'arrière-ban de ses troupes pour soutenir le vote d'une loi sur la formation de la main-d'œuvre (*Manpower Development Training Act*) et pour permettre le recyclage des travailleurs chassés par l'automatisation.

En abandonnant la question du contrôle de la technologie au profit de revendications sur les reconversions ouvrières, les syndicats perdirent une part essentielle de leur pouvoir de négociation. Si ces questions du contrôle technologique étaient restées une priorité majeure, les travailleurs auraient pu obtenir du patronat l'assurance d'une participation aux gains de productivité apportés par l'automation. La réduction du temps de travail et les hausses de salaires auraient pu être liées aux augmentations de la productivité. Mais le mouvement syndical capitula sur le front de l'automation, se contentant d'accords défensifs qui assuraient la sécurité de l'emploi aux travailleurs les plus âgés, échelonnaient les suppressions d'effectif et offraient des possibilités limitées de recyclage à ses membres.

Les syndicats avaient parfaitement raison de penser que l'automatisation allait réduire les rangs de la main-d'œuvre non qualifiée, mais ils surestimèrent lourdement la quantité d'emplois qualifiés que généreraient les nouvelles technologies. Ils ne surent pas s'en prendre à la motivation principale de la révolution automatique : l'obsession patronale de remplacer les travailleurs par des machines partout où c'était possible et, ce faisant, de réduire les coûts salariaux, d'améliorer la maîtrise de la production, d'augmenter les marges bénéficiaires. Quelques travailleurs furent recyclés et trouvèrent des emplois meilleurs, mieux qualifiés ; mais, pour la plupart, ce fut le vide. Ils étaient tout simplement trop nombreux, ces exclus du travail, et trop rares ces nouveaux emplois de pointe. Les syndicats commencèrent à perdre leurs membres et leur influence. L'automation détruisit finalement leur arme la plus puissante, la grève. Les nouvelles technologies permettaient aux chefs d'entreprise de faire fonctionner les usines avec des équipes squelettiques pendant les grèves, ce qui sapait, concrètement, la capacité des syndicats à arracher des concessions appréciables à la table de négociation.

Disons à leur décharge que nombre de ces organisations rendirent des coups, tentèrent d'empêcher l'« inévitable » et d'obtenir autant de concessions que possible pour leur base. Les dockers, les travailleurs des raffineries, les syndicats du livre et bien d'autres déclenchèrent force grèves, grèves perlées et autres formes de lutte pour protéger leurs membres des assauts de l'automation. Le Syndicat international des typographes (International Typographers Union, ITU) fut l'un des plus militants sur l'automatisation. En 1966, sa section locale de New York parvint à obtenir une convention collective de travail avec les éditeurs de presse de New York qui « donnait au syndicat la priorité absolue dans les décisions sur les types de technologies susceptibles d'être introduites dans la composition ». Huit années durant, l'ITU put entraver le passage de l'impression par fondeuses de caractères à la photocomposition et faire obstacle à l'automatisation des ateliers de composition. Les trois plus grands journaux (le *New York Times*, le *Daily News* et le *New York Post*) avaient adopté la convention de 1966 laissant à l'ITU le contrôle de l'introduction des nouvelles technologies dans les ateliers, dans l'espoir que la résistance des syndicats à la photocomposition finirait par entraîner la faillite de leurs concurrents. C'est très précisément ce qui advint. Pendant cette période, les six plus petits journaux de New York disparurent, en partie parce qu'ils ne pouvaient plus payer les coûts salariaux croissants qu'entraînait l'usage des fondeuses de caractères. En 1974, le syndicat fut considéré par beaucoup comme le responsable de la faillite des petits éditeurs et de la perte de centaines d'emplois. Les médias nationaux et le monde des affaires accusèrent l'ITU d'archaïsme et, pis encore, lui reprochèrent la perte des emplois pour le maintien desquels il s'était tellement battu [19].

Les pressions extérieures sur le syndicat augmentant, ses dirigeants capitulèrent en 1974 devant le patronat et l'incompréhension du public. Ils signèrent un accord révoquant leur droit de veto sur l'introduction des technologies nouvelles dans les ateliers de composition. En échange de quoi, ils obtenaient la garantie d'un emploi à vie pour les compositeurs présentement employés et un généreux plan de départ en préretraite. L'accord prévoyait aussi des réductions systématiques d'effectifs, au fil du temps. Les éditeurs étaient prêts à faire des concessions à court terme sur les salaires et les avantages non salariaux : ils savaient que cet accord historique sonnerait à plus longue échéance le glas du syndicat. Ce dernier, se sentant piégé par les pressions montantes en faveur de l'automatisation et par l'opinion publique, s'était résolu à obtenir les meilleures conditions possibles pour ses adhérents restants, tout en se résignant à sa propre disparition finale. Des années plus tard, A. H. Raskin, ancien chroniqueur du *New York Times* spécialiste des questions syndicales, réfléchit à ces événements passés. « La grande générosité affichée par les éditeurs new-yorkais pendant la négociation du contrat de 1974 venait de ce que les deux parties étaient conscientes que cet ensemble de mesures représentait le chant du cygne du syndicat des typographes, encore assez puissant pour faire payer au prix fort l'abandon de son droit de veto sur les procédés automatisés, mais que l'avènement de l'automation allait dépouiller, de fait, de toute puissance future. Tout ce que le syndicat peut espérer aujourd'hui est un déclin sans appel, au fur et à mesure que ses anciens se retirent ou décèdent et que disparaît l'atelier de composition traditionnel[20]. »

Les vents technologiques qui soufflaient sur l'économie se révélaient finalement un ennemi trop puissant. Les rangs des syndiqués s'amincissant sous les coups répétés de l'innovation technologique et des pertes infligées par la concurrence étrangère, les syndicats ouvriers du pays entamèrent leur retraite historique. Ils ne sont plus aujourd'hui que le pâle reflet de la puissance économique qu'ils ont jadis été aux États-Unis.

L'automatisation suscite aujourd'hui un regain d'inquiétudes. Cette fois cependant, le champ de la bataille technologique s'est terriblement élargi pour embrasser l'entière économie des États-Unis et l'essentiel du marché planétaire. Les questions du chômage technologique qui, il y a une génération, touchèrent surtout l'industrie et frappèrent les travailleurs noirs et les ouvriers sont soulevées aujourd'hui dans tous les secteurs de l'économie et par presque tous les groupes et toutes les catégories de travailleurs.

L'amère expérience, tout au long du quart de siècle écoulé, des journaliers noirs et des cols bleus des industries traditionnelles augure mal de l'avenir, alors que des millions de travailleurs subissent des licenciements massifs pour cause de chômage technologique. Le sous-prolétariat américain, encore majoritairement noir et urbain, va probablement devenir de plus en plus blanc et suburbain, tandis que les nouvelles machines pensantes remontent implacablement la pyramide sociale, avalant en chemin toujours plus d'emplois et de tâches qualifiés.

Dans les trente années qui suivirent le rapport de la commission nationale sur l'automatisation, la technologie et le progrès économique, le monde a terriblement changé. Les prémonitions de Norbert Weiner au sujet d'un monde sans travailleurs sont aujourd'hui au centre du débat public dans les pays industrialisés. La troisième révolution industrielle entraîne une crise économique mondiale aux proportions titanesques pendant que des millions d'individus perdent leur travail au profit de l'innovation technologique et que le pouvoir d'achat planétaire s'effondre. Comme dans les années vingt, nous voici dangereusement proches d'une autre dépression majeure, même si aucun des grands responsables de ce monde ne semble disposé à envisager la possibilité d'un mouvement inexorable de l'économie mondiale vers un étranglement du marché du travail qui aurait des conséquences gravissimes pour la civilisation.

Partout, les politiciens se révèlent incapables de saisir la nature fondamentale des changements qui s'opèrent dans le monde des échanges commerciaux, à l'échelle planétaire. Dans les conseils d'administration des entreprises aussi bien que dans les ateliers ou les commerces du monde entier, une révolution se met tranquillement en place. Les entreprises se pressent de restructurer leur organisation, se réinventent pour créer de nouvelles structures de gestion et de commercialisation capables de fonctionner efficacement dans l'extraordinaire déploiement des nouvelles technologies informatiques et télématiques qui se précipitent « en ligne » sur nos moyens de communication. La transformation radicale qui en résulte pour les échanges commerciaux sur la planète menace, pour le siècle prochain, de remettre en question le rôle même du « travailleur » au sens traditionnel du terme.

Le monde encore naissant de la gestion à flux tendus, de la production hypertechnicisée et du commerce mondial a fait ses premiers pas au milieu des années soixante. Mais l'encre du rapport de la commission nationale sur l'automatisation n'était pas encore sèche que l'économie mondiale avait entrepris son voyage historique dans l'ère postfordiste et posé les fondements organisationnels d'un avenir sans travailleurs.

7

Le postfordisme

Au milieu des années soixante, peu d'Américains comprenaient que le raz de marée qui bouleversait les méthodes de gestion des sociétés japonaises contraindrait les États-Unis et le monde, moins d'une génération plus tard, à repenser la façon même de faire des affaires. En 1965, les États-Unis étaient la plus puissante nation du monde. Sa suprématie militaire, quoique ébranlée par les progrès soviétiques en matière d'armements nucléaires et de conquête de l'espace, restait incontestable. Sa technologie était enviée dans le monde entier.

Les sociétés américaines dominaient le commerce et les échanges internationaux. Partout dans le monde, des millions de gens, à l'affût de l'étiquette *Made in America*, entretenaient la conviction que les marchandises américaines étaient forcément les meilleures. A l'intérieur du pays, les salaires et les rémunérations grimpaient et des millions d'Américains jouissaient des avantages sociaux qui accompagnaient l'appartenance à la classe moyenne.

En 1965, les entreprises américaines virent leurs bénéfices après impôt rejoindre les 10 % de l'après-guerre. Personne n'aurait alors osé le prédire, mais l'économie américaine venait d'atteindre un niveau qu'elle ne dépasserait plus : c'était le dernier grand cru industriel, le faîte d'une ascension irrésistible des profits qui, dans les années soixante-dix, allaient se racornir à moins de 6 % sous les attaques conjuguées de facteurs internes et externes [1].

Le marché américain de la consommation était saturé de

biens. En 1979, il y avait une voiture pour deux Américains, plus de 90 % des ménages étaient équipés de réfrigérateurs, machines à laver le linge, aspirateurs, radios, fers à repasser électriques et grille-pain. En même temps que la demande marquait le pas, la concurrence étrangère sur le marché américain se renforçait. Les produits importés, bon marché, inondaient les États-Unis, mordant sévèrement dans les parts de marché des sociétés américaines. Entre 1969 et 1979, la proportion des importations de produits manufacturés par rapport à ceux fabriqués dans le pays passa, en valeur, de 14 % à 38 %. Au milieu des années quatre-vingt, pour chaque dollar dépensé en marchandises produites aux États-Unis, les familles et les entreprises américaines dépensaient 45 cents de marchandises importées[2].

L'augmentation de la pression fiscale et des charges salariales réduisirent davantage encore les bénéfices des entreprises. A la fin des années soixante-dix et au début des années quatre-vingt, l'embargo pétrolier de l'OPEP augmenta le coût de l'énergie, précipitant encore à la baisse ces mêmes bénéfices. Sous Reagan, la décision de déréglementer les activités protégées (en particulier celles des compagnies aériennes, des télécommunications et des transports routiers) exacerba la course aux parts de marché entre les géants industriels établis et les nouveaux venus, impatients d'agrandir leurs créneaux. Les profits chutèrent encore.

Les entreprises établies, imbues d'une suffisance cultivée pendant les années fastes, commencèrent à prendre la mesure de la conjoncture nouvelle. Confrontées à une concurrence plus âpre venue de l'étranger et à un renforcement de celle-ci à l'intérieur de chaque branche dans le pays même, elles cherchèrent de nouveaux moyens de réduire leurs coûts, d'améliorer leurs parts de marché et leurs bénéfices. Elles se tournèrent vers les nouveaux ordinateurs et l'informatique, espérant accroître ainsi leur productivité en période de vaches maigres. Au cours des années quatre-vingt, les entreprises américaines investirent plus de 1 000 milliards de dollars dans l'informatique[3]. Plus de 88 % de ce total partit au secteur tertiaire, pour contribuer à l'amélioration des rendements et à la réduction des coûts. En 1992, la plupart des travailleurs en col blanc du pays utilisaient peu ou prou du matériel informatique : chaque individu avait ainsi entre les mains une valeur moyenne d'équipement de 10 000 dollars[4].

Pourtant, malgré l'énormité des investissements, la productivité continuait de claudiquer, n'augmentant que d'environ 1 % par an. Des économistes commencèrent à évoquer un « paradoxe de la productivité ». Certains, comme Gary Loveman, de Harvard, dénoncèrent ouvertement l'échec cuisant de cette fameuse révolution technologique dans laquelle tant de personnes avaient cherché leur salut. « C'est simple : nous n'avons aucune preuve que la croissance substantielle de l'informatique ait apporté un accroissement considérable (voire un accroissement quelconque, dans certains cas) de la productivité », expliqua-t-il à ses collègues [5].

Et tandis que les chefs d'entreprise commençaient à faire grise mine devant les nouveaux procédés informatiques, le paradoxe de la productivité s'évanouit soudain. En 1991, le rendement horaire augmenta de 2,3 %. En 1992, la productivité bondit de près de 3 %, soit la meilleure performance depuis plus de vingt ans [6]. L'école de management Sloan, du MIT, publia des résultats de productivité collectés sur une période de cinq ans entre 1987 et 1991 et concernant plus de 380 des principales entreprises qui, ensemble, généraient annuellement près de 2 000 milliards de dollars de production annuelle. Les gains de productivité étaient impressionnants : les énormes quantités d'argent investies dans l'informatique depuis plus de dix ans commençaient apparemment à porter leurs fruits.

Pour les auteurs de cette étude, Erik Brynjolfsson et Lorin Hitt, entre 1987 et 1991, les taux de retour sur investissements informatiques avaient atteint en moyenne 54 % dans l'industrie (et 68 % en y intégrant le tertiaire). Brynjolfsson affirmait que les ordinateurs non seulement « augmentent énormément la productivité », mais en outre contribuent considérablement aux licenciements massifs et à la diminution de la dimension des entreprises [7]. Stephen Roach, de chez Morgan Stanley, qui, avec d'autres, à Wall Street, avait soulevé la question du paradoxe de la productivité, abandonna ses réserves antérieures pour proclamer que « l'économie américaine entre maintenant dans sa première relance fondée sur la productivité depuis les années soixante, grâce aux rendements réalisés du fait de l'informatique ». Une bonne part des gains de productivité, explique Roach, concerne les activités de service [8]

Il devint de plus en plus clair, pour Roach et quiconque s'intéressait à la question, que l'incapacité à réaliser plus tôt ces gains de productivité résidait non dans les nouvelles technologies économes en temps comme en main-d'œuvre, mais plutôt dans des structures organisationnelles anachroniques qui ne pouvaient les assimiler. Michael Borrus entra au cœur du sujet en déclarant lors d'une table ronde sur l'économie internationale, à Berkeley : « Il ne faut pas se contenter de dépenser de l'argent sur des technologies nouvelles, puis d'utiliser celles-ci avec des méthodes anciennes. » A son avis, « pour chaque société qui utilise correctement ses ordinateurs il y en a une autre qui s'y prend mal, et les deux phénomènes s'annulent[9] ».

Les entreprises américaines et du monde entier, structurées un siècle plus tôt pour produire et distribuer des biens et des services à l'époque des transports ferroviaires et des communications postales et téléphoniques, se révélaient dotées d'un appareil organisationnel totalement inadapté à la vélocité, à l'agilité et aux capacités de collecte d'informations des technologies de l'âge informatique.

Une gestion archaïque

Le management moderne est né avec le rail, dans les années 1850. En ces temps pionniers, les trains circulaient sur des voies uniques. Le contrôle des mouvements des convois était donc vital pour la sécurité de la circulation ferroviaire. Lorsque la Western Railroad fut confrontée à une série d'accidents sur sa voie longeant le fleuve Hudson, dont le pire fut un choc de plein fouet entre deux trains le 4 octobre 1841 (un passager et un mécanicien y trouvèrent la mort), la société réagit à ce problème de plus en plus aigu de sécurité en complexifiant son système de gestion des convois, notamment avec un processus plus systématique de collecte des informations communiquées par ses brigadiers de voie et une distribution plus rapide des indications horaires vitales à ses cheminots. Ces innovations dans la gestion, explique l'historien Alfred Chandler, firent de la Western Railroad « la première structure organisationnelle interne moderne

135

mise en place par une entreprise commerciale américaine et définie au détail près[10] ».

En 1844, l'invention du télégraphe facilita grandement les communications et permit l'extension des voies ferrées à tout le continent. De conserve, le rail et le télégraphe constitueraient l'infrastructure de transport et de communication qui allait permettre de desservir un marché national s'étirant sur plus de 4 500 kilomètres. Pour satisfaire les besoins de ce nouveau marché, d'autres entreprises commencèrent à se doter de programmes de gestion de plus en plus complexes. Au moment où, dans les années vingt, Alfred Sloan introduisait chez General Motors le modèle organisationnel multidivisionnel, l'entreprise gérée selon des critères modernes avait atteint sa maturité et s'affichait comme moteur de l'économie américaine.

L'entreprise moderne se caractérise par sa structure de gestion hiérarchisée. La quasi-totalité des organigrammes industriels sont pyramidaux : les personnels de terrain et de production forment la base de la hiérarchie, que surmonte un personnel d'encadrement et de gestion aux qualifications ascendantes avec, enfin, un directeur général perché tout au sommet. A chaque degré de l'échelle de l'entreprise, des employés sont affectés à des tâches précises et sont responsables de leur travail devant leur supérieur immédiat dans la pyramide. Les informations vitales concernant la production, la distribution et les flux commerciaux remontent la chaîne de commandement pour être traitées à chaque degré, puis répercutées au suivant, jusqu'à finalement parvenir aux cadres dirigeants qui, à leur tour, utilisent ces informations pour donner des ordres qui seront alors retransmis vers le bas de la hiérarchie et mis à exécution, en cascade, à tous les niveaux de la structure. L'organigramme fonctionnel d'une entreprise géante moderne contient des hiérarchies au sein des hiérarchies ; des départements (finance et comptabilité, recherche et développement, commercialisation et publicité) ont chacun leur propre chaîne de commandement, enchâssée dans la structure générale.

Tout en bas de la hiérarchie de l'entreprise, les personnels non ou peu qualifiés ont la charge de fabriquer et déplacer les produits, ou d'exécuter les tâches routinières qui sont la marque même de l'entreprise. Leurs tâches sont, à tous égards, rigides et répétitives, conformément aux grandes lignes classiques de l'organisation scientifique du travail élaborée par l'expert en rendements Frederick Taylor, au tournant de notre siècle.

Pendant l'essentiel du XXᵉ siècle, cette forme de capitalisme managérial a dominé les économies américaines et européennes, en un agencement organisationnel qui reposait principalement sur une inflation de l'encadrement intermédiaire, chargé à la fois de traiter les flux ascendants et descendants d'information dans la hiérarchie industrielle et de coordonner et contrôler les nombreuses fonctions de la société.

Robert Reich, actuel ministre américain du Travail, a comparé l'entreprise moderne à une bureaucratie militaire. Dans les deux cas, la chaîne de commandement est descendante et laisse de moins en moins de place à la prise de décision indépendante aux plus bas échelons de la structure. A l'ère de la production et de la distribution de masse, qui insiste sur une division toujours plus grande des tâches et sur la standardisation des produits, le besoin d'un « contrôle absolu était nécessaire », dit Reich, « si l'on voulait que les plans soient mis en application avec exactitude [11] ».

Le système managérial d'organisation des entreprises est un géant rustre, un producteur puissant capable de créer d'importants volumes de marchandises normalisées, mais privé de la souplesse qui lui permettrait de se modifier prestement pour s'adapter aux rapides fluctuations du marché intérieur ou mondial. A l'apogée de leur puissance, à la charnière des années cinquante et soixante, cinq cents entreprises gigantesques assuraient la moitié de la production des pays industriels et près du quart de celle du monde non communiste. Elles employaient plus de 12 % de la main-d'œuvre du pays. La plus grande entreprise du monde, General Motors, affichait en 1955 des revenus équivalents à 3 % du PNB des États-Unis [12].

Mais, parvenue aux années quatre-vingt, cette même puissance industrielle américaine allait subir l'assaut de nouveaux concurrents planétaires, armés de systèmes organisationnels très différents, mieux équipés pour tirer profit des nouvelles technologies de la révolution informatique. Une nouvelle forme de gestion était née dans l'industrie japonaise de l'automobile, après la Seconde Guerre mondiale, qui consistait à construire les voitures d'une manière si radicalement éloignée des modes de gestion en usage à Detroit que les observateurs du monde industriel commencèrent à parler des méthodes japonaises en termes de production postfordiste.

Dans leur ouvrage *Le Système qui va changer le monde*, James Womack, Daniel Jones et Daniel Roos examinent les révolutions techniques qu'a connues la fabrication des automobiles au cours du siècle. Ils nous racontent l'histoire de l'honorable E. H. Ellis, membre fortuné du Parlement britannique, qui, en 1894, se rendit à Paris à la société de machines-outils Panhard & Levassor pour « commander » une automobile. Les propriétaires de l'entreprise, messieurs Panhard et Levassor, s'entretinrent avec lui pour s'enquérir de ses idées sur le genre d'automobile qu'il désirait. Puis leurs talentueux artisans se lancèrent dans la conception du véhicule et commandèrent les éléments qui seraient fabriqués par d'autres ateliers mécaniques de Paris. Les pièces et les divers composants exécutés sur mesure furent ensuite rassemblés dans l'atelier de Panhard & Levassor, puis montés et ajustés manuellement, pour construire l'automobile. La voiture d'Ellis, comme les quelques centaines d'autres fabriquées chaque année par Panhard & Levassor, était un modèle unique et visait à satisfaire précisément les exigences de son acheteur. Ellis fut le premier propriétaire anglais d'une automobile [13].

Moins de vingt ans plus tard, Henry Ford produisait des milliers de voitures identiques chaque jour, pour un prix dérisoire par rapport à celui qu'Ellis avait payé pour son véhicule artisanal. Ford fut le premier constructeur d'automobiles à fabriquer en série un produit standardisé à l'aide de pièces interchangeables. Chacun des composants étant toujours découpé et façonné exactement de la même manière, on pouvait assembler rapidement et sans difficulté ces pièces interchangeables, sans qu'il soit nécessaire de recourir à un artisan hautement qualifié. Pour accélérer le processus de montage, Ford introduisit une chaîne mobile dans son usine, nouveauté qu'il avait initialement découverte dans les abattoirs géants de Chicago. En apportant la voiture directement à l'ouvrier, il épargnait un temps précieux dans le processus de production et se dotait du moyen de contrôler le rythme des mouvements dans l'usine.

Dans les années vingt, Ford dépassa les 2 millions de véhicules de série par an, chacun rigoureusement identique, au détail près, à celui qui le précédait et à celui qui le suivait sur la chaîne de montage[14]. Un jour, Ford expliqua que ses clients pouvaient choisir n'importe quelle couleur pour leur modèle T, pourvu que ce soit du noir. Ce principe des produits de série, standardisés, fut la norme industrielle pendant plus d'un demi-siècle.

A l'instar d'autres géants de la fabrication, Ford et les fabricants d'automobiles de Detroit étaient organisés en hiérarchies rigides, en structures de commandement descendantes depuis la direction jusqu'à l'atelier. Le taylorisme, dans sa quintessence, dépouillait le personnel d'assemblage des voitures de toute espèce de qualification et lui refusait la maîtrise du rythme de la production. Les talents de conception et d'étude et toutes les décisions techniques et organisationnelles étaient aux mains de la direction. La hiérarchie organisationnelle était divisée en départements responsables d'une fonction ou activité particulière où chacun était comptable de ses actes devant son supérieur dans la chaîne de commandement. L'autorité finale demeurait au sommet de la pyramide.

Le passage aux flux tendus

Le système de la production en série essaima de l'industrie automobile vers d'autres branches pour devenir la norme mondiale et incontestée sur la meilleure façon de mener les affaires de l'industrie et du commerce. Tandis que la « méthode américaine » jouissait de ses succès sans réserve sur les marchés du monde entier dans les années cinquante, un fabricant d'automobiles japonais, aux prises avec les difficultés de la reconstruction dans l'après-guerre, commença à expérimenter une nouvelle démarche de production dont les prémisses étaient aussi différentes de la production de masse que cette dernière avait pu l'être des méthodes artisanales antérieures. Sa société s'appelait Toyota ; son nouveau procédé de gestion serait la production dite « au plus juste », « allégée », « compétitive », « maigre », ou encore « à flux tendus ».

Le principe fondateur de la production à flux tendus consiste à combiner de nouvelles techniques de gestion avec un outillage de plus en plus sophistiqué, pour produire davantage avec moins de ressources et moins de travail. Ce mode de production diffère notablement à la fois de la production artisanale et de la production industrielle. Dans le premier cas, des ouvriers hautement qualifiés façonnent à l'aide d'outils à main des produits selon les indications données par l'acheteur. Les articles sont faits un par un. Dans le second, on emploie des « professionnels spécialisés pour concevoir des produits qui seront fabriqués par des ouvriers peu ou pas qualifiés faisant fonctionner des machines coûteuses et monotâches, qui vomissent en énormes quantités des produits standardisés [15] ». Dans la production en série, l'outillage est si cher qu'il convient d'éviter à tout prix les temps morts. C'est pour cela que la direction adjoint des stocks et des travailleurs supplémentaires en « tampons », pour s'assurer qu'il n'y aura aucune interruption dans les apports, ni de ralentissement dans le rythme de production. En fin de compte, l'importance des investissements en matériel interdit de rééquiper et de rajuster rapidement les machines en vue d'une production nouvelle. Le client profite de faibles prix, mais aux dépens de la diversité.

Pour sa part, la production allégée « combine les avantages de l'un et l'autre système, tout en évitant les prix élevés du premier et la rigidité du second [16] ». Pour parvenir à de tels objectifs de production, l'entreprise réunit des équipes de travailleurs aux compétences multiples à tous les niveaux de l'organisation : ils travailleront sur des machines automatiques pour produire de grands volumes de marchandises très diversifiées parmi lesquelles on pourra choisir. La production à flux tendus est aussi dite « au plus juste », expliquent Womack, Jones et Roos, car « elle emploie moins de tout ce qui était jusqu'à présent nécessaire dans la production de masse — moitié moins d'effort à l'usine, moitié moins d'espace, moitié moins d'investissement machine, moitié moins d'heures de conception pour "sortir" un nouveau produit en moitié moins de temps. De plus, elle demande des stocks largement inférieurs à ce qui est nécessaire en production de masse, génère beaucoup moins de défauts et favorise la production d'une variété toujours plus grande de produits [17] ».

Dans sa version japonaise, la production à flux tendus commence par se débarrasser de la hiérarchie gestionnaire traditionnelle et la remplace par des équipes à qualifications multiples travaillant sur le lieu de production. L'usine étant ainsi allégée, les ingénieurs d'étude, les programmeurs et les ouvriers interagissent, échangent leurs idées et mettent en application les décisions communes, directement dans l'atelier. Le modèle taylorien classique d'organisation scientifique du travail, qui favorisait la séparation des tâches intellectuelles et manuelles et la rétention de toutes les prises de décision au niveau de la direction, est abandonné au profit d'une démarche collective et coopérative destinée à exploiter rationnellement l'ensemble des capacités mentales et des expériences de travail de chacune des personnes impliquées dans le processus de fabrication d'une automobile. Par exemple, dans l'ancien modèle de production en série, la section de recherche et développement était disjointe de l'usine et installée dans un laboratoire. Des scientifiques et des ingénieurs élaboraient en laboratoire des modèles nouveaux ainsi que l'outillage nécessaire à leur production, puis introduisaient les modifications dans l'usine, en les accompagnant d'un jeu exhaustif d'instructions précises et de calendriers de fabrication en série du produit. Dans le nouveau système de production allégée, le lieu de production devient, concrètement, le laboratoire de recherche et développement, la combinaison des savoir-faire de chaque participant à la production y est utilisée pour réaliser des « améliorations permanentes » et affiner tant le processus de production que le produit terminal.

Alors que dans l'industrie automobile américaine la conception des nouvelles voitures reste aujourd'hui encore étroitement contrôlée par l'élite des ingénieurs, au Japon, les travailleurs de tous les services sont invités à y prendre part. C'est l'ingénierie simultanée, au titre de laquelle toute personne affectée à la conception, à la production, à la distribution, à la commercialisation et à la vente d'une nouvelle automobile est appelée à participer dès que possible à sa mise au point, pour que tous les besoins et toutes les exigences de tel ou tel département soient pris en considération et que puissent être dénoncées les sources de pannes ou de dysfonctionnements potentiels avant le lancement de la production à grande échelle. Les études menées au fil des ans suggèrent que jusqu'à 75 % du coût d'un produit est déterminé au stade de sa conception. Un retard de six mois dans l'arrivée sur le marché d'un produit nouveau peut réduire les bénéfices jusqu'à 33 % [18]. Les sociétés japonaises considèrent qu'impliquer chacun au stade de la conception permet de maintenir au strict minimum les coûts principaux affectant les bénéfices nets.

Le concept d'amélioration permanente, ou *kaisen*, est considéré comme la clef du succès des méthodes de production japonaises. Au contraire du modèle américain, plus ancien, qui n'innove que rarement et ne procède généralement qu'à un changement à la fois, le système de production japonais vise à insuffler des perfectionnements et un changement continuels dans le fonctionnement au jour le jour. La démarche *kaisen*, c'est la mise à profit, par la direction, de l'expérience collective de tous ses travailleurs, la valorisation de la résolution collective des problèmes.

Dans l'atelier, les équipes de travail disposent d'une bien plus grande latitude quant au processus de production. Si une machine tombe en panne, si une chaîne ralentit, les ouvriers réparent souvent eux-mêmes l'équipement concerné et, ce faisant, évitent tous les goulots d'étranglement du processus : cette démarche est fort différente de celle des fabricants d'automobiles de Detroit, où les pannes de machines donnent lieu à une notification au contremaître qui, à son tour, appellera les techniciens de maintenance pour traiter le problème. Le nombre des pannes baisse considérablement, la chaîne tourne d'une manière beaucoup plus fluide car les travailleurs, plus proches du processus de production, sont mieux préparés à anticiper les problèmes. Lorsque ces derniers surgissent, ils les résolvent rapidement et avec efficacité. Ici encore, les données sont éloquentes. D'après une étude sur l'industrie de l'automobile dirigée par James Harbour, les équipements américains sont inopérants plus de 50 % du temps tandis que les usines d'automobiles japonaises font tomber ce chiffre à 15 % [19].

Le modèle du travail en équipe crée des rendements supérieurs parce qu'il encourage l'apparition de travailleurs polyvalents. Très au fait d'un nombre important de tâches sur le lieu de production, chacun comprend beaucoup mieux le processus de fabrication dans sa globalité ; et ce savoir est mis à profit dans le cadre de l'équipe lorsqu'il s'agit d'identifier les difficultés et de suggérer des améliorations. Pour aider les travailleurs à voir comment leur travail s'insère dans le processus plus général de la production, les sociétés japonaises laissent leurs employés libres de consulter tous les renseignements informatisés générés au sein de la société. Un directeur japonais explique l'importance que son établissement attache au partage des informations avec les travailleurs : « L'une de nos tâches essentielles est de faire en sorte que tous nos employés souhaitent coopérer sans réserve et de leur donner envie de s'améliorer eux-mêmes sans cesse. Pour cela, il est indispensable que nous leur fournissions toutes sortes d'informations, sans souci de préséance. [...] Tout employé a le droit de consulter "toutes" les informations informatisées au sein de la société[20]. »

Au contraire de l'ancien modèle de gestion, où la prise de décision est continuellement repoussée plus haut dans la hiérarchie, le modèle japonais de travail en équipe s'efforce de repousser l'habilitation à décider aussi bas que possible dans l'échelle de l'encadrement, pour la rapprocher autant que faire se peut du lieu de production. Il s'ensuit une atmosphère plus égalitaire au sein de l'usine et bien moins de frictions entre le patronat et les ouvriers. Dans la plupart des usines d'automobiles japonaises, ouvriers et directeurs partagent la même cafétéria et le même parking. Les cadres portent, comme les ouvriers, l'uniforme de la société. Pour ouvrir encore davantage les relations professionnelles et les rendre plus intimes, ils sont installés dans des bureaux ouverts, dans l'usine, au contact des installations de production. La plupart étant recrutés directement dans le personnel de base, ils sont bien plus susceptibles de comprendre les besoins spécifiques des employés dans leurs équipes de travail et mieux préparés à créer des liens personnels forts avec les membres de leurs propres équipes. Dans le système japonais, les travailleurs se rencontrent même au sein de « cercles de qualité » spécifiques, avant ou après les heures de travail normales, pour discuter des améliorations possibles à apporter au processus de production. Une enquête récente montre que 76 % des travailleurs japonais prennent part aux cercles de qualité[21].

Le modèle japonais s'intéresse éminemment aussi à ce qu'il

appelle la production « juste à temps », autrement dit, sans stocks. Cette idée émergea dans les années cinquante lors d'une visite aux États-Unis de Taiichi Ohno, de la société Toyota Motors. Ohno fut alors bien plus impressionné par les hypermarchés que par les usines d'automobiles américaines. Il racontera plus tard sa surprise d'avoir constaté la vitesse et l'efficacité avec lesquelles les supermarchés réussissaient à garnir leurs rayons avec les produits précis que désiraient les clients, et dans les justes quantités utiles : « Un supermarché, c'est un lieu où le client peut trouver *1)* ce qu'il veut, *2)* quand il le veut, *3)* dans la quantité qu'il veut... Nous espérions que cela nous aiderait à approcher de notre objectif du "juste à temps" et, en 1953, nous avons de fait appliqué ce système à l'atelier de fabrication de notre usine principale [22]. »

Womack, Jones et Roos disent avoir été stupéfaits par la différence d'aspect matériel entre les ateliers de production de l'usine General Motors qu'ils ont visitée à Framingham, dans le Massachusetts, et une usine Toyota au Japon. Chez General Motors, des segments entiers de chaînes de production étaient en panne et des ouvriers déambulaient aux alentours, désœuvrés ; des stocks représentant des semaines de production étaient empilés dans les passages ; les poubelles étaient remplies de pièces défectueuses. Le contraste était frappant avec l'usine Toyota et ses allées dégagées, où « chaque ouvrier [...] n'avait autour de lui guère plus d'une heure de stock de pièces. [...] Lorsque l'un d'entre eux découvrait une pièce défectueuse, il la marquait soigneusement et l'envoyait à la zone de contrôle qualité pour qu'on la lui remplace [23] ».

La fabrication américaine répond, elle, à une philosophie du « juste en cas ». Les fabricants d'automobiles accumulent de façon superflue d'importantes quantités de stocks en matériels et équipements tout au long de la chaîne de production, pour le cas où il faudrait remplacer des pièces défectueuses ou des équipements imparfaits. Les cadres japonais considèrent cette méthode comme coûteuse et inutile. Leur système de production juste à temps s'appuie sur des normes rigoureuses de contrôle de la qualité et de gestion des crises, avec l'objectif de débusquer les problèmes potentiels avant qu'ils n'imposent une panne majeure au processus de production.

Les différences fondamentales de philosophie de la production entre General Motors et Toyota s'affichent dans les résultats respectifs des deux sociétés. Une étude du MIT sur les deux usines a permis à des chercheurs d'établir que, chez Toyota, « il faut 16 heures pour construire une automobile sur un espace de travail de 0,45 mètre carré par véhicule et par an, avec 0,45 défaut par véhicule. Chez GM, à Framingham, il faut près de 31 heures et 0,76 mètre carré pour 1,3 défaut[24] ». Toyota sait construire une voiture plus vite, dans moins d'espace, avec moins de défauts et moitié moins de travail.

Ces dernières années, les fabricants japonais ont combiné les nouvelles techniques de gestion à flux tendus avec des ordinateurs et autres technologies informatiques de plus en plus complexes pour créer l'« usine du futur » : des installations de production automatisées comptant peu d'ouvriers et ressemblant davantage à un laboratoire qu'à une usine. Les sociologues Martin Kenney et Richard Florida parlent ainsi de ces nouvelles usines « allégées », d'allure plus cérébrale que physique : « Sous ses formes passées, y compris celles du fordisme et de sa production en grande série, l'essentiel du travail industriel était physique. [...] L'installation de la numérisation augmente l'importance de l'intelligence abstraite dans la production et exige, de ce fait, que les travailleurs prennent en charge ce qui auparavant était considéré comme des activités intellectuelles. Dans ce nouvel environnement, les ouvriers ne sont plus couverts de graisse et de sueur, car l'usine ressemble de plus en plus à un laboratoire d'expérimentation et de recherche en vue d'un progrès technique[25]. »

Les hypothèses de fonctionnement de la gestion à flux tendus, qui insistent tellement plus sur le « processus » que sur la « structure » et la « fonction », font des fabricants japonais les mieux placés pour tirer profit des nouvelles technologies de la productique.

Reconfigurer le lieu de travail

Pour Womack, Jones et Roos, la méthode de production au plus juste élaborée par les Japonais essaimera nécessairement

145

au-delà de l'industrie automobile et « va tout changer, dans tous les secteurs industriels[26] ». Leur optimisme est aujourd'hui en passe de devenir une réalité. Empruntant au modèle japonais de production à flux tendus, les sociétés américaines et européennes ont entrepris de transformer leurs structures organisationnelles pour y intégrer les nouvelles technologies de l'information. Au nom du *reengineering*, elles aplanissent leurs pyramides hiérarchiques et transfèrent de plus en plus de responsabilités décisionnelles à des réseaux et à des équipes. Ce phénomène de redistribution des cartes force à une reconfiguration radicale du fonctionnement de l'entreprise et, chemin faisant, à de fortes réductions d'effectifs qui éliminent les emplois par millions et les catégories par centaines. Pendant que, par le biais des nouvelles technologies de l'information et de la communication, la suppression des emplois non ou peu qualifiés se poursuit, d'autres niveaux de la hiérarchie industrielle sont aussi menacés d'extinction. Aucun groupe n'est frappé plus durement que celui des cadres moyens, responsables traditionnels de la coordination des échanges ascendants et descendants. Avec l'introduction des technologies sophistiquées de la productique, leurs emplois deviennent de plus en plus inutiles et onéreux.

Les nouvelles technologies de l'informatique et de la télématique ont augmenté le volume et accéléré le flux des activités, à tous les niveaux de la société. La compression du temps impose des réactions plus rapides et des décisions plus promptes pour rester compétitif. Dans cette nouvelle culture de la nanoseconde, les fonctions traditionnelles de contrôle et de coordination de la gestion paraissent insupportablement lentes et totalement incapables de répondre, en temps réel, à la vitesse et au volume des informations absorbées par l'organisation. A l'ère de l'information, le « temps » est la denrée vitale et les entreprises enlisées dans des schémas de commandement hiérarchiques obsolètes ne peuvent espérer effectuer leurs choix suffisamment vite pour rester en phase avec le flux d'informations qui les assaille en exigeant des réactions immédiates.

Aujourd'hui, un nombre grandissant d'entreprises déconstruisent leurs hiérarchies organisationnelles et éliminent de plus en plus de cadres moyens en réunissant plusieurs fonctions en un seul processus. Puis elles confient à l'ordinateur le soin d'assurer les fonctions de coordination prises en charge auparavant par un grand nombre de personnes qui travaillaient souvent dans des services et des bâtiments distincts, au sein de la société. Gary Loveman explique que la restructuration de l'entreprise fait rapidement disparaître de l'organigramme l'encadrement intermédiaire. Il souligne que pendant que de meilleurs emplois sont créés pour quelques heureux élus aux plus hauts niveaux de l'encadrement, les hommes et les femmes « de la hiérarchie ordinaire » sont « crucifiés » par le remaniement intégral des entreprises et l'introduction des nouvelles technologies sophistiquées de l'information et de la communication[27].

Les « départements » créent des divisions et des frontières qui, inévitablement, ralentissent le processus de prise de décision. Les sociétés sont en train d'éliminer ces barrières en réaffectant leurs personnels à des réseaux ou à des équipes capables de travailler ensemble pour traiter les informations et coordonner les décisions vitales, court-circuitant ainsi les longues attentes qui accompagnent invariablement la transmission des rapports et des mémoires entre les divers degrés et niveaux d'autorité. L'ordinateur a rendu tout cela possible. Aujourd'hui, n'importe quel employé, sur n'importe quel site de la société, peut accéder à toutes les informations générées et diffusées au sein de l'organisation.

L'accès instantané à l'information signifie que le contrôle et la coordination des activités peuvent être exercés rapidement, et à des niveaux décisionnels suffisamment bas pour être « plus proches de l'action ». L'arrivée des technologies de la productique permet un traitement horizontal, plutôt que vertical, de l'information, qui fait effectivement s'effondrer la pyramide traditionnelle de l'entreprise au profit de réseaux fonctionnant sur un même plan. En éliminant le lent cheminement ascendant ou descendant tout au long de la bonne vieille pyramide décisionnelle, on peut traiter l'information à une vitesse bien adaptée aux capacités du nouvel équipement informatique.

Avec leur livre *Le Reengineering*, Michael Hammer et James Champy ont contribué à centrer l'attention sur le phénomène actuel de restructuration ; ils ont utilisé l'exemple d'IBM Credit pour expliquer comment fonctionne, en pratique, cette reconfiguration majeure de l'entreprise. IBM Credit finance les parcs informatiques achetés par les clients d'IBM. Avant la reconfiguration, les demandes de financement du client devaient traverser plusieurs départements et niveaux décisionnels, ce qui prenait souvent plusieurs jours. Un vendeur d'IBM appelait par téléphone pour une demande de financement. Une personne, dans un groupe de quatorze, enregistrait l'information sur une feuille de papier. Celle-ci était montée à l'étage, au service du crédit, où une autre personne saisissait les informations sur un ordinateur et entreprenait de vérifier le niveau de solvabilité du client. Le résultat de ces contrôles était annexé au formulaire original de demande de vente puis envoyé au service des engagements. A l'aide de son propre ordinateur, ce service modifiait les modalités de l'accord pour l'adapter à la demande du client puis annexait ces clauses particulières au formulaire de demande. Celui-ci parvenait alors à un(e) tarificateur(trice) qui, à l'aide de son propre ordinateur, établissait le taux d'intérêt applicable au client. Cette information était inscrite sur un formulaire en papier puis transmise à un secrétariat. Là, toutes les informations collectées au long du processus étaient remises en forme et exprimées sous forme d'une lettre de proposition, qu'on expédiait de toute urgence au vendeur d'IBM, par Federal Express [28].

Les vendeurs, exaspérés par le long délai de réponse qu'imposait le traitement des demandes de financement des clients, se plaignaient que ces derniers annulaient des commandes ou trouvaient d'autres formes de financement auprès d'autres sociétés. Ennuyés par ces contretemps, deux cadres supérieurs d'IBM décidèrent un jour d'accompagner une demande d'un client au travers des cinq services, en demandant à chaque agent de traiter l'information en priorité absolue par rapport aux autres formulaires qui attendaient depuis des jours sur les bureaux. Ils découvrirent que le temps effectif de traitement complet de la demande était inférieur à 90 minutes. Le reste des sept jours « représentait le temps nécessaire à la transmission des formulaires entre les services [29] ». La direction d'IBM élimina les cinq bureaux distincts pour confier la tâche de traiter chaque demande de financement d'un client donné à un agent unique, un « ordonnateur de l'affaire ». Ce généraliste, armé d'un ordinateur, gère maintenant la totalité du processus. D'après Hammer et Champy, lorsque les responsables d'IBM examinèrent soigneusement l'ancien processus de gestion, « ils s'aperçurent que, pour sa plus grande part, ce n'était guère que du travail de secrétariat : rechercher la notation du client dans une base de données, saisir des données pour alimenter un modèle standardisé, extraire d'un fichier des clauses toutes rédigées. Ces tâches sont à la portée d'une même personne pour peu qu'elle dispose d'un système informatisé suffisamment convivial lui permettant d'accéder à la totalité des données et outils utilisés par les spécialistes [30] ».

IBM Credit fit tomber le temps nécessaire au traitement d'une demande de financement de sept jours à moins de quatre heures, sans pour autant augmenter ses effectifs. Pour Hammer et Champy, la démarche de production par chargé de cas/équipe unique fonctionne dix fois plus vite que l'ancienne démarche de gestion hiérarchique, appuyée sur la compartimentation et des chaînes de commandement verticales [31].

Hammer est convaincu que « le *reengineering* va avoir des conséquences massives sur l'emploi dans les prochaines décennies ». L'ex-professeur du MIT explique qu'« une majeure partie des gains de productivité reste encore » à réaliser, même pendant cette première vague de *reengineering*. « Je ne pense pas que nous soyons proches encore d'avoir comprimé tout ce qui peut l'être. » D'après lui, la reconfiguration de l'économie pourrait déboucher sur un chiffre non officiel de chômage de 20 % lorsque l'actuel mouvement aura pris son élan [32].

La révolution du *reengineering* a remporté quelques-unes de ses plus spectaculaires victoires dans le commerce de détail. Les systèmes à accès rapide suppriment à la fois du temps et du travail dans tout le processus de distribution. Les codes à barres permettent aux détaillants de tenir continuellement à jour le registre des articles qu'ils vendent, et dans quelles quantités. Les données collectées sur le lieu de vente éliminent les erreurs de prix et de caisse et diminuent considérablement le temps consacré à l'étiquetage des produits. Les codes à barres imprimés sur les conditionnements permettent au client d'entrer dans le système informatique et de vérifier le contenu des paquets sans devoir les ouvrir pour les inspecter. L'échange de données informatisées (EDI) offre aux sociétés la possibilité de remplacer la correspondance sur papier par la transmission électronique des informations (commandes, factures et paiements), ce qui réduit les impératifs de manipulations physiques et administratives. Ensemble, tous ces outils télématiques mettent les entreprises en mesure de contourner les canaux traditionnels de distribution et de communication, et de traiter instantanément et directement avec les entrepôts et les fournisseurs pour que leurs stocks soient « tendus » au plus près des besoins du consommateur.

L'énorme chaîne de distribution Wal-Mart doit une part de son succès à son rôle pionnier dans la mise à profit de ces nouvelles technologies. Wal-Mart utilise les informations rassemblées par des scanners sur le lieu de vente et les transmet par EDI, directement à ses fournisseurs (Procter & Gamble par exemple) qui, à leur tour, décident des articles à envoyer, et dans quelles quantités. Les fournisseurs expédient directement aux magasins, sans passer par les entrepôts. Cette façon de faire élimine les ordres d'achat, les feuilles d'expédition, les stocks énormes à conserver à portée de main ; les frais de secrétariat se réduisent grâce à la suppression du travail précédemment nécessaire à chaque étape du processus traditionnel de traitement des commandes, des envois et du magasinage[33].

Les concessionnaires du modèle Saturn (General Motors) disposent dans leurs halls d'exposition de terminaux informatiques leur permettant d'entrer les options et couleurs que tel(le) client(e) souhaiterait pour sa voiture. Ces données sont directement transmises par voie électronique à l'usine de production. Le fabricant réalise alors l'automobile selon les désirs du client. La consommation « personnalisée » est en train de supplanter la distribution « standardisée » dans la concurrence que se livrent les entreprises pour fidéliser un à un leurs clients tout en s'efforçant de tenir aussi bas que possible les frais qu'impose l'entretien de stocks importants[34].

La National Bicycle Company japonaise est plus avancée encore dans sa rapidité de réaction et de production sur commande. Le(la) client(e) est mesuré(e) par une machine installée dans le magasin, et « attaché(e) » à une taille et une forme de bicyclette grâce à un système de conception assistée par ordinateur. Puis il(elle) choisit la marque et le modèle des freins, de la chaîne, des pneus, du dérailleur et la couleur. Il(elle) peut même choisir de personnaliser sa bicyclette en faisant inscrire dessus un nom de son choix. Les informations sont transmises par voie électronique à l'usine de la société et la bicyclette terminée, sur mesure, pourra être fabriquée, montée et expédiée en moins de trois heures. Il est amusant de constater que l'entreprise a découvert par ses études de marketing que sa réponse, trop rapide, étouffe l'enthousiasme de ses clients. Décision a donc été prise de surseoir d'une semaine à la livraison, pour que ceux-ci puissent vivre les « joies de l'attente [35] ».

Partout dans le pays, des entreprises découvrent d'innombrables nouveaux moyens de mettre à profit leur reconfiguration pour comprimer le temps et réduire les coûts salariaux. De plus en plus, les ordinateurs fournissent les informations utiles et aident à structurer la coordination et les flux d'activité dans le processus économique, éliminant les vendeurs, les gestionnaires de comptes, les chauffeurs routiers, les magasiniers, le personnel des services d'expédition et de facturation. Les nouvelles technologies de la productique détruisent des emplois à tous les niveaux hiérarchiques des entreprises, mais c'est le choc subi par les cadres moyens qui a le plus perturbé le monde industriel. William Davidow et Michael Malone résument le sentiment général émergent : « Les ordinateurs peuvent rassembler des informations avec plus de précision et de façon plus rentable que les humains. Ils peuvent produire des récapitulatifs au rythme de l'électronique et transmettre les informations aux décideurs à la vitesse de la lumière. Plus intéressant [...] est le fait que, fréquemment, ces informations sont si bonnes et l'analyse si fine qu'il n'est plus nécessaire qu'un cadre décide d'une conduite à tenir. Un employé bien formé pourra aujourd'hui traiter directement la situation et prendre, dans de meilleures conditions, une décision plus rapide qu'un directeur installé à des kilomètres de là [36]. »

Franklin Mint a réduit ses niveaux d'encadrement de six à quatre et doublé ses ventes. Eastman Kodak a fait passer son échelle hiérarchique de treize à quatre degrés. Intel, pour certaines de ses opérations, a supprimé cinq niveaux sur les dix de son échelle de commandement [37]. John D. O'Brien, vice-président des ressources humaines chez Borg-Warner, prédit que l'expression même de « "fonction d'état-major" disparaîtra à un moment ou un autre des années quatre-vingt-dix [38] ».

Plus que jamais dans l'histoire récente, la reconfiguration du travail élimine un nombre croissant d'emplois de toutes sortes. Au Japon, NIKKO Research estime à un million le nombre des employés encore « en surnombre », que les sociétés japonaises pourraient remplacer grâce au *reengineering* et aux nouvelles technologies de l'information [39].

La reconfiguration des entreprises ne fait que commencer et déjà le chômage enfle, le pouvoir d'achat des consommateurs chute, les économies nationales vacillent sous le choc que représente le laminage des bureaucraties géantes des entreprises. Tous ces problèmes s'accéléreront vraisemblablement dans les années à venir, car les entreprises, confrontées à une concurrence mondiale plus violente, recourront à des technologies de plus en plus complexes pour élever la productivité et réduire leurs besoins en personnels. La perspective d'exploitations agricoles, d'usines, de bureaux et de commerces de détail produisant, commercialisant et vendant des marchandises avec de moins en moins de personnel aux commandes n'est plus une utopie. Une étude sur les récentes avancées technologiques et les tendances dans les secteurs de l'agriculture, de l'industrie et des services suggère que nous nous approchons rapidement d'un monde presque dépourvu de travailleurs : il pourrait être là bien avant que la société n'ait eu le temps d'en débattre les implications ni de se préparer au choc qui l'attend.

III

Le déclin mondial du travail

8

Un monde sans paysans

Pour la plupart des gens, haute technologie ne rime généralement pas avec agriculture. C'est pourtant bien là que certaines des plus étonnantes avancées se produisent en matière d'automatisation. L'opinion s'est surtout focalisée, ces derniers temps, sur les effets des mutations technologiques dans les secteurs industriel et tertiaire. Mais une révolution technologique tout aussi profonde bouleverse l'agriculture moderne et, au passage, soulève de graves questions quant à l'avenir des populations agricoles dans les campagnes du monde entier.

Près de la moitié des êtres humains de cette planète cultivent encore la terre. Mais aujourd'hui, les nouvelles percées des sciences de l'information et de la vie menacent de mettre un terme à une grande part des cultures de plein air d'ici au milieu du prochain siècle. L'évolution technologique des conditions de la production agricole mène à un monde sans paysans, avec les conséquences incalculables que cela comporte pour les 2,4 milliards d'êtres humains dont la survie dépend de la terre[1].

La mécanisation de l'agriculture a débuté il y a plus d'un siècle. En 1880, 20 heures-homme ne suffisaient pas à moissonner un demi-hectare de blé. En 1916, il n'en fallait plus que 12,7. Vingt ans plus tard exactement, 6,1 heures-homme suffisaient[2]. Les gains de la productivité agricole furent si rapides et si tangibles que, vers la fin des années vingt, l'instabilité économique était moins alimentée par les mauvaises récoltes que par la surproduction. La mécanisation de ce secteur fut saluée comme un triomphe de la société industrielle. Un haut responsable agricole de l'époque proclama : « Ici, nous ne faisons plus pousser du blé, nous le fabriquons. [...] Nous ne sommes pas des ruraux, pas des paysans. Nous produisons un produit, pour le vendre[3]. »

Les changements technologiques de l'agriculture américaine firent de cette société largement rurale une nation urbaine et industrielle, en un peu moins de cent ans. En 1850, 60 % de la population active était employée à des travaux agricoles. Aujourd'hui, moins de 2,7 % de la main-d'œuvre travaille directement dans des exploitations agricoles. Aux États-Unis, depuis la Seconde Guerre mondiale, plus de 15 millions d'hommes et de femmes ont quitté la terre[4].

Le déclin de la population agricole a laissé des exploitations moins nombreuses et plus grandes. Entre 1935 et 1987, la taille moyenne des exploitations est passée de 56 à 190 hectares[5]. Le coût élevé de l'équipement et les augmentations de productivité résultant des économies d'échelle ont favorisé les gros producteurs aux dépens des petits. Actuellement, 32 023 grandes exploitations agricoles cumulent plus de 38 % des ventes totales de produits aux États-Unis[6]. La population agricole, inférieure à 3 millions de personnes, porte sur ses épaules une industrie alimentaire forte de 20 millions de salariés[7]. Dans notre culture citadine, fortement industrialisée, la plupart des gens seraient sans doute surpris d'apprendre que la production alimentaire et des fibres végétales est la plus grosse activité industrielle des États-Unis. Plus de 20 % du PNB et 22 % de la main-d'œuvre dépendent des cultures récoltées sur les terres américaines et des animaux sortis des élevages hors sol et des fermes industrielles du pays[8].

La mécanisation agricole, qui commença avec l'attelage du cheval à la charrue d'acier, au milieu du XIXᵉ siècle, approche aujourd'hui de son zénith avec l'entrée dans les champs de robots informatiques sophistiqués. La brièveté de son histoire illustre à la perfection la gigantesque capacité de la technologie moderne à remplacer et finalement à éliminer les êtres humains du processus de production.

Au siècle dernier, le remplacement de la charrue artisanale en bois par les charrues en fonte fabriquées en série améliora considérablement les rendements agricoles. En Illinois, John Deere fabriqua en 1837 la première charrue métallique pourvue d'un soc en acier. Elle passait si aisément dans les sols lourds et gras des fermes de l'Illinois qu'on l'appela « la charrue qui chante ». Dans les années 1850, la société John Deere « sortait » déjà plus de 10 000 charrues en fer par an. Plus légères, elles permirent aux paysans de passer des bœufs aux chevaux, et donc d'accélérer le rythme des labours et de diminuer le temps de travail nécessaire à la préparation du sol pour les semailles[9].

Alors même que les nouvelles charrues en fer et acier accéléraient les semailles printanières, l'apparition à peu près simultanée des moissonneuses mécaniques augmenta considérablement la vitesse des récoltes. Jusque dans les années 1840, les paysans utilisaient encore des outils à main pour leurs récoltes automnales. La moissonneuse tractée par un cheval réduisit de plus de moitié le temps nécessaire pour récolter les céréales. Celle de Cyrus McCormick se répandit largement dans les années 1850 et devint synonyme de modernisme agricole jusqu'à la clôture du siècle. Les batteuses de céréales conquirent aussi le public. Dans l'Ouest, des moissonneuses-batteuses géantes pesant jusqu'à 15 tonnes et tirées par quarante chevaux avalaient le grain sur des bandes pouvant dépasser 10 mètres de largeur[10].

Le premier tracteur à essence fut construit en 1892 par John Froehlich, en Iowa. En 1910, 25 000 tracteurs étaient en service aux États-Unis. En 1917, Henry Ford présenta le Fordson, un tracteur bon marché, produit en série. Les ventes de tracteurs s'enflammèrent en un clin d'œil. En 1920, le pays en possédait 246 000[11]. Deux décennies plus tard, plus de 1,6 million étaient en service et s'acquittaient de toutes sortes de tâches à la ferme. En 1960, plus de 4,7 millions de ces engins bourdonnaient sur les exploitations agricoles[12]. Le cheval, la mule et le bœuf, autrefois principales sources d'énergie dans les campagnes, avaient été éclipsés et virtuellement éliminés par le moteur thermique. Le cheval de trait disparut des fermes américaines au début des années cinquante.

Pendant la même période, les camions allaient aussi envahir les paysages ruraux. En 1915, 25 000 camions circulaient dans les campagnes. En 1980, ils étaient plus de 3,5 millions. Le moteur à essence ou diesel assure aujourd'hui tous les travaux agricoles pénibles, selon qu'on le marie à un tracteur, à un camion ou à une moissonneuse [13].

La mécanisation de l'agriculture a avancé de pair avec les nouvelles techniques de sélection des plantes : il fallait faire adopter des variétés et des souches plus homogènes si l'on voulait que les machines puissent les traiter plus facilement. Nous avons déjà évoqué la machine à cueillir mécaniquement le coton. Le premier de ces engins se révéla inefficace car les capsules de coton s'ouvraient de façon aléatoire sur une période de plusieurs semaines. Une machine pouvait difficilement fonctionner dans des champs seulement partiellement récoltables. Des sélection-neurs réussirent finalement à mettre au point une souche dont les capsules se développent plus haut sur les tiges et s'ouvrent plus rapidement. Pour la première fois, les champs allaient connaître la cueillette mécanique [14].

Les tomates sont un autre exemple de la relation symbiotique qui lie ingénieurs mécaniciens et phytogénéticiens dans le monde agricole. Dans les années soixante, une nouvelle variété de tomates fut présentée : la maturation de tous ses fruits est simultanée et ils sont suffisamment fermes pour résister au travail de la machine. Une nouvelle récolteuse fut conçue spécifique-ment pour cette nouvelle variété et, en moins de vingt-quatre ans (de 1963 à 1987), la récolte des tomates de Californie est passée des mains des immigrants mexicains aux machines auto-matiques [15].

Outre qu'elles sont plus uniformes et plus faciles à manipuler, les nouvelles variétés mises au point par les biologistes du règne végétal offrent des rendements annuels élevés. Les premières variétés de maïs hybrides triplèrent fréquemment les rendements par unité de surface [16]. Le déversement d'engrais azotés en quan-tités industrielles sur les sols augmenta considérablement les ren-dements agricoles et permit des pratiques culturales plus inten-sives. Point n'était désormais besoin de laisser les champs en jachère pour rétablir leur fertilité : on pouvait maintenant les exploiter indéfiniment en les abreuvant de quantités croissantes de produits chimiques artificiels. Une productivité supérieure signifiait qu'on pouvait produire davantage avec moins d'ouvriers agricoles et moins d'exploitations.

L'introduction des monocultures à hauts rendements entraîna

aussi un usage massif de pesticides et d'herbicides chimiques. On découvrit que les monocultures étaient plus sensibles aux invasions parasitaires et aux maladies, et qu'elles résistaient moins aux mauvaises herbes. L'utilisation d'insecticides, d'herbicides et de fongicides réduisit grandement le nombre des travailleurs agricoles nécessaires à l'entretien des champs.

Les pratiques de l'élevage se sont aussi mécanisées et industrialisées sans cesse davantage tout au long du siècle actuel. Des technologies de reproduction innovantes, des alimentations spécifiques et de nouveaux produits pharmaceutiques d'origine animale améliorèrent considérablement la croissance et la productivité des animaux d'élevage. Les techniques d'élevage industriel hors sol de bovins et de porcins, et de volailles en batteries géantes, autorisèrent d'énormes exploitations à produire de la viande, des produits laitiers et autres produits animaux dérivés dans des quantités jamais vues encore, à l'aide d'une main-d'œuvre extrêmement réduite. Dans les années quatre-vingt, les élevages géants hors sol de bovins du Midwest traitaient jusqu'à 50 000 têtes de bétail simultanément. Aujourd'hui, une quinzaine de sociétés volaillères produisent plus de 3,7 milliards de poulets par an grâce à des méthodes rationalisées qui diffèrent peu de celles que l'on rencontre dans la fabrication des objets [17].

Les révolutions mécanique, biologique et chimique de l'agriculture ont mis au chômage des millions de travailleurs ruraux. Entre 1940 et 1950, la main-d'œuvre agricole a diminué de 26 %. Elle a décliné à nouveau pendant la décennie suivante, de plus de 35 % cette fois. La chute fut plus sévère encore dans les années soixante. Près de 40 % de la main-d'œuvre agricole restante fut remplacée par des machines pour cette seule décennie [18]. Simultanément, la productivité agricole augmentait davantage au cours des cent dernières années écoulées qu'à toute autre période depuis l'aube de la révolution néolithique. En 1850, un travailleur agricole produisait à lui seul assez de nourriture pour alimenter quatre personnes. Aujourd'hui, aux États-Unis, un agriculteur alimente à lui seul plus de soixante-dix-huit personnes [19]. La productivité agricole a enregistré de remarquables gains au cours du demi-siècle écoulé. La production a augmenté de 25 % dans les années quarante, de 20 % dans les années cinquante et de 17 % dans les années soixante.

Dans les années quatre-vingt, la productivité agricole a crû de plus de 28 %[20].

Ces spectaculaires gains de productivité ont eu des conséquences tragiques sur l'exploitation agricole familiale. La hausse des rendements et de la production ont induit une surproduction quasi permanente tout au long de ce siècle ou presque, qui a sans cesse tiré à la baisse les prix payés aux agriculteurs. Cette chute des prix les a évidemment contraints à produire plus encore, pour couvrir leurs frais fixes et leurs frais généraux, ce qui ne pouvait que pérenniser le cycle surproduction-chute des prix. Depuis la dépression des années trente, le soutien des cours des produits de base sert à relever artificiellement le prix des denrées agricoles et à payer les paysans pour qu'ils ne produisent pas, afin de contenir ces débordements. Ici encore, la loi des débouchés de Say, selon laquelle l'offre crée sa propre demande, est prise en défaut. La production agricole, plus encore que l'industrie et les services, a été poussée dans l'impasse par une production sans cesse croissante se heurtant à une demande inefficace : les conséquences sont terribles pour les familles paysannes et le monde rural.

Les mutations et les bouleversements massifs qu'a connus le travail agricole au cours du siècle passé ont privé des millions de gens d'un revenu permettant de subsister. Plus de 9 millions de personnes vivent actuellement au-dessous du seuil de pauvreté dans les zones rurales éteintes qui parsèment les États-Unis. Toutes sont les victimes des gigantesques progrès de la technologie agricole, qui ont fait des États-Unis le premier producteur mondial de denrées alimentaires et de l'agriculture américaine un objet de fascination pour tous les pays du monde[21].

Des logiciels pour la terre

La diminution du nombre des exploitations s'accélérera vraisemblablement dans les années à venir, avec l'avancée de l'informatique et de la robotique agricoles. L'informatique agricole aide déjà les exploitants à surveiller leur environnement, à localiser les zones à problèmes, à concevoir des stratégies d'intervention et à mettre en œuvre des plans d'action. Dans un futur proche, des « systèmes experts » informatisés collecteront des données sur les fluctuations météorologiques, l'état des sols et autres variables, à l'aide de capteurs installés sur les terres, puis utiliseront ces informations pour émettre des recommandations précises en direction de l'exploitant. Des robots ultraspécialisés recevront ensuite des instructions pour mettre à exécution les nombreux plans d'actions élaborés par les ordinateurs.

Partout dans le pays, on teste des systèmes experts. Le système CROPS (Crop Rotational Planning System), de Virginia Tech, permet de planifier la rotation des cultures pour aider les exploitants à évaluer les risques d'érosion des sols, de ruissellement et de lessivage des éléments nutritifs. L'exploitant entre dans l'ordinateur des données sur le type de sol, la topographie, l'usage du sol, la taille du champ. Puis la machine utilise ces informations pour inventer un programme global de production agricole équilibrant les objectifs de superficies et de bénéfices avec la nécessité de réduire les risques de pollution à un niveau acceptable[22]. Des systèmes experts sont mis au point en ce moment pour aider les agriculteurs dans toutes sortes de décisions intégrées de gestion des cultures : irrigation, fertilisation, nutrition, lutte contre les mauvaises herbes et les insectes, applications d'herbicides.

Le ministère de l'Agriculture américain dispose d'un système expert en ligne de gestion du coton, GOSSY/COMAX. Son modèle de simulation alimenté par des données météorologiques prévoit « quand irriguer et fertiliser pour optimiser les objectifs agronomiques ». Il est déjà utilisé par plus de cinq cents exploitations cotonnières, dans quinze États. Le service de recherches agronomiques du ministère de l'Agriculture a élaboré son propre système expert pour déterminer « si les insectes vont nuire [aux stocks de blé], et concourir à sélectionner les mesures prophylactiques ou palliatives idéales ». L'université de l'État de Pennsylvanie a conçu un système similaire, GRAPES, qui aide les exploitants à évaluer les risques que font courir à leurs vignobles les insectes et les maladies ; il émet des recommandations de lutte contre le problème. L'université du Manitoba a créé un système expert faisant office de « conseiller en fertilisation », qui aide les agriculteurs à déterminer les bons mélanges d'engrais pour différents sols et divers taux d'humidité[23].

Les systèmes experts apparaissent aussi dans la gestion des élevages. L'université du Minnesota a créé un logiciel spécial pour diagnostiquer les mastites bovines (infection mammaire). L'ordinateur analyse les données recueillies sur les cellules infectées en provenance des élevages laitiers, puis évalue et suggère, comme le ferait un expert, les mesures prophylactiques les plus appropriées. L'université a mis au point plusieurs autres systèmes experts pour la production laitière, dont un d'assistance au traitement des fumiers. D'autres encore indiquent aux exploitants quand prendre la décision commerciale de garder ou de mettre à la réforme leurs bovins de boucherie et comment gérer leurs ovins et porcins. XLAYER est un système expert de production volaillère qui peut émettre des diagnostics et des recommandations pour plus de quatre-vingts problèmes de gestions différents susceptibles de nuire à la rentabilité des batteries d'élevage[24].

Outre les systèmes experts indépendants, des sociétés d'informatique agricole commencent à mettre au point des systèmes de récupération de textes permettant à tel ou tel exploitant d'accéder instantanément à des articles de presse ou autres renseignements le concernant, quelle que soit leur origine dans le monde. D'ici à la fin de la décennie actuelle, les experts de cette branche devraient fusionner nombre de ces systèmes actuellement disjoints pour fournir aux exploitants des informations qui leur permettront de prendre des décisions complexes ayant des répercussions sur une grande diversité de problèmes touchant à la production et aux finances.

Actuellement, 15 % à 27 % seulement des exploitants utilisent les ordinateurs comme outil de gestion. Mais les scientifiques prédisent que dans moins de vingt ans la quasi-totalité des aspects de l'agriculture sera passée sous le contrôle des ordinateurs : surveillance, analyse et délivrance de recommandations dans tous les domaines imaginables de la gestion agricole[25].

Une nouvelle génération de robots sophistiqués, pilotés par ordinateur, pourrait bientôt remplacer nombre des dernières tâches agricoles manuelles, pour faire de l'exploitation moderne une usine automatisée en plein air. Les agriculteurs israéliens ont déjà bien avancé dans cette voie. Inquiets des risques qu'ils courent en employant des journaliers palestiniens migrants, les Israéliens ont demandé à l'Institut d'ingénierie agricole de les aider, en inventant des ouvriers agricoles non humains. Il n'est plus rare de voir dans un nombre croissant de kibboutz des machines autoguidées avançant sur des rails posés entre les rangées de plantes et pulvérisant des pesticides sur les récoltes. « On met les machines en route, puis on va déjeuner », explique un agriculteur israélien [26].

Les Israéliens expérimentent actuellement un robot cueilleur de melons, mis au point conjointement par l'Institut d'ingénierie agricole et les chercheurs de l'université Purdue. Ce récolteur robotisé peut aussi transplanter, cultiver et cueillir tous les fruits ou « têtes » rond(e)s tels que melons, citrouilles, choux, laitues : le ROMPER est monté sur un châssis de remorque et équipé de caméras qui inspectent les rangées de pieds pendant qu'un ventilateur souffle les feuilles sur les côtés « pour dégager les produits cachés ». Un ordinateur embarqué « analyse les images, cherche un point rond brillant et l'identifie comme appartenant à la récolte à effectuer ». Plus sensationnel encore, le ROMPER détermine grâce à son « odorat » si le fruit est, ou non, parvenu au bon stade de maturité. Des capteurs spéciaux mesurent les teneurs en éthylène (la phytohormone naturelle qui fait mûrir le fruit) pour « juger » de la maturité de la récolte, à un jour près [27].

A la haute saison, les agriculteurs israéliens emploient plus de 30 000 Palestiniens aux cueillettes. L'arrivée du ROMPER et autres engins automatisés va énormément affecter les perspectives économiques de ces derniers. « Si nous mécanisons, dit Ezra Sadan — responsable du centre de recherche Volcani qui supervise l'Institut d'ingénierie agricole —, nous devons accepter le fait que de nombreux Palestiniens vont connaître la faim [28]. » Aux États-Unis, des scientifiques de l'université Purdue disent qu'ils s'attendent à voir le ROMPER utilisé dans « tout le comté de l'Indiana d'ici la fin de la décennie [29] ». Des efforts semblables de R & D sont entrepris en Europe occidentale, où des scientifiques espèrent faire adopter des robots automatisés équipés de moyens d'intelligence artificielle et de capteurs sophistiqués pour labourer et ensemencer les champs [30].

La gestion des cheptels ne devrait pas tarder non plus à suivre ce même chemin. L'Office australien de la laine (Australian Wool Corporation) expérimente une machine à tondre susceptible de se substituer aux tondeurs professionnels, extrêmement bien payés. Le mouton est soulevé du sol et installé dans une sorte de cage métallique. Le robot est équipé d'un ordinateur et d'un logiciel de tonte correspondant à un mouton « type ». Une fois installé, le mouton est palpé par le robot et les données s'appliquant à lui sont entrées dans le programme type, qui crée alors un sous-programme spécifique à ce mouton, afin que l'engin robotisé coupe exactement aux mensurations de l'animal en question. Les ciseaux automatiques ont été programmées pour « passer à un demi-centimètre exactement du corps frissonnant du mouton ». Un observateur explique la suite : « A ce stade, le mouton est quelque peu affolé, respire puissamment, vomit et s'agite de façon désordonnée. La tonte se fait préférentiellement en descendant sur le dos de l'animal, en deux volées successives, puis en dénudant les flancs vers le ventre. Les bras du robot doivent positionner les ciseaux sur une cible agitée et faire des coupes franches sans infliger de blessures ni laisser la bête avec une coiffure de punk[31]. » La tondeuse de mouton robotisée devrait être au point et pleinement opérationnelle avant la fin de la décennie.

On utilise déjà des dispositifs informatisés avec accessoires robotisés pour nourrir les vaches laitières. Chaque vache porte un collier d'identification. Un employé de la laiterie entre dans l'ordinateur le numéro de ration de chaque vache et la quantité de céréales à lui donner quotidiennement. La bête rejoint un poste d'alimentation. Son pendentif entre en contact avec une plaque métallique sur le nourrisseur, grâce à quoi l'ordinateur l'identifie. Puis il vérifie si cette vache a déjà mangé sa ration alimentaire. Dans le cas contraire, il actionne un moteur qui pilote une vis sans fin. Celle-ci s'ébranle pour apporter les céréales à la vache[32].

Les scientifiques travaillent sur des systèmes plus perfectionnés encore de surveillance et de manutention contrôlée par ordinateur. Les chercheurs affirment que nous ne sommes pas loin du jour où des capteurs seront implantés dans la peau des animaux pour surveiller les conditions ambiantes extérieures. Toute modification de l'environnement enregistrée par les capteurs pourrait alors déclencher des systèmes automatiques mettant en route ou arrêtant des éclairages, des ventilateurs, des brumisateurs et autres. Les modifications de la composition du sang, du lait, des urines pourraient aussi être surveillées automatiquement et analysées par un ordinateur qui dispenserait en retour le médicament approprié dans la ration alimentaire, lors du prochain passage de l'animal au poste de nourrissage automatique [33].

S'exprimant dans la revue *Science*, Donald A. Holt, vice-doyen de l'école d'agriculture de l'université d'Illinois, imagine une ferme du futur fonctionnant presque exclusivement grâce aux ordinateurs et aux robots à la façon, pour l'essentiel, des nouvelles usines « en ligne » du Japon. La scène se déroule dans une ferme du Midwest, un matin de juin.

Pendant la nuit, l'ordinateur de la ferme a composé automatiquement les numéros de plusieurs bases de données locales et nationales pour en extraire des informations sur les fournitures et les prix actuels des engrais, semences, carburants et pesticides, sur les prévisions météorologiques, commerciales, les menaces d'insectes, de maladies, les offres d'achat. [...] Il a réuni et traité toutes ces informations dans la nuit et elles apparaissent maintenant sur l'écran de la chambre.
Des capteurs dans les anneaux de naseau, des agrafes dans les oreilles, des dispositifs implantés ont permis de passer au crible l'état physiologique des animaux de la ferme.
Les moulins automatiques à aliments et les mélangeurs ont bien travaillé aussi pendant la nuit. Tous les animaux ont été automatiquement nourris et abreuvés, les quantités de nourriture distribuées ont été enregistrées, celles consommées par chaque animal estimées et enregistrées également. [...] Les conditions ambiantes dans tous les bâtiments de la ferme et toutes les installations ont été surveillées en permanence toute la nuit, et comparées automatiquement aux normes et séquences acceptables. L'ordinateur a décidé d'éclairer, assombrir, chauffer, rafraîchir, assécher, humidifier, ventiler, emporter les déjections animales jusqu'à des digesteurs. [...] Il a contrôlé par télémétrie un certain nombre de stations météorologiques portables installées dans les champs. [...] Pour ce jour-là très précisément, il prévoit une faible humidité du sol dans les sables qui bordent la rivière, et a activé le système d'irrigation pivotant dans ce champ. [...] Un simulateur a identifié cette journée comme

idéale au plan climatique et par rapport à l'état de croissance végétale pour s'occuper de l'envahissement des champs de soja par le vulpin [...] en le traitant avec un herbicide photosensible. Le produit sera répandu [...] par un engin passant très au-dessus du sol, doté de commandes à microprocesseurs précises qui surveilleront les évolutions de la machine, sa vitesse au sol, la pression de la pompe [...] et le régime de projection de la substance active[34].

Holt poursuit en décrivant minutieusement d'autres procédés automatiques de production agricole, notamment l'utilisation d'équipements de récolte informatisés et de systèmes experts conçus pour apporter à l'exploitant des données et recommandations financières actualisées à la minute près. Nombre des technologies dépeintes ici existent déjà, d'autres sont au stade du prototype. Les chercheurs affirment que la ferme-usine intégralement automatisée existera dans moins de vingt ans.

L'agriculture moléculaire

Tandis que les nouvelles technologies de l'information et la robotique transforment l'agriculture dans sa nature même en remplaçant le travail humain par des machines dans la quasi-totalité des domaines d'activité, les nouvelles technologies d'épissage des gènes transforment les modes mêmes de production des plantes et des animaux. Le génie génétique consiste en l'application de méthodes industrielles à la manipulation des gènes. Citons ici les contrôles de qualité, la normalisation des mesures, la précision, la performance et l'utilité. Les conséquences à long terme des nouvelles biotechnologies seront probablement aussi importantes que celles des techniques du feu au cours des cinq premiers millénaires de la période historique. Pendant des milliers d'années, les êtres humains ont utilisé le feu pour brûler, souder, forger et fondre des minerais métalliques afin de créer toutes sortes d'objets utiles. Aujourd'hui, pour la première fois, les biologistes moléculaires sont en mesure d'ajouter, supprimer, recombiner, insérer, arrimer, modifier des matériels génétiques disparates en transgressant les frontières biologiques. Ils créent ainsi des micro-organismes, des souches végétales, des races animales jusqu'alors inexistants dans la nature. Le passage des techniques du feu à celles du vivant marque une période aux conséquences insondables quant à la façon dont les générations futures refaçonneront leur relation à la biosphère.

Dans les milieux scientifiques, certains savants continuent effectivement à ne voir dans l'épissage des gènes qu'un élargissement et un raffinement des techniques classiques d'amélioration des espèces. Mais d'autres y reconnaissent une rupture qualitative par rapport à toutes les procédures connues de manipulation de la nature. Citons simplement trois exemples pour illustrer les immenses distances séparant la sélection génétique des nouvelles techniques d'épissage des gènes.

A l'université de Pennsylvanie, le Dr Ralph Brinster et une équipe de chercheurs ont inséré *in vitro* des gènes de l'hormone de croissance humaine dans le code biologique d'embryons de souris ; puis ils ont implanté ces embryons dans une souris femelle. La gestation s'est poursuivie. A leur naissance, le patrimoine génétique des souris présentait des gènes humains en parfait état de fonctionnement. Les souris dotées de gènes d'hormone de croissance humaine ont grossi jusqu'à presque deux fois la taille des souris ordinaires, et transmis le gène humain aux générations successives de leurs progénitures. On a pu aussi insérer le gène émetteur de lumière d'une luciole dans le code génétique d'un plant de tabac et le contraindre ainsi à luire vingt-quatre heures sur vingt-quatre. Dans une troisième expérience, des scientifiques de l'université de Californie, à Davis, ont utilisé une technique de fusion cellulaire pour combiner des cellules embryonnaires de moutons et de chèvres (deux espèces totalement étrangères) et ont ensuite transplanté l'embryon dans une brebis porteuse qui donna naissance à une *mouvre* (un *cheton*, si l'on préfère). Cette étrange et nouvelle chimère animale avait une tête de chèvre et un corps de mouton[35].

Aucune de ces expériences n'aurait pu être menée à bien avec les méthodes classiques de l'amélioration génétique. Il est certes possible, par la sélection, de transgresser quelques frontières biologiques, par exemple croiser un âne et une jument pour donner naissance à une mule ou un mulet ; mais la nature décide des limites du possible. Les nouvelles techniques d'épissage des gènes et de fusion cellulaire permettent aux scientifiques de forcer quasi toutes les frontières biologiques et de recombiner des gènes provenant d'espèces radicalement étrangères les unes aux autres. Les espèces ne sont plus vues en termes d'organismes, en tant qu'entités indivisibles, mais davantage comme des unités centrales contenant des cassettes génétiques programmées mais pouvant être corrigées, réordonnées et recombinées par des manipulations adéquates, au sein du laboratoire.

Du point de vue de la production, l'importance de l'épissage réside dans sa capacité à manipuler, pour la première fois, des entités vivantes au niveau de leurs composants, pour traiter la vie comme un Meccano de caractères génétiques séparés. L'élimination des contraintes imposées par les frontières biologiques, la réduction des micro-organismes, des végétaux et des animaux à leurs modules constitutifs ouvrent la porte à un champ de recherches au terme desquelles il devient possible d'organiser la vie comme un processus manufacturé.

Le formidable potentiel économique des biotechnologies a réuni les sociétés chimiques, pharmaceutiques, agro-industrielles et médicales en un nouveau complexe des sciences de la vie dont le poids commercial va probablement égaler ou surpasser celui du complexe pétrochimique de ce siècle. En 1980, la Cour suprême des États-Unis a accepté pour la première fois le brevetage d'une créature issue du génie génétique : un micro-organisme créé dans les laboratoires de General Electrics, conçu et fabriqué pour digérer les pollutions pétrolières en haute mer. En 1987, l'Office des brevets et des marques a élargi la protection des brevets à toute créature « faite par l'homme ». Pour la première fois, il était admis que la vie peut être fabriquée. Aujourd'hui, des milliers de micro-organismes et de végétaux ont été brevetés ainsi que six animaux. Plus de deux cents animaux issus de manipulations génétiques attendent d'être brevetés par l'Office des brevets et des marques. En accordant la large protection du brevet à des formes de vie créées par le génie génétique, les autorités avalisent l'idée que les créatures vivantes sont réductibles au statut d'inventions manufacturables, soumises aux mêmes normes techniques et à la même exploitation commerciale que les objets inanimés.

Le complexe mondial agro-industriel espère passer au cours du siècle prochain d'une agriculture pétrochimique à une agri-

168

culture génétique. C'est à cette fin que les chercheurs et les entreprises travaillent sur des milliers de nouvelles variétés végétales et races animales dans les laboratoires. Comme dans d'autres processus de fabrication, l'objectif premier est d'augmenter la productivité et de réduire les besoins en travail humain.

Pour éliminer le coût des insecticides et le travail indispensable à la surveillance des récoltes et aux pulvérisations, des scientifiques cherchent à installer des gènes résistants aux parasites directement dans les codes biologiques des végétaux. Ils ont isolé et reproduit par clonage le gène qui code la toxine d'une bactérie sporulante, *Bacillus thuringiensis* (Bt), et l'ont inséré dans la structure génétique de plants de tabac, de tomates, de coton et autres cultures. Ces végétaux transgéniques produisent de façon continue la toxine Bt, qui tue les insectes déprédateurs [36].

D'autres chercheurs sont aussi parvenus à insérer des gènes dans des plantes pour leur permettre de résister aux herbicides ordinaires. La société Monsanto a créé des végétaux génétiquement manipulés qui résistent à son propre herbicide, *Roundup*. Elle a breveté ses nouvelles souches génétiques et espère commercialiser à la fois les semences brevetées et l'herbicide en un seul et unique produit commercial [37].

D'autres sociétés expérimentent les transferts génétiques dans des végétaux pour les rendre plus aptes à tolérer la sécheresse ou des conditions de chaleur ou de froid extrêmes. Des savants ont implanté un gène de résistance au gel prélevé sur un poisson dans le code génétique d'une tomate, pour tenter de rendre celle-ci capable de ne pas souffrir d'un froid excessif. La possibilité d'insérer des gènes spécifiques dans des végétaux pour améliorer leur tolérance à la sécheresse, à la chaleur ou au froid pourrait épargner des milliards de dollars en frais d'équipement et de main-d'œuvre puisque cela permettrait de réduire la nécessité de construire, installer et gérer des systèmes d'irrigation ou des équipements de climatisation fort coûteux. Les chercheurs ont même transféré des gènes fixateurs de l'azote sur des espèces végétales ne fixant pas cet élément. Les biologistes moléculaires attendent le jour où ces cultures génétiquement modifiées réduiront notablement les besoins d'engrais azotés ainsi que le travail indispensable à la fabrication, au transport et à l'application des produits chimiques sur les sols[38].

Le génie génétique sert aussi à augmenter la productivité des élevages et à réduire les besoins en main-d'œuvre propres à cette activité. L'hormone de croissance bovine (aussi appelée somatotropine bovine, BST) est une hormone naturelle qui stimule la production de lait chez les vaches. Des scientifiques ont réussi à isoler le gène clé stimulateur de croissance et à le cloner à échelle industrielle dans leur laboratoire. L'hormone de croissance manipulée génétiquement est ensuite réinjectée aux vaches, qui ne peuvent alors faire autrement que produire 10 % à 20 % de lait en plus. Quatre sociétés (Monsanto, American Cyanamid, Eli Lilly et Upjohn) ont dépensé plus d'un milliard de dollars en recherche et développement pour amener sur le marché ce produit controversé.

En augmentant considérablement la productivité des vaches laitières, la BST manipulée génétiquement menace les sources de revenus de milliers de producteurs laitiers en Amérique du Nord, en Europe et ailleurs. La plupart des pays industriels sont déjà surproducteurs de lait. Confrontés à cette marée blanche, à l'effondrement des cours et à une demande défaillante, les États-Unis et d'autres pays industriels ont longtemps maintenu une politique de soutien des prix et de subventions pour conserver leur emploi aux producteurs de lait. Aujourd'hui, avec l'introduction de la BST aux États-Unis, davantage de lait encore va être produit, davantage de soutiens financiers seront nécessaires. D'après un rapport de l'Office de gestion et du budget (Office of Management and Budget, OMB) à l'intention de l'administration Clinton, le programme gouvernemental de soutien à la production laitière devait augmenter de plus de 116 millions de dollars pour l'année 1995 en raison même de l'introduction de la BST sur le marché[39]. Une autre étude, menée il y a plusieurs années, prédisait que, dans les trois ans qui suivraient la commercialisation de la BST, jusqu'à un tiers des producteurs de lait américains encore en place seraient contraints d'arrêter leur activité en raison de la surproduction, de la chute des prix et d'une demande décroissante de la part des consommateurs[40].

Nombre d'observateurs de la branche affirment que la BST

profitera aux entreprises laitières géantes de Californie, aux dépens des petites exploitations familiales d'États tels que le Wisconsin ou le Minnesota. Les grandes exploitations sont fortement automatisées et peuvent produire davantage de lait avec moins de vaches, ce qui réduira considérablement le volume de travail humain nécessaire pour amener le lait sur le marché. Pour augmenter plus encore la productivité, des chercheurs expérimentent en ce moment l'insertion directe d'un gène d'hormone de croissance superstimulée dans le code biologique de l'animal au stade embryonnaire de son développement, de façon que la bête adulte produise ensuite davantage de lait sans qu'il soit besoin de recourir aux injections.

Les producteurs de porcs expérimentent une hormone de croissance porcine (PST) en vue d'accroître les indices de consommation alimentaire et les gains pondéraux de leurs bêtes. Selon un récent rapport publié par le Bureau des évaluations technologiques (Office of Technology Assessment, OTA), « les porcs ayant reçu de la somatotropine porcine (PST) pendant 30 à 77 jours montrent des gains pondéraux journaliers moyens environ 10 % à 20 % supérieurs, des indices de consommation de 15 % à 35 % supérieurs, une diminution de la masse tissulaire adipeuse (graisse) et des taux de constitution lipidique de 50 % à 80 % [...] sans que la qualité de la viande n'en souffre[41] ».

A l'université d'Adélaïde, en Australie, des scientifiques ont réussi à produire des cochons génétiquement manipulés assurant des rendements 30 % supérieurs : ils sont prêts à être vendus sept semaines plus tôt que leurs congénères classiques. L'accélération du calendrier de production implique une réduction du travail nécessaire à la production d'un kilogramme de viande. L'Organisation australienne de recherche scientifique et industrielle (Australian Commonwealth Scientific and Industrial Research Organization) a produit des moutons transformés génétiquement qui se développent 30 % plus vite que leurs congénères normaux ; ce même organisme travaille actuellement à transplanter des gènes dans le code génétique de moutons pour que leur laine pousse plus vite[42]. On a même transplanté des gènes humains et bovins sur des poissons pour créer des saumons, des carpes et des truites transgéniques à croissance rapide. Une étude signale que le gène de la somatotropine

de la truite a pu être transféré sur un autre poisson, dont la croissance s'est trouvée augmentée de 22 % [43].

En 1993, les chercheurs de l'université du Wisconsin ont
annoncé le succès de leur tentative d'augmenter la productivité
des poules couveuses en éliminant chez elles le gène codant la
prolactine protéique. La tendance des poules à s'éterniser indû-
ment sur leurs œufs les contrariait. Les poules couveuses pondent en effet de un quart à un tiers d'œufs de moins que leurs
consœurs non couveuses. Puisque jusqu'à 20 % d'un élevage
moyen est constitué de poules couveuses, « la couvaison dérange
la production et coûte très cher aux producteurs ». Les chercheurs, en éliminant l'hormone de la prolactine, parvinrent donc
à restreindre le penchant naturel des poules à couver. Les nouvelles poules, génétiquement modifiées, n'affichent plus ce
regrettable instinct maternel. Mais elles pondent davantage [44].

On crée aussi des animaux transgéniques en laboratoire pour
en faire de véritables usines chimiques produisant dans leur lait
ou leur sang des médicaments utiles. La décennie écoulée a vu
surgir un nouveau champ de recherche, le *pharming*, qui promet
de révolutionner les modes de production des médicaments. Des
chercheurs ont réussi à insérer des gènes humains dans des
embryons de mouton, qui imposeront à l'animal adulte de produire la protéine humaine alpha-1-antitrypsine. L'antitrypsine
permet de combattre l'emphysème. On l'extrait normalement
du sérum sanguin humain, mais dans des quantités trop faibles
pour satisfaire la demande. La firme Pharmaceuticals Proteins
Limited (PPL) d'Édimbourg, en Écosse, a su produire un mouton transgénique capable de débiter de l'antitrypsine à des
régimes quinze fois plus rapides que le plasma sanguin. Les gains
de productivité sont si spectaculaires qu'un troupeau d'un millier
de brebis « pourrait s'acquitter de la production mondiale totale
de cette protéine [45] ».

Des scientifiques de l'école polytechnique et de l'université de
Virginie ont créé des cochons transgéniques produisant dans
leur lait de la protéine C. La protéine C est un anticoagulant
prometteur sur le plan médical, qui pourrait venir en aide aux
victimes d'accidents vasculaires et de crises cardiaques [46]. Partout dans le monde, des laboratoires créent de nouveaux animaux transgéniques. Les compagnies pharmaceutiques espèrent

augmenter leur productivité et leurs marges bénéficiaires (et réduire considérablement leurs personnels de laboratoire), grâce au *pharming*.

Toutes les avancées de l'épissage génétique reposent sur l'aventure informatique et les technologies sophistiquées de l'information. L'ordinateur et son logiciel sont les outils qui servent à décoder, isoler et analyser les informations génétiques : ils sont indispensables à la création des nouveaux animaux et végétaux transgéniques. L'ordinateur est donc le levier fondamental de la manipulation des « systèmes vivants », des plus minuscules aux plus grands : on recourra de plus en plus à lui dans la gestion agricole, aussi bien que dans la création de nouvelles cultures et races animales d'élevage.

La fin de l'agriculture de plein air

La réunion des révolutions informatique et biotechnologique en un complexe technologique unique laisse prévoir une nouvelle ère de la production alimentaire, divorcée d'avec la terre, le climat, les cycles des saisons, tous facteurs qui conditionnèrent longtemps les rendements agricoles. Dans le demi-siècle à venir, l'agriculture traditionnelle de plein air va probablement décliner, victime des forces technologiques qui la remplaceront rapidement par la manipulation des molécules en laboratoire. Les machines et les produits chimiques ont évincé la force animale et le travail humain à la faveur de la première révolution technologique agricole ; la révolution biotechnologique qui se déploie va bientôt remplacer la culture de la terre par des cultures de laboratoire et bouleverser pour toujours la façon dont les humains percevront la production de la nourriture. David Goodman, Bernardo Sorj et John Wilkinson résument ainsi la portée historique des bouleversements à venir dans la production agricole mondiale :

> Le lien naissant entre la biotechnologie et l'automatisation transformera de plus en plus l'industrie alimentaire en un secteur de haute technologie et facilitera son intégration dans une industrie, plus vaste, de transformation des matières génériques brutes. [...]

L'agriculteur va céder la place au « biogestionnaire » et l'observation sera remplacée par le « logiciel ». La biotechnologie et les technologies de l'information vont donc, main dans la main, créer le nouveau processus de production agricole. Dans cette perspective, la biotechnologie et la microélectronique marquent la fin de la préhistoire de l'industrie alimentaire et son incorporation dans la dynamique plus vaste du système industriel et de la société post-industrielle [47].

L'industrie chimique investit déjà fortement dans la culture tissulaire en laboratoire, dans l'espoir d'arracher l'agriculture à la glèbe dès les premières décennies du XXIᵉ siècle. Récemment, deux entreprises de biotechnologie installées aux États-Unis ont annoncé qu'elles avaient réussi à produire de la vanille à partir de cultures de cellules végétales, en laboratoire. La vanille est la saveur alimentaire la plus appréciée des Américains et concerne un tiers des glaces vendues chez eux. Plus de 98 % de la récolte mondiale de vanille vient des petits États insulaires de Madagascar, de la Réunion et des Comores. Madagascar, à elle seule, produit plus de 70 % de la récolte mondiale et la survie de 70 000 paysans en dépend exclusivement [48]. Mais la production de vanille coûte cher. La pollinisation des vanilliers doit se faire à la main et la récolte et le processus de séchage requièrent des soins tout particuliers. Aujourd'hui, les nouvelles technologies d'épissage des gènes permettent aux chercheurs de produire des volumes suffisamment importants de vanille dans des bacs, en laboratoire, en isolant le gène qui code la protéine de la vanille et en le clonant dans un bain bactérien, ce qui revient à éliminer la gousse, la plante, le sol, la culture, la récolte et le paysan.

Pat Mooney, du Fonds international pour le progrès agricole (Rural Advancement Fund International, RAFI), et Cary Fowler, de l'Organisation des Nations unies pour l'alimentation et l'agriculture (FAO), ont abondamment étudié les conséquences potentielles des nouvelles technologies sur les économies du tiers monde ; ils expliquent comment fonctionne le processus de cette culture : « La technique de base mise en œuvre pour produire la saveur de la vanille par culture tissulaire implique de sélectionner un tissu cellulaire à haut rendement sur un vanillier. Les tissus cellulaires sont alors développés en culture suspendue. Les conditions de culture, les supports nutritifs et les régulations métaboliques sont soigneusement ajustés pour induire la production du composé chimique parfumé désiré, en l'occurrence la vanille[49]. »

A San Carlos, en Californie, la société Escagenetics a fait un démarrage en flèche dans la biotechnologie en produisant de la vanille en culture tissulaire pour un coût dérisoire par rapport au prix du produit naturel. Ce dernier se vend sur le marché mondial à environ 2 600 dollars le kilo, et Escagenetics affirme pouvoir offrir sa version manipulée génétiquement pour moins de 55 dollars le kilo. La société a récemment déposé une demande de brevet pour protéger sa vanille artificielle. Le marché mondial de la vanille approche les 200 millions de dollars : d'autres sociétés similaires sont impatientes d'y apporter leurs produits, convaincues de pouvoir ainsi définitivement bouter la vanille « agricole » hors du marché[50].

Pour les petits États insulaires de l'océan Indien, la culture en laboratoire de la vanille sera probablement synonyme de catastrophe économique. L'exportation des gousses de vanille représente plus de 10 % des revenus annuels à l'exportation de Madagascar. Aux Comores, la vanille compte pour les deux tiers des revenus du pays à l'exportation. Ce sont au total plus de 100 000 paysans qui devraient, dans ces trois pays producteurs, perdre leur source de revenus au cours des prochaines décennies[51].

Mais la vanille n'est qu'un signe avant-coureur. Le marché mondial des agents de sapidité avoisine les 3 milliards de dollars et devrait grimper au rythme de 30 % par an, ou plus[52]. Avides d'encaisser les bénéfices de cette manne moderne qui promet de diminuer radicalement les coûts de fonctionnement et d'élever la productivité en même temps que les profits, d'autres sociétés lorgnent vers la production alimentaire par cultures tissulaires-cellulaires. Plusieurs sociétés de biotechnologie s'intéressent actuellement à la production en laboratoire de la thaumatine, édulcorant dérivé d'un fruit d'Afrique occidentale, *Thaumatococcus daniellii*. La thaumatine est la substance la plus sucrée jamais découverte dans la nature : sous sa forme pure, son pouvoir sucrant est cent mille fois supérieur à celui du sucre. Au milieu des années quatre-vingt, le gène codant la protéine de la thaumatine a pu être cloné par des chercheurs d'Unilever aux Pays-Bas et chez Ingene, à Santa Monica, en Californie[53].

La production en laboratoire de la thaumatine et autres édulcorants va vraisemblablement affaiblir encore, dans le monde entier, le marché du sucre déjà frappé par l'introduction des produits sucrants à base de maïs et autres succédanés comme NutraSweet. Les États-Unis, qui importaient en 1981 pour 686 millions de dollars de sucre, se sont contentés de 250 millions en 1985[54]. Une étude hollandaise affirme que jusqu'à 10 millions de paysans du tiers monde pourraient perdre leur gagne-pain à mesure que les édulcorants produits en laboratoire commenceront à envahir les marchés mondiaux ces prochaines années[55].

Les scientifiques n'en sont qu'au tout début de leur exploration des énormes possibilités de la production par culture tissulaire dans leurs laboratoires. Ils ont réussi à faire se développer des vésicules d'orange et de citron à partir de cultures de tissus et certains experts estiment que le jour est proche où l'on fabriquera du jus d'orange dans des cuves, ce qui éliminera du même coup la nécessité de planter des orangeraies[56].

Récemment, des chercheurs du ministère de l'Agriculture ont « trompé » des cellules de coton libres et les ont fait se développer en les immergeant dans une cuve d'éléments nutritifs. Ce coton élaboré en milieu stérile, à l'abri de toute contamination microbienne, permet aux scientifiques d'affirmer qu'on pourrait l'utiliser pour fabriquer des gazes stériles[57]. Cette production *in vitro* du coton, quoique n'ayant pas mis en jeu l'épissage des gènes, constitue un autre exemple de ce que l'on peut faire en réduisant les denrées agricoles à leurs composantes de base, en vue de leur production massive.

La culture des tissus est souvent considérée comme le prochain et inévitable stade d'un processus qui continuera de réduire la part de marché de l'agriculture dans le système de la production alimentaire. Pendant l'essentiel du XXᵉ siècle, les activités agricoles proprement dites n'ont cessé de décliner, grignotées d'un côté par le secteur des intrants et de l'autre par le marketing. Ainsi, les engrais chimiques ont remplacé le fumier des animaux de ferme. Les pesticides commerciaux ont chassé la rotation des cultures, le travail mécanique des sols et le désherbage manuel. Les tracteurs ont éliminé les chevaux et le travail manuel. Aujourd'hui, il ne reste plus qu'une poignée d'agriculteurs pour conditionner leurs propres produits ou les acheminer jusqu'à des marchés de détail. Ces fonctions sont de plus prises en charge par des sociétés agro-industrielles.

Les entreprises chimiques et pharmacologiques espèrent aujourd'hui proscrire purement et simplement l'agriculteur en s'appuyant sur les technologies du génie génétique. L'objectif est de convertir la production alimentaire en un processus entièrement industriel, en esquivant à la fois l'aspect organique et celui du plein air, pour faire entrer la « ferme » dans l'usine, au niveau moléculaire. Martin H. Rogoff et Stephen L. Rawlins, biologistes et administrateurs de recherches pour le ministère de l'Agriculture, voient déjà un système de production alimentaire dans lequel les champs ne seraient plus plantés que de cultures pérennes de biomasse. On récolterait ces végétaux pour les convertir en solution sucrée grâce à des enzymes. La solution partirait ensuite par des canalisations jusqu'à des usines urbaines pour produire d'énormes quantités de pulpe à partir de cultures tissulaires. La pulpe serait alors reconstituée et « fabriquée » pour imiter les diverses formes et textures des apparences traditionnellement associées aux cultures « sur sol ». Rawlins affirme que ces nouvelles usines seraient fortement automatisées et ne nécessiteraient que peu d'ouvriers[58].

La production *intra-muros* de cultures tissulaires à des fins agricoles éliminera des millions d'emplois dans toute la chaîne agroalimentaire. Outre qu'elle mettra au chômage la plupart des agriculteurs (il en faudra tout de même quelques-uns encore pour gérer les cultures de biomasse), la production alimentaire en processus continu éliminera des emplois dans les industries connexes à ce secteur, notamment les fabricants d'équipements agricoles et les chauffeurs routiers.

Les partisans de cette option font valoir les avantages que sont la diminution de l'utilisation des terres, de l'érosion des sols, des produits chimiques agricoles, des dépenses énergétiques et de transport. La production en continu dans les laboratoires implique aussi que cette dernière pourra être régulée en fonction de la demande quotidienne du marché et ne dépendra pas des aléas du climat, des interruptions saisonnières ou des influences politiques. Grâce aux nouveaux procédés de laboratoire, les multinationales seront en mesure d'exercer un contrôle économique bien plus grand sur les marchés mondiaux, en courant pour elles-mêmes beaucoup moins de risques. Maîtriser des gènes dans des laboratoires sera bien moins pénible que contrôler les climats, les terres et les ouvriers agricoles des pays du tiers monde. Le magasine *Food Technology* résume ainsi les avantages économiques et politiques de cette approche nouvelle et révolutionnaire de la production alimentaire : « Nombre de nos agents de sapidité et autres produits nous viennent de contrées lointaines où l'instabilité politique des gouvernements et les humeurs météorologiques entraînent des désordres dans les approvisionnements, les coûts et la qualité des produits, d'une saison à l'autre. Tous ces paramètres [...] peuvent être contrôlés dans une usine de culture tissulaire [59]. »

L'ère de la production des denrées alimentaires de base sous leur forme plus ou moins naturelle va vraisemblablement décliner au cours des décennies à venir, tandis que les entreprises chimiques, pharmaceutiques et biotechnologiques développeront de plus en plus la production par cultures tissulaires, abaissant ainsi notablement le prix des produits alimentaires sur les marchés mondiaux. L'impact économique sur les paysans, et en particulier ceux du tiers monde, pourrait être catastrophique. Nombre de ces économies en voie de développement reposent sur la vente d'une ou deux cultures d'exportation fondamentales. Leur remplacement par des cultures tissulaires pourrait signifier le quasi-effondrement d'économies nationales, un chômage jamais vu encore. L'impossibilité de rembourser certains prêts internationaux pourrait alors mener aussi à la déstabilisation des établissements financiers et commerciaux et à des faillites bancaires dans les États du « premier monde [60] ».

Les récentes percées technologiques dans l'agriculture mondiale annoncent une augmentation des productivités et une diminution des besoins en main-d'œuvre que nulle autre révolution technologique dans l'histoire du monde n'a jamais suscitée. Le prix humain du progrès économique sera sans doute effarant. Pour des centaines de millions de paysans du monde entier, c'est l'horizon de leur élimination définitive du processus économique qui avance. Leur marginalisation pourrait mener, au siècle prochain, à un cataclysme social planétaire et à la réorganisation de la vie sociale et politique selon des principes radicalement nouveaux.

Le spectre de la paysannerie mondiale rendue obsolète et caduque par l'ordinateur et les révolutions biotechnologiques est profondément alarmant. Pis encore, les secteurs secondaires et tertiaires, qui ont traditionnellement absorbé les travailleurs ruraux expulsés de leurs terres, sont maintenant aux prises avec leur propre révolution technologique qui élimine des millions d'emplois pour faire place à des environnements de travail fortement automatisés, « reconfigurés ». Les transnationales entrent dans une ère nouvelle de communications rapides, de production « allégée », de commercialisation « au plus juste » et de procédés de distribution de plus en plus modelés par la nouvelle génération des travailleurs en « col cyber ». Une bonne partie de la population active sera laissée sur le bord de l'autoroute et ne trouvera vraisemblablement jamais la moindre bretelle d'accès à la nouvelle économie planétaire high-tech.

9

Les cols bleus au vestiaire

Dans son autobiographie, Samuel Gompers, premier grand leader du syndicalisme américain, revient sur sa prime enfance, qui motiva largement les efforts ultérieurs d'une vie entière passée au service du monde du travail. « L'un des plus vifs souvenirs de mon enfance est le grand émoi qui saisit les tisseurs de soie lorsqu'on inventa les machines qui allaient remplacer leur savoir-faire et leur prendre leur travail. Pas la moindre pensée pour ces hommes dont l'emploi s'envolait. Une atmosphère d'angoisse pesait sur le quartier saisi de douleur et d'incertitude. Les rues étroites résonnaient du pas des hommes qui erraient en groupes désœuvrés [1]. »

Depuis le tout début de la révolution industrielle, des machines et des formes d'énergie non vivantes servent à stimuler la production et à réduire la quantité de travail nécessaire à fabriquer chaque produit. Dès 1880, American Tobacco Company, Quaker Oats, Pillsbury, Diamond Match, Campbell Soup, Procter & Gamble, H. J. Heinz, Eastman Kodak et bien d'autres commencèrent à expérimenter les procédés de fabrication mécanique « en continu ». Ces outillages ne demandaient qu'une surveillance humaine restreinte et produisaient d'énormes volumes de marchandises, plus ou moins automatiquement. Il suffisait que des ouvriers les alimentent en matériaux puis les laissent former, mouler et emballer le produit.

En 1881, James Bonsack breveta un mécanisme qui roulait automatiquement les cigarettes, sans intervention humaine. La machine « ramassait le tabac sur un "tapis roulant", le compressait pour lui donner une forme arrondie, l'enveloppait de ruban et de papier, le transportait jusqu'à une "gaine" qui lui donnait sa forme allongée, encollait le papier, puis coupait le cylindre ainsi obtenu à la longueur voulue pour les cigarettes ». Fin 1880, la machine débitait en continu 120 000 cigarettes par jour. Les ouvriers les plus habiles n'en fabriquaient « à la main » que 3 000, au mieux. Le nouvel équipement était si rentable que moins d'une trentaine de ces machines auraient pu couvrir la totalité de la demande nationale en cigarettes en 1885, avec une poignée d'ouvriers [2].

La société Diamond Match Company, qui adopta les procédés en continu en 1881, fut bientôt à même de produire automatiquement des milliards d'allumettes. A peu près simultanément, Procter & Gamble introduisait la fabrication en continu du savon : le nouveau produit de la société, Ivory, allait pénétrer dans tous les foyers en moins d'une décennie. Eastman inventa une méthode en continu de fabrication des négatifs photographiques qui fera de sa société l'une des premières du pays. Pillsbury et d'autres entreprises céréalières installèrent des appareillages en continu dans les meuneries pour produire une farine de grande qualité en grands volumes et à un faible coût, tout en utilisant, là encore, moins d'ouvriers [3].

Les procédés en continu ouvrirent la porte à une démarche radicalement neuve dans les usines. L'idée qu'une machine automatique pouvait produire des marchandises avec peu ou pas d'apport humain n'était plus exactement une utopie. Aujourd'hui, les nouvelles technologies de l'information et de la communication rendent possible une fabrication en continu infiniment plus sophistiquée.

L'automatisation du secteur automobile

Quelques-unes des plus sensationnelles réalisations du *reengineering* et des nouvelles technologies concernent l'industrie de l'automobile. Nous l'avons vu dans les pages qui précèdent, le postfordisme transforma rapidement l'industrie automobile, partout dans le monde. Simultanément, la restructuration postfordiste entraîna l'éviction massive des ouvriers sur les chaînes de montage. La plus grosse activité manufacturière du monde, celle de l'automobile, produit quelque cinquante millions de véhicules neufs chaque année. Pour Peter Drucker, la fabrication des automobiles est l'« industrie des industries[4] ». L'automobile et les entreprises industrielles qui en dépendent sont à l'origine d'un emploi manufacturier sur douze aux États-Unis ; en outre, plus de 50 000 fournisseurs-satellites s'y rattachent. Un inconditionnel s'exclama, dans les années trente : « Songez au résultat pour le monde industriel, si l'on met sur le marché un produit qui double la consommation d'acier malléable, triple celle du verre laminé et quadruple les utilisations du caoutchouc. [...] En tant que consommateur de matières premières, l'automobile n'a pas son pareil, dans toute l'histoire du monde[5]. »

L'importance de l'automobile dans l'économie mondiale et l'emploi est indubitable. Depuis le jour où Henry Ford installa sa première chaîne de montage mobile, les fabricants d'automobiles ont essayé des milliers d'innovations pour accroître la production et réduire la main-d'œuvre. Ford était personnellement très fier de la capacité des entreprises à remplacer le labeur physique par de la technologie, et ne cessa jamais de rechercher de nouveaux moyens de réduire les tâches à des opérations simples, ne requérant pas d'effort. Dans son autobiographie, *My Life and Work*, il proclame que si la production d'un modèle T nécessitait 7 882 tâches distinctes, 949 seulement d'entre elles imposaient « des hommes forts et robustes, dans un état physique quasi parfait ». Pour les autres tâches, Ford affirme que « 670 auraient pu être assurées par des hommes privés de leurs deux jambes, 2 637 par d'autres qui n'en auraient eu qu'une, 2 par des hommes sans bras et 715 par des hommes n'en ayant qu'un ; 10, enfin, par des aveugles[6] ».

En matière de chaînes de montage, l'imaginaire fordien progresse à grande vitesse et les Japonais nous montrent la voie. Les experts nous prédisent que d'ici la fin de l'actuelle décennie, des usines à capitaux japonais seront en mesure de produire une automobile finie en moins de huit heures[7]. Le raccourcissement des temps de production se traduira par un nombre bien moindre encore d'ouvriers sur les chaînes[8].

Courant derrière les Japonais, les fabricants américains commencent à reconfigurer leurs propres activités dans l'espoir d'accroître la productivité, de réduire leurs effectifs et d'améliorer leurs parts de marché et leurs marges bénéficiaires. En 1993, John F. Smith Jr., président de General Motors, rendit publics ses plans de mise en œuvre des indispensables et radicales réformes des usines de GM, tout en annonçant qu'environ 90 000 emplois, soit le tiers du personnel, allaient être perdus dans ce secteur d'ici la fin des années quatre-vingt-dix, du fait de la modification des modes de production. Ces nouvelles suppressions d'emploi s'ajoutent aux 250 000 postes déjà éliminés chez GM depuis 1978[9].

D'autres fabricants d'automobiles d'envergure mondiale reconfigurent aussi leurs activités et licencient massivement leurs ouvriers. Mercedes-Benz a annoncé en septembre 1993 son intention d'accroître de 15 % la rentabilité de ses installations pour 1994, en supprimant plus de 14 000 emplois. Cette même année, les analystes du marché prétendaient que les fabricants d'automobiles allemands pourraient éliminer un emploi sur sept avant 1995. Cela dans un pays où 10 % de la population active totale travaille soit dans l'industrie automobile, soit pour des services qui gravitent autour d'elle[10].

Les fabricants d'automobiles voient les technologies éliminatrices d'emplois comme leur meilleure chance de réduire leurs coûts et d'améliorer leurs performances financières. Les coûts salariaux ont beau ne pas dépasser 10 % à 15 % des coûts totaux, ils représentent, par rapport aux ventes, davantage que les bénéfices ; et l'on peut facilement les réduire en leur substituant les nouvelles technologies de l'information. L'Organisation internationale du travail (OIT) estime qu'en diminuant de moitié les coûts de main-d'œuvre les grands fabricants d'automobiles pourraient tripler leurs bénéfices. GM a fait connaître en 1993 son espoir que l'élimination d'un quart de son personnel et la reconfiguration de ses activités lui permettraient d'économiser plus de 5 milliards de dollars par an avant 1995[11].

Les robots sont de plus en plus tentants pour qui cherche à réduire les coûts du travail humain sur les chaînes de montage d'automobiles. Les Japonais, très en avance sur les autres constructeurs, ont robotisé l'essentiel de leurs chaînes de production. Mazda Motor Corporation annonçait en 1993 un objectif de 30 % d'automatisme sur la chaîne de montage terminale de sa nouvelle usine à Hofu. La société espère faire monter ce taux d'automatisation à 50 % d'ici l'an 2000[12]. Une nouvelle génération de robots « subtils », plus doués, plus souples, fait son entrée sur le marché, et les fabricants d'automobiles, constatant son efficacité-coût, seront d'autant plus enclins à se débarrasser de leurs ouvriers. La revue professionnelle *Machinery and Production Engineering* expose sans ambages les vues des professionnels sur la question : « Le paiement de salaires plus élevés à des travailleurs qui ne sont véritablement plus, de quelque côté qu'on les regarde, que des surveillants de machines perd de plus en plus de son attrait et, lorsqu'un homme n'est employé qu'à décharger une machine et à en alimenter une autre [...] la décision de son remplacement par un robot n'est pas seulement d'une évidence aveuglante : il est aussi de plus en plus simple de la justifier du point de vue financier. En outre, un robot ne connaît ni hauts ni bas dans ses performances [...] et, en tout état de cause, il travaillera aussi dur et aussi consciencieusement, et de façon aussi régulière en début qu'en fin de journée[13]. »

Des substituts mécaniques plus avancés encore, « dotés de capacités telles que la communication vocale, un langage de programmation universel, l'auto-apprentissage, la vision tridimensionnelle et la sensibilité aux couleurs, la coordination multiple entre leurs moyens de saisie, la marche et l'orientation autonome, l'autodiagnostic et l'autocorrection », sont en cours d'élaboration. Le but, explique le sociologue Michael Wallace, « est d'approcher au plus près les capacités de l'homme à traiter les données de son environnement et à résoudre des problèmes, tout en évitant les inconvénients (par exemple l'absentéisme et la rotation de la main-d'œuvre) que présentent les agents humains[14] ».

On estime que chaque robot remplace quatre emplois dans l'économie et que, s'il fonctionne vingt-quatre heures sur vingt-quatre, il se remboursera en à peine plus d'un an[15]. D'après la Fédération internationale de la robotique, la population mondiale de robots s'élevait en 1991 à 630 000 « individus ». Ce nombre devrait monter en flèche dans les décennies à venir, les machines pensantes devenant toujours plus intelligentes, adaptables et souples[16].

Informatiser l'acier

Pendant que l'industrie automobile du monde entier reconfigure à grande vitesse ses activités et investit dans les nouvelles technologies de l'information destructrices d'emploi, les secteurs en amont et en aval font de même et, au passage, se défont de leur personnel.

Le sort de la sidérurgie est si étroitement lié à celui de l'industrie automobile qu'il n'est pas surprenant d'y constater les mêmes tempêtes en matière d'organisation et de production. La sidérurgie est le cœur et l'âme de la puissance industrielle. Les grandes aciéries d'Angleterre, d'Allemagne et des États-Unis ont créé les conditions matérielles de l'économie industrielle moderne. Les hauts fourneaux géants des villes industrielles (Sheffield, Essen, Pittsburg…) ont transformé des quantités formidables de minerai de fer en cet acier laminé et lisse d'où naquirent les rails et les châssis des locomotives puis, plus tard, ceux des automobiles, les pièces de charpentes métalliques des gratte-ciel et des usines, les rouleaux de fil de fer barbelé qui quadrillent les grandes plaines de l'Ouest américain.

Les États-Unis devinrent les champions de la production d'acier dès les années 1890. A cette époque, les fours d'Andrew Carnegie, les plus gros du monde, en produisaient 2 000 tonnes par semaine. Au tournant du siècle, un laminoir américain moderne produisait en un jour autant d'acier que son aîné un demi-siècle plus tôt en une année [17].

L'acier fut le roi des industries traditionnelles : il est aussi le prix à payer pour chaque pays désireux d'entrer dans le club industriel. L'Amérique a conquis une place prépondérante dans la production de l'acier par sa supériorité technologique et ses méthodes organisationnelles, mais aussi grâce aux matières premières peu chères auxquelles elle avait accès, et à ses marchés à l'échelle continentale. Aujourd'hui, cet avantage compétitif s'est singulièrement émoussé, largement en raison de l'incapacité des sociétés américaines de suivre le rythme des nouvelles technologies de la révolution informatique, qui ont bouleversé la sidérurgie.

Martin Kenney et Richard Florida comparent deux aciéries très différentes, situées à une heure l'une de l'autre, dans le nord industriel des États-Unis. La première est un complexe tentaculaire de vieux bâtiments et hangars industriels rouillés abritant des centaines d'ouvriers qui s'échinent dans des conditions presque dignes des romans de Dickens. Sous un masque de graisse et de crasse, ils alimentent de vieux fours hors d'âge pour transformer du métal fondu en plaques d'acier. Les sols, bourbeux, sont jonchés de pièces rouillées, d'outils abandonnés et de conteneurs de produits chimiques. Le bruit est assourdissant. Dans cette usine-caverne où des chaînes font voyager l'acier au-dessus des têtes, des contremaîtres se hurlent des instructions les uns aux autres, dans la confusion générale du va-et-vient des matériels et des hommes. Hors du bâtiment, des épaves de machines et de camions gisent à l'abandon et des tas de plaques d'acier et de bobines rouillées encombrent le terrain.

Le second établissement, une structure blanche, étincelante, ressemble plus à un laboratoire qu'à une usine. A l'intérieur, des machines aux couleurs vives produisent de la tôle. Au centre de l'usine, une cabine de verre, bourrée d'ordinateurs et d'équipements électroniques. Des ouvriers en uniformes propres et sans un faux pli programment et surveillent les ordinateurs qui eux-mêmes supervisent et commandent le processus de production. Aucun de ces hommes ne manipule directement l'acier. Le procédé est presque entièrement automatisé et lamine la matière à froid en moins d'une heure. Dans une aciérie intégrée plus ancienne, le même processus prenait jusqu'à douze jours [18].

L'usine informatisée appartient à Nippon Steel, qui, à l'instar d'autres sidérurgistes japonais (Kawasaki, Sumitomo et Kobe), s'implante aux États-Unis, parfois en partenariat avec des sociétés sidérurgiques américaines. Les nouvelles installations de haute technologie ont permis de transformer la fabrication de l'acier par fournées successives et discontinues en une opération continue fortement automatisée : des procédures précédemment disjointes ont été combinées en une intervention unique, à l'image de ce que l'on connaît dans la papeterie pour la fabrication des rouleaux de papier [19].

Dans le procédé traditionnel de laminage à froid, d'épaisses bobines d'acier passent par un certain nombre de phases dissociées et sont transformées en feuilles plus minces pour la fabrication des automobiles, des réfrigérateurs, des machines à laver le linge et autres appareils ménagers. Les bobines d'acier sont tout d'abord prises en charge par une machine qui en racle la rouille et l'oxydation superficielle. Puis l'acier part à une autre machine qui le plonge dans une solution chimique pour achever le travail de nettoyage. Il séchera dans un troisième appareil avant d'être pressé à l'épaisseur désirée, un peu plus loin. Enfin, il est découpé et travaillé [20].

Nippon Steel et d'autres producteurs d'acier japonais ont amalgamé ces étapes disjointes en un flux uniforme et, ce faisant, ont révolutionné la fabrication de l'acier. Ils commencent par combiner les processus d'entrée et de grattage. Puis ceux du nettoyage et du séchage. Des commandes électroniques viennent automatiser la production. Le nouveau laminoir à froid de Nippon, installé à Gary, dans l'Indiana, a coûté quelque 400 millions de dollars, en partenariat avec Inland Steel. Il est piloté par une petite équipe de techniciens. En ramenant le temps de production de douze jours à une heure avec ces nouveaux équipements, la direction de Inland a pu réduire considérablement son personnel, fermer deux usines plus anciennes, et licencier des centaines d'ouvriers [21].

L'emploi dans la sidérurgie souffre également beaucoup de l'arrivée des petites unités de production. Ces nouvelles mini-aciéries informatisées, fortement automatisées, utilisent des fours électriques à arc pour convertir des ferrailles en fils, tringles et barres. D'un fonctionnement beaucoup moins onéreux que les entreprises sidérurgiques intégrées, elles produisent déjà un tiers de l'acier américain. Leur personnel hautement qualifié est peu nombreux et compétent en chimie, métallurgie et programmation informatique. Avec ses processus informatisés de fabrication, la mini-aciérie sait produire une tonne d'acier avec moins du douzième du travail humain que n'en réclame une aciérie géante intégrée [22].

L'automatisation croissante de la production d'acier a laissé des milliers de cols bleus sans emploi. En 1980, la United States Steel, plus grosse société de production d'acier intégrée du pays, employait 120 000 ouvriers. Une vingtaine de milliers suffisaient pour un résultat à peu près équivalent dix ans plus tard [23]. Ces chiffres devraient chuter encore dans les dix à vingt années prochaines au fur et à mesure que de nouvelles opérations plus sophistiquées, plus informatisées, pénétreront le processus de fabrication.

Les pratiques industrielles innovantes, fortement automatisées, vont de pair avec une restructuration radicale de la hiérarchie d'encadrement, afin de mettre la sidérurgie à l'heure de la production à flux tendus. Au fil des ans, la grille des qualifications du secteur industriel est devenue un labyrinthe si inextricable que même les responsables qui en ont la charge ne sont pas absolument certains du nombre des catégories et des frontières que l'on y trouve. Certaines sociétés comptent de trois cents à quatre cents niveaux de qualification différents. Les sociétés japonaises en partenariat aux États-Unis ont reconfiguré les activités traditionnelles des usines et laminé au passage ces « subtilités ». A l'usine LTV-Sumitomo, les niveaux de qualification ont été réduites de cent à trois. On parle désormais de niveaux « d'entrée », « intermédiaire » et « avancé [24] ». Les travailleurs ne sont plus rémunérés à l'heure mais perçoivent un salaire. Les nouvelles équipes de travail autogérées se sont vu octroyer davantage de latitude d'action dans l'atelier, ce qui a réduit de façon conséquente le nombre des cadres. La hiérarchie d'encadrement a été également aplatie. Inland Steel a fait passer ses niveaux de dix à six [25]. Le même processus de *reengineering* est à l'œuvre dans les aciéries du monde entier. Si l'on en croit l'OIT, la production d'acier fini n'a chuté que de 6 % entre 1974 et 1989 dans les pays de l'Organisation de coopération et de développement économiques (OCDE) alors que l'emploi s'écroulait de plus de 50 %. Plus d'un million d'emplois ont été perdus dans la sidérurgie des pays de l'OCDE sur ces quinze années. « Dans 90 % des cas parfois, dit l'OIT, la réduction de l'emploi n'est donc pas à rechercher dans une modification des niveaux de production mais, fondamentalement, dans une amélioration de la productivité [26]. »

D'autres industries consommatrices d'acier sont également en train de subir un raz de marée qui reflète l'accent mis aujourd'hui sur les pratiques de la production « allégée ». L'industrie des machines à travailler les métaux illustre parfaitement cette tendance. Il y a exactement trois décennies, l'IAM (International Association of Machinists) installait au fronton de son siège social à Washington le slogan « Notre force : un million ». Le panneau est resté en place au cours des années, tandis que le nombre des conducteurs de machines passait progressivement à moins de 600 000 aux États-Unis[27].

William Winpisinger, ancien président de l'IAM, énumère les nombreux bouleversements qu'ont connus les matériaux et les technologies, fauchant les rangs des conducteurs de machines qualifiés partout dans le monde. Il cite l'exemple des barres d'acier brut que, traditionnellement, ces conducteurs hautement qualifiés cisaillaient, meulaient, ébarbaient, polissaient, pour faire des pièces de moteurs d'avions. Aujourd'hui, des poudres métalliques sont simplement versées de sacs (comme du ciment) dans des moules sous pression, pour façonner les pièces. Parfois, des céramiques légères et des plastiques viennent se substituer aux métaux pulvérisés et subissent le même procédé de moulage[28]. La fabrication des pièces de précision à partir de moules et d'empreintes a éliminé les emplois de milliers de conducteurs de machines spécialisés.

L'industrie des machines à travailler les métaux englobe toutes sortes d'activités secondaires, notamment les machines-outils travaillant le métal par déformation plastique, les machineries de laminoirs, les dispositifs de soudage, les machines-outils à cisailler les métaux, les matrices ou montures spéciales, fixes ou à demeure[29]. Dans toutes ces branches, machines-outils informatisées à commande numérique, systèmes de conception, de fabrication et d'étude assistés par ordinateur, unités de fabrication souples et équipements de surveillance à capteurs automatiques ont réduit les besoins en main-d'œuvre qualifiée. Et s'il n'est pas question de « s'opposer aux avancées qui rendent le travail plus facile, estime Winpisinger, il va falloir commencer à se préoccuper des travailleurs qui seront sans doute évincés par les nouvelles technologies[30] ».

Entre 1979 et 1990, l'emploi dans l'industrie de transformation des métaux a diminué en moyenne de 1,7 % par an. Le Bureau des statistiques du travail (Bureau of Labor Statistics) prévoit une perte globale de 14 000 emplois supplémentaires d'ici 2005. La chute de l'emploi sera sans doute plus forte encore pour les ouvriers affectés à la conduite des machines et à la fabrication, et pour les travailleurs non qualifiés : elle devrait atteindre 14 % entre aujourd'hui et la première décennie du prochain siècle[31]. Dans des pays comme l'Allemagne, où les ouvriers hautement spécialisés sont autant de trésors nationaux dont l'habileté technique inspire un grand respect, les nouveaux procédés automatiques devraient avoir un retentissement profond, tant psychologique qu'économique, sur l'économie du pays.

Les cols « cyber »

Les pans industriels tombent les uns après les autres dans le processus de remplacement du travail humain par les machines. La nature même de la production industrielle en est transformée. L'une des industries les plus touchées par le *reengineering* et les nouvelles technologies de l'information est celle du caoutchouc. Kenney et Florida retracent l'histoire de l'unité de production de pneus Firestone à La Vergne, dans le Tennessee. Les conditions de travail y étaient si mauvaises, dit un responsable syndical, qu'on « avait du mal à croire qu'il était possible de produire des pneus dans un endroit pareil[32] ». Cette usine était pourtant l'une des plus modernes de Firestone mais, au fil des ans, les relations entre la direction et ses employés avaient tellement tout empoisonné que la production était quasi interrompue. Les ateliers étaient désordonnés et sales au point que l'on retrouvait, enrobés dans les pneus, toutes sortes de corps étrangers : mégots, clous, gobelets en carton...

En 1982, un producteur de caoutchouc japonais, Bridgestone, racheta l'établissement Firestone et entreprit sur l'heure d'en reconfigurer les activités selon ses propres normes, sévères, de production « légère ». On instaura des équipes de travail, on écrasa la hiérarchie d'encadrement de huit à cinq niveaux, on simplifia la grille des qualifications, on institua des programmes de recyclage pour améliorer la maîtrise de la qualité et on investit 70 millions de dollars dans des équipements nouveaux pour automatiser le processus de production. En moins de cinq années, celle-ci passa de 16 400 à 82 175 pneus par mois. Simultanément, la production de pièces défectueuses chutait de 86 %[33].

Goodyear, dont le nom fut longtemps synonyme de pneus de qualité aux États-Unis, a vécu — et réussi — une aventure semblable. En 1992, l'entreprise engrange des gains records de 352 millions de dollars, sur des ventes s'établissant à 11,8 milliards. La société produit 30 % de plus de pneus qu'en 1988, avec 24 000 employés de moins [34].

D'autres usines de fabrication de pneus connaissent un peu partout dans le monde des épisodes identiques à ceux de Bridgestone et Goodyear. Au Royaume-Uni, Sumitomo, autre producteur japonais de pneus, a acquis les installations de Dunlop pour les convertir aux pratiques de la production à flux tendus. Aujourd'hui, la productivité a monté de plus de 40 % avec 30 % de travailleurs en moins [35].

Les industries extractives sont touchées également par le phénomène. En 1992, les États-Unis ont perdu 45 000 mineurs [36]. La mine, comme l'agriculture, subit un processus régulier de licenciements technologiques depuis près de soixante-dix ans. En 1925, il fallait 588 000 hommes, soit près de 1,3 % de la population active du pays, pour extraire 520 millions de tonnes de charbon bitumineux et de lignite. En 1982, moins de 208 000 hommes et femmes suffisaient à produire plus de 774 millions de tonnes de charbon [37]. Grâce aux technologies informatiques les plus modernes, à des équipements plus rapides d'excavation et de transport, à une meilleure maîtrise technique des explosifs et à de nouvelles méthodes de travail, les sociétés minières ont pu augmenter leur production de 3 % en moyenne chaque année depuis 1970 [38].

L'automatisation croissante de l'industrie minière a débouché sur la perte de dizaines de milliers d'emplois dans les régions productrices du pays. D'ici à la première décennie du prochain siècle, moins de 113 200 personnes (soit une main-d'œuvre inférieure de 24 % à l'actuelle) produiront tout le charbon nécessaire à la satisfaction de la demande, tant intérieure que pour l'exportation [39].

A l'instar des houillères, les raffineries de produits chimiques ont également remplacé le travail humain par des machines. La raffinerie Texaco de Port Arthur fut la première, en 1959, à adopter la gestion par ordinateur numérique. Entre 1959 et 1964, la productivité est montée en flèche et le nombre des ouvriers a chuté dans l'industrie chimique de 112 500 à 81 000, tandis que des sociétés comme Monsanto ou Goodrich passaient à la gestion par ordinateur numérique. L'évolution spectaculaire des pratiques de production, amenée par l'informatisation et les opérations en procédés continus, devint évidente aux yeux du syndicat des ouvriers du pétrole, du nucléaire et de la chimie (Oil, Atomic and Chemical Workers Union), lorsque leurs membres entrèrent en conflit avec les raffineries pétrolières au début des années soixante. Les débrayages ne réussirent pas à ralentir sérieusement la production des nouvelles usines automatisées, qui tournaient pratiquement seules[40]. Les années suivantes, l'industrie chimique continua d'automatiser ses installations de production, licenciant un nombre croissant de ses employés. De 1990 à mi-1992, la productivité ne cessa de croître pendant que le nombre des personnels de production et d'encadrement chutait de 6 % sur l'ensemble de la main-d'œuvre du secteur. Aujourd'hui, comme le souligne Harry Braverman, « d'une manière générale, le travail de l'opérateur en chimie est propre », et il consiste essentiellement à « lire des instruments » et à « établir des graphiques[41] ».

Il ne faut pas s'étonner que quelques-unes des plus remarquables avancées dans la reconfiguration et l'automatisation soient intervenues dans la branche de l'électronique. General Electric, un des leaders mondiaux de l'électronique, a fait passer le total de ses effectifs de 400 000 employés en 1981 à moins de 230 000 en 1993, tout en triplant ses ventes. GE a simplifié sa hiérarchie d'encadrement dans les années quatre-vingt et commencé à introduire de nouveaux équipements fortement automatisés dans ses ateliers. A Charlottesville, en Virginie, dans l'usine Fanuc Automation de GE, les nouvelles machines ultra-modernes « installent les composants électroniques sur les plaquettes en moitié moins de temps qu'avec l'ancienne technique[42] ».

Chez Victor, au Japon, des véhicules automatiques livrent les composants de caméscopes et autres matériels à 66 robots qui exécutent ensuite 150 tâches différentes d'assemblage et de vérification. Deux êtres humains seulement sont présents dans l'atelier. Avant l'arrivée des machines intelligentes et des robots, il fallait 150 ouvriers pour fabriquer les caméscopes Victor[43].

La haute technologie a pénétré l'industrie de l'électroménager avec la conception assistée par ordinateur, les robots, les tapis roulants automatisés et autres systèmes de transport : la productivité a augmenté et des emplois ont été éliminés à tous les stades du processus de production. Entre 1973 et 1991, l'industrie de l'électroménager a augmenté sa production de 0,5 % par an aux États-Unis. Pendant la même période, la production par employé-heure augmentait au taux moyen de 2,7 %. Comme ailleurs, les gains de productivité résultant de l'introduction des nouvelles technologies économisant le travail aussi bien que le temps se sont traduits par un déclin de l'emploi. Entre 1973 et 1991, celui-ci a chuté fortement, passant de 196 300 à 117 100 personnes, et le Bureau des statistiques sur le travail prévoit la poursuite de ce mouvement. D'ici à 2005, 93 500 ouvriers, soit moins de la moitié du nombre employé en 1973, suffiront à produire suffisamment d'appareils électroménagers pour la totalité du marché américain [44].

La perte des emplois de production est stupéfiante dans l'industrie de l'électroménager, si on la rapporte aux catégories de produits. En 1973, l'industrie du froid (réfrigérateurs et congélateurs) employait 49 000 personnes. Ce nombre était tombé à 25 700 en 1991, à raison de 3,5 % de diminution annuelle moyenne. Les fabricants de machines à laver le linge ont diminué leurs effectifs de 28 300 en 1973 à 20 600 en 1991. Pour ce qui concerne la fabrication des petits appareils électro-domestiques et des ventilateurs, on est passé, pendant la même période, de 56 300 à 31 000 personnes. D'après le ministère du Travail des États-Unis, « pratiquement aucune de ces réductions d'effectifs ne peut être imputée à une augmentation des importations ou à une chute de la demande [45] ». Le ministère conclut une étude détaillée de l'industrie électroménagère en observant que, « en dépit de cet affaissement de l'emploi, les secteurs du petit électroménager et des ventilateurs sont un grand succès industriel. La persistance d'une forte demande en petit électroménager et ventilateurs s'explique par des prix avantageux et un accroissement important du nombre des produits proposés aux consommateurs [46] ».

Aucune industrie n'est plus étroitement liée à la révolution industrielle que celle du textile. C'est il y a plus de deux siècles, en Angleterre, que les premières machines à vapeur commencèrent à prendre part au filage de la laine, inaugurant un bouleversement radical de la façon dont les marchandises allaient désormais être produites. Aujourd'hui, tandis que d'autres branches industrielles prennent la tête de la course à l'automatisation, le textile est à la traîne, largement en raison des forts besoins en main-d'œuvre des techniques de couture.

Une étude de l'industrie de la confection montre qu'il faut jusqu'à 66 semaines pour qu'un modèle de vêtement passe du stade de la conception et de la production des fibres à celui de la distribution de détail. La longueur des délais de préparation et de mise en route et la lenteur des programmes de livraison coûtent à cette branche plus de 25 milliards de dollars par an en ventes potentielles perdues. L'essentiel de ces pertes intervient au niveau du détaillant, lorsque les boutiques sont contraintes de solder leurs articles en raison des caprices de la mode ou du changement des saisons. Le potentiel de ventes perdues est aussi imputable aux ruptures de stocks [47].

Ces dernières années pourtant, le monde de la confection a entrepris de se mesurer aux autres industries manufacturières, en faisant siennes les pratiques de la production à flux tendus et de l'automatisation informatique la plus moderne. L'objectif est d'introduire la flexibilité en matière de fabrication, ainsi que les livraisons juste à temps, de sorte que des commandes « personnalisées » puissent être honorées, aux mensurations exactes de tel ou tel client. Quelques sociétés anglaises comme Allied Textile Co, Parkland Textile Co et Courtaulds ont commencé à robotiser leurs processus de fabrication. La conception assistée par ordinateur (CAO) a fait passer les délais d'étude d'un vêtement de quelques semaines à quelques minutes. Des systèmes de teinture et d'apprêt sont également en place. D'autres dispositifs informatisés rationalisent le stockage, la manutention, le conditionnement et l'expédition des vêtements [48].

Bien que la confection demeure encore très gourmande en main-d'œuvre, les entreprises ont su raccourcir les temps de production dans d'autres domaines du processus de fabrication. Certaines sont maintenant équipées de machines automatiques informatisées qui étendent et coupent les tissus. Des machines à coudre faisant appel à la microélectronique sont apparues dans les ateliers de couture : elles proposent un nombre préprogrammé de points ainsi qu'un système d'arrêt automatique à l'achèvement du travail[49]. Jack Sheinkman, président du syndicat des travailleurs du textile (Amalgamated Clothing and Textile Workers Union), estime que le textile devient rapidement une « industrie de pointe ». D'après lui, « la composante travail s'est notablement amenuisée » ces dernières années et représente à peine plus de 30 % du processus de production. Le reste est automatisé[50].

Les nouvelles technologies commencent à permettre au secteur habillement des pays industrialisés d'être aussi compétitif que les entreprises de confection des pays à bas salaires. Au fur et à mesure que le processus de fabrication se pliera aux reconfigurations et à l'automatisation, même les exportateurs du tiers monde comme la Chine ou l'Inde seront contraints de passer des méthodes actuelles à forte intensité de main-d'œuvre à des techniques meilleur marché et plus rapides de production mécanisée.

L'automatisation de la confection haut de gamme entraîne déjà de très fortes suppressions d'emplois. Pour les sociétés textiles étudiées lors d'une récente enquête en Angleterre, la productivité et les bénéfices partent à la hausse, tandis que les effectifs s'amenuisent. Allied Textile Company, par exemple, annonce des bénéfices avant impôt en augmentation de 114 % entre 1981 et 1986 pendant que sa main-d'œuvre passait de 2 048 à 1 409 employés[51].

Dans la quasi-totalité des activités industrielles, le travail humain est remplacé à un rythme soutenu par des machines. Aujourd'hui, des millions d'ouvriers et d'ouvrières de par le monde sont piégés entre deux ères économiques et de plus en plus marginalisés par l'introduction de nouvelles technologies à faible intensité de main-d'œuvre. D'ici au milieu du siècle prochain, les travailleurs en col bleu seront tombés dans les oubliettes de l'histoire, victimes de la troisième révolution industrielle et de la marche implacable vers toujours plus d'efficacité et de technologie.

10

Le dernier travailleur du tertiaire

Voilà plus de quarante années que le secteur des services absorbe les pertes d'emplois de l'industrie manufacturière. Jusqu'à une date récente, la plupart des économistes et des entrepreneurs misaient sur la pérennité de ce mécanisme. Leurs espoirs vacillent aujourd'hui face aux incursions considérables des nouvelles technologies informationnelles sur le terrain du tertiaire : grâce à elles, la productivité augmente et l'emploi décline dans tous les secteurs des services.

En février 1994, le *Wall Street Journal* lançait en première page un avertissement : une mutation historique prend place dans le secteur des services, qui verra le remplacement définitif d'un nombre croissant de travailleurs par les nouvelles technologies de l'information. « Une part essentielle de l'énorme secteur tertiaire des États-Unis semble au bord d'un bouleversement semblable à celui qui a frappé l'agriculture et l'industrie manufacturière, où l'emploi s'est effondré tandis que la production grimpait régulièrement. [...] Les avancées technologiques sont aujourd'hui si rapides que les entreprises peuvent se débarrasser de bien plus de travailleurs qu'elles n'ont besoin d'en embaucher pour mettre en œuvre ces technologies ou soutenir l'expansion de leurs ventes[1]. »

AT&T a annoncé son intention de remplacer plus de 6 000 opérateurs longue distance par des moyens informatiques à reconnaissance vocale. Outre l'élimination du tiers de ces personnels, la société prévient qu'elle va fermer 33 bureaux dans 11 États et supprimer 400 postes de cadres. Cette nouvelle génération de robots mis au point dans les laboratoires AT&T-Bell du New Jersey est capable de reconnaître des mots clés et de répondre à des questions posées par téléphone. Après avoir décroché, l'opérateur vocal informatique demande si son(sa) correspondant(e) souhaite appeler en PCV, ou avec préavis, ou bien encore imputer les frais à un numéro tiers. Lorsque la liaison est établie, le système informatique explique par exemple à l'appelé(e) : « J'ai un appel en PCV de la part de monsieur Untel. L'acceptez-vous ? » AT&T espère remplacer ainsi, en quelques années, plus de la moitié de ses opérateurs longue distance par la technologie de reconnaissance vocale [2].

Les nouveaux opérateurs informatiques sont la dernière trouvaille d'une série d'avancées technologiques qui a permis à AT&T de traiter 50 % d'appels en plus avec 40 % de personnel en moins ces dernières années. Entre 1950 et le début des années quatre-vingt, AT&T a toujours tenu sa place en tête de la course aux technologies de substitution du travail dans le tertiaire. Pendant ce laps de temps, l'entreprise a éliminé plus de 140 000 standardistes dans tout le pays [3]. Nombre des rescapés attendent leur lettre de licenciement d'ici à la fin de la décennie actuelle.

Les récentes innovations technologiques, notamment les réseaux de câbles en fibre optique, les autocommutateurs numériques, les transmissions numériques, les communications par satellite et la bureautique, ont augmenté la productivité par employé de près de 5,9 % par an dans cette branche d'activité, ce qui fait d'elle l'un des leaders de la nouvelle économie high-tech. Des gains de productivité spectaculaires ont mené à l'élimination d'emplois dans la quasi-totalité des domaines de l'industrie téléphonique. De 1981 à 1988, 179 800 postes de travail ont disparu [4].

Nombre de ces chômeurs, ex-installateurs ou réparateurs, sont victimes d'innovations technologiques récentes. L'introduction de matériels modulaires préassemblés facilite les réparations et requiert moins d'entretien. Les téléphones à prise ont d'abord supprimé la nécessité de déplacements constants sur les sites d'installation. Les câbles enterrés équipés de moyens de « branchement rapide » se traduisent par des réparations toujours moins nombreuses et plus rapides. Les systèmes d'autocommutation numérique, qui utilisent des logiciels et des ordinateurs ultramodernes, augmentent considérablement le volume des services téléphoniques tout en abaissant fortement les besoins unitaires en travail humain. Le nombre des installateurs et réparateurs de centraux téléphoniques n'en est que plus réduit. Ces personnels devraient chuter de plus de 20 % d'ici l'an 2000[5].

Les services postaux sont le siège d'une évolution tout aussi spectaculaire. En 1991, le directeur général des Postes, Anthony Frank, annonçait qu'avant 1995 il remplacerait plus de 47 000 employés par des machines automatiques dotées de moyens de reconnaissance visuelle. Les nouvelles trieuses informatiques peuvent lire les adresses sur les lettres et les cartes postales et les trier automatiquement plus vite que les employés de la poste, qui passent souvent jusqu'à quatre heures par jour à trier à la main le courrier de leur tournée. Frank annonce que les nouvelles technologies informatiques modifieront davantage les méthodes de distribution du courrier au cours des six prochaines années qu'elles ne l'ont fait durant les deux siècles écoulés[6].

« A vot' service ! »

Des ordinateurs capables de comprendre la parole, de lire l'écriture manuscrite et d'exécuter des tâches précédemment accomplies par des êtres humains… autant dire qu'une ère nouvelle approche, qui verra l'automatisation croissante des activités de services. L'informatisation et l'automatisation du tertiaire ont à peine commencé, mais affectent déjà profondément l'économie par leurs effets sur la productivité et l'emploi. L'économiste Stephen Roach, de chez Morgan Stanley, estime que « le secteur des services a perdu son rôle de moteur inépuisable dans la création d'emplois en Amérique » et souligne l'absence, à ce jour, d'industries susceptibles de prendre le relais[7]. Les centres mondiaux d'activités de services comme la ville de New York ont été les premiers à ressentir les contrecoups économiques des dernières innovations de l'électronique.

L'économie new-yorkaise a rebondi dans les années quatre-vingt-dix et sa prospérité est réelle en dépit de la montée du chômage et de la pauvreté. Le *reengineering* et les nouvelles technologies de l'information transforment la nature du travail dans le premier centre de services du monde. Le tertiaire y connaît de rapides gains de productivité et gagne de plus en plus d'argent, mais avec de moins en moins d'employés. Sur dix emplois new-yorkais, neuf appartiennent à ce secteur. Et nombre d'entre eux disparaissent car des quantités d'employeurs de la ville (Merrill Lynch, Grey Advertising, Arthur Andersen et NYNEX...) « progressent à pas de géants dans l'art de produire toujours plus de travail avec toujours moins de gens ». De 1989 à 1993, les gains de productivité dans les secteurs de la banque, de l'assurance, de la comptabilité, du droit, des communications, des transports aériens, du commerce de détail et de l'hôtellerie ont surpassé les prévisions les plus optimistes. Dans le même temps, la ville perdait plus de 350 000 emplois. A en croire le *New York Times*, on peut se réjouir de ce que « finalement, ces innovations remarquables pourraient contribuer [...] à accroître la compétitivité [de New York] dans la bataille qui fait rage pour la conquête des marchés mondiaux ». Le prix à payer pour cette victoire planétaire risque cependant d'être rude pour la main-d'œuvre new-yorkaise. L'ex-contrôleur des comptes de la ville, Elizabeth Holtzman, donne de l'emploi une image contrastée. « Ce vers quoi nous sommes peut-être bien en train d'aller, dit-elle, c'est vers un nouveau *Conte de deux villes* [C. Dickens, *NDT*] : avec, d'une part, une croissance des emplois bien rémunérés et, d'autre part, une disparition progressive des emplois à faible rémunération. » Elle avertit que, sauf à trouver des emplois à faible qualification pour remplir les vides créés par les nouvelles technologies, la ville devra affronter « des bouleversements : une dislocation sociale pire encore, plus de délinquance, plus de pauvreté[8] ».

Les problèmes économiques de la ville de New York se retrouvent partout aux États-Unis et dans tous les pays développés ayant un secteur tertiaire avancé. Les services d'assistance aux personnes et un nombre croissant de fonctions tertiaires plus complexes sont pris en charge par des machines intelligentes.

Le secteur bancaire et celui de l'assurance ont déjà entrepris leur transition vers la troisième révolution industrielle. Aux États-Unis, le nombre des banques va probablement diminuer de 25 % d'ici l'an 2000, et plus de 20 % des employés du secteur perdront leur emploi du fait des effets conjugués du *reengineering* et de l'automatisation. La société de consultants Andersen Consulting conclut ainsi une étude sur le secteur bancaire du pays : « L'automatisation et la simplification des procédés peuvent déboucher sur des gains de productivité de 20 % à 30 % [9]. »

La Society National Bank, de Cleveland, traite plus de 70 % des appels émanant de ses clients par audio-messagerie, ce qui diminue considérablement la quantité de temps que ses représentants doivent passer à répondre à des questions. Chez Fleet Financial Corp., à Providence, un centre de suivi de la clientèle fonctionnant vingt-quatre heures sur vingt-quatre traite un million et demi d'appels par mois, dont 80 % par ordinateur exclusivement. Ce nouveau système informatique automatisé a permis à la société de diminuer de 40 % le personnel de son service clients [10].

Les guichets automatiques, qui furent d'abord une rareté, sont aujourd'hui omniprésents dans les villes et les banlieues résidentielles américaines. Ils réduisent considérablement le nombre des employé(e)s aux guichets. Ces machines écourtent la durée des transactions, sont disponibles vingt-quatre heures par jour et leur coût est infime par rapport aux employés en chair et en os. « Un employé peut réaliser jusqu'à 200 transactions de guichet par jour, travaille 30 heures par semaine, touche de 8 000 à 20 000 dollars par an plus primes diverses, s'arrête pour un café, prend des congés payés, se met en maladie. [...] Le guichet automatique, lui, peut traiter 2 000 transactions par jour, travaille 168 heures par semaine, coûte pour son fonctionnement environ 22 000 dollars par an et ne prend ni pause-café ni vacances [11]. »

Les banques ont remercié 179 000 employé(e)s entre 1983 et 1993, soit 37 % de leur personnel, pour les remplacer par des guichets automatiques. D'ici l'an 2000, jusqu'à 90 % des clients des banques utiliseront ce type de caisses [12].

Le débit bancaire sur le lieu de vente gagne aussi du terrain. De plus en plus de supermarchés et autres détaillants installent des machines débitrices sur leurs caisses enregistreuses : le client peut alors payer à l'aide d'un chèque qui débite automatiquement et instantanément son compte bancaire, depuis le point de vente. Les opérations d'écriture, de compensation, les manipulations diverses, la mise au courrier, l'archivage et toutes les

200

étapes nécessaires au traitement d'un chèque en papier disparaissent. D'ici l'an 2000, 30 % à 40 % de la clientèle des banques utilisera probablement des cartes de crédit en ligne, sur les lieux de vente [13].

Dans les bureaux non ouverts au public, un grand nombre de fonctions bancaires ne sont qu'opérations routinières et arithmétiques et, par là même, facilement accessibles à l'automatisation. De plus en plus, les banques externalisent le traitement des chèques et des prêts, c'est-à-dire sous-traitent à d'autres sociétés qui exécutent ces services. D'ici l'an 2000, plus d'un tiers des banques du pays délégueront de cette façon leurs opérations de traitement des données [14].

Le secteur de l'assurance effectue aussi une transition rapide vers la nouvelle ère high-tech. La compagnie Mutual Benefit Life (MBL) fut l'un des premiers géants du secteur à reconfigurer ses activités. Dans l'ancien système de traitement des demandes d'adhésion, jusqu'à trente phases distinctes impliquant cinq services et dix-neuf personnes différentes étaient nécessaires. La plupart des demandes d'indemnisation imposaient jusqu'à vingt-deux jours de délai de traitement, alors que le travail effectif passé sur les documents ne dépassait pas dix-sept minutes. Le reste du temps était dévoré par la circulation des informations d'une personne et d'un service à l'autre. MBL s'est donc débarrassée de ce processus stratifié, encombrant et lent pour confier à un « chargé de cas » unique le soin de traiter la demande. Équipé d'un micro-ordinateur/poste de saisie sophistiqué, contenant un système expert pour l'aider à répondre aux questions, cet employé unique peut traiter une demande en moins de quatre heures. MBL est ainsi parvenue à un délai moyen de traitement de deux à cinq jours. Les économies de travail sont aussi spectaculaires que les économies de temps. MBL a pu éliminer cent employés administratifs de terrain, tandis que le nouveau personnel, réduit, de gestionnaires de cas parvient à traiter deux fois plus de demandes qu'avant [15].

Aetna Life and Casualty Co. a connu un succès semblable dans son réagencement interne. En 1992, les centres d'affaires Aetna avaient proliféré au point de compter 22 bureaux et un effectif de plus de 3 000 employés. La société a alors décidé de simplifier sa hiérarchie organisationnelle et de remplacer ses cadres et ses agents par des équipes intégrées et des ordinateurs : le temps nécessaire au traitement d'une demande est passé de quinze à cinq jours. Aujourd'hui, les opérations sont concentrées sur quatre centres d'affaires où s'activent 700 employés seulement. Aetna vient de réorganiser la totalité de ses principaux services en se débarrassant de 5 000 employés, soit près de 9 % de son personnel. La société espère économiser plus de 100 millions de dollars par an grâce au *reengineering*[16].

L'imagerie électronique, les systèmes experts, l'informatique mobile sont des outils fondamentaux dans l'arsenal de ces reconfigurations. L'imagerie numérise les documents et les stocke sur des disques optiques, ce qui les rend immédiatement accessibles à tout employé équipé d'un ordinateur de bureau. Les systèmes experts contiennent les connaissances des experts en assurances et celles-ci sont à disposition immédiate pour traiter les demandes d'assurances et d'indemnisation. Les ordinateurs portables permettent aux agents de répondre aux questions des clients, de rédiger des demandes et de traiter les réclamations sur place, sans plus se soucier des longues attentes imposées par les allers-retours d'informations entre le terrain et le siège de la société. L'unité Aetna de Hartford, spécialisée dans les petites entreprises, utilise des ordinateurs portables sophistiqués « pour enregistrer des clients potentiels sur les lieux où elle les rencontre », et va jusqu'à leur imprimer des cartes d'identification instantanément. Le processus d'acceptation, qui prenait précédemment deux mois et exigeait d'importantes quantités de paperasse et de main-d'œuvre, est maintenant réalisé en moins de quatre heures[17]

Le bureau virtuel

Les transformations technologiques qui ont lieu dans la banque et l'assurance sont révélatrices des réformes fondamentales qui redéfinissent tous les aspects du travail de bureau et du tertiaire en général. Au cœur de ces changements se trouve le bureau traditionnel, qui se convertit au traitement électronique et abjure les manipulations de papier. Le bureau électronique, sans papier, est aujourd'hui devenu un objectif majeur de l'entreprise moderne.

La révolution industrielle a formidablement transformé les outils et les méthodes du travail administratif. Souvenons-nous simplement que le papier buvard, les crayons-gommes et les plumes en acier ne datent pas de plus de cent cinquante ans. Le papier carbone et la machine à écrire sont apparus dans les bureaux au cours des années 1870. La calculatrice à touches et la tabulatrice à cartes perforées suivirent vers la fin de la décennie suivante. La « ronéo » fut inventée en 1890[18]. Avec le téléphone, ces perfectionnements technologiques dans les bureaux augmentèrent énormément la productivité des affaires et du commerce aux premiers stades du capitalisme industriel. Aujourd'hui, l'économie de la planète se métamorphose pour accueillir une troisième révolution industrielle, et le bureau évolue pour mieux coordonner et contrôler le flux toujours plus rapide de l'activité économique. La bureautique éliminera des millions d'employés administratifs d'ici la fin de ce siècle.

Chaque journée ouvrée aux États-Unis fait sortir des imprimantes d'ordinateurs 600 millions de pages, génère 76 millions de lettres et 45 pages sont archivées par chaque employé(e). Les entreprises américaines consomment mille milliards de feuilles de papier chaque année... soit l'équivalent de la surface de la Terre ! Un seul disque optique peut emmagasiner le contenu de plus de 15 millions de pages. Aujourd'hui, 90 % de la totalité de l'information est encore confiée au papier, 5 % à des microfiches et 5 %, enfin, à un support électronique[19]. Cependant, avec les nouveaux moyens de traitement de l'image, les entreprises commencent à transformer leurs bureaux en salles de travail électroniques. Le traitement de l'image, comme *Business Week* l'observe avec une ironie désabusée, permet aux employés de « lancer les images numériques de leurs documents d'un bureau à l'autre à la vitesse des électrons, plutôt qu'à celle du sympathique coursier chargé du courrier[20] ». Certains analystes considèrent que le marché américain de l'imagerie devrait augmenter de façon exponentielle d'ici aux premières décennies du XXIe siècle.

La chaîne de grands magasins Nordstrom, établie à Seattle, économise déjà plus d'un million de dollars par an sur ses dépenses de papier depuis que ses rapports internes sont informatisés et accessibles uniquement par ordinateur. Aetna, dont nous avons déjà parlé, réalise des gains plus impressionnants encore. Cette gigantesque compagnie d'assurances a découvert qu'elle possédait 435 manuels qu'elle devait constamment mettre à jour. La direction décida alors de supprimer totalement l'imprimé au profit d'un système de stockage électronique des informations. John Loewenberg, directeur des services informatiques de la compagnie, explique : « Le papier est à l'activité tertiaire ce que le cholestérol est au sang [...] tout ce mauvais papier finit par boucher les artères. » Aujourd'hui, on modifie les manuels par voie électronique. Instantanément. Et chacun des 4 200 employés de terrain peut en disposer sur l'heure. On se défait de toutes les opérations de composition typographique, relecture, impression, collationnement, reliure, expédition et archivage. L'économie annuelle qu'Aetna réalise avec son manuel électronique dépasse les 6 millions de dollars. Cent millions de pages d'addenda et de mises à jour, à raison de 4,5 cents la page, n'ont plus à être expédiées. Moins de paperasserie égale aussi moins d'employés. Aetna a fermé son service où des employés « ne faisaient rien d'autre que mettre à jour les manuels[21] ». Loewenberg affirme qu'Aetna avance à grande vitesse vers un bureau sans papier, « car c'est une façon plus rentable de livrer les informations et de les actualiser[22] ».

Les créateurs de logiciels aiment à comparer le bureau sans papier à la société sans argent liquide et prédisent que la plupart des sociétés se convertiront à cette nouvelle manière de fonctionner bien avant la deuxième décennie du prochain siècle. Une compagnie britannique, Nirex, a déjà opté pour le traitement électronique de son courrier. Lorsque la correspondance-papier arrive au bureau du courrier, une image électronique de la lettre apparaît à l'écran. L'employé chargé du courrier entre les informations clés concernant la lettre (signataire, date de réception, adresse) dans une base de données en ligne. L'image est ensuite transmise à un poste de traitement où elle est acheminée par voie électronique au bureau concerné, puis archivée de la même manière[23].

En 1993, Microsoft et cinquante autres sociétés d'envergure mondiale, dont Xerox, Hewlett-Packard, Canon et Compaq, créent un *joint-venture* visant à intégrer tous les systèmes informatiques existants en un réseau unique. Cette ambitieuse opération baptisée *Microsoft at Work* (Microsoft au travail) a pour objectif d'inaugurer l'ère du bureau intégralement numérisé. Dans un avenir très proche, les entreprises pourront recevoir leur courrier par voie électronique. Puis celui-ci sera consigné, saisi dans une base de données en ligne, archivé et même imprimé sur papier en un nombre variable d'exemplaires, collationné et expédié sans qu'aucune main humaine ne l'ait touché un seul instant [24].

Microsoft est déjà au travail sur un système bureautique plus sophistiqué encore, qui permettra aux cadres d'emporter leurs rapports dans leurs déplacements. Ils(elles) pourront faire des coupures, ajouter des notes manuscrites dans la marge. Le rapport sera ensuite faxé à une autre machine, à la maison mère, qui le lira et en absorbera même les notes griffonnées, préparera une copie révisée, propre, pour transmission électronique à d'autres employés, fournisseurs ou clients [25].

L'éblouissante nouvelle gamme des équipements bureautiques ultramodernes fait du bureau strictement électronique une réalité presque acquise. « A long terme, dit Paul Saffo — directeur de l'institut du Futur (Institute for the Future) —, nous allons voir disparaître le papier, comme nous avons vu disparaître les chevaux [...] il y a encore des chevaux, mais ce ne sont plus que des animaux d'agrément et de loisir [26]. » Les responsables d'entreprise espèrent économiser un nombre incalculable de milliards de dollars en gains de productivité et suppressions d'emplois grâce à ces nouveaux personnels en « col cyber ». Pour des millions d'employés aux écritures, le bureau électronique sonne le glas d'une carrière.

Dans tout le pays, les secrétaires administratives seront les premières victimes de la révolution bureautique. Elles passent actuellement plus de 45 % de leur temps à archiver des papiers, acheminer des messages, poster des lettres, faire des photocopies et attendre des ordres [27]. Les économistes Wassily Leontief et Faye Duchin estiment que le passage du papier à l'électronique économisera 45 % du temps nécessaire aux tâches de secrétariat, et de 25 % à 75 % de tous les travaux liés à l'activité de bureau [28]. Le nombre des secrétaires diminue de façon régulière au fur et à mesure que les micro-ordinateurs, le courrier électronique et les télécopieurs remplacent les machines à écrire, les dossiers-papier et les travaux de correspondance. Entre 1983 et 1993, le nombre total des employé(e)s de bureau a diminué pour l'ensemble du pays de près de 8 % et chuté à 3,6 millions de personnes, indique James Medoff, économiste à Harvard[29].

Les réceptionnistes vont également disparaître en masse et être parfois purement et simplement éliminés. La section de recherche des sociétés régionales Bell, Bellcore, élabore actuellement un « réceptionniste électronique » qui sera un système automatique entièrement informatisé capable de répondre aux appels, d'enregistrer des messages, et même de dénicher la personne recherchée. Une fois la localisation assurée, l'ordinateur peut émettre un message bref signalant le nom de la personne qui appelle, énoncer la nature de l'appel, puis demander à l'appelé(e) s'il(elle) souhaite être mise en ligne. En cas de refus, le réceptionniste électronique reprend l'appelant(e) et le(la) dirige sur une audio-messagerie où il(elle) peut laisser un message plus élaboré. Les nouveaux réceptionnistes électroniques pourront aussi être programmés pour filtrer les demandeurs à partir de leur numéro de téléphone et mettre certains d'entre eux en liaison avec leur interlocuteur, tout en dirigeant les autres vers l'audio-messagerie[30].

La machine intelligente remonte imperturbablement la hiérarchie administrative, phagocytant non seulement les tâches administratives simples, mais aussi les travaux classiquement du ressort de l'encadrement. Le summum de la cruauté consistant sans doute à installer des systèmes d'embauche ultra-informatisés dans des centaines de sociétés pour filtrer les demandes d'emploi. Une société californienne, Resumix Inc., a récemment mis en place un système informatique d'embauche chez United Technologies Corporation. Un scanner saisit chaque jour les *curriculum vitae* de quatre cents candidats dans une base de données pas plus encombrante qu'un petit meuble de rangement. Resumix ne demande pas plus de trois secondes pour saisir un CV et lancer l'accusé de réception approprié au candidat. Puis, grâce à sa fonction de « compréhension spatiale du texte et extraction », il en prend connaissance et passe en revue la formation du demandeur, ses savoir-faire et compétences, ses emplois antérieurs. Un processus logique sophistiqué, intégré dans le logiciel, permet à Resumix de décider quelle catégorie d'emploi lui conviendrait le mieux. Des expériences en grandeur réelle comparant Resumix à des directeurs de personnel en chair et en os montrent que leur homologue à puce est au moins aussi compétent dans les tâches d'évaluation, et bien plus rapide dans le traitement des demandes[31].

Avec les nouvelles technologies de l'information et de la télécommunication, le « bureau » se décentralise. Les télécopieurs portatifs, les modems, les ordinateurs portables permettent de travailler aussi bien « au bureau » que chez soi. Entre 1992 et 1993, le nombre des « télétravailleurs » aurait augmenté de 20 %. Près de 8 millions de personnes sont concernées aujourd'hui par le télétravail. En l'an 2000, affirme une étude, jusqu'à 20 % de la population active américaine travaillera au moins partiellement à domicile[32].

En compressant le temps, en dématérialisant l'espace, la nouvelle sorcellerie électronique a fait passer l'idée même du bureau d'un concept spatial à un concept temporel. Des compagnies comme AT&T ont entrepris de concrétiser l'idée du « bureau virtuel ». On donne aux employés un bureau mobile complet, avec ordinateur portable, Fax et téléphone cellulaire puis, littéralement, on les expédie chez eux. Soucieuses d'augmenter la productivité de leurs salariés, les entreprises voient dans le télétravail l'onde porteuse du futur. Russel Thomas, spécialiste du télétravail chez AT&T, affirme : « Lorsque nous n'en étions pas encore au télétravail, certains de nos employés avaient parfois une heure et demie de transport jusqu'au bureau ; ils y restaient quelques heures ; passaient encore une heure en voiture pour rendre visite à un client ; revenaient au bureau. Et la journée était terminée. De toute évidence, la productivité en prenait un coup[33]. »

Non seulement le télétravail augmente la productivité des employés, mais il diminue aussi les surfaces de bureau nécessaires à l'activité de l'entreprise. Dun & Bradstreet Software a diminué ses frais immobiliers de 30 % grâce à la mise en œuvre de son plan de télétravail[34].

Certaines sociétés poussent plus loin encore le concept de bureau virtuel, avec la « gestion hôtelière ». Tout(e) employé(e) ayant besoin d'un bureau pour rencontrer des clients ou tenir une réunion peut réserver à l'avance un bureau, par téléphone, auprès d'une petite équipe de « gestion hôtelière ». Avant son arrivée, cette équipe aura fixé à « sa » porte une plaque à son nom, et même installé sur le bureau des photographies de sa famille, pour qu'il(elle) se sente plus à l'aise.

Un cabinet comptable de New York, Ernst and Young, a récemment fait passer sa superficie de bureaux de 35 000 à 27 900 mètres carrés et mis en place un programme de gestion hôtelière. Plus personne, hormis les responsables de haut rang, ne dispose plus en propre de « son » bureau. Et chacun doit maintenant en réserver un si nécessaire. IBM, qui a supprimé les bureaux de plus de 5 000 de ses employés en leur enjoignant de travailler chez eux, dans leur voiture ou dans les bureaux de leurs clients, espère épargner ainsi quelque 15 % à 20 % de ses besoins d'espace [35]. Certains employés ont effectivement accueilli avec joie cette nouvelle liberté qui impliquait aussi une moindre surveillance ; mais d'autres regrettent la camaraderie et les contacts humains qui allaient de pair avec la vie des bureaux.

Le vice-président de la Gemini Consulting Company, Steve Patterson, dit qu'aujourd'hui, dans un nombre croissant de sociétés, les employés ont moins d'échanges entre eux que dans le cadre des bureaux traditionnels. Il avertit que les économies réalisées grâce à la diminution des surfaces de bureaux devraient être mises en regard des coûts psychologiques moins tangibles, mais tout aussi importants, de la diminution des échanges entre les personnes, notamment avec l'affaiblissement vraisemblable de l'esprit d'entreprise et des sentiments de loyauté envers l'employeur [36]. Un petit groupe de comptables de chez AT&T ont tenté de sauvegarder leurs anciens liens professionnels en inventant une « machine à café virtuelle », comme ils appellent, ironiquement, la rencontre hebdomadaire qu'ils ont instituée pour se retrouver, parler boulot, se rencontrer [37].

Pour atténuer quelque peu le traumatisme psychologique qui accompagne ce désengagement géographique, certaines sociétés comme Olivetti Research Laboratory, de Cambridge en Grande-Bretagne, expérimentent des ordinateurs qui permettront à cinq personnes de converser et d'effectuer des tâches ensemble, dans une version électronique de la communication face à face. Chaque écran d'ordinateur est équipé de cinq fenêtres distinctes, de sorte que chaque participant(e) peut voir sur l'écran les collègues avec lesquel(le)s il(elle) partage des informations et travaille. Avec ces micro-ordinateurs vidéo, la direction de l'entreprise espère « récupérer une part de cette souplesse et de cette chaleur humaine qui ont été perdues du fait de la communication électronique [38] ».

La distribution frappée par les réductions d'emplois

Les machines intelligentes bouleversent non seulement le bureau mais aussi tous les autres domaines du tertiaire. Les changements sont stupéfiants dans la distribution de gros et de détail. Les grossistes, tout comme les cadres moyens des entreprises, sont chaque jour moins utiles à l'âge de la communication électronique instantanée. Nous l'avons vu au chapitre 7 : des détaillants comme Wal-Mart contournent aujourd'hui toute la filière et préfèrent s'adresser directement aux fabricants. Des outils informatisés de contrôle et de lecture sur le lieu de vente permettent aux détaillants de transmettre leurs commandes directement aux entrepôts des fabricants grâce aux échanges de données informatisées (EDI). A l'autre extrémité de la chaîne, des magasins équipés de robots commandés par ordinateur et des véhicules de livraison télécommandés honorent ces commandes en quelques minutes, sans intervention humaine. Un nombre sans cesse croissant de magasins sont ainsi dotés d'« agents de maîtrise informatiques » et supervisés par un personnel humain squelettique, dont la tâche principale consiste à veiller aux équipements et à faire office d'agents de la circulation. Des véhicules à guidage automatique sont équipés de systèmes d'acheminement commandés par microprocesseurs, de monte-charges robotisés et autres engins pour « parvenir à un dispositif de magasinage et de manutention intégralement automatisé ». Les entrepôts automatiques peuvent réduire de 25 %, ou plus, les besoins en personnel [39].

Andersen Consulting a publié récemment une étude sur les gains de productivité et les économies de main-d'œuvre dans plus d'un millier de sociétés ayant mené à bien la reconfiguration de leurs entrepôts. Les statistiques sont éloquentes. Pour ses entrepôts, Epson Australia Limited, fabricant de micro-ordinateurs et d'imprimantes à Sydney, annonce une diminution de 66 % du temps nécessaire à la satisfaction des demandes de la clientèle, une diminution d'espace de moitié, des économies de main-d'œuvre de 43 % et des économies de frais de fonctionnement de 25 % par commande reçue. La firme Sevel Argentina, à Buenos Aires, vend des automobiles Fiat et Peugeot. Elle annonce une économie d'espace de 28 % et une économie de personnel de 26 %. IME Excavators, à Eslöv, en Suède, spécialiste des composants et des matières premières pour excavatrices, a réalisé des économies de personnel de 30 % après sa reconfiguration. A Hayes, dans le Middlesex, en Grande-Bretagne, Entertainment U.K., producteur de logiciels de loisirs, se targue d'économies de coûts de fonctionnement de 19 % par transaction et d'économies de main-d'œuvre de 26 %. La conserverie de légumes Hernandez Perez, à Murcia, en Espagne, est parvenue à une diminution de 80 % de ses délais de satisfaction des commandes, de 50 % de ses espaces et de 37 % de sa main-d'œuvre [40].

Les nouvelles technologies de l'information permettent aux détaillants et aux fabricants de se rapprocher en un unique circuit continu où le grossiste n'a plus vraiment sa place. En 1992, le commerce de gros a perdu 60 000 emplois. Depuis 1989, le secteur dans son ensemble a reculé de quelque 250 000 emplois [41]. D'ici au début du siècle prochain, l'essentiel de la vente en gros, telle que nous la connaissons, aura disparu, victime du tourbillon novateur induit par l'informatisation du contrôle et de la coordination des tâches intermédiaires.

Les détaillants repensent aussi très vite leurs modes de fonctionnement partout où c'est possible, et introduisent des machines intelligentes pour augmenter la productivité et réduire les coûts salariaux. La distribution de masse moderne est apparue aux États-Unis dans les années 1870 et 1880. Aujourd'hui, les chaînes de grands magasins dominent un secteur qui emploie plus de 19,6 millions de personnes, soit 22 % de la main-d'œuvre totale du secteur privé non agricole [42].

L'emploi dans le commerce de détail s'est énormément développé dans les décennies de l'après-Seconde Guerre mondiale, lorsque des armées de « consommateurs », les poches bourrées de billets, s'embarquèrent pour une bringue de quarante-cinq années d'achats à tout-va. A la fin des années quatre-vingt cependant, l'emploi dans la distribution de détail commença à fléchir à mesure que le chômage dans les autres secteurs mettait à mal le pouvoir d'achat. Pour tenter de réduire leurs frais et d'améliorer leurs marges bénéficiaires, les sociétés entreprirent de remplacer leurs employés par des systèmes informatisés et des procédés automatiques. Dans la distribution de détail, l'emploi a augmenté en moyenne de 3 % par an entre 1967 et 1989. Mais le Bureau des statistiques sur le travail prévoit pour les années quatre-vingt-dix un ralentissement significatif de cette croissance, à 1,5 % ou moins [43].

Le groupe Sears-Roebuck, l'un des géants de la distribution de détail, est typique de cette nouvelle tendance. En 1993, Sears a éliminé d'un seul coup 50 000 emplois attachés à la commercialisation des produits, soit une réduction de personnel de 14 %. Cette année-là, les revenus des ventes de la firme augmentaient de plus de 10 %. « Nous nous posons une question fondamentale », explique Anthony Rucci, vice-président du service commercial : « Nos employés ajoutent-ils de la valeur ? […] La volonté de se débarrasser des personnels et des tâches qui n'apportent aucune valeur ajoutée est très forte [44]. »

Dans la plupart des magasins de détail, l'utilisation de codes à barres et de leurs lecteurs a grandement augmenté la rentabilité des caissiers et, par voie de conséquence, notablement diminué les besoins de main-d'œuvre. En 1992, la Fédération nationale des détaillants américains (National Retail Federation) a établi que plus de 80 % des détaillants utiliseraient les codes à barres avant la fin de 1993. La mise en œuvre, sur le lieu de vente, de ces dispositifs informatiques et autres machines intelligentes, explique Stephen Roach, de chez Morgan Stanley, « aide à comprendre pourquoi l'emploi dans la distribution de détail reste inférieur de quelque 400 000 postes à son sommet de 1990 [45] ».

Les caissiers représentent le troisième plus gros groupe d'employés aux écritures, derrière les secrétaires et les aides-comptables, avec près de 1,5 million de personnes pour les

États-Unis seulement. D'après une étude du Bureau des statistiques du travail, les nouveaux moyens de contrôle électronique « permettent une augmentation de 30 % de la vitesse de passage aux caisses et une diminution potentielle de 10 % à 15 % des besoins de personnel aux caisses et à l'emballage [46] ».

Certains détaillants en viennent même à éliminer le caissier. Au centre commercial de Crystal Court, à Minneapolis, les clients qui entrent dans la « Robot Music Store » sont accueillis par un unique employé : un robot de 180 kilos qui tourne dans une enceinte circulaire en verre au centre de la boutique. Le(la) client(e) peut sélectionner l'un quelconque des 5 000 CD en stock pour une audition de 30 secondes. Après avoir fait son choix, il(elle) paiera par l'intermédiaire d'un écran vidéo. Puis le robot saisira le CD sur les rayonnages et le lui donnera, accompagné du bon de caisse. Un habitué de la boutique, âgé de vingt-trois ans, affirme préférer le robot aux vendeurs humains. « C'est facile à utiliser et, au moins, c'est poli [47]. » A l'aube du prochain siècle, des robots plus sophistiqués, équipés pour la reconnaissance vocale et fonctionnant en mode conversationnel, vont probablement se banaliser dans les grands magasins, les commerces de proximité, les établissements de restauration rapide et autres entreprises de détail ou de services.

Une grande chaîne européenne de *hard-discount* expérimente une nouvelle technologie permettant au(à) la client(e) d'introduire sa carte de crédit dans une fente sur le rayon présentant le produit désiré. Il n'y a pas de Caddie. Au lieu de cela, chacun trouvera ses articles, tout empaquetés, à la sortie du magasin. Il suffit alors de signer un feuillet, déjà prêt lui aussi, et de partir sans avoir à passer par une caisse enregistreuse [48].

La distribution de détail a épongé le chômage, absorbé les innombrables cols bleus évincés par l'automatisation de l'industrie. Aujourd'hui, tandis que cette branche des activités de services subit sa propre révolution de l'automatique, la question est de savoir où tous ces employés vont aller.

Nombre d'économistes voient dans l'industrie de la restauration la bouée de sauvetage de ces travailleurs rejetés par les innovations technologiques des autres branches. Mais, même là, l'emploi est stagnant et l'avenir semble incertain pour les personnes peu ou pas qualifiées. Dans les années quatre-vingt, c'est le secteur de la restauration qui a créé le plus d'emplois dans le tertiaire. Plus de 2 millions de travailleurs supplémentaires ont trouvé une embauche sur ce marché en pleine croissance. Toutefois, ce bond de l'emploi semble désormais être derrière nous. Les bénéfices des entreprises devraient probablement augmenter dans les années quatre-vingt-dix grâce aux nouvelles technologies économes en temps et en main-d'œuvre. Cette dernière sera d'autant moins nécessaire dans le secteur. Le ministère du Travail américain prévoit que le taux de croissance de l'emploi devrait y chuter de moitié au cours des quinze années à venir [49].

Dans bien des restaurants, des systèmes informatiques permettent aux serveurs de transmettre les commandes par voie électronique pour éviter des déplacements inutiles à la cuisine. Le même dispositif peut servir ensuite à libeller le chèque du client et à avertir le responsable des achats ou les fournisseurs de la nécessité de réapprovisionner les stocks. L'automatisation de la prise des commandes, de la facturation et de l'inventaire diminue fortement les besoins de personnel.

Une nouvelle technique de cuisine permet de cuire *sous vide**, dans des fours à air chaud et injection de vapeur équipant d'énormes ateliers de cuisine centralisés, des aliments conditionnés en sachets résistant à la chaleur. La nourriture est ensuite refroidie à −1 °C et expédiée aux restaurants locaux, où elle attendra sans que soit interrompue la chaîne du froid, jusqu'à ce qu'un(e) client(e) la commande. Être chef cuisinier, aujourd'hui, consiste souvent à plonger dans l'eau chaude un plat congelé en sachet, ou à le mettre dans un four à micro-ondes pendant trois à sept minutes. Le *sous-vide* diminue les coûts salariaux de 20 % ou plus dans la plupart des restaurants [50].

Quelques établissements de restauration rapide à destination des automobilistes commencent à remplacer les serveurs humains par des écrans tactiles où s'affiche la carte des plats proposés. Pour commander, il suffit d'abaisser la vitre de son véhicule et d'aller toucher du doigt les pictogrammes représentant les articles. La transmission vers la cuisine est instantanée grâce à une base de données en ligne ; la commande apparaît sur un écran vidéo et est honorée : les intermédiaires humains ont été

---

* En français dans le texte.

éliminés par le processus de la prise de commande. Ces restaurants pour inconditionnels de l'automobile sont aujourd'hui si bien automatisés, et si rentables, que six à huit employés peuvent servir, aux heures de pointe, autant de clients que vingt de leurs collègues dans un restaurant où l'on va s'asseoir à table pour manger le même type d'alimentation standardisée [51].

Les systèmes de distribution automatique de boissons font aussi diminuer le besoin de serveurs expérimentés. L'ensemble de la machinerie est contrôlé par un micro-ordinateur qui transmet la commande à un chariot distributeur. Celui-ci livre la boisson demandée en moins de trois secondes. Un chèque informatisé est préparé simultanément et tendu au consommateur. Ce système de gestion automatique diminue de 20 % à 40 % les coûts salariaux [52].

La distribution de détail est encore très active dans notre culture de l'asphalte. Les clients sont habitués à se déplacer jusqu'aux boutiques pour faire leurs achats. Mais les toutes jeunes autoroutes de l'information commencent à modifier profondément la façon dont les gens font leurs courses : des catégories entières d'employés du commerce de détail, dont les tâches consistent à déplacer des marchandises, à vendre, à servir des clients dans un environnement où prédomine le face-à-face, cessent progressivement d'être utiles.

En mai 1993, IBM et Blockbuster Video ont fait connaître leur nouveau projet de partenariat, la New Leaf Entertainment Corporation, qui proposera des CD audio, des jeux et des cassettes vidéo « personnalisés », dans les 3 500 boutiques Blockbuster. Le magasin, faisant fi du monde des routes et des autoroutes, avec ses entrepôts, ses expéditeurs, ses camionneurs et ses quais de chargement, transportera le produit par voie électronique jusqu'au client, grâce aux autoroutes de l'information. Chaque magasin disposera d'un kiosque où le client fera ses choix sur un écran tactile. L'information correspondante sera transmise à un ordinateur central qui réalisera une copie électronique de l'article demandé et le renverra au magasin en quelques minutes. Dans la boutique, des machines copieront les informations électroniques sous forme d'enregistrement (CD ou cassette). Des imprimantes laser couleur reproduiront la jaquette avec la même définition, la même netteté et le même fini visuel que celles du stock initial. Les nouvelles marchandises distribuées par voie électronique garantissent à leur clientèle l'impossibilité d'une rupture ou d'un épuisement du stock. David Lundeen, vice-président du département technologie chez Blockbuster, s'enthousiasme sur le potentiel de ce nouveau système de distribution électronique : « Si un gamin de sept ans arrive un vendredi soir pour acheter le dernier jeu vidéo, il est probable que nous ne l'aurons plus. Mais avec ce système il sera possible d'en obtenir une nouvelle copie, électroniquement, en deux minutes[53]. »

La société explique qu'elle économisera 3 à 4 dollars de frais de transport et de manutention sur chaque CD ou cassette distribué grâce à l'électronique. Il est vraisemblable que d'autres détaillants vont imiter Blockbuster. Jack McDonald, vice-président du service du développement commercial chez NewLeaf, prévoit « un réseau national de serveurs numériques sur lequel des films, des jeux vidéo, de la musique et pratiquement tous les autres produits de loisir imaginables seront stockés en numérique puis transmis par télécommunication jusqu'à des boutiques, ou même dans votre salon[54] ». Ces prochaines années, la transmission électronique de produits entraînera vraisemblablement la perte de dizaines de milliers d'emplois dans les entrepôts et le secteur des transports.

Le téléchargement électronique ne représente qu'une petite partie des changements qui vont révolutionner le commerce de détail. Le téléachat par les mêmes voies pénètre rapidement aussi ce secteur et menace des dizaines de milliers d'emplois de vendeurs, cadres, manutentionnaires, équipes d'entretien, gardiens et autres, qui « font » véritablement le complexe de la distribution de détail. Les achats électroniques représentent déjà 2 milliards de dollars par an et s'envolent à raison de 20 % de mieux chaque année. L'installation au niveau national des autoroutes de l'information et l'ouverture de centaines de nouveaux réseaux câblés aux capacités interactives nous promettent un raz de marée de services d'achat à domicile. Les sociétés investissent des sommes colossales dans ces nouveaux réseaux de téléachat, convaincues que « faire ses courses sans aller les faire » sera probablement le prochain marché porteur de la vente au détail[55].

Nombre de commentateurs prédisent que les achats à domicile vont absorber une part croissante des 1 000 milliards de dollars du marché annuel du commerce de détail dans le pays, et soulignent les commodités ainsi offertes à une clientèle souvent féminine et salariée, qui ne dispose pas de beaucoup de temps pour faire ses achats à l'hypermarché. La boutique électronique, c'est aussi une façon de concevoir une distribution au détail formidablement moins onéreuse, dit Peter Suris, analyste chez UBS Securities. « C'est un système de distribution à faible coût » ; et « plus besoin de milliers de magasins, plus besoin de milliers d'articles en stock dans chaque boutique [56] ».

Quelques-uns des plus gros distributeurs au détail du pays ont fait connaître leur intention de prendre pied sur le marché du téléachat. R. H. Macy and Company a commencé à émettre en 1994 avec une chaîne de téléachat fonctionnant vingt-quatre heures sur vingt-quatre. Myron E. Ullman III, son P-DG, explique que « TV Macy's sera un grand magasin dans votre salon, vingt-quatre heures sur vingt-quatre et sept jours sur sept ». Macy's espère 20 millions d'abonnés et prévoit plus de 250 millions de dollars de recettes sur les quatre premières années. Don Hewitt, directeur de production du magazine d'information télévisé *60 Minutes*, détient des parts dans la société. Il explique que, par le jeu des décors, la nouvelle chaîne Macy's tentera de recréer l'effet d'une présence physique réelle dans le grand magasin [57].

Avec sa distribution de détail « juste à temps », le téléachat à domicile représentera pour la culture commerciale de ce pays, entièrement structuré autour de la voiture, un défi d'importance majeure. *Forbes*, parlant de la nouvelle mutation de cette branche commerciale, évoque « une menace sérieuse pour l'activité traditionnelle de la distribution de détail dans le pays, et les 19 millions de personnes qu'elle emploie [58] ».

Depuis 1989, plus de 411 000 emplois de vente au détail ont disparu et cette tendance « ne peut que s'accélérer, affirme *Business Week*, puisque c'est le tube cathodique qui devient le vendeur ». Tous les indices montrent un déclin régulier des achats dans les boutiques traditionnelles et l'augmentation des ventes dans les réseaux de téléachat. En 1982, le temps de présence moyenne par client dans un centre commercial dépassait une heure et demie. En 1992, cette moyenne a chuté à 71 minutes et le nombre de boutiques visitées est passé de 3,6 à 2,6. Les ventes au détail dans les centres commerciaux ont chuté de 3 % entre 1988 et 1992. Simultanément, les achats à domicile par cartes de crédit totalisaient 42 milliards de dollars en 1992, soit une progression de 30 % par rapport à 1988. Pour le nombre croissant des consommateurs qui se disent « fatigués des parkings, des paquets, de la délinquance et autres enquiquinements liés à la corvée des courses », le téléachat constitue une heureuse alternative [59].

De nombreuses sociétés utilisent des ordinateurs en ligne pour attirer une clientèle hors des marchés traditionnels du commerce de détail. Pour 39 dollars, chacun peut devenir client en ligne de CUC International et, pour la somme à peine supérieure de 49 dollars, il peut s'abonner au téléachat, pour un an. La société offre des prix cassés sur plus de 250 000 produits de marque allant de la bagagerie à l'électroménager. En 1992, CUC a déclaré des revenus de 644 millions de dollars et des millions de personnes avaient adhéré à ses clubs d'achats télématiques [60].

Aux beaux jours du « culte de la bagnole », les détaillants et les entreprises de construction ont bâti plus de 39 000 centres commerciaux sur le territoire des États-Unis. « Lorsque le téléachat à domicile aura vraiment décollé, dit le rédacteur de *Forbes*, un bon nombre de ces centres perdront toute raison d'être. » Leur déclin régulier entraînera une chute conséquente de l'emploi dans le secteur de la distribution de détail [61].

La numérisation du tertiaire supérieur, de l'enseignement et des arts

Ce rapide survol du commerce de détail laisse à penser que les autoroutes de l'information s'apprêtent à transformer les schémas de l'emploi plus radicalement encore que ne l'avait fait le réseau routier et autoroutier construit vers la fin des années cinquante et au début des années soixante. Des catégories entières de salariés verront fondre leurs effectifs et parfois disparaîtront totalement. Les technologies de l'information vont devenir plus subtiles et moins onéreuses dans les années à venir, et bien davantage capables d'intégrer une large palette d'activités intellectuelles et physiques.

Les machines intelligentes envahissent déjà les spécialités hautement qualifiées et mordent même sur l'enseignement et les arts, pourtant réputés imperméables, depuis toujours, aux pressions de la technologie. Médecins, juristes, comptables, consultants, scientifiques, architectes et autres utilisent des moyens informatiques spécialement conçus pour les aider dans leurs actes professionnels. C'est ainsi que des robots informatiques ont maintenant pénétré la chirurgie humaine la plus délicate. Robodoc, un engin de moins de 115 kilos mis au point par des chercheurs de l'université de Davis, en Californie, a pris part, le 7 novembre 1992, à sa première opération sur un être humain de soixante-quatre ans (une prothèse de la hanche). Le robot, équipé d'un dispositif informatisé de tomographie produisant des images tridimensionnelles du fémur, possède un bras de fraisage automatisé : « Le chirurgien récupère en direct une image du fémur du patient et pointe à l'écran, avec sa souris, l'emplacement idéal. Puis, après incision et guidage du robot jusqu'à l'os, le chirurgien donne le feu vert et le robot travaille avec un moteur à grande vitesse [62]. » Des chercheurs expérimentent actuellement des robots en chirurgie de l'œil, de l'oreille et du cerveau.

Dans le domaine de l'éducation, les 152 000 bibliothécaires des États-Unis s'inquiètent de plus en plus des systèmes informatiques capables de chercher, récupérer et transmettre par voie électronique des livres ou des articles au moyen des autoroutes de l'information, en une fraction infime du temps qu'un être humain mettrait pour accomplir ces tâches. Les réseaux de type Internet peuvent fournir des extraits de milliers de journaux et d'ouvrages en quelques minutes. Le projet Gutenberg est à cet égard l'un des nombreux programmes conçus pour numériser et télécharger sur ordinateur des livres, manuscrits et journaux dans leur intégralité. Les scanners les plus modernes permettent, une fois les feuillets libérés de leur reliure, de les confier pour lecture à une machine, qui les traduit sous forme informatique. Ils seront alors prêts à être expédiés instantanément n'importe où dans le monde. De l'avis des spécialistes de cette branche, la récupération de textes intégraux est « toute proche.

Lorsqu'elle sera là, la bibliothèque locale telle que nous la connaissons n'aura plus qu'à disparaître [63] ».

La littérature elle-même tombe dans les rets des machines intelligentes. En 1993, le monde de l'édition resta interloqué devant le premier roman fabriqué par un ordinateur. A l'aide d'un logiciel équipé d'une intelligence artificielle, Scott Finch avait pu programmer un ordinateur Apple Macintosh pour qu'il écrive au kilomètre près les trois quarts de la prose alimentaire (mais torride) d'un roman de gare intitulé *Just This Once*. Une littérature simple et intelligible : « Son cœur lui bondit à la gorge et elle ne put s'empêcher de sursauter lorsque l'étranger apparut devant elle. Les souvenirs se précipitèrent. Évidemment, elle crut qu'elle avait rêvé. »

La première édition, raisonnablement reçue par la critique, se vendit à plus de 15 000 exemplaires. L'éditeur de l'ouvrage, Steven Schraggs, du groupe Carol Publishing, tout en se gardant de trop d'enthousiasme envers son « ordinauteur », fit part de sa conviction que ce genre d'innovation déboucherait sur des apports littéraires plus riches dans l'avenir. « Je ne dis pas qu'il s'agit d'une œuvre littéraire remarquable, avouait-il, mais elle vaut bien une centaine d'autres romans à l'eau de rose publiés cette année. » L'éditeur dit sa fierté d'avoir participé à un projet « à la pointe de l'intelligence artificielle littéraire [64] ».

Les romanciers ont certes peu à craindre, à court terme, de leurs rivaux électroniques, mais les musiciens ont bien des raisons de s'alarmer de la dernière génération des synthétiseurs high-tech qui redéfinissent à toute vitesse les cheminements de la création musicale. En 1993, le fabricant de pianos Bechstein a fait faillite. Plus personne ne veut de ces instruments artisanaux, en lesquels le compositeur Richard Strauss voyait « les plus beaux et les plus raffinés du monde ». Les ventes de pianos ont chuté d'un tiers à la moitié dans le monde entier ces dernières années, tandis que les claviers numériques augmentaient leurs ventes de 30 %, ou plus, durant la même période [65].

Les synthétiseurs, comme on les appelle maintenant, sont des musiciens informatiques. Un synthétiseur ramène le son musical à sa forme numérique. Une fois numérisés, les sons peuvent être stockés puis recombinés entre eux à la demande, jusqu'à créer un orchestre symphonique complet. Grâce au procédé dit de

« sampling », l'ordinateur peut enregistrer une note unique ou une combinaison de notes jouées par de grands musiciens comme le violoniste Jascha Heifetz. Celles-ci, séparées, peuvent ensuite être réagencées pour produire des œuvres totalement différentes, que l'artiste n'a jamais exécutées. Le contrebassiste Buell Neidlinger relate une séance d'enregistrement au cours de laquelle on lui demanda un jour de jouer « chaque note de la gamme chromatique ». A la fin, Neidlinger s'aperçut qu'un de ces engins à échantillonner avait été dissimulé dans un coin de la pièce, derrière une machine à café. « Il m'avait volé mes notes », racontera-t-il plus tard. A partir de là, le studio pouvait les utiliser pour composer et produire n'importe quel morceau, selon ses désirs[66].

La technique musicale de l'échantillonnage est née en 1980 lorsqu'un compositeur new-yorkais, Charles Dodge, parvint à numériser la voix d'Enrico Caruso à partir de vieux disques et à utiliser ces sons pour créer de nouveaux enregistrements. Aujourd'hui, les synthétiseurs fabriquent plus de 50 % de la totalité des musiques publicitaires destinées à la télévision. Les musiciens informatiques assurent aussi le fond sonore des enregistrements de rock, des spectacles télévisés et des films. Pour l'essentiel, les musiques de *Miami Vice* et de films comme *L'Étoffe des héros*, *Risky Business* ou *Recherche Susan, désespérément* ont été composées et enregistrées par Jon Harness, un musicien installé quelque part dans l'État de New York, dans une maison remplie de matériel informatique. Dans les milieux de la musique, on distingue aujourd'hui les nouveaux musiciens de l'âge informatique (les « synthés ») des artistes traditionnels, utilisateurs d'instruments de musique (les « acoustiques »)[67].

Vince Di Bari, ancien vice-président de la branche de Los Angeles de la Fédération américaine des musiciens (AFM), estime que les emplois de musiciens de studio traditionnels ont chuté de 35 % ou plus à cause des synthétiseurs[68]. Partout dans le pays, les musiciens « synthétiques » chassent les musiciens humains dans les théâtres, les clubs et même les opéras. Récemment, on a pu entendre un *Don Carlos* produit par la Washington Opera Company avec simplement, dans la fosse, le chef d'orchestre, deux pianos et un joueur de synthétiseur. A Broadway, pour la production de *Grand Hotel*, la direction a remplacé huit joueurs d'instruments à cordes de l'orchestre par des joueurs de synthétiseurs. A Long Beach, un conflit avec le syndicat des musiciens a débouché sur le remplacement de certains d'entre eux par deux joueurs de claviers pour la production de *Hello, Dolly !*[69]. Les joueurs de claviers (les « synthés ») peuvent produire les sons d'instruments multiples sans compromettre la qualité du travail : les frais en sont radicalement réduits et les marges bénéficiaires s'améliorent.

Nombre de musiciens comparent leur situation à celle des ouvriers de l'automobile chassés par les robots à Detroit. Bill Peterson, trompettiste professionnel à Hollywood, président de la branche locale de l'AFM, reproche aux synthétiseurs les suppressions d'emplois et exprime la colère de nombre de ses confrères : « Ces machines sont des monstres[70]. » John Glasel, président de la branche n° 802 de l'AFM à New York, s'inquiète, tout comme bien d'autres dans ce secteur, de la sécurité d'emploi de ses membres à l'avenir. « Ces machines prennent le travail que faisaient auparavant les musiciens de studio, et des tas de gens perdent là leur unique gagne-pain », dit-il[71]. Les musiciens ne sont pas moins inquiets des implications artistiques du remplacement de la « musique réelle » par la « musique virtuelle ». « Le jour pourrait venir, se lamente l'un d'eux, où toute une génération d'Américains ne saura plus à quoi ressemble le son d'un piano[72]. »

Plus troublant encore que la musique synthétique est la nouvelle technologie dite de « morphing », qui permet aux producteurs de cinéma et de télévision d'isoler, de numériser et de stocker quasiment toute expression, mouvement ou son émis par un acteur, pour les reprogrammer ensuite dans à peu près n'importe quelle combinaison et créer, de fait, de nouveaux rôles et interprétations de l'artiste. A Hollywood, les studios s'activent d'ores et déjà à numériser quelques-uns des milliers de films conservés dans leurs cinémathèques : ils prévoient d'utiliser un bon nombre d'acteurs (dont certains sont morts depuis longtemps) dans des productions nouvelles. Nick de Martino, qui dirige le laboratoire informatique de l'American Film Institute, dit qu'il sera possible, avec ces nouvelles technologies informatiques, d'éliminer les salles de tournage, les plateaux et même les acteurs, pour les remplacer par des « acteurs synthétiques » inventés à partir d'archives de gestes et d'expressions stockées dans une banque informatique. Il est techniquement possible aujourd'hui, par exemple, même si cela coûte cher, d'extraire des milliers de gestes, expressions de visage, mouvements, inflexions vocales du Dr Spock et du capitaine Kirk des soixante-dix-sept épisodes de *Star Trek*, puis, en s'appuyant sur une technologie informatique sophistiquée, de reprogrammer les acteurs pour créer des épisodes absolument nouveaux[73].

En 1986, Ted Turner a acheté MGM pour 1,7 milliard de dollars, en grande partie pour acquérir le stock de 3 600 longs métrages que possédait cette compagnie. Il avait compris l'énorme valeur commerciale que recèleraient ces milliers de bobines cinématographiques pour qui déciderait d'en faire la matière brute numérique de nouveaux films, spectacles télévisés, messages publicitaires, jeux vidéo ou sur ordinateur. A l'époque, l'acquisition de Turner inspira aux éditorialistes de *Forbes* ce commentaire ironique : « James Cagney va bientôt travailler plus dur que jamais. »

L'image numérique est même utilisée pour cloner des figurants de cinéma. Les studios économisent ainsi des millions de dollars dans la rémunération d'acteurs secondaires pour certaines scènes. Dans le film *Gentleman Babe,* un millier de figurants sont devenus une distribution de plusieurs milliers « par numérisation image par image et découpage des individus qui réapparaissent ensuite de façon aléatoire comme les pièces d'un puzzle, avec un procédé semblable à la fonction couper-coller du traitement de texte, si ce n'est qu'on obtient au bout du compte des images animées, comme vivantes[74] ».

Les studios de production, trop heureux de réduire leurs frais, vont probablement fouiner de plus en plus dans les cinémathèques pour y trouver la distribution de leurs prochaines productions. Déjà, Humphrey Bogart, Louis Armstrong, Cary Grant et Gene Kelly ont été numérisés et remis au travail dans de nouvelles publicités télévisées[75]. Les acteurs vivants et les animateurs de variétés vont de plus en plus entrer en concurrence avec leurs propres images passées, numérisées et stockées, ainsi qu'avec celles d'acteurs décédés depuis longtemps. L'âge des répliques synthétiques signifie encore moins d'emplois dans un secteur déjà durement éprouvé par le chômage.

Elle n'en est qu'à ses premiers pas, et pourtant la troisième révolution industrielle a déjà laissé sur le bas-côté de la route des dizaines de millions de travailleurs dans les secteurs de l'agriculture, de la fabrication et des services. Les nouvelles technologies ont ouvert la voie à une reformulation radicale, selon les principes prévalant dans les techniques de pointe, du système économique mondial. Avec, comme corollaire, le déclin de la main-d'œuvre productrice de biens et de services partout dans le monde. Mais la vague actuelle du *reengineering* et de l'automatisation ne constitue que le tout début d'une métamorphose technologique qui accélérera formidablement et inéluctablement la productivité dans les années à venir, tout en multipliant le nombre des travailleurs excédentaires et inutiles.

Les consultants en gestion d'entreprise, les scientifiques et les ingénieurs soulignent avec insistance que les technologies de l'information d'aujourd'hui sont primitives par rapport à ce qui nous attend, « en ligne », dans les deux ou trois prochaines décennies. Le physicien Gordon Moore, président d'Intel, relève que la puissance informatique brute double actuellement tous les dix-huit mois, frayant son chemin à un rythme de changement technologique proprement infernal[76]. Dans l'avenir, les machines informatiques en parallèle les plus modernes, la robotique ultraperfectionnée et les réseaux électroniques intégrés qui enserrent la planète entière vont s'approprier de plus en plus la machinerie économique, laissant toujours moins de place à la participation humaine directe et manuelle dans la fabrication, le transport, la vente et les services les plus divers.

IV

Le prix du progrès

11

Les gagnants et les perdants du grand jeu high-tech

La quasi-totalité des responsables économiques et la plupart des économistes orthodoxes continuent d'affirmer que les fantastiques avancées technologiques de la troisième révolution industrielle auront des effets positifs à terme, qu'elles réduiront les coûts des produits et donc stimuleront la croissance de la demande, créeront des marchés nouveaux et des emplois de plus en plus nombreux et mieux rémunérés dans les activités et les industries de haute technologie. Mais cette théorie de l'« effet de percolation » est une piètre consolation pour la masse croissante de travailleurs réduits au chômage ou au sous-emploi.

Les employés de USX Corporation en ont eu l'expérience directe. Le 26 mars 1991, USX, l'un des plus gros producteurs d'acier du pays, annonçait le licenciement de 2 000 de ses ouvriers à son usine de Fairless, au bord de la rivière Delaware, en Pennsylvanie. La nouvelle de la fermeture s'annonçait fort discrètement au deuxième paragraphe d'un communiqué de la société présentant « un certain nombre de mesures de restructuration [...] visant à promouvoir la compétitivité future de USX sur le marché ». L'un des travailleurs licenciés, Joe Vandergrift, mécanicien de laminoir, travaillait là depuis vingt-cinq ans. Vandergrift est aujourd'hui conseiller dans un centre d'assistance aux travailleurs licenciés. Il aide ses semblables à poser leur candidature à l'un des quatre-vingts emplois de démolition offerts par la société. USX prévoit de démonter les fourneaux, les bâtiments et les machines de ce qui avait été un jour l'une des grandes aciéries à fours Martin du monde. Les pièces en acier seront convoyées vers d'autres usines USX plus rentables, pour y être refondues et remoulées en un acier de haute qualité. L'une des anciennes employées de l'usine dit qu'elle aimerait faire partie de l'équipe de démolition, au moins pour réussir à se convaincre que le mode de vie qu'elle avait connu pendant si longtemps arrivait véritablement à sa fin. Et Rochelle Connors, anciennement maçon dans cette entreprise, d'ajouter : « Ce serait peut-être une bonne thérapie pour moi. Si je voyais tout ça tomber, je pourrais me dire : voilà, c'est fait. C'est fini. C'est réglé [1]. »

La plupart des travailleurs chassés de l'usine USX de Fairless ont bien du mal à trouver une embauche. Nombre d'entre eux n'ont même pas les compétences les plus élémentaires de lecture et de calcul indispensables à la requalification professionnelle qui leur permettrait d'espérer un des rares emplois de service à bas salaire encore trouvables dans la région. Ils ont la quarantaine, des enfants à l'université, des emprunts à rembourser pour payer leur logement et leur voiture ; ils cherchent, désespérément, n'importe quelle sorte de job, simplement pour joindre les deux bouts. Ces hommes et ces femmes qui, il y a quelques années seulement, ramenaient à la maison des salaires dépassant 30 000 dollars par an, s'estiment aujourd'hui bien heureux s'ils trouvent des boulots de concierges ou d'employés de sécurité à 5 dollars l'heure. Pour eux et leurs familles, le rêve de l'après-Seconde Guerre mondiale, celui de l'accès aux classes moyennes, n'est plus. Il a laissé place à une désillusion et une colère montantes contre une entreprise et une industrie par laquelle ils se sentent abandonnés. L'alcoolisme, la toxicomanie et la délinquance s'emparent des populations comme celles de Fairless. Sans compter les brutalités conjugales et les divorces. De sa fenêtre, Vandergrift regarde les neuf cheminées qui s'élèvent majestueusement au-dessus du haut fourneau, aujourd'hui silencieux, et s'afflige : « Mon *Titanic* ; c'est mon bateau qui coule [2]. »

Vandergrift et Connors ne sont que deux des chômeurs créés par une industrie qui a supprimé plus de 220 000 emplois, soit la moitié de sa main-d'œuvre courante, en seulement quatorze années [3]. Les secteurs des services, comme ceux de la production industrielle, réduisent leurs effectifs et gonflent leurs investissements de capitaux pour devenir concurrentiels à l'échelle mondiale sur la nouvelle planète high-tech du XXIe siècle. La révolution du *reengineering* fait couler des fleuves d'or : dans les années quatre-vingt, les sociétés américaines ont déclaré une augmentation de 92 % du niveau des bénéfices avant impôts (inflation prise en compte). Nombre d'actionnaires ont vu leurs dividendes quadrupler en moins de dix ans[4].

Les faibles broyés par le progrès

Certes, les porteurs de titres ont grandement profité des nouvelles technologies et des progrès de la productivité, mais ces bienfaits n'ont pas, pour autant, « filtré » jusqu'au travailleur ordinaire. Pendant les années quatre-vingt, la rémunération horaire moyenne a diminué, pour le seul secteur manufacturier, de 7,78 à 7,69 dollars[5]. A la fin de la décennie, près de 10 % des actifs américains étaient au chômage ou sous-employés, ou travaillaient à temps partiel faute de trouver un poste à temps plein (ou, découragés, avaient renoncé à chercher un travail)[6].

Entre 1989 et 1993, plus de 1,8 million de travailleurs ont perdu leur emploi dans l'industrie. Ils furent souvent victimes de l'automatisation, soit du fait de leurs employeurs américains, soit de celui de sociétés étrangères dont les usines, davantage automatisées, offraient des coûts d'exploitation moindres, contraignant les producteurs américains à réduire leurs activités et à licencier leurs employés. Parmi ceux qui ont perdu leur emploi à cause de l'automatisation, un tiers seulement ont pu se recaser dans le tertiaire, moyennant une perte de revenu de 20 %[7].

Les chiffres officiels de l'emploi induisent souvent en erreur et masquent les véritables dimensions de la crise qui s'installe dans ce domaine. En août 1993 par exemple, le gouvernement fédéral annonçait que près de 1 230 000 emplois avaient été créés aux États-Unis durant le premier semestre de cette année-là. Mais on oubliait de préciser que, sur ce total, 728 000 (soit près de 60 %) étaient des emplois à temps partiel, pour la plupart dans des branches de services à bas salaires. Pour le mois de février 1993 uniquement, 90 % des 365 000 emplois créés aux États-Unis étaient des emplois à temps partiel, généralement acceptés par des gens en quête d'une embauche à plein temps [8]. Les travailleurs américains sont de plus en plus contraints d'accepter des emplois sans avenir pour simplement surnager. Craig Miller, ancien tôlier-chaudronnier de Kansas City, illustre bien la frustration montante de millions de ses concitoyens. Miller a perdu son travail chez TWA, où il gagnait 15,65 dollars de l'heure. Maintenant, lui et son épouse ont, à eux deux, quatre emplois pour un revenu moitié moindre que ce qu'il gagnait chez TWA. Lorsque Miller entend l'administration Clinton se vanter de créer des emplois nouveaux, il répond avec un rire forcé : « Sûr — on en a même quatre. Et alors ? » Miller se demande ce qu'il y a de bon à avoir plusieurs jobs mal payés qui ne représentent qu'une part du salaire qu'il recevait avant, lorsqu'il avait un travail décent et de quoi vivre [9]. D'après un rapport de la commission sénatoriale de l'emploi, 75 % des travailleurs américains acceptaient en 1991 des salaires inférieurs à ceux qu'ils percevaient dix ans plus tôt. Dean Baker, économiste et chercheur à l'Economic Policy Institute (EPI), parle de ces gens qui, il fut un temps, jouissaient d'emplois sûrs, bien payés, de prestations généreuses et qui « travaillent maintenant dans les chaînes d'épiceries de quartier *7-11* ou au McDonald's du coin [10] ».

Un grand nombre des nouveaux emplois à temps partiel appartiennent au « ghetto des cols roses », essentiellement féminin (secrétaires, caissières, serveuses), tout en bas de l'échelle des emplois de service et de bureau. Mais même ces tâches mal rétribuées sont appelées à disparaître en masse dans la prochaine décennie.

Les statistiques révèlent une population active en reflux dans la plupart des secteurs. Mis en concurrence avec l'automatisation mais aussi avec un réservoir mondial de main-d'œuvre, les travailleurs américains se voient de plus en plus acculés aux limites de la survie économique. En 1979, le salaire hebdomadaire américain était de 387 dollars. Il avait chuté à 335 dollars en 1989. Entre 1973 et 1993, les ouvriers américains ont perdu en moyenne 15 % de leur pouvoir d'achat [11].

Le déclin des salaires moyens est imputable pour partie à la baisse d'influence des syndicats. Dans les années soixante et soixante-dix, on n'entendait parler ni de gels ni de baisses de salaires dans les secteurs syndicalisés de l'économie. Pendant la récession de 1981-1982 les syndicats commencèrent cependant à perdre du terrain, pour la première fois. Plus de 44 % de la main-d'œuvre syndiquée et engagée dans des négociations collectives sur la seule année 1982 accepta des gels ou des baisses de salaires. Un précédent venait d'être créé pour le restant de la décennie [12]. En 1985, un tiers de l'ensemble des travailleurs concernés par les nouvelles conventions avaient subi des gels ou des réductions de salaires. La représentation syndicale chuta en même temps que la main-d'œuvre totale et les travailleurs américains se retrouvèrent sans personne pour défendre leurs intérêts face à leurs employeurs. L'EPI estime que, dans le seul secteur industriel, la désyndicalisation s'est traduite par une baisse des salaires de 3,6 %, ou davantage [13].

Derrière les discours aseptisés sur les mérites de la production à flux tendus et des réductions d'effectif se cache une tout autre réalité, rarement débattue en public. Dans les années quatre-vingt, les fabricants ont réussi à rogner 13 millions de dollars de salaires pour chaque heure de travail en éliminant plus de 1,2 millions d'emplois. L'industrie des biens de consommation non durables a économisé près de 4,7 millions de dollars par heure en salaires, en se débarrassant de 500 000 emplois. De plus, l'industrie a économisé 3,1 millions de dollars par heure en abaissant les salaires horaires réels de 10,75 à 10,33 dollars. Globalement, les salariés américains ont gagné par heure 22 millions de dollars de moins que durant la décennie précédente [14]. Jared Bernstein, économiste à l'EPI, affirme que « la réduction des coûts salariaux [...] a conduit à une dégradation de la situation des travailleurs », avec des conséquences indescriptibles sur l'économie et la société. Les licenciements et les reconfigurations, dit Bernstein, « visent essentiellement à satisfaire aux besoins de l'employeur, pas à ceux des employés ». Pour lui, les salaires horaires « continuent de chuter en ce milieu des années quatre-vingt-dix » et cette tendance risque de se prolonger longtemps dans l'avenir [15].

Pour de nombreux travailleurs, la production « allégée » s'est traduite par une descente aux enfers. Un rapport de 1994 du Bureau des statistiques divulgue des chiffres montrant que le pourcentage d'Américains travaillant à temps plein mais dont les revenus se situent au-dessous du seuil de pauvreté pour une famille de quatre personnes (environ 13 000 dollars par an) a augmenté de 50 % entre 1979 et 1992. Cette étude, qualifiée de « stupéfiante » par le Bureau, apporte d'autres preuves terribles de la pente descendante sur laquelle glissent les travailleurs américains. Pour expliquer cette dégringolade, certains économistes accusent principalement la baisse des emplois industriels et la mondialisation de l'économie [16]. La redistribution forcée des richesses qui spolie les travailleurs américains au profit du patronat et des actionnaires amène l'économiste conservateur Scott Burins à observer que « les années quatre-vingt resteront dans les mémoires comme celles du fric, une époque où les tartufes de l'esprit d'entreprise trouvèrent normal de réduire le travailleur moyen à une soumission veule tandis que l'élite patronale faisant bombance [17] ».

Pour expliquer la situation critique des travailleurs américains, on peut aussi accuser, pour une part du moins, l'émergence d'un marché planétaire unifié dans les années soixante-dix et quatre-vingt. La relance de l'après-guerre au Japon et en Europe occidentale a introduit sur la scène internationale des concurrents redoutables pour les sociétés américaines. Les innovations en matière d'informatique et de télécommunications ont grandement facilité les transactions, en tout point de la planète. L'émergence d'un marché planétaire et d'un réservoir de main-d'œuvre mondiaux a poussé les sociétés américaines à rompre la trêve fragile qu'elles avaient conclue avec les syndicalistes depuis les années cinquante.

Souvenons-nous qu'immédiatement après la Seconde Guerre mondiale les syndicats et le patronat s'affrontèrent dans une série de conflits durs sur les salaires, les prestations et les conditions de travail. Au milieu des années cinquante, une sorte de *modus vivendi* informel s'était mis en place, qui allait durer, plus ou moins intact, jusqu'au milieu des années soixante-dix. Le monde du travail allait profiter, pour partie du moins, des gains de productivité (avec de meilleurs salaires et prestations) en échange d'une promesse de paix sociale et de coopération. Pendant près de vingt-cinq ans, les salaires réels des travailleurs américains augmentèrent de 2,5 % à 3 % par an. Les prestations annexes suivirent le mouvement. Le nombre des travailleurs bénéficiant des plans de retraite des entreprises passa de 10 % en 1950 à plus de 55 % en 1979 [18]. Les assurances maladie, les congés maladie, les congés payés s'améliorèrent aussi.

Ces avantages durement acquis et le « compromis » entre travail et capital commencèrent à s'effriter à la fin des années soixante-dix et au début des années quatre-vingt. Confrontées à une féroce concurrence sur le marché mondial, armées d'une panoplie de plus en plus sophistiquée de nouvelles technologies éliminatrices d'emploi et disposant d'un réservoir de main-d'œuvre bon marché dans d'autres pays, les sociétés américaines entreprirent une action concertée d'affaiblissement du poids des syndicats et de réduction du coût de la composante « travail » dans le processus économique. Au cours des années quatre-vingt, les salaires horaires de 80 % de la main-d'œuvre américaine déclinèrent de 4,9 % en moyenne [19]. « Au début des années soixante-dix, observe le spécialiste en économie du travail Franck Levy, l'Américain moyen, avec son diplôme de fin d'études secondaires, avait un salaire annuel de 24 000 dollars actuels. Aujourd'hui, il ne gagne plus que 18 000 dollars [20]. » Les prestations sociales ont également reculé. Le pourcentage de la main-d'œuvre couverte par un plan de retraite a chuté de 50 % en 1979 à 42,9 % en 1989 [21]. L'assurance maladie a reculé. Une étude de la société de consultants Foster Higgins montre que 80 % des sociétés américaines demandent à leurs employés « 103 dollars par mois pour la couverture familiale là où ils n'en payaient que 69 en 1989 [22] ». En dix ans le nombre de jours d'absence rémunérés a diminué de 2,3 pour les travailleurs de l'industrie [23].

Le déclin de la classe moyenne

Nous avons vu que la première vague d'automatisation a principalement touché les travailleurs directement affectés à la production. La nouvelle révolution du *reengineering* commence, elle, à s'en prendre aux échelons intermédiaires de l'entreprise et menace la stabilité économique et la sécurité du groupe socio-politique le plus important de la société américaine, la classe moyenne. Les plus récentes victimes des reconfigurations industrielles vivent en règle générale dans les banlieues aisées, et les emplois d'encadrement qu'elles ont perdus leur rapportaient plus de 100 000 dollars par an. Il y a dix ans, le spectacle d'un individu de couleur blanche et de sexe masculin, âgé de quarante à cinquante ans, présent dans son jardin ou promenant son chien à midi dans une rue de ces banlieues tranquilles aurait étonné. Aujourd'hui, des milliers de cadres moyens et supérieurs au chômage ne sortent plus de chez eux, accrochés à l'espoir que le téléphone va sonner et leur apporter, peut-être, une offre d'emploi. Mais, pour beaucoup, cette espérance est vaine.

Le *Wall Street Journal* a récemment publié le portrait d'un de ces « nouveaux chômeurs ». John Parker vit dans un quartier périphérique, proche de l'axe principal de Philadelphie. Il a perdu son emploi à IBM lors de la restructuration de l'entreprise où il travaillait. Des mois durant, il est resté claquemuré dans son immense pavillon de type T8, à tirer sur son imprimante des CV et à chercher des pistes d'embauche. Il raconte : « Au début, je ne voulais même pas sortir pendant les heures de bureau. » Ce cadre supérieur de quarante-trois ans explique qu'il avait peur que « les voisins [le] regardent et se demandent pourquoi [il] faisai[t] l'école buissonnière ». Son isolement prit fin le jour où il entendit un bruit violent et se précipita dehors, pour tomber sur des travaux de la voirie. C'est alors qu'il eut la surprise de voir deux de ses amis qui observaient le même spectacle. « Nous étions bouche bée, plantés les uns devant les autres, dit Parker Quoi ? il est 14 heures et vous n'êtes pas au bureau non plus [24] ! »

La responsable d'une bibliothèque de quartier, Ann Kajdasz, explique qu'elle a commencé il y a trois ans à remarquer des hommes d'affaires d'âge mûr venir à la bibliothèque au milieu de la journée. Ils lisent des journaux d'affaires ou épluchent le *National Business Employment Weekly*, de Dow Jones. « Au début, ils viennent en costume-cravate impeccable. Mais après un moment, ils sont de plus en plus négligés et parlent parfois de leur peur de ne plus jamais retrouver un travail [25]. »

Un nombre croissant de ces nouveaux chômeurs abandonnent, purement et simplement. Certains s'enferment chez eux, passent de plus en plus de temps dans des salons obscurs, stores tirés, devant la télévision. Quelques-uns plongent dans l'alcool.

D'autres se lancent dans les corvées ménagères, conduisent leurs enfants pour les amener à l'école ou à d'autres activités périscolaires. Un petit nombre se lance dans des activités bénévoles d'accompagnateurs, ou d'entraîneurs sportifs.

Des groupes locaux de soutien et d'entraide sont nés pour aider ces nouveaux chômeurs. A Bryn Mawr, en Pennsylvanie, l'association « Cadres en transition » réunit chaque lundi matin à 9 heures des cadres sans emploi pour qu'ils expriment leurs sentiments et partagent leurs soucis. La question de la recherche d'emploi et de la précarité qu'entraîne le chômage domine les discussions[26].

Parker fait partie de cette nouvelle catégorie de population qui subit le phénomène dit de déclin de la classe moyenne. Dans les années quatre-vingt, plus de 1,5 million d'emplois de cadres intermédiaires ont été supprimés. Dans les années quatre-vingt-dix, des cadres moyens et supérieurs sont venus se joindre à cette cohorte. Peter Drucker dit d'eux qu'ils commencent à « se sentir comme des esclaves mis aux enchères[27] ». Ils sont nombreux à avoir ainsi été lâchés avec peu de chances de retrouver un emploi équivalent et des prestations comparables. Ceux qui trouvent quelque chose acceptent souvent des réductions de salaires impressionnantes et de formidables sous-qualifications. Jerry Scott, l'un des participants aux sessions de l'association « Cadres en transition », a trouvé récemment un nouvel emploi à 45 % au-dessous de son ancien salaire. Certains autres finissent par se réfugier dans les boulots temporaires des agences de comptabilité comme H & R Blocks, où ils passent leurs journées à remplir des déclarations de revenus à raison de 5 dollars de l'heure[28].

D'un bout à l'autre des États-Unis, les emplois de cadre moyen disparaissent dans le tumulte de la révolution organisationnelle. Des dizaines de milliers de familles vivant dans les lotissements aisés nés avec la culture de l'asphalte installent un panonceau « A vendre » sur leur pelouse, bradent leurs biens, et font leurs bagages. Pour la première fois depuis la grande récession de 1929, ils descendent dans l'échelle des revenus, victimes de la production « allégée », de l'automatisation accélérée et de la concurrence mondiale. Le Bureau des statistiques indique que le nombre d'Américains disposant de revenus moyens a chuté de 71 % en 1969 à moins de 63 % au début des années quatre-vingt-dix[29].

Le déclin de la classe moyenne eût été bien pire si les épouses n'étaient entrées en aussi grand nombre dans la vie active au cours de la décennie écoulée. Au début des années quatre-vingt, les « femmes au foyer » étaient plus nombreuses que les « actives ». A la fin de cette même décennie, dans 45,7 % des couples mariés, les deux conjoints travaillaient pour faire vivre leur famille, et seulement 33,5 % continuaient avec un seul salaire[30]. Les statistiques montrent que les revenus individuels ont diminué tout au long des années quatre-vingt. Sans ces salaires « d'appoint », nombre de familles n'auraient pu conserver leur place dans la classe moyenne. En 1989, le revenu d'appoint a cessé de compenser les réductions de salaires. Entre 1989 et 1990, la famille américaine moyenne a subi une perte de revenus de 2 %[31].

Le vent mauvais qui souffle sur les classes moyennes américaines secoue tout particulièrement les couches les plus cultivées de la population. Entre 1987 et 1991, le salaire réel des diplômés de l'enseignement supérieur a chuté de 3,1 %[32]. Les anciens étudiants se retrouvent en masse aux postes d'encadrement dans l'économie américaine, et ce sont justement ces emplois qui sont balayés par les nouveaux progrès technologiques et les reconfigurations les plus drastiques. Plus de 35 % des diplômés récents ont été contraints d'accepter des emplois ne nécessitant pas un diplôme d'enseignement supérieur ; ils étaient 15 % il y a cinq ans. D'après les chiffres compilés par l'Institut de recherches sur l'emploi de l'université du Michigan, le marché du travail pour les diplômés de l'enseignement supérieur n'a jamais été aussi étroit depuis la Seconde Guerre mondiale[33]. Les entreprises recrutent moins sur les campus du pays. Les postes disponibles sont âprement disputés. Il n'est pas rare que des milliers de diplômés de l'enseignement supérieur offrent leur candidature pour un unique poste. Pendant que les cinq cents premières sociétés du palmarès *Fortune 500* dégraissent et se débarrassent rapidement de leurs cadres au profit d'une hiérarchie informatisée, les perspectives sont ternes pour ces nombreux diplômés qui aspirent à intégrer une classe moyenne déclinante.

La nouvelle classe cosmopolite

Les bouleversements des technologies informationnelles ont certes gravement déstabilisé les salariés de la classe moyenne et hypothéqué les chances de toute une génération de jeunes diplômés d'intégrer la population active. Mais ils sont aussi une aubaine pour un petit nombre de dirigeants de très haut niveau, qui président aux destinées économiques du pays. Les gains de productivité et les hausses de marges bénéficiaires du demi-siècle écoulé (depuis les débuts des équipements automatiques à commandes numériques) sont allés garnir les coffres des dirigeants d'entreprise. En 1953, la rémunération d'un directeur général d'entreprise équivalait à 22 % des bénéfices de celle-ci. Elle était de 61 % en 1987. En 1979, le salaire d'un directeur général était 29 fois supérieur à celui de l'ouvrier de fabrication moyen. En 1988, l'écart était de 93 fois. Pour mettre ces chiffres en perspective, songeons que lorsque John F. Kennedy a accédé à la présidence des États-Unis, un directeur général ordinaire de l'une des cinq cents premières sociétés américaines gagnait 190 000 dollars par an. En 1992, sa rémunération moyenne atteignait 1,2 million de dollars. Entre 1977 et le début de la décennie actuelle, les salaires des dirigeants de sociétés ont grimpé de 220 % aux États-Unis. Si les travailleurs américains avaient partagé les gains de productivité et les bénéfices à égalité avec leurs dirigeants, l'ouvrier d'usine moyen gagnerait aujourd'hui plus de 81 000 dollars par an[34]. Même les rédacteurs du *Business Week* en viennent à reconnaître que « le salaire des dirigeants croît dans des proportions incomparables avec les augmentations de toutes les autres catégories professionnelles, depuis le travailleur dans son atelier jusqu'à l'enseignant dans sa salle de classe[35] ».

Le fossé toujours plus large séparant les salaires et les prestations des dirigeants de ceux du reste de la population active crée un pays profondément déchiré, avec sa minuscule élite cosmopolite d'Américains richissimes, isolés dans un océan de travailleurs et de chômeurs de plus en plus appauvris. Le déclin rapide de cette classe moyenne qui fut la marque de la prospérité américaine laisse présager des conséquences désastreuses pour la stabilité politique future du pays.

La concentration de la richesse aux États-Unis est restée assez stable entre 1963 et 1983. Mais, dans les années quatre-vingt, le fossé des revenus a commencé à s'élargir dramatiquement. A la fin de la décennie, le 0,5 % de familles les plus riches possédait 30,3 % des patrimoines familiaux nets, soit un accroissement de 4,1 % depuis 1983. En 1989, le 1 % de familles installées au sommet de la pyramide sociale gagnait 14,1 % du revenu total perçu aux États-Unis, possédait 38,3 % du patrimoine total net et 50,3 % des avoirs financiers nets du pays [36].

Les 5 % de salariés les mieux rémunérés ont vu passer leurs revenus annuels de 120 253 dollars en 1979 à 148 438 dollars en 1989, pendant que les 20 % les plus pauvres de la population voyaient les leurs passer de 9 990 à 9 431 dollars par an [37]. Les riches sont devenus superriches pendant les années quatre-vingt, largement aux dépens du reste de la population active américaine, qui a vu ses salaires diminuer, ses prestations sociales s'amenuiser, ses emplois disparaître.

Le nombre des millionnaires en dollars a battu des records pendant les années quatre-vingt, de même que celui des milliardaires. En 1988, plus de 1,3 million de personnes ont déclaré des revenus de plus de 1 million de dollars ; elles n'étaient que 180 000 en 1972. Le nombre des milliardaires est passé de 26 familles en 1986 à 52 deux années plus tard. La fortune nette des 834 000 familles les plus riches dépasse aujourd'hui les 5 620 milliards de dollars. Les 90 % de familles constituant la base de la pyramide sociale ne rassemblent, elles, que 4 800 milliards de dollars [38].

Moins de 0,5 % de la population des États-Unis exerce aujourd'hui un contrôle sans précédent sur l'économie du pays et affecte les vies de quelque 250 millions de citoyens. Cette minuscule élite détient 37,4 % de la totalité des actions et obligations des entreprises et 56,2 % de la totalité des moyens de production privés [39].

Au-dessous des superriches, on trouve une classe légèrement plus importante rassemblant 4 % de la population active des États-Unis. Ce sont les représentants des nouvelles professions, les manipulateurs d'abstractions, ou travailleurs du savoir, super-qualifiés, qui gèrent la nouvelle économie de l'information high-tech. Ce petit groupe totalise moins de 3,8 millions d'individus mais il gagne autant que les 51 % de salariés américains de base, soit plus de 49,2 millions de dollars[40].

Outre la crème de ces 4 % de salariés américains qui constituent l'élite du secteur de l'intelligence, il faut ajouter 16 % de la population active américaine pour obtenir l'essentiel des travailleurs du savoir. La classe de travailleurs intellectuels, qui représente au total 20 % de la population active, perçoit un salaire annuel total de 1 755 milliards de dollars, soit plus que le cumul des autres quatre cinquièmes de la population. Les revenus de cette classe supérieure continuent d'augmenter à raison de 2 % à 3 % par an, inflation prise en compte, alors même que ceux des autres salariés américains persistent à décliner[41].

Les travailleurs du savoir sont un groupe hétéroclite, uni par sa capacité à utiliser l'informatique la plus moderne pour identifier, traiter et résoudre des problèmes. Ce sont les créateurs, les manipulateurs et les pourvoyeurs du flot d'informations qui caractérise l'économie mondiale postindustrielle et post-tertiaire. On compte dans leurs rangs des chercheurs, des créateurs, des ingénieurs de conception, des ingénieurs du génie civil, des conseillers en besoins logiciels, des chercheurs en biotechnologie, des spécialistes des relations publiques, des juristes, des banquiers spécialistes en investissements, des consultants en gestion, des consultants financiers et fiscaux, des architectes, des planificateurs en stratégies d'entreprise, des spécialistes du marketing, des producteurs et des monteurs de films, des directeurs artistiques, des éditeurs, des auteurs, des rédacteurs, des journalistes, etc[42].

L'importance de la classe du savoir dans le processus de production continue de grandir tandis que celle des deux piliers de l'ère industrielle (ouvriers et investisseurs) ne cesse de décroître. En 1920 par exemple, 85 % du coût de fabrication d'une automobile allait aux ouvriers et aux investisseurs. En 1990, ces deux groupes n'en percevaient plus que 60 %, le restant allant aux « concepteurs, ingénieurs, stylistes, planificateurs, stratèges, spécialistes financiers, cadres supérieurs, juristes, publicistes, commerciaux et autres[43] ».

Les semi-conducteurs sont un exemple plus parlant encore. Aujourd'hui, moins de 3 % du prix d'une puce va aux propriétaires des matières premières et de l'énergie ; 5 % à ceux de l'équipement et des installations ; et 6 % au travail élémentaire. Plus de 85 % des coûts sont consacrés aux concepteurs spécialisés et à l'ingénierie informatique ainsi qu'aux brevets et à la protection des droits d'auteur [44].

Au début de l'ère industrielle, ceux qui contrôlaient le capital financier et les moyens de production jouissaient d'une maîtrise quasi absolue des rouages de l'économie. Ceux-là ont dû, pendant les décennies du milieu de notre siècle, partager un peu de leur pouvoir avec le monde du travail, qui, du fait de son rôle déterminant dans la production, pouvait peser sur les décisions relatives au fonctionnement des entreprises et à la redistribution des profits. Aujourd'hui, l'influence des travailleurs a notablement diminué et les porteurs de savoir sont devenus le paramètre principal de l'équation économique. Ils sont les catalyseurs de la troisième révolution industrielle, ce sont eux qui font tourner l'économie high-tech. C'est pourquoi les dirigeants d'entreprise et les investisseurs ont dû, de nouveau, concéder peu à peu une part de leurs prérogatives, mais cette fois aux créateurs de propriété intellectuelle, ces hommes et ces femmes dont les savoirs et les idées nourrissent la société informationnelle. Ne nous étonnons donc pas si les droits de propriété intellectuelle sont devenus plus importants que la finance dans certaines industries. Monopoliser la connaissance et les idées est devenu une assurance de succès contre la concurrence et de positionnement sur le marché. Le financement de ce succès est presque passé au second plan.

Dans le monde fortement automatisé des années quatre-vingt-dix, la nouvelle élite des travailleurs du savoir émerge avec des compétences clés qui la mettent au cœur même de l'économie mondiale. Elle est en train de se transformer à grande vitesse en nouvelle aristocratie. Et, tandis qu'elle prospère, la situation économique des multitudes mal payées du tertiaire se dégrade, un nouveau et dangereux fossé se creuse entre possédants et dépossédés des pays industriels. La géographie sociale de villes comme New York, Berlin, Londres ou Paris évolue et dessine clairement les repères de la nouvelle classe. Les socio-historiens Bennett Harrison et Barry Bluestone décrivent ainsi la dynamique sociale qui se met en place : « Aux loges d'honneur du marché du travail s'affichent les directeurs, juristes, comptables, banquiers, consultants et autres experts, dont la tâche quotidienne est vitale pour le contrôle et la coordination des entreprises de taille mondiale et des services qui leur sont clairement liés. [...] Tout en bas de ce même marché, il y a les autres, les moins chanceux, les cohortes citadines dont la fonction collective consiste à servir ceux des balcons. [...] Ce sont elles qui servent à table, cuisinent, vendent de tout, depuis les fournitures de bureau jusqu'aux vêtements, mettent des draps et des serviettes de bain propres dans des douzaines d'hôtels neufs, assurent des services de surveillance, de garde d'enfants et trouvent des emplois au plus bas de l'échelle dans les hôpitaux, les cliniques, les écoles et les municipalités[45]. »

Peter Drucker avertit ses confrères que la difficulté sociale majeure que rencontrera cette société de l'information émergente sera d'empêcher un nouveau « conflit de classes entre les deux groupes principaux de la société postcapitaliste : les travailleurs du savoir et les employés non qualifiés des services[46] ». Les inquiétudes de Drucker vont probablement s'accentuer dans les années à venir, car un nombre croissant d'emplois de services, aujourd'hui assurés par la classe laborieuse, sont en cours de remplacement par des machines : davantage encore de ces travailleurs finiront dans le sous-prolétariat urbain en pleine expansion.

Bien que la plupart des spécialistes qui constituent la nouvelle élite des manipulateurs d'abstractions travaillent dans les grandes villes du monde, leurs attaches géographiques personnelles sont nulles ou faibles. Le lieu où ils travaillent est bien moins important que le réseau planétaire dans lequel ils s'évoluent. Ils sont à cet égard les représentants d'une nouvelle force cosmopolite, une tribu nomade de science-fiction dont les membres ont entre eux plus de points communs qu'avec les citoyens des pays où le simple hasard les a placés pour qu'ils y fassent prospérer leurs affaires. Leurs talents, leurs services sont vendus dans le monde entier. Ce nouveau groupe de travailleurs internationaux ultraqualifiés cumulera plus de 60 % des revenus gagnés aux États-Unis d'ici 2020, ne s'encombrera probablement pas de responsabilités civiques dans l'avenir, et préférera ne pas devoir partager ses gains et revenus avec le reste du pays. Selon l'actuel ministre du Travail Robert Reich, les manipulateurs d'abstractions se retireront dans des enclaves de plus en plus isolées, à l'intérieur desquelles ils mettront en commun leurs ressources pour éviter de les partager avec leurs concitoyens où de les investir d'une manière qui améliorerait la productivité de ces derniers. Une proportion plus faible encore de leurs revenus sera imposée et donc redistribuée ou investie au profit du reste de la population. [...] Séparés du commun des mortels par leurs liens planétaires, des établissements scolaires de haut niveau, des modes de vie confortables, une excellente protection de santé et force milices privées, ces spécialistes iront au bout de leur sécession d'avec l'Union. Les zones et enclaves urbaines où ils résideront, les quartiers où ils mettront en œuvre leurs sciences ne ressembleront en rien au reste de l'Amérique [47].

L'autre Amérique

Deux Amérique très différentes sont en train de naître à l'approche du troisième millénaire. La nouvelle révolution de la haute technologie va probablement exacerber les tensions croissantes entre riches et pauvres et accentuer la division du pays en deux camps incompatibles et toujours plus antagonistes. Les signes de cette désintégration sociale sont omniprésents. Les pontifes conservateurs eux-mêmes se réveillent, éberlués. Kevin Phillips, observateur politique républicain, s'inquiète de l'émergence d'un « dualisme économique » et découvre ces États, comme la Pennsylvanie ou la Caroline du Nord, dans lesquels des cités ultramodernes, post-tertiaires (Philadelphie ou Durham par exemple) prospèrent dans le nouveau réseau arachnéen de l'économie planétaire, tandis que d'autres régions de ces mêmes États perdent leurs aciéries et leurs usines textiles, et rejettent des milliers de travailleurs vers les centres d'aide d'urgence [48].

Paul Saffo fait écho aux inquiétudes de Phillips. Il souligne que dans les enclaves high-tech du style de Telluride, dans le Colorado, « il y a Untel qui vit dans sa villa domotisée avec un salaire digne de New York pendant que, juste à côté, Machin vient d'être embauché par le boui-boui du coin pour tourner des hamburgers, avec une paie version Colorado rural ». Et Safo d'ajouter que cette situation où « l'ultrariche et l'ultrapauvre se retrouvent côte à côte [...] est de la dynamite politique pure [...] qui pourrait bien finir par une révolution sociale[49] ».

En 1993, le Bureau des statistiques constatait dans un rapport sur la pauvreté aux États-Unis que le fossé entre riches et pauvres allait s'élargissant. D'après cette étude, le nombre des Américains vivant en situation de pauvreté était plus élevé en 1992 qu'à aucune autre époque depuis 1962. En 1992, plus de 36,9 millions d'Américains vivaient dans la pauvreté, soit une augmentation de 1,2 million par rapport à 1991 et de 5,4 millions par rapport à 1989. Plus de 40 % des pauvres du pays sont des enfants. Le taux de pauvreté chez les Afro-Américains dépasse maintenant 33 % et atteint 29,3 % chez les Hispaniques. Près de 11,6 % de l'ensemble des Américains blancs vivent dans la pauvreté[50].

Plus de 40 % des pauvres du pays avaient un travail en 1992. Ils ne parvenaient pourtant pas à joindre les deux bouts avec leurs emplois mal payés, à temps partiel le plus souvent[51]. Leurs revenus, dérisoires, ont dû être partiellement complétés par des secours fédéraux afin, simplement, d'assurer leur survie. En 1992 encore, plus d'un Américain sur dix utilisait des coupons d'alimentation : il s'agit du pourcentage le plus élevé depuis le lancement de ce programme d'aide fédérale en 1962. Neuf millions de personnes sont venues s'y ajouter encore, en seulement quatre années, ce qui porte le nombre des Américains ainsi pris en charge à 27,4 millions de personnes. Certains experts estiment que 20 millions d'autres y auraient droit actuellement mais ne se sont pas fait connaître[52]. Nombre des nouveaux allocataires sont des actifs, mais dont les revenus insuffisants et les emplois à temps partiel ne suffisent pas à nourrir leurs familles. Les autres sont des chômeurs de fraîche date, ou des victimes de la concurrence mondiale, des restructurations d'entreprises et du chômage technologique.

Outre les programmes d'assistance alimentaire, plus de 50 000 institutions privées (dépôts alimentaires grands ou petits et soupes populaires) distribuent de la nourriture aux crève-la-faim. L'entrepôt alimentaire du Grand Chicago a distribué près de 10 000 tonnes de nourriture en 1992, et notamment 48 000 repas par jour, toute l'année[53].

Ces affamés sont souvent des personnes âgées. Plus d'un million d'Américains âgés sont sous-alimentés et le rapport signale que plus de 30 millions d'autres « anciens » sont régulièrement contraints de sauter des repas. Mais la faim frappe le plus souvent les jeunes générations. D'après les études de Bread for the World, une organisation humanitaire basée à Washington, un enfant sur quatre aux États-Unis connaît la faim[54]. Don Reeves, analyste économique pour cette organisation, estime que la mondialisation de l'économie et les suppressions brutales d'effectifs d'origine technologique sont les « facteurs principaux » de la montée de la faim dans les familles américaines[55].

La privation chronique est une des causes majeures de la flambée des coûts de santé. Les nourrissons hypotrophiés et les enfants malnutris posent souvent de graves problèmes à long terme en grandissant et pèsent par milliards de dollars sur la facture de la santé publique. Nombre des citoyens les plus pauvres du pays n'ont que peu ou pas d'accès aux soins médicaux. Le recensement de 1992 indique que 28,5 % des pauvres ne sont couverts par aucune espèce d'assurance maladie[56].

Les chômeurs récents sont particulièrement fragilisés et vulnérables à la maladie. Une étude menée par les économistes Mary Merva et Richard Fowles pour l'université de l'Utah conclut qu'une montée du chômage de 1 % se traduit par une augmentation de 5,6 % des décès par crise cardiaque et de 3,1 % des morts pour cause d'accident vasculaire cérébral. Les travailleurs au chômage sont plus susceptibles de voir s'aggraver leurs niveaux de stress et de dépression, fument et boivent davantage, mangent moins sainement. Tout cela contribue à accroître les risques d'accidents cardiaques ou cérébraux. Merva et Fowles ont étudié trente grandes zones urbaines totalisant une population de près de 80 millions de personnes. Sur la base des taux de chômage 1990-1992 (en moyenne 6,5 %), ils ont estimé que plus de 35 307 décès supplémentaires par crises cardiaques et 2 771 par accidents vasculaires cérébraux étaient imputables à la montée du chômage. Fowles affirme que la corrélation frappante entre le chômage et la hausse de l'incidence des maladies devrait inciter les autorités fédérales à prendre les mesures sociales qui s'imposent en faveur des chômeurs de longue durée[57].

Les Américains qui ont encore un emploi souffrent souvent

de pathologies chroniques car la couverture médicale offerte par leur entreprise est soit insuffisante à rembourser tous leurs besoins médicaux, soit tout simplement inexistante. Le Bureau des statistiques signale que 35,4 millions d'Américains n'étaient couverts par aucun régime d'assurance maladie en 1992, et que leur nombre avait augmenté de 2 millions en un an[58]. De nombreux employeurs ont réduit ou supprimé purement et simplement ces formes de protection pour économiser sur leurs frais généraux. D'autres ont réduit leur main-d'œuvre et l'ont remplacée par des machines pour économiser sur les cotisations maladie. D'autres encore se sont tournés vers le travail à temps partiel ou temporaire, ou externalisent leurs approvisionnements, toujours pour éviter ces types de prélèvements. Il en résulte un pays où les travailleurs et les chômeurs sont de plus en plus faibles et vulnérables, privés de la couverture médicale susceptible de leur assurer ne serait-ce que des soins minimaux. Aujourd'hui, des millions de familles vivent dans la crainte permanente qu'un seul problème médical majeur les amène à s'endetter davantage, les acculant à la faillite et à une chute libre dans les limbes du sous-prolétariat.

L'abîme toujours plus profond qui sépare les nantis des démunis se lit dans les statistiques alarmantes sur l'accès à la propriété. Dans les années quatre-vingt, l'Américain(e) moyen(ne) consacrait plus de 37,2 % de ses revenus à l'achat d'une première maison (contre 29,9 % pendant la décennie précédente)[59]. La hausse des prix de l'immobilier et la chute des salaires réels ont diminué le nombre des Américains en mesure de devenir propriétaires. Dans les années quatre-vingt, le pourcentage des adultes âgés de 25 à 39 ans en mesure de payer de leurs propres deniers leur maison est tombé de 43,3 % à 35,9 %. Pour les personnes de 30 à 34 ans, le taux de propriété de l'habitat a chuté de 61,1 % à 53,2 %. Et dans le groupe des 35 à 39 ans, ce même taux est passé de 70,8 % à 63,8 %[60].

Parmi les « veinards » qui ont un toit au-dessus de leur tête, 17,9 % vivent dans des bâtiments défectueux. Et il y a les sans-abri, nombreux, qui vivent dans les rues, dans des foyers d'urgence disséminés dans le paysage urbain. Une étude réalisée sur vingt-cinq villes, en 1991, établit que les demandes d'hébergement d'urgence ont augmenté de 13 % sur une période de douze mois. Actuellement, plus de 600 000 Américains, dont 90 000 enfants, sont sans abri à un moment ou un autre de l'année [61]. Henri Gonzales, président de la commission des affaires bancaires, financières et urbaines de la Chambre des représentants, accuse : « Nous avons fait de certains Américains des nomades sur leur propre terre. » Il avertit ses collègues que « des familles errent dans ce pays, vivant parfois dans des voitures, ou sous des ponts » et que leurs rangs grossissent chaque jour [62].

Les pauvres du pays se massent dans les deux zones les plus durement frappées par le chômage technologique au cours des deux décennies passées : les campagnes et les centres-villes. Plus de 42 % des pauvres vivent dans les vieux quartiers urbains : ils étaient 30 % en 1968. Le coût social des « aides » apportées à ce sous-prolétariat urbain dépasse aujourd'hui 230 milliards de dollars par an [...] un chiffre atterrant en une époque où le pays s'inquiète d'une dette montante et de déficits fédéraux en augmentation [63].

Un nombre croissant d'observateurs font porter la faute de la pauvreté montante sur l'intense concurrence mondiale et les licenciements technologiques. Les industries légères employant des travailleurs urbains ont réduit leurs effectifs de 25 % ou plus ces dernières années. Les éditorialistes de *Business Week* observent que « pour les travailleurs urbains qui comptaient sur des emplois d'usine sûrs, ne demandant qu'un niveau d'éducation modeste, les pertes ont été terribles ». Les hommes blancs peu qualifiés, âgés de vingt à trente ans, ont vu leurs revenus chuter de 14 % (net d'inflation), entre 1973 et 1989. Les hommes noirs ont connu pire encore. Leurs revenus sont tombés de 24 % pendant la même période [64].

Tandis que des millions de citadins et de ruraux infortunés dépérissent dans la misère et qu'un nombre croissant de salariés des banlieues aisées de la classe moyenne sont broyés par les reconfigurations industrielles et la déferlante des mutations technologiques, une minuscule élite de travailleurs du savoir, d'innovateurs industriels et de responsables d'entreprise raflent les bénéfices de la nouvelle économie mondiale high-tech. A eux l'opulence, loin des chambardements sociaux qui les entourent. La situation nouvelle et terrifiante dans laquelle se trouvent les

États-Unis a conduit Robert Reich, ministre du Travail, à s'interroger : « Que se doivent les uns aux autres les membres d'une même société qui n'habitent plus dans la même économie[65] ? »

Requiem pour la classe ouvrière

Le monde où nous vivons est de plus en plus contrasté. Une société high-tech se profile à l'horizon proche. Étincelante d'ordinateurs et de robots, elle déverse sans fatigue les bienfaits de la nature en un flot de nouveaux produits et services sophistiqués. Propres, silencieuses et hyperefficientes, les nouvelles machines de l'ère informatique ont mis le monde à portée de main et nous ont donné une capacité de contrôle inimaginable il y a à peine un siècle sur notre environnement et sur les forces de la nature. En surface, la nouvelle société de l'information semble n'avoir que peu de ressemblances avec les peintures que Dickens fit des premiers pas de l'ère industrielle. Avec ses nouvelles machines intelligentes et puissantes, le poste de travail automatisé semble être la réponse au rêve vieux comme l'humanité d'une vie libérée du labeur et de la peine. Les usines obscures du deuxième âge industriel ont pour la plupart disparu. L'air n'est plus noirci par les fumées des fabriques ; les ateliers, les machines et les ouvriers ont perdu leur masque de graisse et de crasse. Le chuintement frénétique des fourneaux et le vacarme incessant des machines colossales ne sont plus qu'un lointain écho. Le doux ronronnement des ordinateurs les a supplantés : il propulse les informations dans les circuits et les chemins électroniques, pour transmuter les matières premières en une profusion infinie de marchandises.

Tel est le tableau que nous présentent le plus souvent les médias, les universitaires, les futurologues et les milieux dirigeants. L'autre versant de cette techno-utopie naissante, jonché par les victimes du progrès technologique, n'est que faiblement évoqué dans les rapports officiels, les études statistiques et quelques récits de vies perdues et de rêves éteints. Cet autre monde est habité par des millions de travailleurs aliénés, victimes de niveaux de stress de plus en plus forts dans un cadre de travail ultratechnicisé et de la précarité croissante de l'emploi, tandis que la troisième révolution industrielle étend son emprise à tous les secteurs et branches d'activité.

Le stress des technologies avancées

On a beaucoup parlé des cercles de qualité, du travail en équipes, de la plus grande participation des salariés sur le lieu de travail. Mais l'on ne s'est guère étendu sur la déqualification, l'accélération des rythmes de production, les charges de travail accrues et les nouvelles formes de coercition et d'intimidation subtiles mises en œuvre pour obtenir la soumission des travailleurs aux exigences de la production postfordiste.

Les nouvelles technologies de l'information sont conçues pour ôter aux travailleurs tout vestige de contrôle sur le processus de production : des instructions détaillées sont directement programmées dans la machine qui les exécute mot pour mot. Le travailleur n'a plus la possibilité d'exercer un jugement autonome, que ce soit dans l'atelier ou au bureau, et n'a pratiquement plus de contrôle sur le résultat de son travail, dicté à l'avance par des experts en programmation. Avant l'ordinateur, la direction énonçait des instructions précises sous forme de « planning » que les ouvriers étaient ensuite censés respecter. L'exécution des tâches était entre leurs mains et il était donc possible d'introduire une dose de subjectivité dans le processus. Dans l'exécution de son programme de travail, chaque employé(e) imprimait sa marque, unique, sur le processus de production. Le passage de la production planifiée à la production programmée a altéré dans son essence la relation de l'ouvrier à son travail. Aujourd'hui, un nombre grandissant de travailleurs n'agissent plus que comme observateurs ; ils sont incapables de participer ou d'intervenir dans le processus de production. Les événements qui se déroulent dans l'usine ou au bureau ont été préprogrammés par une autre personne qui, peut-être, ne participera personnellement jamais à l'avenir automatisé, au fur et à mesure de son déroulement.

Lorsque les outillages à commande numérique sont apparus, à la fin des années cinquante, les directeurs d'entreprise eurent tôt fait de comprendre les possibilités de contrôle accru qui s'offraient à eux au niveau même de la production. S'adressant à l'Union patronale de l'électronique (Electronic Industries Association, EIA), le lieutenant général de l'armée de l'air C. S. Irvine, chef d'état-major adjoint à l'équipement, observait que « jusqu'ici, quelque soin que l'on mît à la dessiner et la coter sur le papier, une pièce [d'outillage] terminée ne pouvait être rien de plus que ce que le conducteur de la machine avait su comprendre et interpréter des instructions données ». L'avantage de la commande numérique, selon Irvine, était que « dans la mesure où les instructions sont converties en codes numériques objectifs produits par des impulsions électroniques, la part du jugement se limite à celle de l'ingénieur de conception. Seules ses interprétations vont de l'outil au lieu de travail [1] ». Irvine ne fut pas le seul à s'enthousiasmer pour la commande numérique. A la fin des années cinquante, Nils Olesten, chef de travaux chez Rohr Aircraft, déclara publiquement ce que tous les chefs d'entreprise pensaient en secret : « La commande numérique donne à la direction un contrôle maximal sur la machine [...] puisque la prise de décision au niveau de la machine a été enlevée à son conducteur pour être transférée, sous forme d'impulsions, à l'outil lui-même [2]. » L'engouement pour la commande numérique fut inspiré autant par le désir des directions de renforcer leur contrôle sur la prise de décision dans l'atelier que par celui de dynamiser la productivité.

Un opérateur de machines de l'usine Boeing de Seattle sut exprimer le sentiment de frustration et de colère des ouvriers semi-qualifiés ou qualifiés, dont les savoir-faire furent transférés sur une bande magnétique lorsque les commandes numériques apparurent pour la première fois. « Ça m'a suffoqué, mon cerveau était devenu inutile. On est assis là, comme un pantin, à regarder ce fichu machin [une fraiseuse à commande numérique à quatre axes]. J'ai l'habitude de tenir les commandes, de me gérer moi-même. Maintenant, j'ai l'impression que quelqu'un d'autre a pris toutes les décisions à ma place[3]. »

Il est certes vrai que le *reengineering* et les nouvelles technologies de l'information ont permis aux entreprises d'éliminer des strates entières de cadres et de confier davantage de responsabilités aux équipes de travail sur le lieu de la production — mais c'est dans le seul but d'augmenter le contrôle ultime de la direction sur la production. Même les efforts déployés pour solliciter les idées des ouvriers sur la façon d'améliorer les performances visent à augmenter aussi bien le rythme que la productivité de l'usine ou du bureau, et à exploiter plus à fond le potentiel des salariés. Certains critiques, comme le sociologue allemand Knuth Dohse, soutiennent que la production « allégée », à la japonaise, « n'est que la mise en pratique des principes organisationnels du fordisme dans des conditions où les prérogatives de la direction sont pratiquement sans limite[4] ».

Une pléthore de statistiques collectées au cours des cinq dernières années de la décennie quatre-vingt jette un sérieux doute sur les mérites de nombre des « nouvelles » techniques de gestion introduites dans les usines et les bureaux un peu partout dans le monde. Dans les usines japonaises, par exemple, où les horaires de travail annuels dépassent de 200 à 500 heures ceux des États-Unis, le quotidien sur les lignes de montage est si accéléré et stressant que la plupart des ouvriers éprouvent des fatigues importantes. Une étude de 1986 du syndicat des entreprises Toyota (All Toyota Union) indique que plus de 124 000 des 200 000 ouvriers de la société souffraient à l'époque de fatigue chronique[5].

Il faut souligner que les principes de l'organisation scientifique du travail sont connus depuis longtemps au Japon. Les constructeurs d'automobiles commencèrent à les mettre en œuvre avec ferveur dès la fin des années quarante. Au milieu de la décennie suivante, les entreprises japonaises avaient donné naissance à une forme hybride de taylorisme idéalement adaptée à leur situation particulière et à leurs objectifs de production. Comme nous l'avons vu au chapitre 7, les équipes de travail de la production postfordiste, constituées par un personnel d'encadrement et des employés de montage, participent aux décisions afin d'améliorer la productivité. Lorsqu'un consensus a été dégagé, le plan d'action est automatisé et intégré dans le processus de production, et consciencieusement mené à bien par tout un chacun dans la chaîne. Les ouvriers sont aussi incités à arrêter la chaîne de production et à prendre des décisions instantanées de contrôle de qualité toujours dans l'intention d'accélérer les rythmes et la prévisibilité des opérations.

Au contraire de l'organisation scientifique du travail dans sa version américaine traditionnelle, qui nie à l'ouvrier le moindre droit à la parole dans l'exécution des tâches, les gestionnaires japonais choisirent très tôt d'impliquer leurs ouvriers afin d'exploiter plus complètement leur travail tant physique que mental, en s'appuyant sur une combinaison de techniques modernes de motivation et de moyens de coercition fort classiques. D'une part, ces ouvriers sont poussés à s'identifier à l'entreprise, à la penser comme leur foyer et leur source de sécurité. Nous l'avons vu, une grande partie de leur vie hors travail tourne autour d'activités liées à la firme qui les emploie, notamment avec les cercles de qualité, les sorties de groupes, les voyages organisés. Pour reprendre Kenney et Florida, ces sociétés sont devenues des « institutions totales, exerçant leur influence dans de nombreux aspects de la vie sociale ». A cet égard, « elles offrent quelque ressemblance avec d'autres formes d'institutions totales, qu'il s'agisse d'ordres religieux, ou d'organisations militaires [6] ». D'autre part, en récompense de leur loyauté, les travailleurs se voient garantir un emploi à vie. Les ouvriers japonais passent souvent la totalité de leur carrière dans une seule et même firme.

La direction compte souvent sur ses équipes de travail pour faire régner la discipline. Des commissions d'évaluation entre collègues de même niveau exercent des pressions permanentes sur les travailleurs récalcitrants ou lents, pour qu'ils ajustent leur performance. Les équipes de travail ne reçoivent aucun renfort extérieur pour compenser l'absence de tel ou tel de leurs membres ; ceux qui restent doivent donc travailler plus dur encore pour tenir le rythme. Il en résulte une pression terrible, de collègue à collègue, pour que chacun arrive au travail à l'heure. Les gestionnaires japonais sont inflexibles sur la question de l'absentéisme. Dans de nombreuses usines, toute absence, même pour maladie justifiée, est portée au dossier personnel de l'employé concerné. Chez Toyota, on peut être congédié pour cinq jours d'absence dans l'année[7].

Mike Parker et Jane Slaughter, qui ont étudié le partenariat Toyota-General Motors en Californie pour la fabrication des Corolla (Toyota) et Nova (Chevrolet), qualifient les pratiques de production « légère » japonaises de « gestion par le stress ». L'usine Toyota-GM a fortement amélioré sa productivité en réduisant le temps de travail nécessaire à l'assemblage d'une Nova de vingt-deux à quatorze heures[8]. Ce résultat a été obtenu grâce à un tableau-écran d'affichage en temps réel, la boîte Andon. Chaque poste de travail y est représenté par un rectangle. Si un ouvrier prend du retard, ou a besoin d'aide, il tire sur un cordon et sa zone rectangulaire s'allume. Si la lumière reste allumée une minute ou plus, la chaîne s'arrête. Dans une usine traditionnelle, l'objectif serait alors d'éteindre le voyant et d'éviter les à-coups dans la production. Mais en gestion par le stress, les signaux d'alerte éteints sont synonymes d'inefficacité. L'idée est d'accélérer et de tendre continuellement continuellement le système pour repérer les points faibles, mettre en œuvre de nouveaux concepts ou procédures et donc augmenter le régime et la performance.

D'après Parker et Slaughter, « on peut tendre le système en accélérant la cadence de la chaîne, en diminuant le nombre des personnes ou des machines, ou en donnant davantage de tâches aux travailleurs. Semblablement, une chaîne peut être "équilibrée" en diminuant ses ressources ou en augmentant la charge de travail sur des postes qui tournent toujours régulièrement. Une fois les problèmes corrigés, le système peut être à nouveau tendu, puis équilibré une nouvelle fois. [...] L'idéal est que chacun de ses postes oscille entre les moments où son voyant est allumé et ceux où il est éteint[9] ».

Parker et Slaughter estiment que le concept d'équipe de production à flux tendus est aussi éloigné de pratiques de gestion éclairée qu'il est possible de l'imaginer et que, du point de vue des travailleurs, il ne s'agit que d'un système novateur et plus raffiné d'exploitation. La participation, limitée, des ouvriers à la planification et à la résolution des problèmes est indéniable, mais ne servirait qu'à rendre les travailleurs complices de leur propre exploitation. En gestion par le stress, lorsque les travailleurs parviennent à identifier des points faibles sur la chaîne et à émettre des recommandations ou à prendre des mesures correctives, il ne s'ensuit de la part de la direction qu'une augmentation du rythme de la production et des tensions supplémentaires sur le système. L'astuce consiste à ne jamais cesser de traquer les points faibles, dans un processus indéfini d'amélioration permanente, dit *kaisin*. Les conséquences de cette méthode draconienne de gestion sont terrifiantes pour les travailleurs : « Tandis que la chaîne accélère et que tout le système se tend, il devient de plus en plus difficile de tenir. Puisque l'on a tant peiné à planifier les tâches, puis à les affiner, puis à les retravailler encore, la direction part du principe que tout pépin technique est imputable à l'ouvrier. Les carillons et les voyants de l'Andon désignent instantanément la personne qui ne suit pas [10]. »

Les rythmes de production des usines gérées à la japonaise débouchent souvent sur davantage d'accidents du travail. Mazda signale un pourcentage d'accidents du travail trois fois plus élevé que dans des usines de fabrication d'automobiles comparables chez General Motors, Chrysler ou Ford [11].

Le stress a atteint des proportions quasi épidémiques au Japon, chez les ouvriers soumis aux pratiques de la production à flux tendus. Le problème est devenu si aigu que le gouvernement japonais a inventé un terme, *karoshi*, pour expliciter la pathologie de cette nouvelle maladie professionnelle. Un porte-parole de l'Institut national japonais de la santé publique définit la situation de *karoshi* comme « un état dans lequel des pratiques de travail psychologiquement malsaines sont autorisées à perdurer d'une manière telle qu'elles troublent le travail normal de l'ouvrier ainsi que ses rythmes biologiques, et débouchent sur l'apparition d'une fatigue corporelle et d'un état chronique de surmenage, accompagnés par une aggravation des pressions sanguines excessives préexistantes, et pouvant aboutir finalement à un effondrement fatal [12] ».

Le *karoshi* se propage aujourd'hui dans le monde entier. L'introduction des technologies informatisées a fortement accéléré le rythme et le flux des activités sur les lieux de travail, et contraint des millions d'employés à s'adapter aux rythmes de la culture des nanosecondes.

Biorythmes et épuisement

L'espèce humaine, comme toutes les autres, est dotée de myriades d'horloges biologiques qui se sont forgées au cours d'une immense période d'évolution, aux rythmes de la Terre et de sa rotation. Nos fonctions et mécanismes physiques sont scandés par des forces naturelles qui nous dominent : le rythme circadien, les lunaisons, les saisons. Jusqu'à l'ère industrielle moderne, les rythmes du corps et ceux de l'économie furent pour l'essentiel compatibles. La production artisanale était conditionnée par la vitesse de la main et du corps de l'homme et limitée par l'énergie susceptible d'être tirée de la domestication des animaux, du vent et de l'eau. L'introduction des machines à vapeur et, plus tard, de l'énergie électrique allait accélérer immensément le rythme de la transformation, du traitement et de la production des biens et des services, créant une trame économique dont la vitesse de fonctionnement se détachait de plus en plus des lents rythmes biologiques du corps humain. Notre culture contemporaine informatique fonctionne à l'échelle de la nanoseconde, unité de temps si ténue qu'aucun sens humain ne peut en faire l'expérience. Le temps d'un claquement de doigts, et 500 millions de nanosecondes se sont déjà écoulées. Pour illustrer quelque peu la vitesse terrifiante du temps informatique, Geoff Simons fait cette comparaison : « Imaginez [...] deux ordinateurs conversant ensemble, pendant un certain temps. Un être humain leur demande alors de quoi ils parlent. Le laps de temps qu'il faudra à ce dernier pour poser sa question suffira pour que nos deux ordinateurs échangent plus de mots que n'en ont échangé la totalité des êtres humains depuis la première apparition d'*Homo sapiens* sur la Terre, il y a deux ou trois millions d'années[13]. »

Pendant l'ère industrielle, les ouvriers étaient tellement empêtrés dans les rythmes des machines qu'ils en venaient souvent à décrire leur propre fatigue en termes mécaniques et se plaignaient d'être « usés » ou « en panne ». Aujourd'hui, de plus en plus de gens ont si bien intégré les rythmes de la nouvelle culture informatique qu'on les entend volontiers se plaindre d'être « déconnectés », de « surchauffer », de « disjoncter », et autres euphémismes qui trahissent leur degré d'identification à cette technologie.

Craig Brod, psychologue, a beaucoup écrit sur les stress générés par la culture informatique ; il explique que l'accélération des rythmes sur le lieu de travail n'a fait qu'augmenter l'impatience des salariés et entraîner des niveaux de stress encore jamais vus. Dans les bureaux, les secrétaires de toutes catégories s'habituent à « interfacer » avec leurs ordinateurs et à « accéder » aux informations à la vitesse de l'éclair. Les formes, plus lentes, du face-à-face humain en deviennent franchement intolérables et sont sources de tensions croissantes. Brod cite l'exemple de cet employé de bureau qui « ne supporte pas ses interlocuteurs au téléphone lorsqu'ils prennent trop de temps pour en venir aux faits [14] ». L'ordinateur lui-même devient une source de stress et un nombre croissant d'utilisateurs pressés lui demandent des réactions de plus en plus rapides. Une étude montre qu'un ordinateur dont les temps de réponse dépassent 1,5 seconde va probablement déclencher de l'impatience et du stress chez son utilisateur.

La surveillance informatique du travail des employés engendre également des niveaux élevés de stress. Brod relate l'expérience de l'une de ses patientes, caissière dans un supermarché. Un jour, l'employeur d'Alice a installé des caisses enregistreuses électroniques. Ces machines, pilotées par un ordinateur, comportaient également un compteur qui « transmet au central le nombre actualisé des articles que chaque caissière a enregistrés, au jour le jour ». Alice ne prend plus le temps de parler avec les clients car cela diminue la quantité de marchandises qu'elle peut passer sur le lecteur électronique : son emploi est en jeu [15].

Une société de réparation du Kansas s'est équipée d'un ordinateur qui tient le compte cumulé du nombre d'appels que ses employés satisfont et de la quantité d'information collectée à l'occasion de chaque appel téléphonique. Un employé, stressé, explique que « si un ami vous appelle pour bavarder, il faut écourter la conversation parce que cela sera retenu contre vous. Et ça rend mon travail très désagréable [16] ».

Selon le rapport 1987 de l'Office des évaluations technologiques (OTA), intitulé *The Electronic Supervisor* (« Le contremaître électronique »), 20 % à 35 % de l'ensemble des employés de bureau américains sont actuellement surveillés par des systèmes informatiques sophistiqués. Le rapport de l'OTA alerte sur la possibilité d'un avenir orwellien de « bagnes électroniques » où des employés exécuteraient un « travail ennuyeux, répétitif, rapide, imposant une vigilance constante et une attention minutieuse, et où le contremaître ne serait même plus un humain » mais un « tyran informatique dont le regard ne faiblirait jamais [17] ».

Le facteur critique, en matière de productivité, est passé de la réponse physique à la réponse mentale, du muscle au cerveau. Les entreprises expérimentent sans cesse de nouvelles méthodes pour optimiser l'« interface » entre leurs employés et leurs ordinateurs. C'est ainsi que pour tenter d'accélérer le traitement des informations, certaines configurations clavier-écran sont maintenant programmées de sorte que si l'opérateur ne réagit pas à une donnée affichée à l'écran dans les dix-sept secondes, celle-ci disparaît. Des chercheurs font état d'un stress croissant chez les opérateurs au fur et à mesure que les secondes s'écoulent et que l'image va disparaître de l'écran. « A partir de la onzième seconde, ils commencent à transpirer, le rythme cardiaque s'accélère. Une énorme fatigue s'ensuit [18]. »

Les modifications, si minimes soient-elles, des routines administratives ont augmenté les niveaux de tension nerveuse dans les bureaux. Brod cite le cas de Karen, cette dactylo qui, avant que les machines à écrire ne cèdent le pas au traitement de texte, « pouvait s'offrir une pause chaque fois qu'elle retirait le papier de sa machine ». Aujourd'hui, assise devant son écran d'ordinateur, elle traite un flot ininterrompu d'informations. Aucun repère naturel ne vient jamais lui signaler la fin de quelque chose, une interruption. D'après Brod, Karen « ne prend plus le temps de bavarder avec les autres secrétaires du bureau » car elles sont toutes identiquement collées à leur écran, à traiter leur propre flot continu d'informations. « A la fin de la matinée, dit Brod, elle est exténuée et se demande où elle va trouver l'énergie pour achever sa journée de travail [19]. »

Les nouvelles technologies informatiques ont tellement accéléré le volume, le flux et le rythme des informations que des millions de travailleurs souffrent fréquemment de saturation et d'épuisement mental. La fatigue physique engendrée par le rythme rapide de l'ancienne économie industrielle est éclipsée par l'usure cérébrale engendrée par le cadencement en nanosecondes de la nouvelle économie informationnelle. D'après une étude menée par l'Institut national de sécurité et de santé professionnelle (National Institute of Occupational Safety and Health, NIOSH), les employés de bureau qui utilisent des ordinateurs souffrent de niveaux de stress anormalement élevés[20].

L'économie high-tech hyperefficiente ruine le bien-être mental et physique de millions de travailleurs de par le monde. L'Organisation internationale du travail (OIT) estime que « le stress est devenu l'une des questions de santé publique les plus sérieuses du XXᵉ siècle[21] ». Rien qu'aux États-Unis, elle coûte annuellement aux employeurs plus de 200 milliards de dollars en absentéisme, baisse de productivité, frais médicaux et demandes d'indemnités. Au Royaume-Uni, la tension au travail représente jusqu'à 10 % du produit national brut annuel. D'après un rapport de l'OIT publié en 1993, la hausse du stress résulte du rythme rapide imposé par les nouveaux équipements automatisés aussi bien dans les ateliers que dans les bureaux. Il faut s'inquiéter tout particulièrement, dit l'OIT, de la surveillance informatisée des travailleurs, citant une étude de l'université du Wisconsin selon laquelle « les travailleurs sous surveillance électronique sont de 10 % à 15 % plus susceptibles de souffrir de dépression, tension et forte anxiété[22] ».

Les hauts niveaux de stress débouchent souvent sur des problèmes de santé (ulcères, pression sanguine excessive, crises cardiaques, accidents cérébraux). Ils se traduisent aussi par un accroissement de l'alcoolisme et de la toxicomanie. La société d'assurances Metropolitan Life estime qu'en moyenne un million de journées de travail sont perdues pour cause de troubles liés au stress. Une autre étude, à la demande de la National Life Insurance Company cette fois, conclut que 14 % des travailleurs de l'échantillon avaient abandonné leur emploi, ou en avaient changé dans les deux années précédentes, à cause de la tension subie sur leur lieu de travail. Des enquêtes récentes montrent que plus de 75 % des employés américains « décrivent leur travail comme stressant et estiment que la pression qu'ils y subissent augmente régulièrement[23] ».

Plus de 14 000 travailleurs meurent chaque année dans des accidents du travail et 2,2 millions sont victimes d'incapacités physiques à des degrés divers. Les causes visibles de ces accidents vont de l'équipement défectueux au rythme de la production, mais les enquêteurs affirment que c'est le plus souvent le stress qui déclenche des erreurs fatales. Un enquêteur de l'OIT affirme que « parmi tous les facteurs personnels relatifs aux causes d'accident, un seul émerge comme dénominateur commun, le fort niveau de stress au moment où l'accident s'est produit. [...] Une personne tendue, c'est un accident qui se prépare[24] ».

L'escalade des niveaux de stress due aux environnements de travail high-tech, automatisés, se traduit dans les demandes d'indemnisation. En 1980, moins de 5 % de ces demandes parlaient de stress. En 1989, 15 % étaient liées à un trouble imputable au stress[25].

La nouvelle armée de réserve

Alors que les conditions de travail dans les établissements reconfigurés et automatisés augmentent le stress et érodent la santé des travailleurs, le changement de nature du travail contribue aussi à leur insécurité économique. Nombre d'entre eux ne sont plus en mesure de trouver un emploi à temps plein et une sécurité d'emploi à long terme.

En février 1993, la deuxième plus grande banque des États-Unis, la BankAmerica Corporation, annonçait qu'elle allait transformer 1 200 emplois à temps plein en emplois à temps partiel. Cet établissement financier estimait que moins de 19 % de ses employés conserveraient un temps plein dans un avenir proche. Près de six sur dix des employés de la BankAmerica travailleront moins de vingt heures par semaine, sans aucune prestation sociale. La banque, qui a enregistré des bénéfices records au cours des deux années précédentes, dit que cette décision récente en faveur du temps partiel a été prise pour rendre la société plus souple et pour réduire ses frais généraux[26].

Mais le cas de la BankAmerica n'est pas isolé. Partout dans le pays, des sociétés créent un nouveau système d'emploi à deux niveaux, consistant en un « noyau » de personnel (les salariés permanents, à temps plein), que vient épauler une réserve de travailleurs à temps partiel (les occasionnels). Au centre de distribution Nike de Memphis, 120 employés permanents gagnent tous plus de 13 dollars par heure, salaire et prestations comprises. Ils effectuent leurs tâches aux côtés de 60 à 255 collègues provisoirement « fournis » par Norrell Services, l'une des plus grosses entreprises de travail temporaire des États-Unis. Cette dernière perçoit 8,50 dollars par heure de travail effectuée. Elle empoche 2 dollars, ce qui laisse 6,50 dollars de l'heure pour l'intérimaire, soit la moitié de la rémunération horaire des employés permanents de Nike. Ce considérable différentiel salarial existe en dépit du fait que les employés permanents « font le même travail que les temporaires [27] ».

Les agences de travail temporaire comme Norrell fournissent aux sociétés américaines quelque 1,5 million de travailleurs par jour. Manpower, la plus grande de toutes, est aujourd'hui le premier employeur du pays, avec 560 000 travailleurs. En 1993, plus de 34 millions d'Américains étaient des « occasionnels » à temps partiel ou sous contrat, ou des travailleurs indépendants [28].

Au cours des quinze dernières années, dit Mitchell Fromstein, de Manpower, « le travail occasionnel a plus augmenté [...] que la main-d'œuvre permanente [29] ». Entre 1982 et 1990, l'emploi temporaire/auxiliaire a augmenté dix fois plus vite que l'emploi dans son ensemble. En 1992, dans le secteur privé, deux nouveaux emplois sur trois étaient de nature temporaire. Les travailleurs temporaires, en CDD et à temps partiel représentent aujourd'hui plus de 25 % de la main-d'œuvre américaine [30]. Ces chiffres devraient croître notablement d'ici la fin de ce siècle. Richard Belous, vice-président et directeur de la section économique de la National Planning Association (NPA), prédit que jusqu'à 35 % de la main-d'œuvre américaine sera constituée par des travailleurs occasionnels d'ici l'an 2000 [31]. Cette tendance s'intègre à une stratégie à long terme des entreprises pour réduire les salaires et les prestations en matière d'assurance maladie, de retraites, de congés maladie et de congés payés. Toutes prestations confondues, ces diverses charges comptent pour 45 % de la rémunération du temps travaillé par les employés permanents à temps plein [32]. Belous assimile le travail occasionnel à une aventure amoureuse d'une nuit et met en garde : « Ce n'est pas ainsi qu'on bâtit des relations durables. » Il s'inquiète de ce que le travail occasionnel pourrait « diminuer la loyauté des employés » dans l'avenir ; les entreprises pourraient en pâtir lourdement par la suite [33].

Confrontées à une économie fortement concurrentielle et très volatile, nombre de sociétés dégarnissent leur noyau de main-d'œuvre fixe et embauchent des temporaires leur permettant d'augmenter ou de diminuer leurs effectifs sans préavis pour réagir aux tendances saisonnières, mensuelles ou même hebdomadaires du marché. Nancy Hutchens, consultante en ressources humaines, établit des parallèles entre la nouvelle main-d'œuvre occasionnelle des années quatre-vingt-dix et la révolution des stocks juste-à-temps qui a bouleversé les entreprises dans les années quatre-vingt. « La révolution des années quatre-vingt-dix tend vers un emploi juste-à-temps. [...] Les sociétés utiliseront les gens strictement comme elles en auront besoin. Les répercussions sont effarantes. » Pour elle, le pays n'a pas encore pris la mesure des conséquences que cet emploi à flux tendus risque d'avoir sur le bien-être économique et la sécurité émotionnelle de la population active [34].

Les employés à temps partiel gagnent en moyenne de 20 % à 40 % de moins que leurs collègues à temps plein, tout en effectuant une tâche comparable [35]. D'après le ministère du Travail, en 1987, les travailleurs à temps partiel touchaient en moyenne 4,42 dollars de l'heure pour 7,43 dollars de l'heure aux travailleurs à temps plein. Tandis que 88 % de ces derniers bénéficiaient d'une couverture de santé par le biais de leurs employeurs, moins de 25 % des premiers étaient couverts, soit par les agences d'intérim, soit par les sociétés auprès desquelles ils étaient détachés. De même, alors de 48,5 % des travailleurs à temps plein étaient couverts par des régimes de retraite complémentaires, seulement 16,3 % de ceux à temps partiel étaient dans le même cas [36].

Les sociétés réduisent aussi les coûts du travail en passant avec des entreprises extérieures des contrats de fournitures et de services précédemment pris en charge en interne. La sous-traitance permet de contourner les syndicats. Nombre de fournisseurs extérieurs sont de petites sociétés rémunérant mal leurs personnels et ne leur accordant que peu de prestations sociales. La sous-traitance, devenue un trait permanent de l'économie japonaise, semble de plus en plus séduire les États-Unis et l'Europe. Dans le secteur de l'information, le marché de la sous-traitance a atteint 12,2 milliards de dollars en 1992 et devrait dépasser 30 milliards en 1997 [37]. Chrysler tire plus de 70 % de la valeur de ses produits finis de ses sous-traitants. Selon une étude réalisée par Paine Webber, jusqu'à 18 % de la main-d'œuvre de la sidérurgie est actuellement constituée de salariés travaillant pour des sous-traitants [38]. L'aventure de cet ancien installateur de tuyauteries de chez US Steel à Gary est exemplaire. Il gagnait 13 dollars de l'heure et jouissait de toute une série de prestations octroyées par sa société. Après son licenciement, il n'a pu trouver mieux qu'une place chez un petit sous-traitant, à 5 dollars de l'heure sans avantages sociaux, où on lui demande de faire des pièces pour son ancien employeur [39].

Certes, on continue de voir les travailleurs temporaires sous les traits de la réceptionniste, de la secrétaire et autres petits personnels féminins à temps partiel. La réalité est que des temporaires remplacent les travailleurs permanents dans la quasi-totalité des activités et des secteurs. En 1993, les agences de travail temporaire ont détaché 348 000 intérimaires par jour dans les entreprises industrielles américaines ; ce chiffre était de 224 000 en 1992 [40].

L'emploi devient également précaire dans le tertiaire supérieur. Le *Executive Recruiter News* indique que plus de 125 000 spécialistes hautement qualifiés travaillent comme temporaires chaque jour. « Ils sont le groupe de travailleurs temporaires dont la croissance est la plus rapide », explique David Hofrichter, directeur général du bureau de Chicago de la société de consultants en indemnisations Hay Group. D'après Adela Oliver, présidente de la société de consultants Oliver Human Ressources, de nombreuses entreprises éliminent des services entiers car elles savent pouvoir trouver rapidement des experts dans toutes sortes de domaines, avec des contrats à durée déterminée [41].

Dick Ferrington, expert en formation du personnel, est le parfait modèle de ces nouveaux temporaires hautement qualifiés. A quarante-huit ans, il a gagné sa vie de cette manière pendant sept des neuf dernières années, à raison de près de 100 000 dollars par an, sans aucune prestation sociale. Il est actuellement en mission comme vice-président intérimaire des ressources humaines, chez Scios Nova, une entreprise de bio-technologie de la Silicon Valley. Son contrat est de six mois. Entre deux boulots temporaires, il fait la chasse aux nouvelles missions depuis son domicile, avec son ordinateur, son modem et son Fax [42].

Mais tous ne trouvent pas des missions aussi bien payées. Ils sont bien plus nombreux à se colleter avec les dures réalités rencontrées par Arthur Sultan, ex-cadre financier de chez Xerox à 200 000 dollars par an. Sultan fut congédié lors de la fermeture de son département. Après avoir cherché un emploi permanent pendant plus de deux ans, il s'est tourné vers les missions temporaires, simplement pour payer son emprunt-logement à la banque et s'assurer un minimum de revenus. Incapable de trouver un emploi dans son domaine professionnel, il a dû, à un certain moment, accepter trois emplois à temps partiel et travailler quatre-vingts heures par semaine comme chauffeur de limousine, vendeur d'appareils photo dans un grand magasin et gestionnaire financier pour Pepperidge Farm. Au cours des neuf derniers mois, il a travaillé pour la Federal Deposit Insurance Corporation comme analyste financier temporaire à 21 dollars de l'heure. Il est content de son emploi actuel, mais s'inquiète sans cesse de savoir s'il en aura un autre auquel se présenter demain matin. « C'est pire qu'être sans travail : impossible de faire des projets d'avenir [43]. »

Même des scientifiques, dont on pense volontiers que leurs connaissances les mettent à l'abri de la précarité dans ce monde des technologies de pointe à forte densité de savoir, ont recours au travail temporaire. On Assignment Inc. est une agence de travail temporaire spécialisée dans l'embauche de scientifiques pour des sociétés aussi diverses que Johnson & Johnson ou Miller Brewing. Elle dispose de plus de 1 100 chimistes, microbiologistes et techniciens de laboratoire, prêts à partir n'importe où dans le pays. Récemment, Frito Lay a demandé un technicien supérieur pour tester le croustillant de sa nouvelle frite de maïs : dans les quarante-huit heures, On Assignment a envoyé l'un de ses spécialistes, épargnant ainsi à l'entreprise le souci d'une embauche à temps plein et permanente sur ce poste [44].

L'État a commencé à suivre l'exemple du secteur privé et

remplace de plus en plus de fonctionnaires à temps plein par des temporaires, pour économiser sur les frais généraux et de fonctionnement. Près de 157 000 fonctionnaires fédéraux, soit 7,2 % du total de sa main-d'œuvre, sont actuellement des temporaires. Les ministères de la Défense, de l'Agriculture et de l'Intérieur emploient chacun près de 50 000 personnes en CDD. Nombre d'organismes se débarrassent de leurs intérimaires quelque temps seulement avant la fin d'une année complète de service, pour les réembaucher quelques jours plus tard, explique Robert Keener, président de la Fédération nationale des employés fédéraux (National Federation of Federal Employees), pour éviter de payer les prestations de santé et de retraite qui seraient automatiquement dues après un an. Ces mesquineries réservées aux travailleurs temporaires par les organismes fédéraux ont conduit le directeur du Bureau de gestion du personnel à alerter une sous-commission de la Chambre pour lui dire que l'administration fédérale devenait « bagne des services publics [45] ».

Le travail temporaire et l'externalisation constituent le gros de la force de travail occasionnelle : des millions d'Américains sont aujourd'hui taillables, corvéables et jetables à merci, pour un coût dérisoire en comparaison de celui d'une main-d'œuvre permanente. Leur existence même tire vers le bas les salaires des travailleurs à temps plein. Les employeurs utilisent de plus en plus la menace de l'embauche temporaire et de l'externalisation pour arracher aux syndicats des concessions sur les salaires et les avantages sociaux ; cette tendance va probablement s'accélérer dans les années à venir. Il ne faut pas s'étonner si, dans une étude réalisée en 1986, Bluestone and Harrison, parallèlement à Chris Tilly de l'Institut de politique et de planification de l'université du Massachusetts, conclurent que 42 % de l'augmentation des inégalités de salaire et de revenu étaient directement imputables aux décisions des entreprises de créer un salariat à deux vitesses avec, d'une part, un noyau de travailleurs bien payés et, d'autre part, des travailleurs occasionnels à faible rémunération [46]. « Travailler sur un fil comme temporaire, ce n'est pas une vie, explique l'un d'eux, dans une usine de fabrication d'automobiles. Ils nous considèrent comme des Kleenex [47]. »

Les salaires qui s'effondrent, les cadences effrénées sur le lieu de travail, la précarisation rapide de l'emploi, la démultiplication des embauches à temps partiel, l'augmentation du chômage technologique de longue durée, la disparité croissante des revenus entre possédants et dépossédés, le rétrécissement dramatique de la classe moyenne : une somme de tensions sans précédent s'exerce sur la population active américaine. L'optimisme partagé par des générations d'immigrants qui travaillaient dur avec la certitude d'une vie meilleure pour eux et leurs enfants a volé en éclats. A sa place, on constate une attitude de plus en plus cynique à l'égard de l'entreprise et une méfiance croissante à l'égard des hommes et des femmes qui exercent un contrôle quasi total sur le marché mondial. La plupart des Américains se sentent pris au piège des nouvelles pratiques de la production « allégée » et des technologies sophistiquées de l'automatique. Ils ne savent pas si et quand le *reengineering* s'attaquera à leur propre bureau ou à leur poste de travail pour les arracher au rêve de ce qu'ils avaient cru être un travail sûr, et les jeter dans l'armée de réserve des travailleurs occasionnels ou, pis encore, la file des chômeurs.

Une mort lente

Les observateurs considèrent avec inquiétude le profond impact psychologique que les changements radicaux des conditions et de la nature du travail ont eu sur les travailleurs américains. Plus qu'aucun autre peuple peut-être, les Américains se définissent par rapport à leur travail. Depuis leur tendre enfance, on ne cesse de demander aux jeunes ce qu'ils aimeraient faire lorsqu'ils seront grands. L'idée que l'on est un citoyen « productif » est si ancrée dans l'état d'esprit national qu'une personne qui se voit refuser l'accès à l'emploi risque de perdre toute estime de soi. L'emploi est bien plus qu'une source de revenu : il est souvent la mesure fondamentale de la valeur personnelle. Être sous-employé (ou non employé), c'est se sentir improductif, et de plus en plus dénué de valeur.

La croissance régulière du chômage technologique de longue durée a incité psychologues et sociologues à étudier les problèmes de santé mentale des chômeurs. Au cours de la décennie écoulée, quantité d'études ont mis au jour une corrélation évidente entre la montée du chômage technologique et l'augmentation des dépressions et de la morbidité psychotique[48].

Le Dr Thomas T. Cottle, psychologue clinicien et sociologue affilié à l'école de psychologie du travail du Massachusetts, est parti depuis plus de quinze ans à la rencontre du « noyau dur » du chômage. Celui-ci est défini par les autorités comme regroupant les « travailleurs découragés », hommes et femmes sans emploi depuis six mois ou plus, trop démoralisés pour continuer à chercher une embauche. Ils sont de plus en plus nombreux (et nombreuses) à devoir leur infortune au progrès technologique : leurs emplois ont été éliminés par les nouvelles technologies à faible intensité de main-d'œuvre et la restructuration des environnements de travail.

Cottle note que les chômeurs du noyau dur présentent les symptômes de pathologies que l'on retrouve chez les mourants. Dans leur esprit, le travail productif est si puissamment rattaché au fait d'être en vie que, lorsqu'ils perdent tout enracinement dans un emploi, ils manifestent tous les signes classiques de l'agonie. Cottle rapporte les sentiments de l'un des travailleurs qu'il a interrogés, George Wilkinson, quarante-sept ans, ex-directeur d'une petite société d'outillage : « Il n'y a que deux mondes : soit vous travaillez chaque jour dans un boulot normal, avec un horaire normal, avec vos semaines de congés payés, soit vous êtes mort ! Il n'y a rien entre. [...] Travailler, c'est respirer. C'est quelque chose à quoi on ne réfléchit pas : travailler, ça tient en vie. Si tu t'arrêtes, t'es mort[49]. » Cottle nous apprend qu'un an après cette conversation Wilkinson s'est tué avec un fusil de chasse.

Au cours de son étude sur les chômeurs du « noyau dur », il a découvert une progression commune des symptômes. Pendant la première phase de chômage, les hommes interrogés laissent libre cours à leur colère et à leur rancœur à l'égard de leurs ex-collègues et employeur. Dans certains endroits aux États-Unis, le lieu de travail est presque devenu une zone de guerre où il arrive de plus en plus souvent que des employés licenciés tirent sur leurs anciens camarades et sur leurs anciens chefs. Les homicides sont aujourd'hui la troisième cause de mortalité sur le lieu de travail. En 1992, signale le NIOSH, il y a eu 111 000 cas de violence sur le lieu de travail, dont 750 morts par balles. Le nombre d'employeurs assassinés a triplé depuis 1989 : il s'agit de la catégorie de violences au travail dont l'accélération est la plus rapide [50].

D'après une étude de l'Institut national pour la sécurité sur le lieu de travail (National Safe Workplace Institute), de Chicago, la violence contre les employeurs est souvent déclenchée par les dégraissages et les licenciements. Robert Earl Mack a perdu son emploi à l'usine Convair de General Dynamics, à San Diego, après vingt-cinq ans de présence. Lors d'un entretien de réintégration, il a sorti un calibre 38 et tiré sur son ancien contremaître et sur le négociateur syndical. Interrogé sur les raisons de son acte, Mack a répondu : « C'est le seul travail que j'avais jamais eu [...] comment peuvent-ils me prendre mon seul bien [51] ? »

Troublées par la vague ascendante de violence sur les lieux de travail, certaines sociétés montent des « équipes de gestion de la menace » chargées d'identifier les sources potentielles de violence et de prendre les mesures de prévention et de dissuasion appropriées contre les armes de poing et les bombes. Des « équipes de réaction rapide » sont également mises sur pied pour intervenir en cas d'attaque et maîtriser les assaillants. Des « équipes traumas » ont été créées pour annoncer la nouvelle d'un homicide aux plus proches parents de la victime, préparer les témoins et assister les travailleurs souffrant de syndromes post-traumatiques [52].

Cottle explique qu'après un an de chômage la plupart des ex-employés commencent à retourner leur rage contre eux-mêmes. Pressentant qu'ils ne trouveront peut-être plus jamais de travail, ils commencent à se sentir coupables de leur triste sort. Ils sont envahis par la honte et le sentiment de leur nullité et perdent tout ressort. La colère cède le pas à la lassitude et à la résignation. Nombre d'entre eux abandonnent leur famille, dit Cottle. « Leur virilité et leur force sapées, ils apparaissent honteux et infantiles, comme s'ils méritaient d'être les personnes invisibles et recluses qu'ils sont effectivement devenus [53]. »

La mort physique suit souvent la mort psychologique. Incapables de faire face à leur situation et se considérant comme un fardeau pour leur famille, leurs amis et la société, nombre d'entre eux en finissent avec la vie. Cottle se souvient de l'un des chômeurs qu'il avait assisté, Alfred Syre. Une nuit de janvier, son épouse a appelé, « hurlant de façon hystérique ». Son mari, qui n'avait jamais eu d'accident de voiture, avait jeté son véhicule droit sur un talus et était mort sur le coup. Syre et Wilkinson font partie de ce noyau grossissant des chômeurs de longue durée qui ont perdu tout espoir et choisissent de s'évader par le suicide.

La mort du travail dans le monde entier est intériorisée par des millions de travailleurs qui en font leur propre mort, au quotidien, par la faute d'employeurs mus par l'appât du gain et d'autorités qui se désintéressent d'eux. Ils attendent leur lettre de licenciement, acceptent des emplois mal payés à temps partiel, ou finissent par dépendre de l'assistance publique. Chaque nouvelle ignominie mine un peu plus leur confiance et leur amour-propre. Ils ont commencé par être sacrifiables, les voilà devenus obsolètes puis, finalement, invisibles dans le nouveau monde du commerce et des échanges planétaires.

13

Le destin des nations

Les effets déstabilisateurs de la troisième révolution industrielle se font sentir dans le monde entier. Dans tous les pays développés, les nouvelles technologies et de nouvelles pratiques de gestion excluent les travailleurs, créent une armée de réserve de tâcherons occasionnels, élargissent le fossé entre les nantis et les démunis, augmentent les niveaux de stress et de risque. Dans les pays de l'Organisation de coopération et de développement économiques (OCDE), 35 millions de personnes étaient sans emploi en 1994 et 15 millions d'autres avaient « soit renoncé à chercher un travail, soit accepté par force un emploi à temps partiel [1] ». En Amérique latine, le chômage urbain dépasse 8 %. En Inde et au Pakistan, plus de 15 % de la population active est sans emploi. Seules quelques nations du Sud-Est asiatique ont des taux de chômage inférieurs à 3 % [2].

Au Japon, c'est à peine si l'on ose prononcer le mot de « chômage » : la nouvelle concurrence mondiale, féroce, contraint les entreprises à serrer les boulons et, pour la première fois depuis bien longtemps, elles en viennent à jeter des travailleurs au chômage. Certes, le Japon se vante d'un taux de chômage de 2,5 % seulement, mais certains observateurs soulignent que si le grand nombre des chômeurs découragés et des sans-emploi non répertoriés était ajouté à ce chiffre officiel, on parviendrait à 7,5 % [3]. Le *Wall Street Journal* expliquait en septembre 1993 que « l'on craint de plus en plus [au Japon] que certaines grandes sociétés ne soient bientôt forcées de procéder à des licenciements — peut-être sur une grande échelle [4] ». Les créations d'emplois productifs ont chuté de 26 % et certains économistes japonais prédisent deux candidats pour chaque poste dans les années à venir. Selon Koyo Koide, économiste à l'Industrial Bank of Japan, « la pression en faveur de réductions d'effectifs [au Japon] est la plus importante depuis la Seconde Guerre mondiale [5] ».

Les perspectives de l'emploi se sont ternies dans pratiquement tous les secteurs de l'économie japonaise. Megumu Aoyana, conseiller d'orientation à l'université Toyo, à Tokyo, constate à regret que le recrutement de diplômés par les entreprises a atteint son niveau le plus bas depuis la guerre. Les créations de poste d'encadrement moyen dans l'industrie ralentissent, et certains analystes affirment que 860 000 emplois intermédiaires seront probablement supprimés par la prochaine vague de reconfiguration des entreprises. Par le passé, dit Aoyana, on partait du principe que si les emplois industriels diminuaient, le secteur des services absorberait les travailleurs en surnombre. Mais aujourd'hui, l'offre a chuté de 34 % dans les services, soit plus que dans tous les autres secteurs. Aoyana est convaincu que les colosses industriels japonais « ne procéderont plus jamais à des embauches massives [6] ».

Dans un article de la *Harvard Business Review*, Shintaro Hori, directeur de la société de conseil Bain and Company Japan, prévient que les sociétés japonaises pourraient bien supprimer de 15 % à 20 % de leur employés de bureau pour ramener leurs frais généraux au niveau de ceux des sociétés installées aux États-Unis et rester compétitives sur les marchés mondiaux. Les employeurs japonais, confrontés aux réalités d'une économie mondiale extrêmement compétitive, vont se sentir probablement de plus en plus tenus de « dégraisser » massivement dans les toutes prochaines années et, ce faisant, de se défaire de millions de travailleurs [7].

Si l'inquiétude concernant le chômage monte au Japon, c'est une vraie fièvre qui s'empare de l'Europe occidentale, où un travailleur sur neuf est sans emploi [8]. Tous les pays d'Europe occidentale souffrent d'une aggravation du chômage. Au moment où j'écris, il est en France de 11,5 %. Il a culminé à 10,4 % en Angleterre. Il a dépassé 17,5 % en Irlande. L'Italie a atteint 11,1 %. Et il se tient à 11 % en Belgique. Il approche de 11,3 % au Danemark. En Espagne enfin, qui fut un temps le pays où la croissance était la plus rapide d'Europe, un travailleur sur cinq est sans emploi[9].

En Allemagne, le chômage concerne aujourd'hui 4 millions de personnes. Plus de 300 000 emplois de l'industrie automobile devraient disparaître dans la période qui vient[10]. Comparant les chiffres actuels du chômage avec ceux de l'Allemagne du début des années trente, l'ex-chancelier Helmut Schmidt lançait récemment cette mise en garde : « Les chômeurs sont plus nombreux à Chemnitz, Leuna ou Francfort-sur-l'Oder qu'en 1933, lorsque les nazis remportèrent les élections. » Schmidt, pour sa part, avertissait le peuple allemand et la communauté mondiale des conséquences sinistres qui pourraient en découler. « Si nous ne parvenons pas à surmonter ce [problème], nous devons être prêts à tout[11]. » La situation allemande se répercute, par ondes de choc, sur toute l'économie européenne. Les 80 millions de citoyens allemands représentent 23 % des consommateurs européens et leur poids économique de 1 800 milliards de dollars constitue 26 % du PNB de l'Union européenne[12].

Les observateurs du secteur industriel affirment que le nombre de chômeurs va grimper en Europe à 19 millions au début de 1995 et continuera probablement d'augmenter pendant le reste de la décennie. La société de consultants Drake, Beam, Morin qui a récemment étudié plus de quatre cents sociétés européennes indique que 52 % d'entre elles prévoient de réduire leur personnel d'ici 1995. (Une étude semblable menée aux États-Unis par la même société a établi que 42 % des entreprises interrogées prévoyaient de nouvelles réductions d'effectifs d'ici 1995.) Le président de cette société de consultants, William J. Morin, avertit que « les pressions de la concurrence mondiale et des nouvelles technologies [...] commencent à frapper durement l'Europe[13] ».

La politique des technologies de pointe en Europe

La question du chômage technologique s'est rapidement imposée au cœur des débats politiques en Europe. Au début des années quatre-vingt-dix, un travailleur européen sur cinq seulement travaillait dans l'industrie (un sur quatre en 1960)[14]. La baisse des emplois industriels est due pour une grande part à l'introduction des nouvelles technologies réductrices d'emploi et de temps, et à la restructuration de la production selon des principes déjà bien rodés aux État-Unis et au Japon.

L'industrie européenne des pièces détachées pour automobiles illustre bien cette tendance. Elle emploie actuellement plus de 940 000 travailleurs dans les pays de la Communauté européenne (CE). D'après un rapport confidentiel préparé pour la CE, si les entreprises européennes veulent demeurer compétitives et reprendre leurs positions sur le marché, elles devront reconfigurer leurs activités et réduire leurs effectifs de 400 000 personnes d'ici 1999. Soit une baisse de l'emploi de 40 % dans cette seule branche, en moins de six ans [15].

Les industries d'Europe et des autres pays de l'OCDE vont vraisemblablement continuer de se débarrasser de leurs travailleurs pendant les prochaines décennies et poursuivre inexorablement leur marche vers l'usine sans travailleurs. L'espoir partagé par des économistes, des décideurs et des stratèges que le secteur tertiaire saurait offrir comme par le passé des emplois aux chômeurs est en train de se dissiper. Le secteur des services a certes connu un taux annuel de croissance de 2,3 % dans les pays de l'OCDE pendant les années quatre-vingt ; mais ce taux était retombé en 1991 au-dessous de 1,5 %. Au Canada, en Suède, en Finlande et au Royaume-Uni, il a, de fait, été négatif en 1991. L'OIT dénonce à ce sujet les changements structurels qui interviennent dans le tertiaire. Dans son rapport de 1993 sur le travail dans le monde, l'OIT note que « la plupart des services, depuis les banques jusqu'au commerce de détail (à l'exception, peut-être, des services de santé), connaissent les mêmes restructurations que l'industrie il y a dix ans [16] ».

En Europe, le problème du chômage va probablement s'exacerber avec la baisse des emplois dans la fonction publique. Pendant les années quatre-vingt, les emplois du secteur public (au total 5 millions de personnes) constituèrent l'essentiel de la croissance de l'emploi dans l'Union européenne [17]. Maintenant que les États européens diminuent leurs budgets pour tenter de réduire les déficits et la dette publique, il n'est plus possible, politiquement, d'envisager que le secteur public agisse comme employeur de la dernière chance en embauchant les travailleurs licenciés par les secteurs industriel et tertiaire. Plus inquiétant encore est le fait qu'en Europe plus de 45,8 % des chômeurs sont sans emploi depuis plus d'un an : ce chiffre est frappant si on le compare à celui des États-Unis où seulement 6,3 % de chômeurs sont restés inoccupés pendant plus de douze mois [18].

Les chances de trouver un emploi sont largement limitées au travail à temps partiel. Comme aux États-Unis, les entreprises européennes se tournent de plus en plus vers les intérimaires pour rogner sur leurs coûts salariaux. L'emploi « au plus juste » devient la norme dans de nombreux pays européens. Les travailleurs temporaires sont les plus nombreux dans le secteur des services, où le phénomène de *reengineering* se propage rapidement, aux dépens du concept traditionnel de sécurité de l'emploi. Aux Pays-Bas, 33 % des travailleurs sont embauchés à temps partiel ; en Norvège, ils sont plus de 20 %. En Espagne, un travailleur sur trois l'est à temps partiel. Au Royaume-Uni, ils sont près de 40 % [19].

Il semble que l'emploi « à flux tendus » s'apprête à jouer un rôle de plus en plus important dans la nouvelle économie planétaire high-tech du XXIᵉ siècle [20]. Les multinationales, désireuses de conserver leur mobilité et leur flexibilité dans la compétition mondiale, vont de plus en plus remplacer leurs effectifs permanents par de la main-d'œuvre occasionnelle pour répondre rapidement aux fluctuations du marché. Il s'ensuivra une productivité accrue et une plus grande précarité de l'emploi dans tous les pays du monde.

En Europe, en particulier, le recours croissant à une armée de réserve de travailleurs occasionnels reflète la préoccupation des chefs d'entreprise qui craignent de plus en plus que le coût du système de protection sociale mis en place après la Seconde Guerre mondiale dans les pays de la CE ne mette en péril la compétitivité de leurs firmes dans l'arène mondiale. L'ouvrier allemand moyen est bien mieux payé que son homologue américain. Il coûte à son employeur environ 26,89 dollars l'heure, dont 46 % de charges sociales. Les ouvriers italiens gagnent plus de 21 dollars de l'heure, dont un très fort pourcentage de charges. Leur homologue américain coûte à son employeur 15,89 dollars l'heure, dont 28 % seulement en charges sociales [21].

Les Européens ont également plus de congés payés et moins

d'heures de travail. En 1992, le travailleur allemand moyen devait s'acquitter de 1 519 heures par an et bénéficiait de 40 jours de congés payés. Les fonctionnaires travaillaient 1 646 heures en moyenne. Les employés américains travaillent en moyenne 1 857 heures par an tandis que les Japonais, champions en la matière, atteignent 2 007 heures. Globalement, le travail coûte en Europe 50 % plus cher qu'aux États-Unis ou au Japon [22].

Les dépenses publiques sont également plus fortes en Europe que dans aucun autre pays industrialisé du monde. Elles sont très largement consacrées au financement de programmes sociaux de protection et d'amélioration des conditions de vie des travailleurs et de leurs familles. En Allemagne, en 1990, les versements de la Sécurité sociale représentaient 25 % du PNB (15 % aux États-Unis et 11 % au Japon). Le financement des prestations sociales entraîne de lourds prélèvements au niveau des entreprises. La charge fiscale de ces dernières dépasse aujourd'hui 60 % en Allemagne et approche 52 % en France. Aux États-Unis, elle n'est que de 45 % [23]. Tous comptes faits, cet ensemble de mesures sociales (fiscalité, protection sociale, indemnités de chômage, retraites et assurance maladie notamment) revient à 41 % du PIB européen (30 % aux États-Unis et au Japon) [24].

Les chefs d'entreprise parlent aujourd'hui d'« eurosclérose » pour attirer l'attention sur ce qu'ils considèrent comme des programmes de protection sociale pléthoriques et inutiles. A l'appui de leurs thèses, ils citent en exemple les États-Unis, qui ont replié leurs filets de protection sociale pendant les années Bush-Reagan, lors d'une campagne bien orchestrée visant à débarrasser les entreprises de coûts salariaux jugés excessifs [25].

Au mois d'août 1993, le gouvernement du chancelier Helmut Kohl a annoncé un programme de réduction des prestations sociales de 45,2 milliards de dollars avec un plan d'austérité conçu pour maîtriser le déficit fédéral montant [26]. D'autres pays européens prennent le même chemin. En France, le nouveau gouvernement de droite a adopté des mesures de forte réduction des programmes sociaux, notamment une diminution des retraites et du remboursement des dépenses médicales. Ce nouveau gouvernement a également raccourci la durée pendant laquelle un chômeur peut percevoir ses indemnités de chômage. Un responsable français remarquait, en guise de commentaire : « Nous ne pouvons nous permettre d'avoir des gens qui travaillent huit mois puis reçoivent des allocations de chômage pendant quinze mois, comme c'est le cas aujourd'hui. » Aux Pays-Bas, les critères d'attribution des allocations d'invalidité ont été durcis dans l'espoir d'économiser plus de 2 milliards de dollars par an [27]. Certains responsables européens, comme le commissaire européen Padraig Flynn, appellent à plus de prudence dans le débat sur l'abaissement des niveaux de la protection sociale. « Nous allons assister à une envolée des emplois mal rétribués [...] et du travail à temps partiel » ; dans les deux cas, « il faudra absolument avoir un niveau de protection sociale satisfaisant [...] pour ne pas créer une classe travailleuse pauvre et ne pas élever les niveaux de pauvreté [28] ».

La réduction de la protection sociale au moment où un nombre croissant de travailleurs sont chassés par les nouvelles technologies et les restructurations multiplie les tensions partout en Europe. En mars 1994, des dizaines de milliers d'étudiants sont descendus dans les rues des villes de France pour manifester contre la création du Contrat d'insertion professionnelle (CIP), grâce auquel le gouvernement prétendait abaisser le salaire minimal pour les jeunes. Un jeune Français sur quatre étant déjà sans emploi, les autorités redoutent que l'agitation politique montante ne mène à une répétition des violentes manifestations qui avaient secoué ce pays en 1968 et paralysé l'action gouvernementale. En Italie, où le chômage des jeunes a atteint 30 %, et en Angleterre, où il culmine maintenant à 17 %, les observateurs politiques ont suivi avec beaucoup d'attention les événements français, préoccupés par l'éventualité que leurs pays soient les prochains à être atteints par une vague de mouvements de protestation de la jeunesse [29].

Enquêtant sur la situation critique des travailleurs européens, Heinz Werner dit que « c'est comme un manège à hamsters. Quiconque en sort aura du mal à y remonter ». Une fois évincée, dit Wilhelm Adamy, spécialiste du monde du travail, « toute personne au chômage verra ses problèmes s'aggraver », car la protection sociale ne cesse de rétrécir [30].

Dans la CE, plus de 80 millions de personnes vivent déjà en

situation de pauvreté. Ce nombre va probablement enfler, peut-être dans des proportions épidémiques, au fur et à mesure que davantage de travailleurs seront évincés par les nouvelles technologies et jetés à la dérive dans une mer économique où les bouées de sauvetage publiques se font de plus en plus rares[31].

L'automatisation du tiers monde

La troisième révolution industrielle s'étend aussi rapidement vers le tiers monde. Des sociétés d'envergure planétaire commencent à bâtir des usines de haute technologie, à la pointe du progrès technique, dans certains pays de l'hémisphère sud. « Dans les années soixante-dix, dit le professeur Harley Shaiken, spécialisé dans les questions de travail et de technologie à l'université de Berkeley, en Californie, la production à haute intensité de capital, fortement automatisée, semblait liée aux économies industrielles comme celles des États-Unis ; les emplois qui partaient à l'étranger étaient ceux à basse technicité et faible productivité, comme par exemple coudre des jeans, ou monter des jouets. » Aujourd'hui, poursuit-il, « avec les ordinateurs, les télécommunications et les nouvelles formes de transport bon marché, des productions extrêmement modernes sont [transplantées] avec succès dans des pays du tiers monde[32] ».

Ainsi que nous l'avons précédemment observé, la composante salariale dans la facture totale de la production continue de se contracter par rapport aux autres coûts. Dans ces circonstances, l'avantage financier d'employer une main-d'œuvre à bas salaire dans le tiers monde n'a plus autant d'importance. Certes, une main-d'œuvre bon marché constitue encore un avantage compétitif dans certaines industries comme le textile ou l'électronique, mais l'intérêt du travail humain par rapport aux machines diminue rapidement avec les avancées de la robotisation. Entre 1960 et 1987, « moins du tiers de la croissance de la production dans les pays en voie de développement [...] est imputable à une augmentation de l'emploi », affirme un rapport récent du Programme des Nations unies pour le développement (PNUD). « Plus des deux tiers [sont le fait] de la montée des investissements en capitaux[33]. »

De nombreuses entreprises des pays du tiers monde ont été contraintes d'investir lourdement dans les technologies de l'automation pour assurer la rapidité des livraisons et le contrôle de la qualité sur un marché mondial toujours plus concurrentiel. La décision d'implanter une usine dans un pays en voie de développement est souvent largement autant influencée par le désir de se rapprocher d'un nouveau marché potentiel que par l'attrait de différentiels salariaux. Qu'il s'agisse de performances de marché ou d'implantations, dit *Fortune*, « les nouvelles technologies et l'élan continuel vers une plus forte productivité poussent les entreprises à bâtir dans les pays moins développés des usines et des bureaux qui demanderont moins de personnel que les usines de chez nous [34] ».

Prenons l'exemple du Mexique. Depuis la fin des années soixante-dix, des sociétés de taille mondiale, américaines ou japonaises, ont monté des usines le long d'une zone urbaine frontalière de près de 500 kilomètres, au nord de ce pays. Ford, AT&T, Whirlpool, Nissan, Sony et des foules d'autres géants de l'industrie manufacturière ont installé là des ateliers de montage, les *maquiladoras*. Les usines les plus récentes sont fortement automatisées et n'exigent qu'un effectif réduit de techniciens qualifiés [35].

Ces entreprises automatisent rapidement leurs processus de production au nord du Mexique, plus par souci de qualité que pour réaliser des économies sur les coûts salariaux. A l'instar d'autres entreprises mondiales opérant au Mexique, Zenith a automatisé ses unités de production et fait passer le nombre de ses employés de 3 300 à 2 400. Elio Bacich, directeur des opérations mexicaines de Zenit, explique que « 60 % de ce que nous faisions auparavant à la main est maintenant exécuté par des machines [36] ».

Dans tous les pays en voie de développement, les machines remplacent les travailleurs. Martin Anderson, vice-président de la société de consultants Gemini, dans le New Jersey, dit que lorsque les entreprises bâtissent de nouvelles usines dans les pays en voie de développement, ce sont généralement des unités beaucoup plus robotisées et efficientes que leurs homologues nord-américaines. « Quelques-unes des plus "japonaises" des usines américaines sont installées au Brésil », explique-t-il [37].

L'idée que le transfert de la production vers les pays pauvres se traduit par davantage d'emplois locaux et davantage de richesses n'est plus obligatoirement vraie. Shaiken est bien d'accord, qui ajoute : « Les besoins du tiers monde en matière de travail sont incomparables avec le nombre d'emplois effectivement créés » par les nouvelles usines robotisées et les entreprises de haute technologie. Il craint que la troisième révolution industrielle ne se traduise par un petit nombre d'emplois de haute technicité pour la nouvelle élite des travailleurs du savoir et un chômage technologique croissant à long terme pour des millions d'autres. La tendance nette, dit-il, est « à la poursuite de la polarisation généralisée des revenus et à la marginalisation de millions de gens [38] ».

Le remplacement du travail humain par des machines entraînera de plus en plus de conflits sociaux dans le tiers monde. Le 1er juillet 1993, aux abords de Bangkok, le personnel de la Thai Durable Textile Company, en conflit avec sa direction, a arrêté la production. L'appel à la grève avait été lancé pour protester contre le licenciement de 376 des 3 340 ouvriers de la société, que des technologies modernes allaient remplacer. Avec une main-d'œuvre (pour l'essentiel féminine) de plus de 800 000 personnes dans l'industrie textile thaïe, les travailleurs aussi bien que le patronat considérèrent ce conflit social comme un test qui déciderait probablement du sort de dizaines de milliers d'ouvriers aux prises avec une révolution technologique qui rapproche toujours davantage notre monde de l'usine sans travailleurs [39].

Dans la Chine voisine, où le vil prix de la main-d'œuvre a longtemps tenu les machines en respect, les autorités ont annoncé une restructuration générale des usines et une modernisation des équipements pour donner au pays le plus peuplé de la planète un avantage compétitif sur les marchés mondiaux. Les spécialistes de l'industrie chinoise prédisent que 30 millions de personnes pourraient perdre leur travail dans la vague actuelle des restructurations d'entreprises [40].

Le contraste entre un avenir de haute technologie et un passé plus rustique n'est nulle part plus évident qu'à Bangalore, ville indienne de 4,2 millions d'habitants, qui devient rapidement la Silicon Valley de ce pays. Des entreprises de taille mondiale comme IBM, Hewlett-Packard, Motorola et Texas Instruments affluent sur ce plateau situé à 900 mètres d'altitude, à quelque 300 kilomètres de Madras. Aux temps coloniaux, sa végétation tropicale, la douceur de son climat et la beauté de ses panoramas avaient fait de cette ville un lieu de villégiature privilégié pour les fonctionnaires britanniques. Aujourd'hui, elle exhibe « des tours de bureaux étincelantes où plastronnent les logos des industries les plus puissantes du monde ». Dans un pays grouillant de pauvreté et où menacent les explosions sociales, Bangalore est « une île d'abondance relative et de stabilité sociale ». Attirant de partout dans le monde les scientifiques et les ingénieurs les mieux formés, cette ville indienne est devenue une Mecque de la technologie de pointe pour les multinationales de l'électronique et de l'informatique, soucieuses d'ouvrir des officines près des nouveaux marchés en gestation [41].

Bangalore n'est que l'une des nombreuses enclaves high-tech qui naissent sur les principaux marchés régionaux de la planète. Leur existence même, au cœur d'une misère et d'un désespoir croissant, suscite des questions dérangeantes sur la « modernité » qui nous attend au siècle prochain. L'historien Paul Kennedy se demande si des pays comme l'Inde peuvent « supporter la tension que représente la création de ces enclaves de technologie de pointe, concurrentielles au niveau mondial, [...] au milieu des centaines de millions de leurs compatriotes nécessiteux ». Observant la disparité croissante entre la nouvelle classe des manipulateurs d'abstractions et les classes travailleuses moyennes et pauvres en perte de vitesse dans les pays occidentaux, Kennedy se demande comment des pays en voie de développement comme l'Inde pourront s'en sortir dans le nouveau monde high-tech. « Si l'on songe au gouffre plus profond encore entre les revenus et les modes de vie que l'on trouve en Inde, dit-il, sera-t-il tenable de vivre sur des îlots de prospérité perdus dans un océan de misère [42] ? »

Ces préoccupations apparaissent d'autant plus pertinentes si l'on songe aux cohortes de travailleurs qui doivent arriver sur le marché du travail dans les pays en voie de développement. Entre aujourd'hui et 2010, le monde en développement va devoir intégrer plus de 700 millions d'hommes et de femmes dans sa population active, soit un effectif supérieur à toute la population active des pays industrialisés en 1990. Les chiffres régionaux sont tout aussi frappants. Dans les trente prochaines années, la population active du Mexique, de l'Amérique centrale et des Caraïbes devrait croître de 52 millions de personnes, soit le double du nombre de travailleurs existant actuellement au Mexique seul. En Afrique, 323 millions de nouveaux travailleurs entreront dans la population active au cours des trois décennies à venir : une population en âge de travailler plus nombreuse que la population active européenne[43].

Pour le monde entier, c'est plus d'un milliard d'emplois qui devront être créés dans les dix prochaines années pour fournir un revenu à tous ces nouveaux arrivants sur le marché du travail, dans les pays développés comme dans ceux en voie de développement[44]. Les nouvelles technologies de la télématique, de la robotique et de l'automation détruisant à grande vitesse les emplois dans tous les secteurs d'activité, la probabilité de trouver suffisamment de travail pour ces centaines de millions de nouveaux candidats semble mince.

Le Mexique nous offre à nouveau un bon point de repère. Quoique mieux lotie que celle de la plupart des pays en voie de développement, la moitié de la population active potentielle de ce pays reste peu ou pas employée. Pour simplement maintenir ce *statu quo*, il faudra créer plus de 900 000 emplois par an pendant le reste de cette décennie afin d'absorber les nouveaux venus[45].

Nous approchons d'un carrefour historique dans l'histoire de l'humanité. Des entreprises de taille planétaire sont aujourd'hui capables de produire des volumes prodigieux de biens et de services avec une main-d'œuvre plus réduite que jamais. Les nouvelles technologies nous font entrer dans une ère où la production pourra presque se passer de producteurs, au moment précis de l'histoire du monde où la population humaine atteint des chiffres sans précédent. Le choc entre la pression démographique et la disparition des emplois va façonner pour les décennies à venir la géopolitique de la nouvelle économie high-tech mondialisée.

14

Un monde plus dangereux

Dans un nombre croissant de pays récemment ou anciennement industrialisés, le chômage technologique et la masse croissante des sans-emploi entraînent une hausse dramatique de la criminalité et de la violence aveugle, qui présagent d'un avenir difficile. Des études récentes ont établi une corrélation alarmante entre la montée du chômage et celle de la criminalité. L'étude Merva et Fowles, dont il a été question plus haut, établit qu'aux États-Unis un point supplémentaire de taux de chômage se traduit par une hausse de 6,7 % des homicides, de 3,4 % des délits avec violence et de 2,4 % des atteintes à la propriété. Dans les trente grandes zones urbaines couvertes par leur étude, les économistes de l'Utah ont estimé que, de la mi-1990 à la mi-1992, la hausse du chômage (de 5,5 % à 7,5 %) a provoqué un supplément de 1 459 homicides, 62 607 délits avec violence (notamment vols qualifiés ou aggravés, violences graves, crimes de sang), et 223 500 autres atteintes aux biens d'autrui (cambriolages, vols simples et vols de véhicules)[1].

Cette étude montre aussi une relation frappante entre l'inégalité croissante des salaires et la montée de la délinquance. Entre 1979 et 1988, l'inégalité des salaires s'est accrue de 5 % dans les trente zones urbaines étudiées. Le fossé a continué de se creuser entre les nantis et les démunis et ce creusement s'est accompagné d'une hausse de 2,05 % des délits avec violence, de 1,87 % des atteintes à la propriété, de 4,21 % des assassinats, de 1,79 % des vols qualifiés ou aggravés, de 3,1 % des violences graves, de 1,95 % des vols simples et petits larcins, de 2,21 %

des vols de véhicules. A la fin de 1992, 833 593 Américains étaient incarcérés dans les prisons des États ou fédérales, soit 59 460 de plus que l'année précédente[2].

George Dismukes purge en ce moment une peine de prison de seize ans pour meurtre. Il exprime la colère et l'amertume de nombre de ses codétenus, dans un réquisitoire cinglant que le magasine *Newsweek* a publié au printemps 1994. Dismukes se rappelle au bon souvenir du reste de l'Amérique :

> Nous, les emprisonnés, sommes la honte de l'Amérique. Le véritable crime, en l'occurrence, c'est votre folie. Des millions de gens végètent sans pouvoir s'accomplir ni se rendre utiles. [...] La société ne sait qu'en faire et préfère payer pour les enfermer, hors de sa vue, sans une chance ni une possibilité de réhabilitation spirituelle. [...] Je vous avertis, vous les suffisants, vous les satisfaits : prenez garde. [...] Notre nombre augmente. Notre coût s'élève rapidement. Construire des prisons plus grandes, plus sûres [...] ne permettra pas de commencer à [résoudre] les questions qui se cachent derrière ces problèmes et cette folie. Cela ne fera qu'accroître le chaos et aggraver les conséquences que tous auront un jour à subir[3].

Les mutations technologiques et l'érosion des opportunités d'emploi ont nui principalement à la jeunesse de ce pays et contribué au développement d'une nouvelle sous-culture criminelle. Le premier trimestre 1993 a vu passer à 40 % la proportion des jeunes chômeurs à New York, soit deux fois plus que deux années auparavant : c'est le pire chiffre enregistré depuis vingt-cinq ans que cette statistique existe. Pour le reste du pays, le chômage des jeunes approchait les 20 % en 1993[4]. Une bonne partie de la hausse du chômage des jeunes est imputable à l'introduction des nouvelles technologies.

La hausse du chômage et la perte de l'espoir en un avenir meilleur sont une des raisons qui poussent des dizaines de milliers d'adolescents vers des modes de vie criminels et violents. La police estime que plus de 270 000 jeunes Américains vont quotidiennement à l'école avec des armes à feu ; une récente étude de l'école de santé publique de Harvard montre que 59 % des enfants des élèves du secondaire disent pouvoir « se procurer un pistolet s'ils le veulent ». De nombreux enfants s'arment parce qu'ils ont peur. Plus de trois millions de délits sont commis chaque année dans les établissements scolaires. Les écoles américaines sont en train de se transformer en forteresses, avec patrouilles de sécurité à l'intérieur des bâtiments et équipements ultramodernes de surveillance. Les caméras cachées, les détecteurs à rayons X, les détecteurs de métaux deviennent la norme dans bien des établissements. Comme les coups de couteau et les balles perdues se multiplient, certaines écoles ont commencé, parallèlement aux exercices de sécurité en cas d'incendie, à mettre en place des « alertes jaunes » pour toutes les classes, de la maternelle à la terminale. « Il nous faut apprendre aux enfants à se jeter à plat ventre quand les balles sifflent », explique un expert en sécurité scolaire. Les coûts croissants de la sécurité pèsent d'un poids énorme sur les budgets de l'éducation, déjà durement frappés par les déficits budgétaires et la diminution des recettes fiscales. Le système scolaire de la ville de New York possède aujourd'hui la onzième force de sécurité des États-Unis, avec plus de 2 400 gardes [5].

L'actuel ministre de la Justice, Janet Reno, considère la violence des jeunes comme le « plus grand problème de criminalité en Amérique aujourd'hui ». Le nombre des adolescents arrêtés pour meurtre a augmenté de 85 % entre 1987 et 1991. En 1992, près d'un million d'enfants de douze à quatorze ans ont été « violé(e)s, volé(e)s ou agressé(e)s, souvent par des enfants de leur âge [6] ».

A Washington, où plusieurs centaines de jeunes ont été abattus au cour des cinq dernières années et où des assassinats aveugles dans les cours de récréation et dans les rues se produisent régulièrement, de plus en plus d'enfants organisent à l'avance leurs propres funérailles : ce phénomène inédit et macabre inquiète fort les parents, les responsables scolaires et les psychiatres. Jessica, onze ans, a déjà dit à ses parents et à ses amis ce qu'elle aimerait porter le jour de ses obsèques. « Je crois que ma robe de cérémonie est la plus jolie », explique cette toute jeune fille à un journaliste du *Washington Post* qui l'interroge. « Quand je mourrai, je veux être élégante, pour ma famille. » Des conseillers d'éducation et des parents parlent d'enfants de dix ans qui ont déposé des instructions précises sur « ce qu'ils veulent porter et quelles chansons ils veulent que l'on chante pour leurs funérailles ». Des gosses ont même informé leurs amis et leurs proches du type de couronne qu'ils voudraient avoir. Pour Douglas Marlowe, psychiatre à l'hôpital universitaire Hahnemann de Philadelphie, « lorsqu'ils [les enfants] commencent à prévoir leurs funérailles, c'est qu'ils ont perdu tout espoir [7] ».

Il arrive que la criminalité adolescente passe de l'acte de violence individuel à l'émeute à grande échelle, comme ce fut le cas à Los Angeles en 1992. Nombre des émeutiers qui incendièrent des centaines de maisons et de commerces, tabassèrent des passants innocents et se heurtèrent à la police appartenaient à des gangs d'adolescents. On estime que 130 000 adolescents appartiennent à de telles bandes sur l'ensemble de l'agglomération de Los Angeles [8]. Illettrés, chômeurs, errants, ces jeunes sont devenus une puissante force sociale, capable de terroriser des quartiers et des villes entières.

Los Angeles a été durement frappée par les restructurations d'entreprises, la robotique, les délocalisations industrielles, la perte des emplois liés aux industries de défense. Le quartier de South Central, épicentre des émeutes, a perdu plus de 70 000 emplois dans les années soixante-dix et quatre-vingt, propulsant la pauvreté vers des taux records [9]. Le chômage s'établit maintenant à 10,4 % pour le comté de Los Angeles, et atteint 50 % pour les Noirs dans certains quartiers. Certes, le déclencheur des émeutes de Los Angeles fut le verdict qui avait innocenté les quatre policiers filmés en train de tabasser un Afro-Américain, Rodney King. Mais le feu de cette furie collective s'est nourri du chômage, de la pauvreté et du désespoir croissant des habitants du centre de la ville. Comme un observateur politique le notera, « cette émeute, la première émeute à caractère multiracial du pays, est imputable aux ventres creux et aux cœurs brisés plus encore qu'au tabassage de Rodney King par la police [10] ».

Les gangs d'adolescents commencèrent à proliférer dans les banlieues résidentielles du pays, de même que le nombre des délits avec violence. Des quartiers autrefois tranquilles sont devenus des zones de guerre où l'on viole, où l'on tire depuis une voiture en marche, où l'on trafique des stupéfiants, où l'on cambriole. Dans le comté de Westchester, plutôt aisé, juste aux portes de la cité de New York, la police signale l'apparition de plus de soixante-dix bandes rivales de jeunes des classes moyennes en quelques années seulement[11]. Ces gangs juvéniles de banlieue fleurissent dans tout le pays. L'augmentation de la criminalité inquiète les habitants de ces quartiers. D'après un sondage *Time*/CNN de 1993, 30 % des personnes interrogées « pensent que la criminalité dans les banlieues résidentielles est au moins aussi grave que celle des centres-villes : en cinq ans, le nombre de gens qui pensent ainsi a doublé[12] ».

Les propriétaires de maisons individuelles répondent à la montée de la criminalité en renforçant leur sécurité. Au cours de la seule année 1992, plus de 16 % des propriétaires américains ont installé des systèmes de sécurité électroniques. Les propriétaires des classes moyennes installent même des détecteurs de mouvements et des caméras de surveillance considérés il y a peu comme le *nec plus ultra* en matière de sécurité high-tech, et de ce fait réservés aux plus riches. Certains installent des dispositifs de vidéo-surveillance à leur porte, pour savoir qui est en train de sonner[13].

On voit aussi l'architecture de ces quartiers changer et s'adapter aux impératifs sécuritaires. « Ce sont de véritables forteresses privées qui sont en train de se développer », dit Mark Boldassare, professeur de planification urbaine et régionale à l'université d'Irvine, en Californie. Lui et d'autres de ses confrères expliquent que l'acier et le béton deviennent rapidement des matériaux préférés, ainsi que les fenêtres de 30 centimètres d'épaisseur, les clôtures de plus de 3,5 mètres de haut, les systèmes de sécurité à caméras pivotantes. Les maisons « camouflées », dont la façade neutre, voire sinistre, cache l'opulence des intérieurs, attirent de plus en plus les résidents soucieux de sécurité[14].

Dans de nombreuses banlieues résidentielles, on améliore la sécurité domestique en louant les services de milices privées pour surveiller les quartiers. De plus en plus de lotissements se coupent du monde extérieur par des murs et ne conservent qu'une unique voie d'accès menant à un pavillon de gardiennage. Les résidents doivent y présenter une carte d'identification pour pouvoir entrer. Dans d'autres quartiers, ils ont littéralement acheté leurs rues aux villes, dont ils s'isolent derrière force grilles de fer et vigiles privés. Ailleurs encore, des quartiers résidentiels se retranchent en érigeant des murs de béton en fond de rue[15].

Edward Blakely, professeur au département de planification urbaine et régionale de l'université de Berkeley, en Californie, considère que trois à quatre millions de personnes vivent déjà dans des quartiers-forteresses. Les Californiens sont actuellement 500 000 à vivre derrière des murs d'enceinte et cinquante nouveaux lotissements sont actuellement en cours de construction, ajoute-t-il. Nombre de ces communautés fermées ont installé des systèmes de défense à la pointe du progrès technologique pour décourager les intrus. A Santa Clarita, au nord de Los Angeles, tout véhicule qui tenterait de passer en force par la porte d'entrée gardée du domaine privé serait arrêté net par des cylindres métalliques jaillissant du sol. Blakely estime que le développement de ces formes d'habitat impénétrable trahit à la fois un souci de sécurité personnelle et « une débâcle du civisme ». Pour un nombre croissant de riches Américains, ce choix d'*apartheid* résidentiel est un moyen « de se retrancher derrière leurs privilèges et d'en exclure le partage avec autrui[16] ».

La baisse des salaires, la constante aggravation du chômage, la dichotomie croissante entre riches et pauvres poussent des pans entiers de l'Amérique dans une culture hors la loi. La plupart des Américains considèrent certes le chômage et la délinquance comme les questions les plus graves auxquelles leur pays est confronté, mais bien plus rares sont ceux qui sont prêts à reconnaître la relation indissoluble qui lie ces deux phénomènes. La troisième révolution industrielle qui bouleverse l'économie, robotise des pans entiers de l'industrie et des services et jette à la rue des millions d'ouvriers et d'employés ne peut qu'attiser la criminalité — et tout particulièrement la criminalité violente. Prisonniers de cette spirale de déclin, ne rencontrant plus dans leur chute que de fort rares bouées auxquelles se raccrocher, de plus en plus d'Américains non employés ou non employables chercheront forcément, pour survivre, du côté de la délinquance. Mais à la porte du nouveau village planétaire high-tech, ils trouveront le moyen de s'y faufiler pour prendre de force ce que les mécanismes du marché leur refusent.

Le rapport sur la criminalité (*Uniform Crime Report*) établi par le FBI indique que, depuis 1987, le vol à l'étalage a grimpé de

18 %, les vols à main armée dans les commerces de proximité ont monté de 27 %, les attaques de banques de 31 % et la criminalité avec violence de 24 % [17]. Il n'en faut pas davantage pour que l'industrie de la sécurité devienne l'une des branches les plus prospères de l'économie. La criminalité d'origine économique approche maintenant le chiffre effarant de 120 milliards de dollars par an : pendant ce temps, les propriétaires d'habitations et les entreprises « claquent » d'autres milliards pour se mettre à l'abri [18].

Aujourd'hui, le budget des milices privées est supérieur de 73 % à celui des forces de l'ordre officielles, et leurs effectifs sont deux fois et demi plus nombreux. La sécurité privée devrait afficher un taux de croissance annuel de 2,3 % jusqu'à la fin des années quatre-vingt-dix, soit plus du double de celui des polices fédérales et locales. La sécurité figure actuellement au nombre des dix premières activités de service, au côté des systèmes télématiques, des logiciels, des services informatiques et du traitement des données. D'ici l'an 2000, les dépenses de sécurité privée devraient dépasser les 100 milliards de dollars [19].

Un problème mondial

Les rues d'Amérique sont de plus en plus violentes, mais d'autres pays industrialisés connaissent aussi ce phénomène. En octobre 1990, à Vaulx-en-Velin, ville ouvrière de l'agglomération lyonnaise, des centaines de jeunes des cités ont envahi les rues et, se sont heurtés à la police puis aux unités antiémeute pendant plus de trois jours. Cette explosion avait été déclenchée par la mort d'un jeune renversé par une voiture de police, mais les habitants de cette zone en déshérence aussi bien que les responsables politiques montrèrent du doigt la montée du chômage et la pauvreté. Les jeunes jetèrent des pierres sur les voitures, brûlèrent des commerces de quartier, blessèrent des quantités de gens. Quand le calme revint, les dommages furent estimés à 500 millions de francs [20].

Bristol, en Angleterre, a connu aussi un épisode de violence en juillet 1992, à la suite d'un accident étrangement semblable à celui de Vaulx-en-Velin. Un véhicule de police avait renversé et tué deux adolescents qui avaient volé une moto de leurs services. Des centaines de jeunes saccagèrent la zone commerciale et détruisirent les magasins. Il fallut le renfort d'un bataillon d'élite de 500 hommes pour venir à bout de ces désordres [21].

Le sociologue français Loïc Wacquant a longuement étudié les émeutes urbaines dans les villes du « premier monde ». Pour lui, dans la quasi-totalité des cas, les catégories sociales impliquées dans ces troubles ont un profil commun. Ce sont pour la plupart d'anciennes classes ouvrières, piégées puis finalement expulsées par la transition de la société industrielle à la société de l'information. Il estime que « pour les habitants des quartiers populaires les plus déshérités, la réorganisation de l'économie capitaliste — automatisation de la production et développement des services créant des emplois hautement spécialisés, place croissante faite à l'électronique et à l'informatique à l'usine et au bureau, érosion du syndicalisme […] [a] entraîné une aggravation du chômage de longue durée et une détérioration des conditions de vie [22] ». Wacquant ajoute que l'afflux croissant des immigrés dans ces mêmes quartiers urbains pèse lourdement sur les possibilités d'emploi et les équipements collectifs, et attise les tensions entre les habitants, contraints d'entrer en concurrence pour une part plus réduite du gâteau économique.

De plus en plus de politiciens et de partis politiques — en particulier en Europe surtout — jouent sur les angoisses de la classe ouvrière et des groupes déshérités, exploitent leur crainte xénophobe de voir les immigrés leur prendre ces précieux emplois. En Allemagne où, selon une récente étude, 76 % des lycéens disent avoir peur du chômage, des jeunes descendent dans la rue pour manifester violemment contre les immigrés, qu'ils accusent de prendre des emplois allemands. Dirigée par des bandes de jeunes néo-nazis, cette violence s'est propagée dans toute l'Allemagne. En 1992, dix-sept personnes ont été tuées à l'occasion de 2 000 actes d'agression, pendant que les chefs de file néonazis désignaient les immigrés et les Juifs comme les coupables de la hausse du chômage. En 1992, deux partis néo-fascistes, l'Union du peuple allemand et les *Republikaner*, dont le chef est un ancien officier SS, ont, pour la première fois, remporté des sièges parlementaires dans deux *Länder* en s'appuyant sur la xénophobie et l'antisémitisme [23].

En Italie, le parti néo-fasciste Alliance nationale a surpris en rassemblant 13,5 % des voix lors des élections nationales de mars 1994. Il devenait ainsi le troisième parti italien. Son chef charismatique Gianfranco Fini fut accueilli aux cris de « Duce ! Duce ! Duce ! » par des centaines de jeunes lors d'un rassemblement organisé pour fêter cette victoire électorale, rappelant les moments les plus sombres de l'ère mussolinienne. Les instituts de sondage italiens estiment qu'une part considérable du soutien que rencontre ce parti vient de jeunes chômeurs en colère [24].

En Russie, le parti néo-fasciste de Vladimir Jirinovski a récolté 25 % des voix lors de la première élection parlementaire post-soviétique, à la stupéfaction générale. En France, les partisans de Jean-Marie Le Pen font des scores semblables en attisant la xénophobie et la peur des immigrés, censés prendre le travail des Français de souche [25].

Les discours de ces dirigeants de l'extrême droite ne s'aventurent que très rarement sur le terrain des mutations technologiques. Ce sont pourtant bien les réductions d'effectifs drastiques, le *reengineering* et l'automatisation qui ont détruit le plus d'emplois ouvriers dans tous les pays industrialisés. La vague montante d'immigration, de l'est vers l'ouest de l'Europe, et du sud vers le nord des Amériques, reflète en partie la nouvelle dynamique de l'économie planétaire et l'émergence d'un nouvel ordre mondial, qui force des millions de travailleurs à franchir leurs frontières nationales en quête d'emplois toujours plus rares dans les secteurs secondaire et tertiaire.

La combinaison des mutations technologiques et de la pression démographique continue de peser sur la « capacité de charge » d'innombrables populations urbaines. La dureté des conditions de vie et les tensions sociales aboutissent à des soulèvements spontanés et à des actes collectifs de violence aveugle. Les habitants des zones urbaines déshéritées des pays industriels ont aujourd'hui plus de points communs avec ceux des taudis des pays en développement qu'avec la nouvelle élite de travailleurs cosmopolites installés dans les banlieues aisées ou les agglomérations périphériques, à quelques encablures seulement de leur misère.

Nathan Gardels, rédacteur en chef du *New Perspectives Quarterly*, résume le sentiment généralisé en des termes remarquablement proches des explications proposées il y a une trentaine d'années pour dépeindre le sort des populations noires des villes américaines, déracinées une première fois par les innovations technologiques agricoles au Sud, puis ensuite par la mécanisation et les technologies à commande numérique dans les usines du Nord. « Du point de vue du marché, les rangs toujours plus nombreux des [chômeurs] sont confrontés à un sort pire que celui que leur réservait le colonialisme : l'inutilité économique. » Au bout du compte, explique Gardels, « nous n'avons pas besoin de ce qu'ils ont et ils ne peuvent acheter ce que nous vendons ». Gardels prévoit un avenir de plus en plus chaotique : un monde fait « de quelques îlots structurés dans l'océan du pandémonium » [26].

Certains experts militaires estiment que nous entrons dans une nouvelle et dangereuse période historique qui se caractérisera par ce qu'ils appellent des conflits de faible intensité : des guerres menées par des bandes terroristes, des bandits, des guérilleros et autres. D'après l'historien militaire Martin Van Creveld, le distinguo entre guerre et criminalité devrait se brouiller et même disparaître : des bandes de hors-la-loi en maraude, parfois mues par de vagues objectifs politiques, feront peser sur le village planétaire les menaces d'attaques éclair meurtrières, d'attentats à la voiture piégée, d'enlèvements, de massacres démentiels, etc. [27]. Dans ce nouvel environnement de conflits de faible intensité, les armées régulières et les forces de police nationales seront de plus en plus impuissantes à réprimer ou même à contenir les violences, et céderont probablement la place à des milices privées payées pour défendre les zones de sécurité de l'élite high-tech du village planétaire.

La transition vers la troisième révolution industrielle remet en cause nombre de nos idées les plus chères sur la marche et le sens du progrès. Pour les optimistes, dirigeants d'entreprise, futurologues professionnels, leaders politiques d'avant-garde, l'aurore de l'âge de l'information annonce une ère de prospérité et de production illimitée, de courbes de consommation ascendantes, de nouvelles et plus nombreuses percées scientifiques et technologiques, de marchés intégrés et d'assouvissement instantané des désirs.

Le triomphe de la technologie apparaît à d'autres comme une

malédiction, le requiem de tous les perdants de la nouvelle économie mondiale et des avancées stupéfiantes de la robotisation, vecteurs de l'exclusion des cohortes humaines hors du processus économique. Le futur est à leurs yeux synonyme de terreur, et non d'espoir, de colère croissante, et non d'ambition. Ils se sentent abandonnés du monde, se ressentent toujours plus impuissants à faire entendre leur voix, à exiger leur légitime insertion dans le nouvel ordre planétaire des technologies de pointe. Ils sont les exclus du village planétaire. Ignorés par les pouvoirs en place, contraints de végéter aux marges de l'existence, ils sont les hordes dont les humeurs collectives sont aussi imprévisibles que les vents politiques changeants : une masse humaine dont le sort et la destinée les entraînent toujours plus vers l'explosion sociale et la révolte contre un système qui les rend invisibles.

A la veille du troisième millénaire, la civilisation se trouve en équilibre instable à la croisée de deux voies divergentes. L'une, utopique, pleine de promesses, l'autre, « dystopique », regorgeant de périls. L'enjeu en est le concept même de travail. Comment l'humanité va-t-elle entreprendre de se préparer à un avenir dans lequel l'essentiel du labeur classique sera passé des êtres humains aux machines ? Nos institutions politiques, nos contrats sociaux et nos relations économiques sont fondés sur le fait que les êtres humains vendent leur force de travail, comme une marchandise, sur un marché ouvert. Maintenant que la valeur marchande de ce travail perd de plus en plus d'importance dans la production et la distribution des biens et des services, il va falloir mettre en œuvre de nouvelles approches de la répartition des revenus et du pouvoir d'achat. Des alternatives au travail tel que nous le connaissons devront être élaborées pour permettre aux énergies et aux talents des générations futures de s'exercer. Pendant la période de transition vers un nouvel ordre, il faudra orienter et assister des centaines de millions de travailleurs touchés par la reconfiguration de l'économie mondiale. Leur sort exigera une attention immédiate et soutenue si nous voulons éviter des conflits sociaux à l'échelle planétaire.

Deux types d'actions spécifiques devront être mis en œuvre avec détermination si l'on souhaite voir les pays industrialisés réussir au XXIᵉ siècle leur transition vers une ère post-marchande.

Tout d'abord, les gains de productivité résultant de l'introduction des nouvelles technologies économes d'emploi et de temps devront être partagés avec des millions de travailleurs. Les progrès spectaculaires de la productivité devront être compensés par la réduction du nombre des heures travaillées et par des augmentations régulières des salaires et rémunérations, pour garantir une distribution équitable des fruits du progrès technologique.

En second lieu, la contraction de l'emploi de masse dans l'économie de marché classique et la réduction des dépenses des États dans le secteur public imposeront de porter un regard plus attentif sur le troisième secteur, celui de l'économie non marchande. C'est sur ce secteur, celui de l'économie sociale, que les gens compteront probablement dans le siècle qui vient pour satisfaire les besoins personnels et sociaux que ni le marché ni les mesures administratives ne pourront plus combler. C'est dans cet espace que les hommes et les femmes pourront explorer de nouveaux rôles et responsabilités et trouver un nouveau sens à leur vie, puisque la valeur marchande de leur temps se sera évanouie. Le transfert partiel des attachements et des engagements personnels des secteurs marchands et publics à l'économie sociale annonce des changements fondamentaux dans les orientations institutionnelles et un nouveau contrat social. Ce contrat social différera autant de celui qui régit la société marchande que celui-ci se distingue des rapports féodaux de l'ère médiévale.

V

L'aube de l'ère postmarchande

15

Repenser la semaine de travail

Il y a presque un demi-siècle, à l'aube de la révolution informatique, le philosophe et psychologue Herbert Marcuse lançait cet avertissement prophétique qui hante encore notre société, tandis que nous méditons sur la transition vers l'âge de l'information : « L'automation menace de rendre possible l'inversion de la relation entre temps libre et temps de travail [...] elle menace d'offrir la possibilité de voir le temps de travail devenir marginal et le temps libre essentiel. Le résultat serait une transformation radicale du contenu des valeurs et un mode de vie incompatible avec la civilisation traditionnelle. La société industrielle avancée est mobilisée en permanence contre cette possibilité[1]. »

Et il ajoutait, en disciple de Freud : « Puisque la longueur de la journée de travail elle-même est l'un des principaux facteurs répressifs imposés au principe de plaisir par le principe de réalité, sa réduction [...] est la première condition préalable à la liberté[2]. »

Les tenants de l'utopie technologique ont longtemps défendu la thèse que la science et la technologie, convenablement domestiquées, finiraient par libérer les êtres humains du travail classique. Cette opinion n'est nulle part plus répandue que parmi les champions et les thuriféraires de la révolution informationnelle. Yoneji Masuda, l'un des premiers architectes de la révolution informatique au Japon, nous dépeint une cybertopie à venir où le « temps libre » remplacerait l'« accumulation matérielle » comme valeur fondamentale et objectif primordial de la

société. Masuda convient avec Marcuse que la révolution informatique ouvre la porte à un changement de cap radical pour
la société, loin du travail enrégimenté, vers la liberté personnelle,
et ce pour la première fois dans l'histoire. Ce visionnaire
japonais est convaincu que si la révolution industrielle fut préoc-
cupée au premier chef par l'augmentation de la production
matérielle, la contribution majeure de la révolution de l'information sera la production d'un volume de temps libre toujours
grandissant, qui donnera aux êtres humains la « liberté de déterminer volontairement » ce qu'ils comptent faire de leur avenir.

Masuda voit la transition des valeurs matérielles aux valeurs
temporelles comme une rupture dans l'évolution de notre
espèce. « Pour l'Homme, la valeur temps se situe à un niveau
plus élevé que les valeurs matérielles sur l'échelle des valeurs fondamentales de l'activité économique. Cela parce que la valeur
temps correspond à la satisfaction des besoins humains et intellectuels, là où les valeurs matérielles correspondent à la satisfaction des besoins physiologiques et pratiques[3]. »

Dans les pays industrialisés comme dans ceux en voie de développement, on est de plus en plus conscient que l'économie mondiale avance vers un avenir robotisé. La révolution de l'information et de la communication signifie une production accrue
avec moins de travail humain. D'une façon ou d'une autre, la
conséquence inévitable de la reconfiguration des entreprises et
des mutations technologiques sera l'augmentation du temps
libre. William Green, ex-président de l'AFL, résume la question
en quelques mots : « Le temps libre est une certitude. A nous
simplement de choisir entre chômage et loisirs[4]. »

L'histoire de l'économie nous enseigne que pour ce qui
concerne les deux premières révolutions industrielles, le débat
entre augmentation du chômage et augmentation des loisirs fut
finalement tranché en faveur de cette dernière solution, quoique
au travers de longs conflits entre le monde ouvrier et le patronat
sur les questions de productivité et d'horaires. Les formidables
gains de productivité des premières étapes de la révolution
industrielle, au XIXᵉ siècle, débouchèrent sur une réduction du
temps de travail de quatre-vingts à soixante heures par semaine.
De la même façon, au XXᵉ siècle, lorsque les économies industrielles effectuèrent leur transition des techniques de la vapeur

à celles du pétrole et de l'électricité, les augmentations constantes de la productivité amenèrent un nouveau raccourcissement de la semaine de travail, de soixante à quarante heures. Nous voici parvenus à l'orée du troisième stade de la révolution industrielle, prêts à récolter les gains de productivité offerts par l'ordinateur et les nouvelles technologies informationnelles et des télécommunications. A ce stade, un nombre croissant d'observateurs suggèrent qu'une nouvelle réduction de la semaine de travail, à trente ou même à vingt heures, est inéluctable pour adapter les besoins en travail aux nouvelles performances du capital.

Alors que les périodes précédentes de l'histoire avaient vu les augmentations de productivité déboucher sur une réduction régulière du nombre moyen des heures travaillées, on a constaté l'inverse durant les quatre décennies qui ont suivi la révolution informatique. L'économiste de Harvard Juliet Schor souligne que la productivité américaine a plus que doublé depuis 1948, ce qui signifie que nous pouvons « produire aujourd'hui notre niveau de vie de 1948 (mesuré en termes de biens et de services marchands) en moins de la moitié du temps qu'il n'en fallait en ce temps-là ». Pourtant, les Américains travaillent plus d'heures aujourd'hui qu'il y a quarante ans, au commencement de la révolution informatique. Ces dernières décennies, le temps de travail a augmenté de 163 heures (un mois) par an. Plus de 25 % de l'ensemble des employés à temps plein passent 49 heures ou plus à leur tâche chaque semaine. La durée totale des congés payés et des congés de maladie a diminué aussi ces vingt dernières années. Le(la) travailleur(euse) américain(e) moyen(ne) perçoit aujourd'hui 3,5 jours de moins de congés payés ou indemnités au titre de l'assurance maladie qu'il(elle) n'en percevait au début des années soixante-dix. Les Américains, qui travaillent aujourd'hui plus longtemps que dans les années cinquante, ont vu leur temps de loisir amputé de plus d'un tiers. Si les tendances actuelles se prolongent jusqu'à la fin de ce siècle, ils finiront par travailler autant que durant les années vingt[5].

La révolution de la productivité a donc affecté de deux façons le temps de travail. L'introduction des technologies économisant à la fois la main-d'œuvre et le temps a permis aux entreprises d'éliminer massivement des travailleurs et de créer ainsi une armée de réserve de chômeurs qui pâtissent d'une oisiveté forcée au lieu de jouir de leur temps libre. Ceux qui ont encore un travail sont obligés de travailler plus longtemps, en partie pour compenser la baisse de leur salaire et de leurs prestations. Nombre de sociétés préfèrent occuper plus longtemps une main-d'œuvre plus réduite plutôt qu'un personnel plus abondant qui travaillerait moins : elles économisent ainsi diverses charges sociales, dont les prélèvements de santé et de régimes de retraite. Même en payant 50 % plus cher les heures supplémentaires, elles dépensent moins que si elles devaient payer les charges sociales inhérentes à une main-d'œuvre plus abondante.

Barry Jones, ex-ministre australien des Technologies, pose une question qui tracasse beaucoup de gens : si, comme quasi tous les économistes l'admettent, il fut profitable de réduire considérablement le nombre des heures de travail aussi bien au XIX⁰ siècle qu'au début du XX⁰ pour s'adapter aux augmentations spectaculaires (d'origine technologique) de la productivité, pourquoi ne serait-il pas tout aussi bénéfique, du point de vue de la société, de réduire le temps de travail dans une proportion similaire, pour absorber les formidables gains de productivité que nous apporte la révolution de l'information et des télécommunications[6] ? L'ancien sénateur et candidat à la présidence Eugene McCarthy affirme que si nous ne raccourcissons pas la semaine de travail et ne distribuons pas plus équitablement le travail disponible, « vingt ou trente millions de personnes supplémentaires tomberont dans la pauvreté et il faudra bien les faire survivre à coups de tickets alimentaires et autres allocations[7] ».

Vers une semaine de travail « high-tech »

La revendication d'une semaine de travail plus courte est aujourd'hui activement soutenue, comme par le passé, par un nombre croissant de responsables syndicaux et d'économistes. Faute de capacité — ou de volonté — d'intervention de l'État à travers des projets de travaux publics financés par l'impôt, nombre de gens voient dans la réduction de la semaine de travail l'unique solution viable aux mutations technologiques. Lynn Williams, anciennement président du syndicat de la métallurgie

(United Steel Workers of America, USWA), estime que « nous devons commencer à penser à la réduction du temps de travail [...] comme moyen de partager les gains de productivité[8] ». En 1993, le premier constructeur automobile européen, Volkswagen, a annoncé son intention de passer à la semaine de quatre jours pour sauver 31 000 emplois mis en péril par l'âpreté de la concurrence mondiale et des nouvelles technologies et méthodes de travail ayant accru la productivité de 23 %. Les ouvriers ont voté en faveur du plan de la direction : Volkswagen est la première entreprise de taille mondiale à être passée à la semaine de trente heures. Les salaires nets seront réduits de 20 %, mais les diminutions d'impôts et l'étalement sur l'année entière des primes traditionnelles de Noël et des vacances devraient amortir le choc[9]. Peter Schlilein, porte-parole de Volkswagen, indique que la société et les employés ont accepté ensemble l'idée d'une semaine de travail plus courte comme une juste alternative à des licenciements massifs et définitifs[10].

La campagne en faveur de la réduction du temps de travail progresse rapidement en Europe, où le chômage atteint des records depuis la fin de la guerre. En Italie, les syndicats manifestent aux cris de *Lavorare meno, lavorare tutti* (« Travailler moins pour travailler tous »). En France, l'idée est favorablement accueillie par la population et par une majorité de députés. Le président François Mitterrand a parlé en faveur de la semaine de quatre jours, et Michel Rocard, au moment où il envisageait d'être candidat du Parti socialiste aux élections présidentielles de 1995, s'était engagé à faire campagne pour la réduction du temps de travail[11].

Le modèle d'une semaine de quatre jours a été proposé en France par Pierre Larrouturou, consultant français auprès de la société Arthur Andersen. Le plan Larrouturou prévoit le passage de l'actuelle semaine de trente-neuf heures à une semaine de trente-trois heures, à partir de 1996. Cette semaine de travail plus courte entraînerait une réduction de 5 % des salaires, mais créerait deux millions d'emplois (soit une hausse de l'emploi total de 10 %). Pour compenser les pertes de salaires, les entreprises devraient introduire la participation aux bénéfices pour que leurs employés puissent profiter des futurs gains de productivité. Les charges seraient allégées par la prise en charge par l'État du financement de l'assurance chômage. Les entreprises versent actuellement une cotisation équivalant à 8,8 % de la masse salariale. Mais les finances de l'État ne souffriraient pas de l'abolition de la cotisation chômage, qui s'élève à 110 milliards de francs par an. Selon les auteurs de ce plan, 2 millions de chômeurs en moins signifierait en effet pour l'État une économie de 140 milliards de francs en allocations versées aux chômeurs sous diverses formes, ce qui compenserait la perte de ces prélèvements obligatoires et la prise en charge du paiement des indemnités de chômage [12].

Les partisans de ce plan pensent par ailleurs que la reformulation de la semaine de travail améliorera la productivité et donc la compétitivité des entreprises françaises sur le marché mondial. Ils ajoutent que, parallèlement à l'argument traditionnel selon lequel une semaine de travail plus courte réduit la fatigue et améliore les rendements, l'accent nouvellement mis sur la flexibilité horaire (qui optimise le capital et les équipements) s'est révélé un facteur de productivité.

Des expériences de réduction de la semaine de travail ont été faites par des sociétés comme Hewlett-Packard ou Digital Equipment. Elles ont convaincu nombre de sceptiques dans le monde des affaires des bienfaits potentiels de cette nouvelle démarche. La direction grenobloise de Hewlett-Packard a adopté la semaine de quatre jours, mais instauré le fonctionnement vingt-quatre heures sur vingt-quatre et sept jours sur sept de son usine. Les 250 employés travaillent maintenant 26 heures et 50 minutes par semaine en poste de nuit, 33 heures et 30 minutes en poste d'après-midi et 34 heures et 40 minutes en poste de matin. Leur salaire est le même que lorsqu'ils travaillaient 37,5 heures par semaine, alors que leur horaire hebdomadaire a diminué de 6 heures en moyenne. Ce supplément de rémunération horaire est considéré par la direction comme la contrepartie de l'acceptation par les intéressés des horaires flexibles. La production a triplé à Grenoble, largement parce que les équipements fonctionnent en continu sept jours sur sept au lieu d'être inutilisés pendant deux jours, comme c'était le cas avant la réorganisation. Gilbert Fournier, syndicaliste CFDT, se dit « heureux des expériences comme celles de Hewlett-Packard ». « Nous sommes convaincus, dit-il, qu'une réduction de la semaine de travail, qui permet également aux équipements de fonctionner aussi longtemps ou plus longtemps, est une clé pour la création d'emplois en Europe[13]. »

Les solutions retenues par Digital Equipment sont différentes. La société a offert à ses employés une semaine de travail de 4 jours accompagnée d'une réduction de salaire de 7 %. Sur les 4 000 employés de l'entreprise, 530, soit plus de 13 %, ont accepté la proposition. Leur choix a sauvé 90 emplois, que la reconfiguration de l'usine aurait supprimés. « Un grand nombre de gens étaient intéressés par cette idée de moins travailler tout en gagnant moins, dit Robin Ashmal, porte-parole de Digital Management. Les jeunes veulent organiser leur vie différemment et disposer de davantage de temps libre[14]. »

La Commission européenne et le Parlement européen se sont officiellement prononcés en faveur de la réduction du temps de travail hebdomadaire pour lutter contre le chômage. Un mémorandum de la Commission avertit qu'il est « important d'éviter la cristallisation de deux groupes d'individus séparés (ceux ayant un emploi stable et ceux n'en ayant pas) qui constituerait une évolution susceptible de perturber la société et mettrait à terme en danger les fondements mêmes de toutes les sociétés démocratiques ». La Commission affirme clairement que l'heure est venue pour les États et les entreprises « de maintenir et de créer des emplois par la réduction du temps de travail pour parvenir à une meilleure équité [sociale] en une époque de chômage fort et croissant[15] ». De même, le Parlement européen a accordé son soutien aux initiatives de la Communauté qui « garantissent, à court terme, une réduction significative du temps de travail quotidien, hebdomadaire et/ou annuel, voire sur la durée d'une vie entière, afin de ralentir notablement et enfin de stopper la tendance à la hausse du chômage[16] ».

Au Japon même, bastion de l'éthique du travail industriel, des voix se font entendre en faveur d'une réduction de la semaine de travail. Celle-ci y a diminué régulièrement au cours des trois décennies écoulées. Le raccourcissement de la semaine de travail a accompagné de très fortes augmentations de la productivité et de la croissance économique et fait mentir l'affirmation si fréquente selon laquelle moins de travail et plus de loisirs mineraient la compétitivité et les profits des entreprises.

Chez certains économistes et chefs d'entreprise japonais, ce sont des considérations de pure rentabilité financière qui jouent en faveur du développement des loisirs : l'économie tertiaire s'en trouverait stimulée et les travailleurs japonais disposeraient ainsi de temps pour consommer davantage de biens et de services. D'autres voient la question du travail et des loisirs comme une affaire de qualité de vie et soutiennent que les travailleurs ont besoin de passer plus de temps avec leurs familles, de prendre part à l'éducation des enfants, de s'impliquer dans la vie de leur quartier et les activités associatives, de profiter de la vie.

En 1992, le Premier ministre Kiichi Miyazawa a annoncé que la réduction du temps de travail serait un objectif officiel et déclaré que son gouvernement engagerait toutes ses forces dans la promotion de la « qualité de la vie » au Japon. En août de cette même année, un plan officiel du Conseil économique, ambitionnant de faire du Japon, en cinq ans, la « superpuissance du bien-être », a été rendu public. Il y est beaucoup question de créer un environnement plus sain et plus axé sur le temps libre pour les citoyens japonais. Au sommet de la liste des priorités : raccourcir la semaine de travail de quarante-quatre à quarante heures [17].

La réduction du temps de travail a pris davantage d'importance au Japon ces derniers temps, avec la publication de rapports affirmant que les sociétés japonaises emploient au moins deux millions de personnes de trop [18]. La révolution du *reengineering* et de l'automation va probablement élaguer encore l'emploi et les effectifs pendant la décennie à venir. C'est pourquoi nombre de Japonais commencent à voir la réduction de la semaine de travail comme une réponse aux licenciements technologiques et à la croissance du chômage.

En dépit des réussites de certaines sociétés comme Hewlett-Packard, Digital Equipment ou autres, qui ont réduit le temps de travail hebdomadaire dans leurs usines européennes sans compromettre ni la productivité ni les bénéfices, la plupart des chefs d'entreprise américains demeurent inébranlables dans leur opposition. Une enquête auprès de trois cents chefs d'entreprise, effectuée il y a plusieurs années et sollicitant leur approbation à la réduction de la semaine de travail, ne reçut pas une seule réponse positive. Un directeur de l'une des entreprises du palmarès *Fortune 500* répondit : « Ma conception du monde, de notre pays, des besoins de notre pays est radicalement opposée à la vôtre. Je ne peux imaginer une semaine de travail plus courte. Je peux en imaginer une plus longue [...] si l'Amérique veut être compétitive dans la première moitié du prochain siècle [19]. »

Les revendications sociales sur la productivité

Le monde de l'entreprise a longtemps fonctionné à partir de l'hypothèse que les gains de productivité apportés par les nouvelles technologies appartiennent légitimement aux actionnaires et aux directions des entreprises, sous la forme d'un accroissement des dividendes, de salaires plus élevés et d'autres avantages. Les revendications ouvrières sur les progrès de la productivité sont généralement considérées comme irrecevables, ou même parasitaires. La contribution des travailleurs au processus de production et aux succès de l'entreprise est toujours vue comme de moindre valeur que celle des investisseurs. C'est pour cela que toute redistribution des gains de productivité au bénéfice des travailleurs apparaît non pas comme un droit mais plutôt comme une largesse octroyée par le patronat. Le plus souvent, ce « cadeau » est concédé à contrecœur aux représentants syndicaux, lors de négociations collectives.

Il est piquant de constater que l'argument classiquement avancé par les chefs d'entreprise pour justifier leur prétention à disposer des gains de productivité pourrait se retourner contre eux depuis que de profonds changements sont intervenus sur le marché des capitaux. Leur credo selon lequel les gains de productivité doivent aller aux investisseurs qui risquent leurs capitaux pour créer de nouvelles technologies est devenu une arme potentiellement très efficace entre les mains des travailleurs. Car ces derniers se révèlent être de très gros investisseurs ! C'est en effet l'épargne à long terme de millions de travailleurs américains qui est investie dans les nouvelles technologies de l'information. Les fonds de pension sont aujourd'hui le plus gros réservoir d'investissement capitalistique de l'économie américaine. Ces fonds, dont la valeur dépasse 4 000 milliards de dollars, représentent les économies de millions de petites gens. Ils représentent 74 % de l'épargne individuelle nette, soit le tiers de toutes les actions des entreprises et près de 40 % de la totalité de leurs obligations. Les fonds de pension détiennent près du tiers de l'ensemble des avoirs financiers dans l'économie américaine. Pour l'année 1993 simplement, ils ont réalisé de nouveaux investissements à hauteur de 1 000 à 1 500 milliards de dollars. Les actifs des fonds de pension dépassent maintenant ceux des banques de commerce américaines ; ils sont un formidable outil d'investissement [20].

Malheureusement, les travailleurs n'ont pas leur mot à dire dans la façon dont est investie leur épargne. Il s'ensuit que, depuis plus de quarante ans, les banques et les sociétés d'assurances investissent dans des technologies nouvelles économes en main-d'œuvre les milliards de dollars des plans de retraite des travailleurs avec pour seul résultat de détruire les emplois de ces mêmes travailleurs. Pendant longtemps, les gestionnaires des fonds de pension ont prétendu que leur devoir légal de gestion « en bon père de famille » leur faisait simplement obligation de maximiser la rentabilité des portefeuilles. Ces dernières années, en partie pour répondre aux pressions des syndicats, l'État a élargi le concept de gestion prudente pour y intégrer la notion d'investissement allant dans le sens du bien-être économique global des allocataires. Du point de vue des travailleurs, maximiser les retours sur investissement des fonds de pension n'a en effet aucun sens si cela doit se traduire par la suppression massive de leurs emplois. Puisque ce sont leurs économies péniblement accumulées que l'on utilise pour stimuler les gains de productivité, ils sont fondés à revendiquer leur part dans cette productivité, tant au titre d'investisseurs qu'à celui d'employés. Mais les chefs d'entreprise resserrent les rangs avec obstination contre toute tentative de réduire la semaine de travail et d'augmenter les salaires pour redistribuer les gains de productivité.

Quelques modestes propositions

Il est probable que la résistance des entreprises à la réduction du temps de travail va fléchir dans les années à venir, au fur et à mesure que les employeurs prendront davantage conscience du besoin de combler l'écart entre une capacité de production croissante et le pouvoir d'achat fléchissant des consommateurs. La pression de l'opinion en faveur d'une réduction de la semaine de travail qui permettrait de redistribuer plus équitablement le travail disponible devrait aussi peser fortement sur les négociations collectives et sur les tractations de couloirs au Congrès.

Des économistes tels que le prix Nobel Wassily Leontief préparent d'ores et déjà le terrain pour le passage à une semaine de travail plus courte. Leontief estime que la mécanisation des secteurs industriel et tertiaire est semblable à celle qui prévalut aux débuts de ce siècle dans l'agriculture. L'État avait alors pris l'initiative et instauré une politique des revenus pour aider les paysans à ajuster leur surproduction à une demande déficiente. Aujourd'hui, dit Leontief, les pays industrialisés disposent déjà d'une politique des revenus solide sous la forme de régimes de prévoyance, assurance chômage, sécurité sociale et allocations diverses. Il estime qu'il faut élargir l'idée du transfert des revenus pour desserrer l'étreinte du chômage technologique. A son avis, un premier pas dans cette direction pourrait consister en des prestations supplémentaires aux personnes travaillant en horaire réduit, ce qui se fait déjà beaucoup en Europe.

Leontief estime que le changement technologique est inévitable, mais admet volontiers que le secteur émergent du savoir ne sera pas en mesure de créer suffisamment d'emplois pour absorber les millions de travailleurs licenciés pour cause de reconfiguration et d'automatisation. Il se dit en faveur d'une réduction de la durée hebdomadaire du travail comme outil de partage du travail existant, mais ajoute qu'elle doit se faire sur la base du volontariat et non de la contrainte, en raison des difficultés d'application [21].

John Zalusky, directeur du département Salaires et relations industrielles à l'AFL-CIO, prône une réponse plus immédiate et moins compliquée à la question du temps de travail. Il souligne que chacun des 9,3 millions de chômeurs américains représente pour l'économie une perte de 29 000 dollars de revenus « parce qu'ils émargent aux caisses de l'État ; ils vivent de l'aide au lieu d'y contribuer [22] ». Il affirme que de nouveaux emplois pourraient être créés si des mesures de dissuasion étaient prises contre les heures supplémentaires et si l'on revenait à la semaine de travail de quarante heures. Ce porte-parole syndical rappelle que le surpaiement des heures supplémentaires visait à l'origine à « permettre le travail en cas d'urgence réelle (une coupure d'électricité par exemple), tout en dissuadant les employeurs d'imposer une semaine de plus de quarante heures[23] ». Nous avons vu que ces dernières années, pour économiser sur les charges sociales et prestations diverses, les employeurs ont préféré payer des heures supplémentaires plutôt que d'embaucher. En 1993, les heures supplémentaires ont atteint le plus haut taux moyen jamais enregistré dans l'industrie américaine (4,3 heures). Le temps de travail a augmenté de 3,6 % depuis 1981, tandis que le nombre des salariés diminuait régulièrement[24].

Zalusky soutient que si le paiement des heures supplémentaires — qui représente actuellement la moitié du salaire de base — était doublé, voire triplé, les directions abandonneraient cette solution au profit de l'embauche. « Le simple fait de revenir à quarante heures par semaine pour les travailleurs à temps plein se traduirait par la création de sept millions d'emplois[25]. » Le porte-parle de l'AFL-CIO admet cependant qu'il sera extraordinairement difficile de faire voter un amendement à la loi et souligne que les dispositions du *Fair Labor Standards Act* concernant le paiement des heures supplémentaires n'ont pas été modifiées depuis 1938[26].

Lors de la convention de l'AFL-CIO à San Francisco, en octobre 1993, la question de la réduction du temps de travail a été sérieusement discutée pour la première fois depuis des décennies. Lynn Williams estime que celle-ci « est un objectif de plus en plus central car nous constatons que cette prétendue reprise économique ne crée pas suffisamment d'emplois ». Thomas R. Donahue, secrétaire-trésorier de l'AFL-CIO, est encore plus formel : « Il est indéniable que l'avenir à long terme du travail dépend de la réduction du temps de travail[27]. »

Dennis Chamot affirme pour sa part que même si de nombreux syndicalistes considèrent la réduction du temps de travail comme inévitable à long terme, « cela ne va pas être facile ». Tout simplement parce que les politiciens sont lents à prendre toute la mesure du bouleversement mondial de l'économie. Jusqu'à maintenant, dit Chamot, les responsables politiques ont continué d'espérer que la vague actuelle des reconfigurations et des licenciements technologiques était un phénomène provisoire. Ils n'ont pas compris « qu'elle s'inscrit dans une restructuration d'amplitude majeure des processus de travail sur lesquels est fondée notre économie [28] ».

Des propositions de lois portant sur une réduction obligatoire de la semaine de travail ont été soumises au Congrès. Le représentant John Connyers, président de la puissante commission des interventions publiques (Government Operations Committee), proposa il y a plus de dix ans de modifier la loi pour réduire de quarante à trente le nombre des heures travaillées, sur une période de huit ans. La loi Conyers aurait aussi relevé le paiement des heures supplémentaires de 50 % à 100 % pour dissuader les chefs d'entreprise d'y recourir plutôt que d'embaucher. Ce projet contenait par ailleurs une disposition qui aurait banni les clauses sur les heures supplémentaires obligatoires dans les contrats de travail. S'adressant à ses collègues pour solliciter leur soutien à son texte sur la diminution des horaires hebdomadaires, Conyers écrivait : « L'un des principaux moyens de maîtrise du chômage pendant la grande crise de 1929 fut d'adoption de la semaine de quarante heures. Mais ces trente dernières années l'horaire hebdomadaire est resté pratiquement inchangé malgré la fréquence des licenciements massifs, l'ampleur du chômage d'origine technologique et les considérables gains de productivité. Nous devons de nouveau recourir à la réduction de la semaine de travail et au partage de l'emploi pour réduire le chômage sans sacrifier la productivité [29]. »

Un second projet de loi, présenté cette fois par Lucien E. Blackwell en octobre 1993, propose l'instauration légale de la semaine de trente heures. Ce projet prévoit une augmentation du salaire fédéral minimal à 7 dollars de l'heure. Il est aussi prévu d'augmenter automatiquement le salaire minimal en fonction de l'indice des prix à la consommation. Les défenseurs de cette proposition soulignent les économies (sous forme d'allocations de chômage et de protection sociale) qui résulteraient de la remise au travail de millions de personnes, grâce à cette réduction du temps de travail hebdomadaire [30].

Mais la concurrence mondiale se durcit et nombre de chefs d'entreprise renâclent à l'idée de réduire la semaine de travail, par peur d'augmenter les coûts salariaux et donc de relever le prix de leurs produits par rapport à la concurrence étrangère. Selon eux, la hausse des coûts salariaux handicaperait nettement les producteurs nationaux et entraînerait donc la perte de parts de marché dans l'économie mondiale. William McGaugey et l'ancien sénateur Eugene McCarthy réfutent en partie, dans leur ouvrage *Nonfinancial Economics*, l'argument classique qui lie durée du travail et compétitivité internationale. Ils nous rappellent qu'entre 1960 et 1984 les industriels américains sont ceux qui ont le moins réduit la durée du travail hebdomadaire et accordé les plus faibles augmentations de rémunération horaire en comparaison avec les autres pays industrialisés. Pourtant, même si les entreprises américaines ont connu les plus faibles augmentations annuelles des coûts salariaux par comparaison avec les douze plus grands pays industriels, la balance commerciale des États-Unis est devenue déficitaire dans la même période. Curieusement, la balance commerciale japonaise a suivi le chemin inverse au cours de ces mêmes années, malgré la forte hausse annuelle de ses coûts salariaux [31].

Mais l'on s'obstine à dire qu'un horaire allégé avec maintien des salaires pourrait mettre les entreprises en difficulté au plan mondial. La solution proposée en France est l'une des réponses possibles à cette préoccupation. Nous l'avons vu, des responsables patronaux et syndicaux français ainsi que les dirigeants politiques de plusieurs partis ont intégré l'idée que l'État pourrait prendre en charge le paiement des allocations de chômage en échange d'un engagement des entreprises à réduire la semaine de travail. Les décideurs français calculent que l'embauche qui en résulterait diminuerait considérablement les sommes versées au titre de diverses prestations sociales, et donc annulerait toutes les dépenses supplémentaires auxquelles le gouvernement devrait faire face en reprenant à son compte la cotisation chômage patronale. Les entreprises qui adopteraient la semaine de travail réduite et embaucheraient des travailleurs supplémentaires pourraient bénéficier d'avantages fiscaux. Le montant de ces exonérations pourrait être déterminé en fonction du nombre d'embauches et de la masse salariale totale. La perte de revenu en amont, affirment certains, serait probablement compensée ensuite par l'augmentation des recettes fiscales due à l'accroissement du nombre des salariés imposables. L'administration Clinton a déjà envisagé l'idée d'accorder des avantages fiscaux aux sociétés qui embaucheraient des chômeurs indemnisés. Cela constituerait un précédent pour une initiative plus large couvrant l'ensemble de la population active.

Enfin, le gouvernement américain pourrait songer à contraindre chaque entreprise à élaborer un plan de participation aux bénéfices, comme il a été suggéré en France, pour permettre aux travailleurs de participer directement aux gains de productivité. De plus, le Congrès pourrait envisager une déduction fiscale pour les employés confrontés à une réduction de leur semaine de travail accompagnée d'une diminution de leur salaire net. Une déduction pour chaque heure de travail supprimée permettrait au gouvernement d'alléger les prélèvements obligatoires pesant sur les salariés ; la réduction du temps de travail serait alors plus séduisante aux yeux de la population active du pays.

Mais, estiment nombre d'économistes, ces innovations ne sauraient dispenser de la négociation de conventions multilatérales avec d'autres pays développés ou en voie de développement, pour garantir des règles du jeu équitables. Michael Hammer affirme : « On ne peut [réduire la semaine de travail] que si tout le monde en fait autant. » A l'instar de nombreux autres commentateurs, Hammer soutient que « si vous payez le même salaire pour moins d'heures de travail, alors, en pratique, vous élevez le coût de vos produits, et vous ne pouvez faire cela que si chacun agit de même[32] ». Certains, comme McCarthy et McGaughey, prônent la mise en place d'un système douanier « pour promouvoir un progrès mondial des conditions de travail ». Les tarifs douaniers seraient établis sur la base d'un indice mesurant le niveau des salaires et des heures travaillées dans les pays d'origine des produits. « L'objectif d'un tel système, disent McCarthy et McGaughey, serait d'inciter les producteurs étrangers à relever leurs salaires et à réduire les horaires en réduisant les barrières tarifaires qui leurs compliquent l'accès aux marchés américains[33]. »

Quelles que soient les démarches envisagées pour raccourcir la semaine de travail, aucun pays du monde n'aura d'autre choix que d'avancer dans cette direction au cours des décennies à venir, pour s'adapter aux spectaculaires gains de productivité résultant des nouvelles technologies, économes en temps et en travail. Alors que les machines remplaceront de plus en plus les êtres humains dans tous les secteurs et toutes les branches, il restera à choisir entre moins de salariés travaillant plus longtemps (et davantage de chômeurs) et une meilleure répartition du travail (et plus de salariés travaillant moins longtemps).

Travail contre loisirs

Aux États-Unis, l'intérêt pour une réduction de la durée de travail hebdomadaire s'est d'abord manifesté chez les dirigeants syndicaux et les chercheurs spécialisés, puis s'est généralisé au grand public. Stressés par la longueur de leur semaine de travail et le fardeau des familles monoparentales, un nombre croissant d'Américain(e)s se disent prêt(e)s à échanger un peu de leurs revenus contre davantage de temps libre pour mieux s'occuper de leur famille et d'eux-mêmes. Dans une enquête récente (1993) réalisée par l'Institut du travail et de la famille (Families and Work Institute, FWI), les salariés se disent « moins prêts à faire des sacrifices pour leur travail » et « veulent consacrer plus de temps et d'énergie à leur vie personnelle [34] ». Une enquête antérieure avait cherché à établir leurs préférences entre deux choix de carrière : « Une qui vous permettrait d'aménager vos horaires dans le cadre d'un travail à temps plein et de davantage vous occuper de votre famille, mais qui ralentirait vos perspectives d'avancement professionnel ; ou une autre avec des horaires de travail rigides et moins de présence dans la famille, mais une progression de carrière plus rapide. » Les personnes interrogées ont répondu à 77 % en faveur de la première hypothèse. Il est étonnant de constater que 55 % se disent moins « susceptibles d'accepter une promotion entraînant des responsabilités plus grandes si cela doit se faire aux dépens de leur famille [35] ». Sur la question du choix entre revenus et loisirs, une étude du ministère du Travail établit que l'employé(e) américain(ne) moyen(ne) est disposé(e) à renoncer à 4,7 % de ses revenus en échange de davantage de temps libre [36].

L'intérêt nouveau pour cet échange de revenus contre du temps libre reflète l'importance croissante accordée par des millions d'Américains à leurs obligations familiales et à leurs besoins personnels. L'équilibre entre travail et loisirs est devenu une question majeure au sein de la famille. Une majorité de femmes travaillent de nos jours, et les enfants sont de plus en plus livrés à eux-mêmes à la maison. Jusqu'à sept millions de gamins sont seuls, chez eux, pendant certaines parties de la journée. Des enquêtes ont établi que près d'un tiers des jeunes enfants de ce pays se débrouillent sans personne. Entre 1960 et 1986, affirme une étude nationale, le temps que les parents ont pu consacrer à leurs enfants a chuté de dix heures par semaine dans les foyers blancs et de douze heures dans les foyers noirs [37]. Ce déficit d'éducation parentale a créé un syndrome d'« abandon ». Les psychologues, les éducateurs et un nombre croissant de parents s'inquiètent de la montée terrible des dépressions enfantines, de la délinquance, de la criminalité violente, de l'alcoolisme et de la toxicomanie, des suicides d'adolescents, largement favorisés par l'absence de présence parentale dans les foyers.

Les problèmes de stress induits par une durée de travail excessive sont devenus particulièrement aigus pour les femmes qui, plus souvent qu'à leur tour, doivent mener de pair l'entretien de la maisonnée et un emploi qui les occupe quarante heures par semaine. Des études indiquent qu'une femme salariée aux États-Unis cumule dans sa semaine quatre-vingts heures d'activité en moyenne [38]. Ne nous étonnons donc pas si les femmes sont plus réceptives que les hommes à la possibilité de réduire le temps de travail hebdomadaire. Les syndicats représentant des branches fortement féminisées — parmi lesquelles celles des communications (Communications Workers of America, CWA) et des services (Service Employees International Union, SEIU) — sont parvenus à négocier de telles réductions pour leurs membres. Nombre de syndicalistes progressistes estiment que la renaissance du mouvement syndical américain s'articulera autour des perspectives d'organisation du salariat féminin ; et « la clé d'une telle évolution, c'est la réduction du temps de travail [39] ».

Pour forcer le patronat à évoluer sur la question d'une répartition plus juste des gains de productivité dus à la troisième révolution industrielle, il faudra qu'un mouvement politique nouveau et transculturel s'appuie sur une coalition de groupes réunis par des intérêts convergents : les syndicats, les organisations de lutte pour les droits civiques, les groupes de femmes, les associations de parents, les groupes de protection de l'environnement, les organisations pour la justice sociale, les organisations religieuses et humanitaires, les associations de voisinage et d'entraide, et tant d'autres, qui ont un intérêt direct à la réduction de la semaine de travail.

La réduction du temps de travail ne manque pas d'attrait et nombre de pays la mettront en œuvre dans les premières années du siècle qui vient. Si, cependant, cette réduction hebdomadaire n'est pas accompagnée par des mesures tout aussi énergiques pour offrir du travail aux millions de chômeurs dont les bras et le cerveau sont devenus inutiles à l'économie mondiale, nombre des maux économiques et sociaux qui menacent actuellement la stabilité politique ne feront que s'exacerber. Et l'avenir sera pire encore si le sous-prolétariat montant se sent abandonné par la partie de la population active qui aura réussi à conserver, ou à retrouver, des emplois dans le cadre d'une stratégie de partage du travail.

Dans les années qui viennent, des millions d'Américains se verront confrontés à la perspective de travailler de moins en moins d'heures dans le secteur marchand classique, et un nombre de plus en plus grand d'autres, non qualifiés, seront incapables d'occuper la moindre fonction dans l'économie mondiale ultramodernisée et automatisée. La question de l'utilisation du temps « libre » va donc prendre de plus en plus d'importance dans le paysage politique. La transition d'une société s'appuyant sur l'emploi de masse dans le secteur privé à une autre fondée sur l'adoption de critères non marchands dans l'organisation de la vie sociale exige un bouleversement de notre vision du monde. La redéfinition du rôle de l'individu dans une société où le travail, sous sa forme classique, n'existera plus, est peut-être la question la plus cruciale de l'ère qui vient.

16

Un nouveau contrat social

L'économie mondiale high-tech est au-delà de la production de masse et de ses armées de travailleurs. L'économie de demain aura besoin d'une élite de festionnaires, d'entrepreneurs, d'experts et de techniciens, mais de moins en moins d'ouvriers lui seront nécessaires pour produire des biens et des services. La valeur marchande du travail diminue et continuera de diminuer. Après des siècles passés à définir la valeur des hommes en termes strictement « productifs », le remplacement généralisé du labeur humain par celui des machines laisse la masse des travailleurs privée d'identité, sans plus aucune fonction sociétale.

De même que disparaît le besoin de travail humain, le rôle de l'État s'épuise. Des entreprises d'envergure planétaire commencent à éclipser et à s'accaparer le pouvoir des nations. Elles usurpent de plus en plus le rôle traditionnel de l'État et exercent aujourd'hui un contrôle sans précédent sur les ressources, les réservoirs de main-d'œuvre et les marchés de la planète. Les plus grandes entreprises mondiales disposent d'actifs dépassant le PNB de bien des pays.

Le passage d'une économie bâtie sur la matière, l'énergie et le travail à une autre fondée sur l'information et la communication réduit encore davantage l'importance de l'État-nation en tant que garant du bon fonctionnement des marchés. L'une des fonctions premières de l'État-nation moderne est son aptitude à utiliser la force militaire pour s'emparer des ressources vitales et exploiter les réservoirs locaux ou même mondiaux de main-d'œuvre. Aujourd'hui, parmi les ingrédients qui concourent à la production, l'énergie, les ressources minérales et le travail perdent de leur importance au profit de l'information, des communications et de la propriété intellectuelle ; la nécessité des interventions militaires massives est de ce fait moins évidente. L'information et les communications, matières premières de la cyber-économie planétaire, sont indifférentes aux frontières matérielles. Elles se répandent dans l'espace physique, franchissent les démarcations politiques, pénètrent les plus profondes strates de la vie des nations. Les armées permanentes ne peuvent stopper, ni même ralentir, le torrent d'informations et de communications qui enfle sans ce soucier des frontières.

L'État-nation, avec son assise matérielle et géographique, est bien trop lent pour agir ou réagir au rythme accéléré du marché mondial. Les entreprises planétaires sont au contraire, par leur nature même, des institutions temporelles plus que spatiales. Elles n'appartiennent à aucune communauté humaine particulière et ne sont enracinées nulle part. Elles sont une nouvelle sorte d'institution quasi politique, qui exerce un pouvoir formidable sur les peuples et les territoires de par leur capacité à maîtriser les informations et les communications. Leur agilité, leur souplesse et par-dessous tout leur mobilité leur permettent de transférer productions et marchés en des temps infimes et sans effort d'un endroit à l'autre et donc de contrôler, en pratique, la politique économique de chaque pays.

La mutation des relations entre l'État et l'économie est de plus en plus patente avec l'émergence des nouveaux accords commerciaux internationaux qui soustraient de plus en plus de pouvoir politique aux États-nations au profit des entreprises transnationales. Les accords du GATT/OMC de Maastricht, l'accord de libre-échange nord-américain (ALENA) montrent bien que l'organigramme mondial des pouvoirs est en pleine restructuration. Au nom de ces accords, des centaines de lois nationales promulguées par des États-nations souverains risquent de se voir frappées de nullité pour la simple raison qu'elles compromettent la liberté des entreprises transnationales à commercer comme bon leur semble. Dans des dizaines de pays, des électeurs et des groupes de citoyens protestent avec vigueur pour tenter de bloquer ces accords commerciaux, par crainte de voir tomber en déshérence des législations chèrement acquises sur les conditions de travail, la protection de l'environnement, les règles d'hygiène ou autres, ouvrant ainsi la voie à une mainmise quasi totale des transnationales sur les affaires économiques de la planète.

Le rôle géopolitique de l'État-nation s'efface, de même que son rôle d'employer de la dernière chance. Nous l'avons vu, les gouvernements, entravés par une dette à long terme et des déficits budgétaires croissants, sont moins disposés à engager des dépenses publiques ambitieuses et des programmes de grands travaux pour créer des emplois et stimuler le pouvoir d'achat. Dans pratiquement tous les pays industrialisés du monde, ils se départissent de leur tâche traditionnelle de régulateurs du marché et reculent tant dans leur capacité de peser sur les transnationales que dans celle d'assumer leur vocation d'État-providence.

Le rôle déclinant des travailleurs et de l'État dans le fonctionnement des économies de marché nous oblige à repenser de fond en comble le contrat social. Souvenons-nous que, pendant l'essentiel de l'ère industrielle, les rapports marchands ont supplanté les relations traditionnelles, et que la valeur humaine a été mesurée presque exclusivement en termes commerciaux. Aujourd'hui, il devient diffcile de « se vendre » (vendre son temps), et le labyrinthe des rapports marchands qui s'étaient construits autour de la vente de la force de travail s'en trouve également menacé. De même, maintenant que le rôle de l'État en tant que régulateur des marchés s'efface, ses institutions se délitent. Elles devront redéfinir leur mission si elles veulent garder quelque raison d'être dans la vie des citoyens. La priorité est aujourd'hui, dans le monde entier, de rompre avec le « mercatocentisme » des institutions politiques.

La plupart des gens ont du mal à imaginer une société dans laquell le marché et l'État ne joueraient pas un rôle aussi important dans leur vie quotidienne. Ces deux forces institutionnelles sont parvenues à tellement dominer chacun des aspects de notre vie que nous en oublions le rôle dérisoire qu'elles avaient dans nos sociétés, il y a simplement un siècle. Les grandes entreprises et les États-nations ne sont, après tout, que les créateurs de l'ère industrielle. Au cours de notre siècle, ces deux grandes institutions ont phagocyté de plus en plus de fonctions et activités précédemment assumées par des individus qui travaillaient au coude à coude dans des milliers de communautés humaines. Mais maintenant que les secteurs public et marchand ne sont plus en mesure d'assurer certains des besoins fondamentaux des populations, les gens n'ont guère mieux à faire que prendre une fois de plus leurs propres affaires en main et recréer des collectivités locales viables qui les protégeront des forces impersonnelles du marché mondial et d'autorités centrales de plus en plus faibles et incompétentes.

Dans les décennies à venir, le déclin du rôle des secteurs marchand et public va affecter les vies des travailleurs selon deux axes principaux. Ceux qui conserveront un emploi connaîtront vraisemblablement une réduction du temps passé chaque semaine au travail et disposeront de davantage de temps libre. Ils seront assaillis par les forces du marché qui tenteront de les convaincre de dépenser leur temps libre en s'adonnant à des divertissements de masse et à une consommation accrue. Par ailleurs, un nombre croissant de prsonnes non ou sous-employées s'enfonceront inexorablement dans un sous-prolétariat permanent. Désespérées, beaucoup se tourneront vers l'économie informelle pour survivre. Certaines vivront de petits boulots, s'assurant un minimum de nourriture et un toit. D'autres se lanceront dans le vol et la petite délinquance. Le trafic des drogues et la prostitution enfleront, seule planche de salut de millions d'êtres humains valides exclus par une société qui n'aura ni besoin ni désir de leur travail. Leurs appels à l'aide seront largement ignorés car les gouvernements resserreront les cordons de la bourse et transféreront leurs priorités budgétaires de la prévention sociale et de la création d'emplois vers le renforcement des forces de police et la construction de prisons plus nombreuses.

Telle est la voie sur laquelle avancent actuellement beaucoup de pays industriels ; elle n'est nullement inéluctable. Une alternative existe pour canaliser le raz de marée technologique meurtrier de la troisième révolution industrielle. Tous ces salariés qui auront plus de temps libre pour eux et ces chômeurs inoccupés représentent une occasion d'exploiter les compétences inutilisées de millions de gens dans des tâches constructives, en dehors des secteurs privé ou public. Les talents et l'énergie conjugués de

316

ceux qui jouissent de leur temps libre et de ceux qui subissent une oisiveté forcée pourraient, de fait, être dirigés vers la reconstruction de milliers de collectivités locales et la création d'une troisième force, qui fleurirait indépendamment du marché et du secteur public.

Y a-t-il une vie au-delà du marché ?

Les fondements d'une troisième force puissante, fondée sur la vie associative, existent d'ores et déjà. On s'est beaucoup préoccupé des secteurs privé et public aux États-Unis, mais il en existe un troisième ; son poids historique réel dans la constitution du pays offre aujourd'hui à l'évidence un outil de reformulation du contrat social pour le XXIᵉ siècle. Ce troisième (ou tiers) secteur est un royaume aux dénominations et caractéristiques diverses (indépendant, bénévole, coopératif, mutualiste, solidariste, associatif, distributif, social, etc.) dans lequel les accords fiduciaires cèdent le pas aux liens communautaires, où le fait de donner de son temps à d'autres se substitue à des rapports marchands artificiellement imposés où l'on se vend soi-même, et où l'on vend ses services. Ce secteur autrefois vital dans la construction du pays a fini par être exilé aux marges de la vie publique, écrasé par la domination croissante des sphères marchande et publique. Mais avec le recul de ces deux derniers domaines (au moins en termes d'heures de travail), la possibilité de ressusciter et de transformer le troisième secteur et d'en faire le vecteur de l'avènement d'une ère postmarchande florissante devrait être sérieusement explorée.

Le tiers secteurs, déjà largement présent dans la société, recouvre au niveau local et associatif quantités de services sociaux et médicaux, d'activités d'enseignement et de recherche, artistiques, religieuses et militantes. Des associations locales aident les personnes âgées, les handicapés, les malades mentaux, les jeunes en difficulté, les sans-abri, les indigents. Des bénévoles rénovent des appartements délabrés et construisent de nouveaux logements pour les économiquement faibles. Des dizaines de milliers d'Américains se mettent gratuitement au service d'hôpitaux et de cliniques pour assister les patients, notamment les victimes du sida. D'autres, par milliers, s'engagent comme familles d'accueil, ou prennent sous leur tutelle des enfants orphelins. D'autres encore prennent sous leur aile des jeunes en fugue ou en rupture avec la société. Ou bien ils participent à des campagnes de lutte contre l'illettrisme. Certains s'impliquent dans des crèches parentales ou des activités périscolaires. D'autres préparent et livrent des repas à des pauvres. Ils sont de plus en plus nombreux à s'enrôler dans des centres d'urgence pour aider les victimes de viols, de violences conjugales, ou les enfants maltraités. Des milliers de bénévoles travaillent dans les centres d'accueil où ils distribuent des vêtements aux démunis. Nombre d'Américains participent à des programmes de réhabilitation comme les Alcooliques anonymes, ou à des actions de réinsertion des toxicomanes. Des spécialistes (juristes, comptables, médecins, cadres) se mettent gracieusement au service de ces organisations bénévoles. Des millions de personnes se portent volontaires dans des actions de protection de l'environnement : recyclage, programmes de conservation de la nature, campagnes antipollution, protection des animaux. D'autres s'organisent pour défendre toutes sortes de causes, combattre des injustices ou faire évoluer les mentalités et la législation. Des centaines de milliers de personnes consacrent leur temps aux beaux-arts, participent à des groupes de théâtre locaux, à des chorales, à des orchestres. Les collectivités locales font aussi souvent appel à des volontaires pour combattre les incendies, prévenir la délinquance ou apporter une aide d'urgence en cas de catastrophe.

Alors que le secteur privé compte pour 80 % de l'activité économique des États-Unis et que le secteur public représente 14 % du PNB, les activités du secteur indépendant représentent les 6 % restant et fournissent 9 % des emplois disponibles au niveau national. Il y a plus de travailleurs dans les organisations du tiers secteur que dans le bâtiment, l'électronique, les transports ou le secteur du textile et de l'habillement[1].

Les actifs du tiers secteur équivalent aujourd'hui à près de la moitié de ceux de l'État. Une étude menée au début des années quatre-vingt par Gabriel Rudney, économiste à Yale, estimait que si les dépenses du secteur associatif américain étaient celle d'un État, le PNB de ce dernier serait le huitième du monde[2]. Bien que le tiers secteur américain ne fournisse que moitié moins d'emplois et n'encaisse que moitié moins de revenus que l'État, il a grandi deux fois plus vite que les secteurs public et privé au cours des dernières années [3].

Mais il a beau gagner du terrain sur ses deux rivaux et peser d'un poids économique qui surpasse le PNB de la plupart des pays du monde, il reste souvent ignoré par les politologues, qui préfèrent voir en Amérique deux domaines seulement : le privé et le public. C'est pourtant le secteur indépendant qui, traditionnellement, a joué un rôle médiateur vital entre la sphère économique et l'administration en assumant des tâches et des services, que les deux autres ne voulaient pas ou ne savaient pas prendre en charge, en défendant les intérêts de groupes ou de secteurs sociaux ignorés par le marché ou lésés par les autorités.

D'après une grande enquête de Gallup datant de 1992, plus de 94,2 millions d'adultes américains, soit 51 % de la population, donnaient de leur temps à diverses causes ou organisations en 1991. La moyenne tournait autour de 4,2 heures par semaine et par personne. Collectivement, les Américains fournissent bénévolement plus de 20,5 milliards d'heures. Plus de 15,7 milliards de ces heures sont employées dans le cadre d'un engagement formalisé, c'est-à-dire d'un travail régulier pour une organisation à but non lucratif. Elles représentent l'équivalent de la contribution économique de neuf millions de salariés à plein temps, soit en termes monétaires, une valeur de 176 milliards de dollars [4].

Il y a aux États-Unis plus de 1,4 million d'organismes à but non lucratif, qui ont pour objectif de fournir un service ou de faire progresser une cause. L'administration fiscale américaine (Internal Revenue Service, IRS) les définit comme des activités « dont les revenus [...] ne profitent à aucun individu ou actionnaire privés [5] ». La plupart sont exemptées d'impôts fédéraux et les dons qui leur sont faits sont fiscalement déductibles.

La croissance du nombre des organisations exemptées d'impôts aux États-Unis a été extraordinaire ces vingt-cinq dernières années. A la fin des années cinquante, l'IRS traitait de 5 000 à 7 000 demandes d'exemption fiscale par an. Ce nombre dépassait 45 000 en 1985 [6]. Les actifs cumulés du secteur associatif dépassent aujourd'hui 500 milliards de dollars. Ce secteur est financé pour partie par des legs et des dons privés, mais également par ses revenus propres et des subventions officielles. En 1991, un foyer américain moyen consacrait 649 dollars, soit 1,7 % de son revenu, à des associations à but non lucratif. Plus de 69 millions de foyers américains ont déclaré avoir fait des dons de ce type en 1991. Neuf pour cent des foyers donnent plus de 5 % de leurs revenus totaux à des organisations caritatives[7].

Le service d'intérêt général est une alternative révolutionnaire aux formes traditionnelles de travail. Au contraire de l'esclavage, de la servitude ou du travail salarié, il n'est ni imposé ni réductible à une relation fiduciaire. Il s'agit ici d'aider, d'aller vers l'autre. C'est un acte volontaire et souvent désintéressé de toute récompense matérielle. En ce sens, il est davantage apparenté aux économies traditionnelles fonctionnant sur le don. Le service rendu à la collectivité découle d'une compréhension profonde de l'interconnexion de tous les aspects de la société et est motivé par un sentiment personnel du devoir. C'est d'abord, et avant tout, un échange social, quoiqu'il ait souvent des conséquences économiques sur le bénéficiaire aussi bien que sur le donateur. De ce point de vue, ce type d'activité sociale est éminemment différent de celle du marché, dans lequel l'échange est toujours matériel et financier et où les conséquences sociales sont moins importantes que les gains ou les pertes économiques.

Depuis les années quatre-vingt, des sociologues français parlent d'*économie sociale* pour tenter de clarifier ce qui distingue le tiers secteur de l'économie d'échange marchand. Pour l'économiste français Thierry Jeantet, l'économie sociale « ne se mesure pas à la même aune que le capitalisme (salaires, revenus du capital distribué, etc.), mais intègre des résultats plus sociaux [...] ou gains économiques indirects ; par exemple : personnes handicapées maintenues à domicile et non hospitalisées, solidarité effective interâges dans un quartier ». Il souligne que « l'apport des volontaires ou des bénévoles de l'économie sociale est bien entendu un exemple essentiel d'un résultat, d'un "plus" que l'économie traditionnelle n'a pas su ou voulu mesurer[8] ».

Le tiers secteur est, du point de vue social, le plus « responsable » des trois. C'est un univers où prime l'attention donnée aux autres, la préoccupation pour les besoins et les aspirations de millions d'individus qui, pour une raison ou pour une autre, sont exclus, ignorés ou insuffisamment pris en compte par le secteur marchand et le secteur public.

Une vision alternative

L'homme politique et philosophe français Alexis de Tocqueville fut le premier à s'intéresser à l'esprit de bénévolat en Amérique. Après sa visite des États-Unis en 1831, il écrivit ses impressions sur notre jeune pays. Tocqueville avait été fort impressionné par la propension des Américains à s'engager volontairement dans des associations, phénomène peu présent à la même époque en Europe : « Les Américains de tous les âges, de toutes les conditions, de tous les esprits s'unissent sans cesse. Non seulement ils ont des associations commerciales et industrielles auxquelles tous prennent part, mais ils en ont encore de mille autres espèces : de religieuses, de morales, de graves, de futiles, de fort générales et de très particulières, d'immenses et de fort petites ; les Américains s'associent pour donner des fêtes, fonder des séminaires, bâtir des auberges, élever des églises, répandre des livres, envoyer des missionnaires aux antipodes ; ils créent de cette manière des hôpitaux, des prisons, des écoles. S'agit-il enfin de mettre en lumière une vérité ou de développer un sentiment par l'appui d'un grand exemple, ils s'associent[9]. »

Tocqueville était convaincu que les Américains avaient découvert une nouvelle forme, révolutionnaire, d'expression culturelle, qui se révélerait cruciale pour l'épanouissement de l'esprit démocratique :

Il n'y a rien, suivant moi, qui mérite plus d'attirer nos regards que les associations intellectuelles et morales de l'Amérique. Les associations politiques et industrielles des Américains tombent aisément sous nos sens ; mais les autres nous échappent ; et, si nous les découvrons, nous les comprenons mal, parce que nous n'avons presque jamais rien vu d'analogue. On doit reconnaître cependant qu'elles sont aussi nécessaires que les premières au peuple américain, et peut-être plus. Dans les pays démocratiques, la science de l'association est la science mère ; le progrès de toutes les autres dépend des progrès de celle-là[10].

Voilà plus de deux cents ans que le tiers secteur façonne l'expérience américaine, imprégnant pratiquement tous les aspects de la vie de l'Amérique et contribuant à transformer une culture de pionniers en une société moderne fortement avancée. Alors même que les historiens sont prompts à mettre la grandeur de l'Amérique au crédit de l'action du marché et de l'État, le tiers secteur a joué un rôle tout aussi actif dans la définition de l'*american way of life*. Ses premières écoles et ses premières facultés, ses hôpitaux et services sociaux, ses confréries, ses clubs féminins, ses organisations de jeunesse, ses mouvements pour les droits civiques, pour la justice sociale, pour la protection et la conservation de l'environnement, ses sociétés de protection des animaux, ses théâtres, ses orchestres, ses galeries d'art, ses bibliothèques, ses musées, ses initiatives de citoyens, ses associations de développement local, ses comités de quartier, ses corps de sapeurs-pompiers volontaires et ses patrouilles civiles de sécurité, l'Amérique les doit à son tiers secteur.

Aujourd'hui, des organisations de bénévoles offrent leurs services à des millions d'Américains dans tous les quartiers, toutes les collectivités du pays. La portée et le champ de leurs activités éclipsent souvent celles des secteurs public et privé, elles affectent les vies de chaque citoyen plus profondément que les forces du marché ou les services de l'administration.

Bien que de telles associations existent dans la plupart des pays du monde et qu'elles soient en train d'y devenir une force sociale de première importance, elles ne sont nulle part aussi développées qu'aux États-Unis. Les Américains se sont souvent réfugiés dans ces regroupements de bénévoles où les relations personnelles pouvaient s'épanouir, où un statut leur était reconnu, où un sentiment de solidarité pouvait naître. Max Lerner, économiste et pédagogue, observait un jour que c'est pour surmonter leur sentiment d'isolement et d'aliénation que les Américains adhèrent à ces organisations, pour prendre part à une vraie communauté. Ce besoin primordial ne saurait être satisfait ni par les forces du marché, ni par les diktats de l'État. « C'est là [dans les associations à but non lucratif], dit-il, [...] que le sentiment d'appartenance communautaire trouve son accomplissement [11]. »

On a beaucoup parlé des rudes traditions de la « frontière » américaine, et du féroce esprit de compétition qui a fait de ce pays une superpuissance économique. Mais l'aspect solidaire du caractère américain, qui amène les citoyens à unir leurs forces dans une entreprise commune d'entraide, ne retient guère l'attention. Le secteur indépendant est un havre pour des millions d'Américains, un lieu où ils peuvent être eux-mêmes, exprimer leurs opinions, afficher leurs talents selon des voies impraticables dans les limites étroites du monde du travail, où le productivisme règne sans partage. Walter Lippmann résume l'énorme valeur du tiers secteur dans la vie de millions de ses concitoyens : « C'est cet engagement social d'un Américain — dans une Église, une loge, une œuvre sociale ou un club féminin, un club gastronomique, une collecte locale, un groupe d'anciens combattants, un club de loisirs, un parti politique — qui définit sa personnalité sociale. C'est à travers cette expérience qu'il acquiert le sentiment d'utilité qui lui reste étranger en tant que maillon négligeable du processus mécanique de l'organisation économique. C'est là qu'il peut s'épanouir en tant qu'être humain par ses qualités de générosité et d'amitié, ses talents d'orateur, d'animateur ou d'organisateur, par sa fougue, son esprit civique. C'est là qu'il déploie ses capacités comme cela lui arrive rarement sur son lieu de travail, en œuvrant, avec d'autres, à des fins communes et désintéressées [12]. »

Le secteur indépendant est le trait d'union, le ciment social qui contribue à unifier les intérêts divers du peuple américain en une identité sociale cohérente. S'il fallait résumer par une caractéristique unique ce que signifie fondamentalement le fait d'être américain, ce serait notre capacité à nous rassembler dans des associations d'entraide bénévoles. L'anthropologue Margaret Mead remarqua un jour : « Si on y prête attention, on voit que presque tout ce qui compte vraiment pour nous, tout ce qui incarne nos plus profondes convictions quant à la façon dont la vie humaine devrait être vécue et protégée dépend de quelque forme (et souvent de nombreuses formes) de bénévolat [13]. » Curieusement pourtant, cet aspect fondamental du caractère et du vécu américains ne sont guère mentionnés dans les manuels d'histoire et de sociologie à l'usage de nos lycéens et de nos étudiants. Nous apprenons à nos enfants les vertus du marché et les règles de l'équilibre des pouvoirs incarnées par nos institutions représentatives, mais le tiers secteur, si tant est qu'il soit évoqué, relève plutôt d'une note en marge de l'expérience américaine, au mépris de son rôle fondamental dans la création de notre mode de vie.

Les organisations du secteur associatif ont des fonctions multiples. Elles sont les laboratoires où éclosent des idées neuves et les forums où s'expriment les doléances populaires. Ce sont les associations qui intègrent le flux des immigrants à la civilisation américaine. Ce sont elles qui tendent au pauvre et au faible une main secourable. Ce sont des institutions sans but lucratif telles que les musées, les bibliothèques, les sociétés d'histoire qui contribuent à la préservation des traditions et ouvrent de nouveaux champs à la recherche intellectuelle. Le tiers secteur permet à bien des gens de s'initier à l'art de la participation démocratique. On vient y chercher l'esprit de camaraderie et y forger des amitiés. C'est dans le tiers secteur que des millions d'Américains peuvent partir à la recherche d'une dimension spirituelle, grâce aux organisations religieuses ou à vocation thérapeutique qui leur permettent d'oublier les soucis profanes de la vie quotidienne. Enfin, c'est dans le tiers secteur que beaucoup trouvent un espace de détente et de jeu et éprouvent pleinement les plaisirs de la vie et de la nature.

Le tiers secteur contient nombre des éléments indispensables d'une alternative convaincante à l'ethos utilitariste du marché. Pourtant, l'esprit de l'économie sociale n'a pas encore su cristalliser une contre-culture assez puissante pour orienter les énergies du pays. Cela, en grande partie, du fait de l'extraordinaire emprise des valeurs marchandes sur la vie publique.

La vision marchande du monde, associée à une glorification matérialiste de l'abondance, défend les principes et les normes du productivisme en tant que principaux instruments du bonheur. Aussi longtemps que les gens continueront à s'identifier avant tout à l'économie de marché, les valeurs de la croissance et de la consommation sans limite continueront de peser sur les comportements personnels. Les gens persisteront à se voir, d'abord et avant tout, comme des « consommateurs » de biens et de services.

La vision matérialiste du monde s'est traduite par une consommation avide des richesse de la Terre qui menace la biosphère par l'épuisement de ses ressources en amont et la pollution de l'environnement en aval. Alan Durning, du Worldwatch Institute, observe que « depuis le milieu de notre siècle, la consommation de cuivre, d'énergie, de viande, d'acier et de bois par habitant a à peu près doublé ; le nombre d'automobiles et la consommation de ciment ont quadruplé ; la consommation de plastique a quintuplé ; celle de l'aluminium s'est multipliée par sept ; celle des voyages en avion par trente-trois [14] ». Les États-Unis à eux seuls, avec moins de 5 % de la population humaine, consomment maintenant plus de 30 % de l'énergie et des matières premières encore disponibles sur la planète.

Les conséquences de la conversion rapide des ressources terrestres en une avalanche de biens et de services sont connues : effet de serre, rétrécissement de la couche d'ozone, déforestation massive, désertification, extinction d'espèces entières, déstabilisation de la biosphère. La surexploitation des richesses chimiques et biologiques de la Terre a par ailleurs dépouillé de leurs ressources les pays en voie de développement, dont les populations en croissance rapide n'ont plus les moyens de subvenir à leurs besoins.

La philosophie du tiers secteur constitue l'antidote indispensable au matérialisme qui a tant dominé la pensée industrielle du XXᵉ siècle. Dans le secteur privé, on travaille en vue d'un gain matériel et on y conçoit la sécurité en termes de consommation accrue. En revanche, on s'implique dans le secteur associatif pour rendre service à autrui et on y conçoit la sécurité en termes de renforcement des relations personnelles et, de façon plus générale, d'enracinement dans la communauté terrestre. L'idée même d'élargir ses propres allégeances au-delà des limites étroites du marché et de l'État-nation pour embrasser l'espèce humaine et la planète tout entière est révolutionnaire et laisse envisager d'immenses changements dans la structuration de la société. Les nouveaux visionnaires voient la Terre comme un tout organique indivisible, une entité vivante faite de myriades de formes de vie réunies en communauté. L'idée d'agir au nom des intérêts de la communauté humaine et biologique tout entière, plutôt que pour ses propres intérêts égoïstes et étroits, fait du paradigme du tiers secteur une menace conséquente pour la vision consumériste de l'économie de marché, encore dominante.

L'idée de restructurer ce foisonnement de relations sur la base de la participation avec notre entourage immédiat dans un premier temps, puis avec la communauté humaine dans son ensemble et enfin avec les autres créatures qui constituent la communauté organique terrestre, peut sembler une perspective peu réaliste. Mais souvenons-nous : la vision des utopistes de la technique, qui envisageaient un monde d'abondance matérielle et de loisirs généralisés où les machines remplaceraient les hommes, semblait invraisemblable et inaccessible à beaucoup il y a un siècle à peine.

On peut donc espérer qu'une nouvelle vision du monde, fondée sur la transformation de la conscience et un nouvel élan de solidarité, prévaudra. Des millions d'êtres humains passent de plus en plus de leur temps de veille hors du monde du travail et de l'économie officielle et, dans les années à venir, l'importance du travail dans leur vie va diminuer, notamment son emprise sur la définition de leur valeur personnelle. Ce bouleversement va entraîner un détachement progressif des valeurs et de l'idéologie qui accompagnent l'économie de marché. Si une vision alternative enracinée dans un ethos de développement personnel, de solidarité humaine et de conscience écologique parvient à s'imposer largement, on aura là les fondements intellectuels de l'ère postmarchande.

Demain, dans le monde entier, un nombre croissant de gens consacreront moins de temps à leur travail et en auront une plus grande quantité à leur disposition personnelle. C'est l'évolution des luttes politiques qui décidera si ce temps « libre » leur sera imposé à leur corps défendant, sous forme de temps partiel obligé, de licenciements et de chômage, ou bien s'il sera le temps du loisir, fruit du partage des gains de productivité, de la réduction du temps de travail et de la hausse des revenus. Si la substitution généralisée des machines au travail humain devait se traduire par un chômage massif, d'une ampleur jusqu'ici inconnue dans l'histoire, alors les chances d'instaurer une société plus humaine et plus compatissante et une vision du monde fondée sur la transformation de l'esprit humain seraient bien faibles. La conséquence la plus probable en serait une agitation sociale généralisée, un déchaînement inouï de violence, une guerre ouverte qui verrait les pauvres se déchirer entre eux mais aussi se retourner contre les élites riches qui contrôlent l'économie mondiale. Si, au contraire, nous choisissons la voie éclairée du partage des gains de productivité entre les travailleurs sous la forme de réduction du temps de travail et de revenus décents, alors nous disposerions de plus de temps libre qu'en aucune autre période de l'histoire moderne. Ce temps libéré pourrait être utilisé à reconstruire le lien social et à revivifier notre héritage démocratique. Une nouvelle génération pourrait transcender les étroites limites du nationalisme et entreprendre de penser et d'agir en tant que membres d'une même espèce humaine, conscients de leurs obligations envers leurs semblables, envers la communauté qu'ils constituent et envers la biosphère tout entière.

17

Renforcer le tiers secteur

Au siècle prochain, les secteurs marchand et public vont voir leur rôle diminuer dans la vie quotidienne des êtres humains, et ce dans le monde entier. Le vide de pouvoir correspondant sera vraisemblablement rempli soit par une sous-culture criminelle de plus en plus forte, soit par une plus grande participation au tiers secteur. Cela ne veut pas dire que les deux autres secteurs vont s'atrophier ou disparaître, mais simplement que leur relation avec la majorité des citoyens va sans doute très profondément changer. Les avancées technologiques foudroyantes de la troisième révolution industrielle n'empêcheront pas que, dans un futur prévisible, la majeure partie de la population devra continuer de travailler dans l'économie de marché classique pour gagner sa vie, même si le temps de travail continuera à baisser. Quant à ceux, toujours plus nombreux, qui ne trouveront pas d'emploi dans le secteur marchand, leur sort mettra l'État au pied du mur : il faudra soit choisir d'augmenter le budget de la sécurité et construire davantage de prisons pour incarcérer les membres d'une classe criminelle en pleine croissance, soit financer des formes de travail alternatif dans le tiers secteur. Les associations de base feront de plus en plus fonction d'arbitres et d'intermédiaires entre les forces, bien supérieures, du marché et de l'État. Elles seront les principaux défenseurs et vecteurs des réformes sociales et politiques. Suite à la réduction des diverses aides publiques, elles devront aussi probablement prendre en charge un nombre croissant de services aux personnes et aux quartiers en difficulté.

La mondialisation du secteur marchand et la diminution du rôle du secteur public contraindront les populations à s'organiser en collectivités autour de leurs intérêts propres. Le succès du passage à une ère postmarchande dépendra en grande partie de la capacité des électeurs mobilisés à impulser, au travers de coalitions et de mouvements sociaux, une redistribution maximale des gains de productivité du secteur marchand vers le tiers secteur afin de renforcer et approfondir les liens de solidarité et de proximité et les infrastructures locales. Ce n'est qu'en bâtissant des communautés fortes et autosuffisantes dans tous les pays que les populations pourront résister à la déferlante des mutations technologiques et à la mondialisation des marchés, qui menacent les moyens de subsistance et la survie même d'une grande partie de la famille humaine.

Un rôle nouveau pour l'État

L'État jouera probablement un rôle très différent dans l'ère d'ultratechnicité qui s'annonce, moins lié aux intérêts marchands et plus ouvert à l'économie sociale. La construction d'un nouveau partenariat entre les pouvoirs publics et le tiers secteur pour reconstruire l'économie sociale pourrait contribuer à la renaissance de la vie publique dans tous les pays. Nourrir les pauvres, fournir les soins élémentaires, éduquer la jeunesse, construire des logements sociaux et préserver l'environnement, telle pourrait être la liste des priorités dans les années à venir. Chacun de ces domaines fondamentaux a été soit ignoré soit négligé par le marché. Alors que l'économie déserte le tissu social et que l'État abandonne son rôle traditionnel d'ultime rempart, seul un effort concerté initié par le tiers secteur et adéquatement soutenu par le secteur public pourra fournir les services sociaux élémentaires et entreprendre le processus de revitalisation de l'économie sociale dans le monde entier.

La réduction du rôle direct de l'État dans l'économie et le passage de celui-ci à des activités de soutien au secteur indépendant vont sans doute changer la nature de la politique. L'administration Clinton a déjà fait quelques premiers pas en vue de créer un nouveau partenariat entre le secteur public et le tiers secteur avec l'annonce, le 12 avril 1994, de l'instauration d'un réseau de liaison associatif (Non-Profit Liaison Network), qui comptera vingt-cinq fonctionnaires chargés de « travailler sur des objectifs communs avec le secteur associatif ». Ces fonctionnaires devront construire des réseaux de coopération entre les organismes administratifs et les organisations du tiers secteur. A l'occasion du lancement de cette initiative, le président Clinton a déclaré qu'il « défendait depuis longtemps le rôle du secteur non marchand ». Il a rappelé que « tout au long de notre histoire, le secteur associatif a aidé notre pays à s'adapter à un monde en pleine transformation en renforçant les valeurs fondamentales de l'Amérique ». Il a expliqué que la création du Non-Profit Liaison Network se traduirait par une meilleure collaboration entre l'État et les associations, dans un effort mutuel pour résoudre les problèmes de la criminalité, du logement, de la santé et autres urgences nationales. Certes, cette mesure présidentielle sera probablement vue davantage comme un geste symbolique que comme un véritable bouleversement politique. Elle signale néanmoins une conscience accrue du rôle potentiel du tiers secteur dans la vie du pays et du besoin de créer de nouvelles relations de travail entre l'État et le monde associatif[1].

L'administration Clinton n'est pas la première à comprendre l'importance du tiers secteur. Dans les années quatre-vingt, les républicains ont accédé à la Maison-Blanche en jouant sur les thèmes du bénévolat. Le Grand Old Party a dominé le paysage politique pendant plus de dix ans en affirmant vouloir rendre l'État au peuple. Les partisans de Reagan avaient compris depuis longtemps le potentiel symbolique et affectif du tiers secteur et surent l'utiliser à leur avantage pour faire des années quatre-vingt une décennie républicaine. La Maison-Blanche, sous Reagan puis sous Bush, a constamment joué sans aucun scrupule sur la corde du volontariat pour camoufler ses projets d'ultralibéralisme économique. L'idée de « rendre l'État au peuple » a servi à masquer la déréglementation industrielle, les cadeaux fiscaux aux entreprises, la réduction des services et des programmes sociaux à destination des couches modestes et des indigents. Au bout du compte, le tiers secteur se trouva gravement compromis et affaibli par les forces politiques mêmes qui s'en proclamaient les champions et les avocats. Si l'on veut éviter à l'avenir semblable mésaventure, il faut examiner la façon dont les reaganiens ont su jouer avec l'image du tiers secteur pour mieux le neutraliser, mais aussi les réponses qu'ils ont suscitées de la part des démocrates et des forces progressistes.

Le tiers secteur manipulé par les partis

A peine installé, le président Reagan fit du bénévolat un thème clé de son mandat, laissant entendre que l'État avait jusqu'alors pris en charge nombre des tâches antérieurement dévolues au tiers secteur, et que cela avait rendu les Américains trop dépendants des pouvoirs publics et moins désireux de subvenir par eux-mêmes à leurs besoins et à ceux de leurs collectivités. S'efforçant de raviver l'esprit de libre association que Tocqueville avait vu briller si fort aux premières années de la nouvelle nation, il ressassa *ad infinitum* la tradition américaine du bénévolat. Dans un article du *Reader's Digest*, le président, lyrique, lançait en 1985 : « Et cet esprit de bénévolat irrigue comme un fleuve profond et puissant toute l'histoire de notre nation. Les Américains ont toujours su tendre une main secourable. »

Critiquant ce qu'il considérait comme l'usurpation croissante du rôle du bénévolat par les grands programmes fédéraux de l'après-guerre, il ajoutait : « Mais après la Seconde Guerre mondiale, le niveau de ce fleuve a baissé. Au fur et à mesure que l'État envahissait tout, nous lui avons abandonné ces tâches prises autrefois en charge par les communautés et les quartiers. "Pourquoi nous en mêler, se demandaient les gens, puisque l'État s'en occupera"[2]. »

Se désolant du changement d'attitude des citoyens, qui avaient « laissé l'État nous prendre bien des choses dont nous considérions auparavant qu'elles étaient du ressort de notre bonne volonté, de notre bonté d'âme, de notre sens du bon voisinage », il concluait : « Je suis convaincu que nombre d'entre vous souhaitent de nouveau prendre en charge ces activités[3]. »

L'appel du président Reagan aux valeurs simples et à la solidarité d'antan touchait une corde sensible. La gauche des salons fut prompte à le ridiculiser, l'accusant de naïveté, ou même d'hypocrisie. Mais des millions de gens, souvent eux-mêmes déjà bénévoles et acquis aux principes associatifs, virent dans ce message un appel au renouveau de l'esprit américain et entreprirent de soutenir l'appel à la mobilisation venu de la Maison-Blanche. En 1983, la grande parade sportive annuelle du *Rose Bowl* eut pour thème le bénévolat, et une campagne nationale de publicité fut orchestrée par le Conseil des campagnes. Un timbre commémoratif fut émis par la poste américaine [4].

Bush reprit ce thème lors de son discours d'investiture. Dans cette allocution désormais célèbre sur les « points de lumière », le nouvel élu rappela au pays que le secteur du bénévolat était le pilier spirituel de l'esprit démocratique américain :

> Ce sont tous les gens qui contribuent à ce que l'Amérique soit un endroit où il fera mieux vivre encore. C'est l'élève qui reste après la classe pour aider l'un de ses camarades. C'est un responsable local qui réunit des fonds pour bâtir une garderie pour les enfants défavorisés. C'est le chef d'entreprise qui parraine une école et paie les frais de scolarité de tous les élèves qui ont réussi leur année. C'est le bénévole qui apporte des repas dans les foyers pour personnes âgées. Il existe des milliers de points de lumière pour quiconque veut se lancer et construire. C'est la grandeur de l'Amérique [...]. Mon ambition, pour cette présidence, sera de les faire briller plus que jamais [5].

Et Bush de lancer son opération *Points de lumière* : un programme de 50 millions de dollars financé conjointement par l'État fédéral et des fonds privés. Selon la Maison-Blanche, le but était de trouver des exemples innovants et incitatifs d'actions bénévoles et de contribuer à les faire connaître pour que d'autres collectivités puissent s'en inspirer et les reproduire. Il ne s'agissait pas de subventionner directement des projets associatifs. La presse nationale et de nombreuses associations marquées à gauche lancèrent des attaques fulminantes contre les *Points de lumière* de la Maison-Blanche. John Buchanan Jr., président du groupe politique progressiste People for the American Way, brocarda l'initiative : « C'est à peine mieux qu'une réunion de motivation avant le match [6]. »

Les critiques contre Reagan et Bush et leur phraséologie sur le renouveau du bénévolat fusèrent de partout. La gauche américaine accusa les administrations républicaines de faire un usage cynique du thème du bénévolat pour mieux décharger l'État de ses responsabilités d'aide aux indigents et aux couches modestes de la population. Nombre de critiques progressistes soulignèrent l'influence et le pouvoir que de très grandes fondations exercent sur les organisations à but non lucratif en contrôlant les flux financiers en direction de ces dernières. Ceux qui tiennent les cordons de la bourse, affirmaient-ils, s'assurent ainsi de la docilité des organisations de base, qui éviteront de s'engager dans des actions politiquement controversées ou dans la défense de certaines causes — ce qui est justement le rôle traditionnel du milieu associatif. D'autres estimaient que les activités associatives, de par leur nature même, fragmentent les tentatives de constitution de mouvements politiques efficaces en vue de changements fondamentaux. La notion de « service », disaient-ils, empêche les gens de comprendre les racines institutionnelles de la domination de classe et les enlise dans des réformes et des replâtrages futiles.

Tout au long des années quatre-vingt, la question associative se maria si bien dans l'esprit du public avec la politique des républicains qu'elle s'en trouva réduite, comme tant d'autres thèmes importants aux États-Unis, à une cause partisane. Les démocrates et la plupart des intellectuels et groupes de pression de la gauche contestèrent ouvertement le bénévolat ou bien l'ignorèrent avec constance. Dans les années soixante-dix, l'organisation féministe NOW (National Organization for Women) s'était déjà prononcée contre le bénévolat, traditionnellement utilisé comme prétexte pour refuser aux femmes — qui forment la majorité des bénévoles — le droit à un travail rémunéré. Le bénévolat, affirmaient-elles, était considéré comme nettement moins professionnel et moins sérieux qu'un vrai travail rétribué : il fallait donc pousser les femmes à s'en détourner. A la question de savoir si elle était prête à faire du bénévolat, une femme fit une réponse qui exprime bien cet état d'esprit : « Je trouve ça horrible. Je veux être payée pour ce que je fais. Je veux que les gens accordent de la valeur à mon travail. Et l'argent est le seul moyen pour que chacun y voie quelque chose d'important[7]. »

Les syndicats de fonctionnaires ont également combattu le bénévolat dans le passé, craignant qu'il ne remplace le travail normalement rémunéré. Kathleen Kennedy Townsend, fonctionnaire progressiste du bureau des ressources humaines du gouverneur de l'État du Massachusetts au début des années quatre-vingt, cite plusieurs prises de position syndicales virulentes contre le bénévolat. En Caroline du Nord, les syndicats d'enseignants s'opposèrent aux initiatives de formation d'auxiliaires d'enseignement bénévoles, qui auraient pu entraîner la réduction du nombre des enseignants salariés. Dans la ville de New York, des bénévoles tentèrent un jour de nettoyer une station de métro particulièrement sale. Le syndicat des travailleurs des transports (Transport Workers Union, TWU) fit interdire cette initiative, expliquant qu'il s'agissait d'une prérogative syndicale et que personne d'autre ne pouvait s'en charger.

Pour Townsend, « l'incapacité des progressistes à s'approprier le bénévolat s'explique aussi par leur préférence pour les spécialistes diplômés ». La notion de professionnel de l'humanitaire s'est imposée dans le lexique progressiste de ces dernières années, et bien des intellectuels de gauche en sont venus à estimer que les personnes dans le besoin seront plus efficacement assistées par des spécialistes salariés que par des amateurs bien intentionnés mais sans références [8].

Enfin, nombre des critiques adressées par la gauche au bénévolat associent le tiers secteur à une forme d'élitisme paternaliste. La charité, affirment-ils, rabaisse les victimes, elle en fait des objets de pitié plutôt que des personnes ayant une valeur propre et des droits inaliénables, et méritant de ce fait une assistance. L'aide sociale publique, au contraire, est fondée sur l'idée que les citoyens démunis ont droit à une assistance non par charité, mais parce qu'il est du devoir de l'État de pourvoir au bien-être de tous. Il s'agit, nous rappellent-ils, d'une garantie constitutionnelle.

Bien entendu, la gauche n'a pas fait entendre qu'une seule voix sur ce sujet. Betty Friedan, fondatrice de NOW, défend « une forme nouvelle et ardente de bénévolat ». Elle affirme que « l'opposition entre féminisme et bénévolat [est] aussi fausse [...] que le prétendu rejet de la famille par les [féministes] ». Elle annonce que, dans les décennies à venir, « les organisations de bénévoles seront l'unique moyen d'assurer des services essentiels pour la promotion du progrès social et de l'égalité, puisqu'il est maintenant clair que nous pourrons de moins en moins compter sur les pouvoirs publics et les tribunaux[9] ».

Dans de nombreux cas concrets, les critiques progressistes du bénévolat n'ont pas su refléter la réalité du travail des bénévoles. Ainsi, sur la question du professionnalisme et l'idée que les « professionnels de l'humanitaire » seraient généralement plus efficaces, Townsend souligne que c'est souvent l'inverse. Elle cite le cas de deux foyers d'accueil, l'un administré par des professionnels et financé par les pouvoirs publics, l'autre géré par des bénévoles et soutenu par des dons privés. Dans le foyer public, « des dizaines d'hommes et de femmes s'entassaient sur des canapés ou des chaises pliantes dans une pièce sombre qui sentait l'urine, la sueur et l'ammoniac. Un téléviseur noir et blanc projetait des images tremblantes dans un coin ; le personnel bavardait dans un couloir [...]. L'un des employés m'a dit qu'ils venaient juste de faire une fête à l'occasion de l'été, mais il n'y avait aucune trace de joie dans cet endroit ».

Le second foyer, *Rosie's Place*, tenu par des bénévoles, accueille des femmes sans abri : « Le foyer était clair et joyeux, les murs élégamment décorés de fleurs peintes, bleu clair et blanches. Les tables en bois étaient propres et cirées, il y avait du café et des biscuits au chocolat tout frais. [Les bénévoles font en sorte que] toutes ces femmes se sentent chez elles[10]. »

Les résultats obtenus par des bénévoles dévoués sont souvent meilleurs que ceux de professionnels salariés, qui s'investissent moins sur le plan émotionnel. L'idéal est souvent d'associer de petites équipes professionnelles et un grand nombre de bénévoles, solution qui présente l'avantage de combiner expertise et empathie, toutes deux nécessaires en matière d'assistance.

Quant à la question plus délicate de savoir si les bénévoles prennent des emplois aux fonctionnaires, les faits laissent penser que lorsque des bénévoles s'impliquent dans une activité qui empiète sur le secteur public (soutien scolaire, nettoyage des quartiers, soins de santé), ils se rendent compte à quel point ces services ont besoin d'argent public et militent souvent en faveur d'une augmentation des dépenses sociales de l'État.

Aujourd'hui, un nombre croissant d'intellectuels progressistes voient le tiers secteur d'un autre œil. Ils commencent à y voir l'unique solution viable, maintenant que l'économie de marché ne crée plus autant d'emplois et que l'État n'arrive plus guère à y remédier. Les controverses entre conservateurs et progressistes, républicains et démocrates, autour de la meilleure façon de réorienter les énergies et les engagements du pays vers le tiers secteur seront au centre du débat politique dans les dix années qui viennent.

Malgré tous leurs discours en faveur de l'aide au tiers secteur, ni le président Reagan ni le président Bush ne se sont montrés disposés à concrétiser leurs promesses par des programmes conçus pour parvenir aux objectifs énoncés. En fait, sous Reagan, la Maison-Blanche fit pression pour réduire les avantages fiscaux des organisations à but non lucratif ainsi que le nombre et la nature des déductions auxquelles le contribuable pouvait prétendre au titre des dons caritatifs.

Si l'on souhaite transformer le tiers secteur en une force efficace, capable de jeter les fondements d'une ère postmarchande, les pouvoirs publics devront lui apporter leur soutien pendant la phase de transition. Aux États-Unis, deux groupes sociaux seront concernés au premier chef par le renforcement du rôle du tiers secteur et la réorientation de millions d'heures de temps de travail disponibles au service de la reconstruction du tissu social. Tout d'abord, il faudra promouvoir des incitations adéquates pour encourager les personnes qui travaillent encore dans le secteur marchand, mais à temps partiel ou en horaire réduit, à consacrer au tiers secteur une partie de leur temps libre. En second lieu, il faudra fournir aux millions de chômeurs de longue durée la possibilité de contribuer à la reconstruction de leurs quartiers et des infrastructures locales en exerçant une activité utile dans le tiers secteur.

Pour une aide fiscale au travail bénévole

L'État pourrait encourager une plus forte participation au tiers secteur au travers de déductions fiscales pour toute heure de bénévolat au service d'un organisme légalement agréé. Pour garantir une comptabilisation scrupuleuse de ces heures, tout organisme habilité devrait, à la fin de l'exercice fiscal, signaler à l'administration des impôts et au bénévole le nombre des heures travaillées. Le concept de « salaire virtuel » (*shadow wage*), sous forme d'une déduction de l'impôt sur le revenu en fonction des heures de bénévolat effectuées, encouragerait grandement des millions d'Américains à consacrer une plus grande part de leur temps libre à des entreprises bénévoles dans le tiers secteur. L'idée du salaire virtuel est neuve, mais elle part du même principe que les exemptions fiscales sur les dons. Si vous méritez une déduction d'impôts quand vous donnez votre argent à une œuvre caritative, alors pourquoi n'en irait-il pas de même quand c'est du temps que vous consacrez à une entreprise du même ordre ?

Ce type de déduction fiscale encouragerait le bénévolat dans toute une série de secteurs où des problèmes sociaux restent à affronter. Cela se traduirait bien sûr par une perte de recettes fiscales, mais qui serait probablement plus que compensée par les économies réalisées sur des programmes sociaux onéreux visant à couvrir des besoins que les associations de bénévoles savent mieux prendre en charge. L'extension des déductions fiscales aux volontaires qui mettent leur travail et leurs compétences à disposition sur le terrain permettrait à l'État de s'épargner le coût du financement de toute une bureaucratie de l'aide sociale au niveau local. Enfin, l'amélioration des conditions et de la qualité de vie de millions d'Américains défavorisés aurait inévitablement des conséquences pour l'économie, sous forme de hausse du pouvoir d'achat et de création d'emplois, et donc de multiplication des revenus imposables, au niveau local comme au niveau fédéral.

Certains protesteront peut-être, estimant que l'octroi de déductions fiscales pour les heures de travail volontaire risque de saper l'esprit du bénévolat. Mais cette crainte n'est guère justifiée. Après tout, il semble bien que la déductibilité des dons caritatifs ait plutôt encouragé la philanthropie, et il est probable que le salaire virtuel ne fera qu'inciter les volontaires à donner davantage de leur temps à l'économie sociale, plutôt que de travailler au noir pour joindre les deux bouts, ou de passer des soirées entières devant la télévision.

Les avantages de l'instauration d'une incitation fiscale aux activités bénévoles sont évidents et d'une portée considérable. Si l'on veut que notre civilisation puisse affronter le déclin du travail de masse au XXIᵉ siècle, il est essentiel de faciliter le passage de millions de travailleurs de l'emploi classique dans le secteur marchand au travail au service de la collectivité dans l'économie sociale.

Pour éviter la dispersion de milliers d'initiatives locales dépourvues de cohérence et d'un fil directeur national, l'État devrait chercher à encourager le secteur associatif par des incitations appropriées. Il pourrait accorder une priorité aux déductions fiscales en faveur du travail bénévole, les plus importantes allant aux initiatives que les électeurs et leurs représentants au Congrès et à la Maison-Blanche jugeraient les plus urgentes à mettre en œuvre. En outre, le Congrès devrait également envisager de favoriser les déductions pour les dons caritatifs, en accordant les plus conséquentes à celles destinées à des activités considérées comme vitales pour l'intérêt national. A travers ces incitations fiscales ciblées, l'État pourrait jouer un rôle important dans le pilotage de l'économie sociale. Dans les années à venir, le vote de nouvelles lois sur les exemptions fiscales sera vraisemblablement considéré comme un instrument important de réglementation de l'économie sociale, tout comme d'autres politiques fiscales l'ont été pour l'encadrement de l'économie de marché.

Un salaire social pour le tiers secteur

Les incitations fiscales encourageraient probablement une plus grande participation des salariés au bénévolat, mais les pouvoirs publics devraient également envisager l'attribution d'un salaire social aux chômeurs de longue durée qui souhaitent se recycler et travailler dans le tiers secteur. Il faudrait aussi subventionner les associations à but non lucratif afin de leur permettre de recruter et de former les personnes défavorisées à ce type de travail.

L'attribution d'un salaire social (au lieu d'une allocation chômage) à des millions de pauvres en échange de leur travail dans l'économie sociale serait une aubaine non seulement pour les bénéficiaires directs, mais aussi pour les collectivités qui profiteraient de leur travail. Si nous voulons reconstruire le tissu social et bâtir les fondations d'une société plus humaine, nous avons cruellement besoin de forger de nouveaux liens de confiance et un engagement commun en faveur du bien-être d'autrui et de nos collectivités. Un salaire social adéquat permettrait à des millions d'Américains sans emploi, travaillant dans le cadre de milliers d'associations locales, de subvenir à leurs besoins.

On dit souvent qu'un revenu ou une formation professionnelle ne servent pas à grand-chose en l'absence de mesures concrètes d'accompagnement visant à former la jeunesse, à restaurer le sens de la famille ou à instiller un minimum de confiance collective en l'avenir. L'attribution d'un salaire social à des millions d'Américains dans le besoin et le financement d'associations locales susceptibles de recruter et de former des individus pour leur confier des tâches de solidarité essentielles pour la promotion de ces objectifs sociaux, voilà qui permettrait de créer le cadre d'un changement réel. Les projets de travaux publics et les petits boulots du secteur marchand, même quand ils existent, ne contribuent guère à la reconstruction du tissu social au niveau local.

Outre le salaire social destiné aux citoyens les plus pauvres du pays, il conviendrait de réfléchir sérieusement à une conception élargie du revenu social incluant la rémunération de travailleurs qualifiés, voire de cadres ou de spécialistes, dont le travail n'a plus de valeur ou n'est plus utile dans le secteur marchand. Pour être viable, le tiers secteur aura besoin de la gamme complète des compétences, depuis les plus minimales jusqu'aux expériences de gestion les plus sophistiquées. Un système de classification et de gradation des emplois assorti d'une échelle des salaires similaire à celle en usage dans la fonction publique permettrait aux organisations du tiers secteur, en recrutant parmi des chômeurs aux qualifications les plus diverses, de disposer de toute la gamme de compétences susceptibles de garantir le succès de leurs activités.

Cette conception du revenu social comme moyen d'affronter la double menace du chômage technologique et de la pauvreté croissante a émergé publiquement pour la première fois en 1963, lorsque le « comité spécial sur la triple révolution » (voir au chapitre 6) défendit ce modèle. Soulignons néanmoins qu'à cette époque nul ne songea à lier le revenu social à un travail au service de la collectivité. Parmi les défenseurs de cette théorie du revenu social (que l'on a aussi appelé revenu annuel garanti) se trouvaient W. H. Ferry, du Center for the Study of Democratic Institutions, les économistes progressistes Robert Theobald et Robert Heilbroner, et J. Robert Oppenheimer, directeur de l'Institute for Advanced Studies de Princeton. Comme nous l'avons vu au chapitre 6, ces spécialistes étaient en désaccord avec l'orthodoxie économique de l'époque, selon laquelle l'innovation technique et les gains de productivité garantiraient le plein emploi. Ils estimaient au contraire que la révolution informatique allait certes accroître la productivité, mais au prix du remplacement d'un nombre croissant de travailleurs par des machines, avec comme conséquence des millions de victimes du chômage et du sous-emploi, dépourvues d'un pouvoir d'achat suffisant pour consommer les biens et des services produits par les nouvelles technologies de l'automation. On pouvait tenter de stimuler la demande par des campagnes de marketing et de publicité sophistiquées, des taux d'intérêt plus bas, des déductions et exonérations fiscales, des crédits à la consommation plus généreux, mais cela n'aurait guère d'impact positif en termes d'emploi tant que les entreprises continueraient de remplacer les travailleurs par des machines au motif que ces dernières sont plus efficaces, moins onéreuses, et garantissent un meilleur retour sur investissement.

Robert Theobald affirmait que, puisque l'automatisation allait continuer de stimuler la productivité et d'évincer des travailleurs, il fallait absolument casser le lien traditionnel entre revenu et travail. Les machines accaparant de plus en plus de tâches, il faudrait garantir aux êtres humains un revenu indépendant de leur fonction dans l'économie, faute de quoi ils ne pourraient survivre et la machine économique serait incapable d'engendrer un pouvoir d'achat permettant aux consommateurs d'acheter les biens et les services produits. Theobald, parmi d'autres, percevait le revenu annuel garanti comme un tournant essentiel dans l'histoire des relations économiques et espérait que son adoption ferait un jour passer la pensée économique du concept traditionnel de rareté au nouvel idéal d'abondance. Il écrivait : « Pour moi, par conséquent, le revenu garanti représente la possibilité de mettre en pratique le credo philosophique fondamental qui ne cesse de resurgir dans l'histoire de l'humanité, et selon lequel chaque individu a droit à une part minimale du produit social. La rareté séculaire de la quasi-totalité des biens indispensables à la vie quotidienne a interdit la mise en application de ce credo jusqu'à une date récente : l'avènement d'une abondance relative dans les pays riches donne à l'homme la possibilité de réaliser l'objectif de garantir à tous un niveau de vie minimal[11]. »

L'appel en faveur du revenu annuel minimal garanti reçut un renfort politique inattendu de la part du célèbre économiste américain néo-conservateur Milton Friedman, qui en présenta sa propre version sous la forme d'un impôt négatif sur le revenu. Il ne partageait pas l'opinion selon laquelle l'automatisation allait peu à peu détruire les emplois et entraîner un déclin du travail de masse, contraignant la société américaine à faire le choix radical de découpler revenu et travail pour des millions d'exclus de l'économie de marché. Mais cet ancien conseiller des présidents Nixon et Reagan s'inquiétait plutôt de ce qu'il considérait comme l'échec de la protection sociale. D'après lui, il serait bien préférable de donner aux pauvres un revenu minimal garanti plutôt que de continuer à financer tout un labyrinthe bureaucratique de programmes sociaux onéreux, souvent contre-productifs, et plus susceptibles de pérenniser la pauvreté que de la combattre.

Grâce à l'impôt négatif, l'État garantirait un niveau de revenu minimal à chaque Américain et créerait un système d'incitations qui encouragerait ses bénéficiaires à compléter ce revenu par leur propre travail. Le montant de cette allocation publique diminuerait au fur et à mesure que les revenus personnels augmenteraient, mais « à un rythme moins rapide, afin de préserver l'incitation à travailler[12] ». Friedman estimait que sa démarche n'était nullement aussi radicale qu'elle en avait l'air puisque le « panier des mesures de prévention et d'assistance » déjà existant équivalait « sinon nominalement, du moins en substance, à un revenu annuel minimal garanti par l'État ». Il soulignait que, dans les programmes existants, l'obtention d'un revenu se traduisait par une perte de prestations et n'incitait donc pas à entrer sur le marché du travail. « Si une personne assistée gagne un dollar et obéit à la loi, son allocation est diminuée d'un dollar : nous pénalisons donc soit le travail, soit l'honnêteté, voire les deux à la fois. Cette façon de faire tend à fabriquer des pauvres et une classe permanente d'assistés. » Friedman se disait en faveur d'un paiement direct aux pauvres, pour qu'ils puissent faire par eux-mêmes leurs propres choix de consommation sur un marché libre, sans subir les diktats des bureaucrates [13].

Les économistes progressistes et conservateurs divergeaient sur les raisons de soutenir un revenu annuel garanti, mais l'intérêt grandissant que suscitait cette idée amena le président Lyndon Johnson a créer, en 1967, une commission nationale sur les revenus garantis. Après deux années d'étude et d'auditions, cette commission, composée de responsables patronaux, de représentants syndicaux et d'autres personnalités, rendit son rapport. Tous étaient unanimes dans leur soutien au revenu annuel garanti. Le rapport affirmait : « Le chômage ou le sous-emploi des pauvres est souvent dû à des forces qu'ils ne peuvent pas contrôler. Pour nombre de pauvres, le désir de travailler est fort, mais les occasions sont rares. [...] Même si les programmes de prévention et de protection existants sont améliorés, ils ne sauraient assurer à tous les Américains un revenu adéquat. Nous recommandons donc l'adoption d'un nouveau programme de complément de revenu pour tous les Américains dans le besoin [14]. »

Ce rapport fut largement ignoré. Il était difficile, pour nombre d'Américains et pour la plupart des politiciens, d'accepter l'idée d'un revenu garanti. En dépit des recommandations du rapport en faveur d'incitations encourageant les bénéficiaires à compléter leur allocation par les revenus d'un travail, nombre de politiques estimèrent que l'idée même d'un revenu annuel garanti nuirait gravement à l'éthique du travail et produirait une génération de citoyens totalement réfractaires au labeur. Pendant que les recommandations de la commission attendaient dans un tiroir, l'État lança tout de même un certain nombre d'actions pilotes pour tester la viabilité de ce genre de projet. A sa grande surprise, il découvrit que l'existence d'un revenu garanti n'affectait pas sensiblement le désir de travailler, comme l'avaient craint tant de politiciens [15].

Aujourd'hui, le débat sur le revenu annuel garanti fait à nouveau surface chez les universitaires, les responsables politiques et syndicaux, les militants des droits civiques en quête de solutions au double problème du chômage technologique à long terme et de la montée de la pauvreté. Mais contrairement aux projets antérieurs qui n'exigeaient des bénéficiaires du revenu garanti aucune prestation en retour, ou presque, les réformateurs actuels lient l'idée d'un revenu social à l'engagement du chômeur à effectuer un travail pour la collectivité dans le tiers secteur — ce qui revient à défendre l'idée d'un salaire social en échange d'un véritable travail dans l'économie sociale [16].

Avec des succès divers, nombre de pays européens ont introduit une forme de revenu minimal garanti dans leur législation au cours des vingt-cinq dernières années. Le système français du revenu minimum d'insertion (RMI) est particulièrement intéressant en ce qu'il intègre une clause contractuelle par laquelle le droit au revenu minimum dépend de l'acceptation par le bénéficiaire d'un travail socialement ou culturellement utile à la collectivité, ou de l'inscription de celui-ci à un cours de recyclage ou de réinsertion dans la vie active [17]. La pénurie d'emplois s'aggravant dans une économie de marché toujours plus automatisée, le système français, qui offre un revenu garanti en échange de la disponibilité de principe à effectuer un travail d'utilité collective, sera probablement imité par d'autres pays soucieux d'offrir à la fois une source de revenu et un travail qui en vaille la peine, en l'absence d'emplois traditionnels.

Dans le passé, l'État a souvent été accusé de dilapider d'importantes sommes d'argent dans l'économie sociale, dont une faible partie seulement parvenait aux personnes ou aux collectivités dans le besoin. Une grande partie des dépenses publiques est absorbée par le fonctionnement des services sociaux, et il ne reste plus grand-chose pour assister les communautés en difficulté. Mais de remarquables exceptions sont à signaler. Les Volunteers in Service to America (VISTA), le Student Community Service Program, le National Senior Service Corps, le Peace Corps, le National Health Service Corps (NHSC) et, plus récemment, l'AmeriCorps sont autant de programmes fédéraux conçus pour promouvoir des actions individualisées et soutenir les efforts des bénévoles sur le terrain, aux États-Unis comme à l'étranger.

VISTA, fondée en 1964, recrute de préférence ses volontaires au sein même des communautés qu'elle entend aider. Ceux-ci consacrent leur temps et leurs compétences à des organisations bénévoles et à des services de proximité pour lutter localement contre la pauvreté. En retour, ils reçoivent un pécule symbolique qui couvre leurs dépenses minimales quotidiennes. Le Student Community Service Program contribue à promouvoir le bénévolat parmi les lycéens et les étudiants. Des subventions sont accordées à des organismes de solidarité, des écoles et des initiatives de citoyens pour développer toutes sortes de services, notamment des crèches, des associations de soutien scolaire, de prévention de la toxicomanie et de santé. Le National Senior Service Corps comporte une branche « retraités » (Retired Senior Volunteer Program, RSVP), une branche « grands-parents » (Foster Grandparent Program, FGP) et une branche « compagnons » (Senior Companions Program, SCP). Les bénévoles de ces trois programmes parrainés par les pouvoirs publics sont âgés de plus de soixante ans et s'investissent à temps partiel dans des actions locales de solidarité. Les subventions sont accordées à des organismes locaux sans but lucratif et à des œuvres sur fonds publics qui recrutent, placent et supervisent les bénévoles du troisième âge.

Le Peace Corps, créé en 1961, rassemble des milliers de jeunes Américains qui engagent jusqu'à deux années de leur vie à l'étranger, le plus souvent pour aider des communautés rurales ou urbaines frappées par la misère dans des pays du tiers monde. Le National Health Service Corps est rattaché aux services de la santé publique. Il recrute et place des assistants médicaux dans les zones déshéritées (rurales le plus souvent), dépourvues des moyens d'assurer les soins médicaux élémentaires. Le NHSC offre la prise en charge des frais de scolarité et une indemnité mensuelle aux étudiants qui acceptent de s'engager pour deux ans au service de telle ou telle communauté à la fin de leurs études. L'AmeriCorps, créé par le président Clinton en 1993, offre des aides à la scolarité et couvre les frais de milliers d'étudiants américains en échange de leur engagement à servir deux ans après leur licence comme volontaires dans les domaines de l'éducation, de l'environnement, de l'aide humanitaire ou de la sécurité publique [18].

Les autorités locales, elles aussi, introduisent des programmes innovants pour épauler les actions du tiers secteur. Dans les années quatre-vingt, l'État de Caroline du Nord a mis sur pied un bureau spécial du bénévolat pour recruter et former les candidats à un travail d'utilité collective. Plus de 70 % des adultes de l'État ont engagé une partie de leur temps au titre de ce programme, et les services ainsi rendus ont été estimés à plus de 300 millions de dollars. Le gouverneur, Jim Hunt, a passé une journée par semaine à aider des étudiants en mathématiques pendant que son épouse se consacrait à un programme de « cantines roulantes ». Il est devenu un ardent défenseur du soutien de l'État au milieu associatif et estime que « les démocrates ont besoin d'une pensée nouvelle qui ferait du bénévolat la clé » des réformes sociales [19].

Bien que cette aide publique au secteur associatif soit peu onéreuse, son impact économique sur les groupes qui en bénéficient est énorme et dépasse souvent, de plusieurs fois, les frais engagés. En termes de rapport coût-efficacité, les investissements publics dans des programmes de soutien au secteur associatif sont assurément l'un des moyens les plus rentables de fournir des services sociaux aux collectivités. Pourtant, et malgré d'innombrables programmes et expériences couronnés de succès au cours de ces dernières années, les sommes dépensées dans cette optique restent bien minimes par rapport à d'autres dépenses publiques dans l'économie sociale.

Beaucoup de démocrates traditionnels ainsi que nombre d'analystes de Wall Street et d'universitaires comptent plutôt sur les programmes de travaux publics pour employer les chômeurs et les exclus. Felix Rohatyn, analyste en investissements, fort de sa réputation d'avoir sauvé la ville de New York de la faillite dans les années soixante-dix, défend l'idée d'un programme massif de grands travaux publics pour réparer les ponts et les tunnels du pays, entretenir les autoroutes et construire des voies de communication rapide par route et par rail. Il affirme que le programme qu'il a en tête coûterait au moins 250 milliards de dollars sur une période de dix ans, mais pourrait créer jusqu'à un million d'emplois chaque année. Il pourrait être financé en grande partie par l'émission d'obligations spéciales garanties par « une augmentation modeste des impôts sur le carburant ». Il propose que des fonds de pension publics et privés investissent également dans ces obligations à long terme [20]. La suggestion de Rohatyn est certes méritoire, mais n'a guère de chance face à une opinion publique qui réclame toujours « moins d'État » et dans le nouveau climat d'austérité qui prévaut à Washington comme dans les capitales des États.

Outre les programmes de travaux publics, l'administration Clinton étudie la possibilité d'offrir des avantages fiscaux aux entreprises qui embaucheraient des allocataires de l'aide sociale. Le gouvernement et le Congrès ont provisionné 2,3 milliards de dollars en crédits d'impôts et 1 milliard en financements nouveaux pour créer des zones franches dans un certain nombre de ghettos urbains déshérités. Ces zones bénéficieraient d'exemptions fiscales spécifiques et d'autres aides publiques susceptibles d'attirer de nouvelles entreprises. Dans la mesure où les entreprises intéressées procéderaient à des embauches sur place, elles économiseraient jusqu'à 3 000 dollars de charges par an. En dépit des flonflons politiques qui accompagnèrent ce plan présidentiel de redynamisation des quartiers les plus misérables des centres-villes, rares sont les politiciens prêts à parier qu'un grand nombre d'entreprises nouvelles vont se relocaliser dans les ghettos urbains d'Amérique, ou que beaucoup d'emplois du secteur privé seront créés par le dernier plan de développement urbain émanant de Washington [21].

En accordant la priorité au financement de projets de travaux publics ou de programmes de création d'emplois dans le secteur privé, l'État est à contre-courant de la tendance historique qui veut que la création d'emplois dépende de moins en moins des secteurs public et privé et de plus en plus du tiers secteur. Il est absurde de parler de grands travaux quand l'opinion est réticente face à l'ampleur des mesures que la crise actuelle exige. De même, il n'est guère sensé de continuer à chercher des gisements d'emploi inexistants dans le secteur privé, ou des emplois qui seront vraisemblablement supprimés par les restructurations et l'automatisation d'ici quelques années.

L'État serait mieux inspiré de renoncer à ses projets dispendieux de travaux publics et autres tentatives donquichottesques de création d'économies modèles au cœur des centres-villes déshérités pour, au contraire, renforcer notablement les programmes de solidarité déjà existants dans les quartiers pauvres. Recruter, former et placer des millions d'Américains victimes du chômage et de la pauvreté à des postes gérés par des associations à but non lucratif, dans leurs propres quartiers et leurs collectivités, voilà qui aurait un impact bien supérieur, par dollar dépensé, à tous les programmes traditionnels de travaux publics et d'aide aux entreprises.

Sara Melendez, présidente de Independent Sector, organisme fédérateur d'associations du tiers secteur, estime que le milieu associatif est souvent mieux placé pour résoudre certaines questions plus rapidement et plus efficacement, au niveau local, que les administrations. Elle défend l'idée de partenariats nouveaux et créatifs entre les deux secteurs. Selon elle, dans certains cas au moins, l'État s'acquitterait mieux de ses objectifs sociaux « en finançant les associations par le biais de subventions et de contrats et en ajustant les services aux différentes catégories de population en fonction de leur langue, de leur culture et de leurs besoins locaux [22] ».

Les propositions actuelles de réforme de la protection sociale témoignent que l'État commence à avancer à tâtons vers l'idée d'un revenu garanti et d'un soutien aux initiatives d'utilité collective. Il a déjà prévu un crédit d'impôts de 3 033 dollars par an et par famille pour compléter les plus bas salaires et garantir un minimum de revenu aux travailleurs concernés. Estimant que le complément salarial garanti est une bonne incitation à préférer un revenu salarial à des allocations de chômage, républicains et démocrates ont soutenu ce plan. De plus, en décembre 1993, le gouvernement a annoncé son intention de refondre le système actuel de protection sociale et d'y intégrer, entre autres, un plan d'encouragement au travail consistant à compléter le revenu gagné s'il se révèle inférieur aux indemnités de chômage dont pourrait se prévaloir la personne concernée. La Maison-Blanche a indiqué qu'elle envisageait d'imposer une limite de deux ans au-delà de laquelle le bénéficiaire d'une aide sociale serait « contraint de trouver un emploi ou de s'acquitter d'un travail d'utilité collective [23] ».

Dans le projet de plan actuellement envisagé, si, après requalification et formation intensives, le ou la bénéficiaire reste incapable d'obtenir un emploi dans le secteur privé au bout de deux années d'allocations, il ou elle sera rémunéré(e) au salaire minimal par les pouvoirs publics pour effectuer un minimum de quinze heures de travaux d'intérêt général par semaine. Ou bien il (ou elle) pourra choisir de participer à un « programme d'expérience de travail pour la collectivité » pour pouvoir continuer à percevoir ses allocations.

William F. Weld, gouverneur du Massachusetts, a annoncé en janvier 1994 un programme plus ambitieux encore de réforme de la protection sociale. Ce plan prévoit d'imposer à toute personne valide et recevant une allocation parentale AFDC (Aid to Families with Dependent Children) de trouver dans un délai d'un an un emploi dans le secteur privé ou de participer à un programme d'insertion par l'emploi TEMP (Transitional Employment for Massachusetts Parents). L'administration de l'État, en retour, remplacera les diverses allocations de cette personne par des places en crèches, des aides à l'enfance et des soins médicaux gratuits : les parents pourront ainsi subvenir aux besoins de leurs enfants tout en travaillant. Du fait que les personnes travaillant dans le cadre du TEMP recevront moins que le salaire minimal, l'État maintiendra une AFDC partielle pour compenser la différence. Le gouverneur Weld affirme qu'il lance ces nouvelles réformes « pour changer le paradigme de la protection sociale, passer à une aide aux personnes fondée sur la rémunération et non plus sur le versement de prestations sociales [24] ».

Bien entendu, les syndicats de fonctionnaires américains sont déjà intervenus dans ce débat et ont exprimé leur inquiétude de voir des centaines de milliers de leurs membres supplantés par de pauvres gens eux-mêmes rayés des registres de la protection sociale et contraints de travailler pour la collectivité. Lee A. Saunders, président adjoint du syndicat des fonctionnaires territoriaux (American Federation of State, County and Municipal Employees, AFSCME), a signalé au groupe de travail spécial sur la réforme de la protection sociale (créé par la Maison-Blanche) que le plan de réforme présidentiel entraînerait la création de 1,2 à 2 millions d'emplois d'utilité collective : « Je ne vois pas comment on pourrait créer un tel nombre de postes sans supprimer des emplois de fonctionnaire ordinaire, même en instaurant de très forts garde-fous juridiques pour protéger ces derniers [25]. »

L'inquiétude des syndicats de fonctionnaires dans ce domaine pourrait être dissipée dans une large mesure par une loi de réduction de la durée hebdomadaire de travail de quarante à trente heures pour tous les fonctionnaires. L'État a longtemps défendu le principe selon lequel les fonctionnaires devraient être rémunérés en fonction de critères comparables à ceux du secteur privé. Une réduction de la durée du travail hebdomadaire dans le secteur privé serait inévitablement suivie par une mesure similaire dans le secteur public. En faisant passer la durée hebdomadaire du travail des fonctionnaires de quarante à trente heures et en augmentant la rémunération horaire pour l'aligner sur les gains nationaux de productivité, les administrations locales et fédérales pourraient largement garantir la sécurité de l'emploi des fonctionnaires. Simultanément, une réduction de 25 % de la durée de travail hebdomadaire des fonctionnaires créerait un vide d'emplois susceptible d'être comblé, pour partie, par des personnes exécutant une tâche d'intérêt général.

Dans le débat sur la répartition des bénéfices des progrès de la productivité, tous les pays devront finir par affronter une question élémentaire de justice économique. En termes simples : chaque membre de la société, et même le plus pauvre, a-t-il le droit de participer aux progrès de la productivité due à la révolution de l'information et de la communication, et d'en bénéficier ? Si la réponse est oui, alors une forme quelconque de rémunération devra être inventée pour le nombre croissant des chômeurs dont le travail ne sera plus utile dans le monde nouveau, ultra-automatisé, du XXIᵉ siècle. Les avancées technologiques vont se traduire par de moins en moins d'emplois dans l'économie marchande. L'unique façon de faire partager les bénéfices des gains de productivité à ceux qui seront définitivement évincés par les machines est par conséquent d'introduire une forme de revenu garanti par l'État. En liant ce revenu à un service rendu à la collectivité, on contribuerait à la croissance et au développement de l'économie sociale et on faciliterait la transition à long terme vers une culture de solidarité et de service.

Financer la transition

Le financement d'un revenu social et de programmes de recyclage et de formation préparant les hommes et les femmes à œuvrer pour leur communauté exigera d'importants apports de fonds publics. Une partie de cet argent pourrait venir des économies réalisées par le remplacement progressif d'une bonne partie de la bureaucratie actuelle de la protection sociale par la rétribution directe de personnes s'acquittant de travaux pour la collectivité. Si les organisations de solidarité et les associations à but non lucratif s'engagent davantage dans la prise en charge de besoins traditionnellement gérés par les pouvoirs publics, une plus grande part des recettes fiscales pourra être allouée au financement des revenus de la solidarité et de la formation dont bénéficieraient les millions d'individus qui travailleraient directement dans leur milieu de vie au service de leurs concitoyens.

On pourrait également dégager des fonds publics en cessant de subventionner généreusement les entreprises qui n'opèrent plus sur une base nationale et sont désormais présentes partout dans le monde. L'État a donné aux entreprises transnationales plus de 104 milliards de dollars de subventions en 1993, sous forme de versements directs ou d'avantages fiscaux. A elles seules, les entreprises agro-alimentaires ont perçu 29,2 milliards, soit près du double du montant alloué au programme d'aide aux familles AFDC. Le géant de l'alimentaire Sunkist a encaissé 17,8 millions de dollars pour la promotion de son jus d'orange à l'étranger. Les vins Gallo ont perçu 5,1 millions de dollars pour en faire autant dans leur domaine, pendant que M&M/Mars émargeait à plus d'un million de dollars pour faire la publicité de ses sucreries dans le monde entier. Même McDonald's a reçu 465 000 dollars du Trésor pour promouvoir ses Chicken McNuggets sur les marchés étrangers. Trois sociétés céréalières d'envergure mondiale, Cargill, Continental et Dreyfus, ont bénéficié de plus de 1,1 milliard de dollars de fonds fédéraux entre 1985 et 1989 dans le cadre d'un programme de soutien à l'exportation du ministère de l'Agriculture. Des éleveurs, des compagnies minières, des sociétés d'exploitation forestière, des entreprises pharmaceutiques et d'autres encore bénéficient également des largesses et des aides financières de l'État. La sup-

pression de ces subsides aux entreprises pourrait libérer suffisamment de fonds pour garantir un salaire social à plusieurs millions d'Américains[26].

D'autres sommes encore pourraient être trouvées en coupant
dans d'inutiles programmes de défense. La guerre froide est terminée, mais l'État continue d'entretenir un budget militaire
excessif. Alors même que le Congrès a revu ses projets de loi de
finance à la baisse en matière de défense ces dernières années,
les dépenses militaires devraient encore représenter, entre 1994
et 1998, environ 89 % de celles de la guerre froide[27]. Dans un
rapport de 1992, la commission budgétaire du Congrès conclut
que les dépenses militaires pourraient être réduites à un rythme
de 7 % par an sur une période de cinq ans, sans compromettre
l'état de préparation militaire du pays ni nuire à la sécurité nationale. Si les recommandations de la commission étaient suivies
par le Congrès et la Maison-Blanche, les États-Unis pourraient
économiser jusqu'à 63 milliards de dollars par an d'ici 1998. De
quoi largement contribuer à la construction du tiers secteur en
payant un salaire social à des millions de travailleurs licenciés
désireux de se rendre utiles dans l'économie sociale[28]. Même si
certains emplois disparaissent dans les industries d'armement en
conséquence des réductions budgétaires, il en serait créé bien
davantage si les économies réalisées allaient financer directement l'emploi dans le tiers secteur. La raison en est évidente.
Une grande partie des dépenses de défense est consacrée à
l'achat des équipements. Si, au lieu de cela, la quasi-totalité des
économies réalisées sur le budget en question était allouée à la
rémunération d'emplois du tiers secteur et à la reconstruction
du tissu social, on créerait un nombre bien supérieur d'emplois,
et par là même un plus fort potentiel de pouvoir d'achat.

Mais les mesures de réduction des budgets de défense, l'élimination des subsides inutiles aux entreprises transnationales et
le dégraissage des bureaucraties de la protection sociale, quoique
indispensables, ne suffiront pas à long terme à financer le revenu
social de millions de travailleurs sans emploi, ni à rebâtir le tiers
secteur aux États-Unis. Une large part du financement du salaire
social et des programmes de solidarité devra probablement éma-
ner d'impôts nouveaux.

L'approche la plus fructueuse et la plus équitable pour réunir les fonds nécessaires consisterait à mettre en place une taxe à la valeur ajoutée (TVA) sur tous les biens et services autres que les produits de première nécessité. La TVA, idée encore neuve et abstraite aux États-Unis, a été adoptée par plus de cinquante-cinq pays, dont la quasi-totalité des grands États européens[29].

Le nom de cet impôt souligne bien qu'il est collecté à chaque stade du processus de production, sur la « valeur ajoutée » au produit. En d'autres termes, il est « prélevé sur la différence entre la valeur des extrants d'une entreprise et la valeur de ses intrants[30] ». Les partisans de cette taxe soulignent les nombreux avantages qu'il y a à imposer la consommation plutôt que le revenu. Pour commencer, explique Murray L. Weidenbaum, ancien président du groupe des conseillers économiques de Reagan et aujourd'hui directeur du centre d'études économiques de l'université Washington, à St Louis, asseoir la taxation non plus essentiellement sur le revenu mais sur la consommation est plus logique du point de vue social. « Il est plus équitable d'imposer les gens sur ce qu'ils prélèvent du produit social que sur le montant de ce qu'ils lui apportent par leur travail, leurs investissements ou leur épargne. » Par ailleurs, en taxant la consommation et non le revenu, la TVA encourage l'épargne plutôt que la dépense. Comparant les nombreux avantages de la TVA par rapport à l'impôt sur le revenu, Weidenbaum conclut : « Une taxe sur la consommation encourage l'épargne car chaque dollar économisé et non dépensé en consommation courante est exempté de cette taxe. Le meilleur moyen pour un individu de réduire son impôt sur la consommation est donc de moins consommer ; les incitations au travail, à l'épargne et à l'investissement, elles, ne sont pas affectées. En revanche, le meilleur moyen de réduire son impôt sur le revenu, c'est de gagner moins, et donc de moins travailler, épargner ou investir[31]. »

Les champions de la TVA sont intimement convaincus que « les gens devraient être taxés sur ce qu'ils prélèvent du produit social, pas sur ce en quoi ils y contribuent[32] ». Taxer ce que les gens dépensent plutôt que ce qu'ils gagnent permet de déplacer le fardeau, de ne plus pénaliser le travail et de maîtriser la surconsommation.

Les avantages du financement d'un revenu garanti par l'instauration d'une TVA plutôt que par une simple hausse des impôts sur le revenu sont nombreux, le principal étant son impact global sur l'économie. La commission budgétaire du Congrès estime qu'une TVA aurait un effet plus positif sur la croissance du PNB, qui serait de 1 % supérieure si une TVA était préférée à une hausse des impôts sur le revenu [33].

Le principal inconvénient de la TVA est son caractère régressif. Une taxe sur la consommation pèse plus lourdement sur les revenus des plus faibles, en particulier si elle est prélevée sur les produits de première nécessité comme la nourriture, l'habillement, le logement et les soins médicaux. La TVA pèse également plus lourdement sur les petites entreprises, moins à même d'absorber et de répercuter les coûts. Nombre de pays ont largement réduit ou même éliminé le caractère régressif des taxes à la valeur ajoutée, en en exonérant les produits de première nécessité et les petites entreprises.

L'instauration d'une TVA de 5 % à 7 % sur tous les biens et services autres que ceux susnommés mettrait à la disposition de l'État des milliards de dollars, soit plus qu'il n'en faudrait pour financer le salaire social et les programmes de solidarité destinés aux personnes désireuses de travailler dans le tiers secteur.

Une autre solution consisterait à prélever la TVA sur une assiette plus étroite, à savoir les biens et services en pleine expansion créés par la révolution technologique. On pourrait par exemple sérieusement réfléchir à instaurer une TVA sur tous les ordinateurs et tous les produits et services d'information et de télécommunication. Les ventes de ce secteur augmentent de 8 % par an depuis dix ans ; en 1993, elles ont atteint 602 milliards de dollars. Elles continueront probablement sur cette lancée dans les années à venir [34]. Une TVA sur les produits et services de la troisième révolution industrielle, qui servirait exclusivement à contribuer au financement du passage au tiers secteur des citoyens américains les plus démunis, mériterait d'être envisagée comme une mesure particulièrement utile. Pour se prémunir contre toute utilisation régressive de cette taxe, toutes les institutions à but non lucratif, notamment les écoles et les organisations caritatives, en seraient exonérées.

On pourrait également instaurer une TVA sur les activités de l'industrie du spectacle et des loisirs, qui compte parmi les secteurs à plus forte croissance de l'économie de marché. En 1991, les dépenses des consommateurs dans ce domaine ont grimpé de 13 %, soit plus du double du taux de consommation moyen. En 1993, les Américains ont dépensé plus de 340 milliards en location de cassettes vidéo, visites des parcs d'attraction ou fréquentation des salles de jeux. Une grande part de la croissance des dépenses de loisirs reflète les habitudes d'achat de la nouvelle classe des « manipulateurs d'abstractions » américains. Il suffit de regarder de plus près comment se ventilent ces dépenses : ainsi, plus de 58 milliards de dollars ont été dépensés en 1993 en magnétoscopes, bandes vidéo, téléphones cellulaires et autres équipements de communication de pointe ; 8 milliards en ordinateurs à usage personnel ; 7 milliards on été dépensés par les plus fortunés en achat de bateaux et d'avions privés ; 14 milliards de dollars ont été dépensés dans les parcs d'attraction et autres centres de loisirs ; 65 milliards en jouets et équipements sportifs ; 13 milliards en entrées de cinéma et locations de vidéocassettes ; enfin, les spectacles « en direct » ont dépassé 6 milliards et les jeux d'argent ont englouti plus de 28 milliards de dollars [35].

Avec le développement des nouvelles autoroutes de l'information, les ventes de loisirs vont probablement augmenter encore plus au cours des années qui viennent. Si les couches les plus modestes de la population ont aussi leurs dépenses de loisirs, elles y consacrent une proportion beaucoup plus faible de leur revenu disponible. Contrairement aux secteurs les plus aisés, les Américains les plus pauvres ne sont guère nombreux à pouvoir s'offrir des ordinateurs personnels, des téléphones cellulaires et des sorties coûteuses dans les parcs à thèmes, les stations de vacances et les casinos.

La part des loisirs et des divertissements dans la croissance nationale va encore augmenter avec l'entrée dans l'ère de l'information. L'instauration d'une TVA sur la consommation de loisirs semble être un moyen équitable de transférer une petite partie des gains de la nouvelle économie high-tech de ses créateurs et bénéficiaires à ses victimes potentielles, ceux qui sont le moins susceptibles de profiter des avancées du troisième âge industriel.

Il faudra aussi envisager d'instaurer une TVA sur la publicité. Plus de 130 milliards ont été dépensés dans ce secteur aux États-Unis en 1992 [36]. La publicité va jouer un rôle économique encore plus grand avec l'arrivée des nouveaux vecteurs multimédia et des autoroutes de l'information. Une TVA sur la publicité pourrait engendrer des milliards de dollars que l'État pourrait utiliser pour garantir un revenu et un travail à des millions de laissés-pour-compte.

La Floride, qui avait réussi en 1987 à imposer une taxe forfaitaire sur tous les achats de publicité, y compris ceux des avocats, des comptables et des entreprises, fut contrainte de retirer sa loi six mois plus tard face aux protestations énergiques des publicitaires installés hors des limites de l'État. Selon Douglas Lindholm, directeur de la section de politique fiscale à Price Waterhouse, « les publicitaires disposent d'une influence énorme sur les médias nationaux puisque ce sont eux qui paient leurs factures ». En Floride, ajoute-t-il, « ils ont réussi à mettre sur pied une campagne d'hostilité contre les autorités locales ».

Nombre d'intérêts économiques puissants risqueraient d'être affectés par l'instauration d'une TVA, et les résistances des entreprises seront fortes, mais les alternatives — augmenter l'impôt sur le revenu ou négliger le problème du chômage technologique — seraient encore plus onéreuses pour la collectivité. En instaurant une TVA ciblée dont le produit serait dévolu exclusivement à la construction du tiers secteur afin de faciliter le passage à l'économie sociale de millions de travailleurs évincés par les nouvelles technologies, on instituerait une solidarité en boucle entre le marché, l'État et l'économie sociale. On demanderait à la nouvelle classe émergente des travailleurs de l'information (soit les 20 % de la population qui bénéficient directement de l'économie planétaire high-tech) de redistribuer une petite partie de leur pouvoir d'achat au profit des exclus de la troisième révolution industrielle. L'apport d'un salaire social à des millions d'Américains, en échange d'un emploi satisfaisant dans l'économie sociale, ne peut que profiter aux secteurs marchand et public grâce à l'augmentation du pouvoir d'achat et du revenu imposable, ainsi qu'à la baisse de la criminalité et donc des dépenses de sécurité.

Parallèlement à l'instauration de la TVA, le Congrès pourrait légiférer pour favoriser les contributions des entreprises en faveur du tiers secteur par le biais de déductions fiscales. Les lois existantes leur permettent de déduire jusqu'à 10 % de leur revenu imposable sous la forme de dons aux programmes et activités à but non lucratif. Dans la pratique, le montant des dons est largement inférieur à ce maximum légal. En 1992, les entreprises industrielles ont en moyenne contribué pour 1,5 % du revenu national avant impôts tandis que les sociétés du tertiaire versaient moins de 0,8 %. Certes, les efforts philanthropiques des entreprises ont régulièrement augmenté, passant de 797 millions de dollars en 1970 à près de 5 milliards en 1992 ; mais tout cela ne représente même pas 5 % des dons au tiers secteur. Avec près de 34,6 % en 1992, les organisations à vocation humanitaire et sanitaire ont reçu la part du lion du mécénat d'entreprise. L'éducation fut gratifiée de 30,4 % des sommes collectées cette année-là, la culture et les arts de 9,6 % ; les programmes de développement et de solidarité en ont recueilli 10,4 %.

Les progrès de la mondialisation croissante des marchés et de l'automatisation de la production et des services vont probablement encore gonfler les profits dans les années à venir ; il faut donc inciter les entreprises transnationales à contribuer davantage au bien-être des communautés au sein desquelles elle opèrent à travers le monde, en particulier en accordant des déductions fiscales plus généreuses aux sociétés désireuses d'augmenter leurs dons au tiers secteur. Pour garantir un partage équitable des gains de productivité de la troisième révolution industrielle, on pourrait instituer une échelle mobile des dons caritatifs indexée sur les augmentations de productivité par branche et par secteur. Si, par exemple, la productivité d'une branche particulière augmentait de 2 % par an, le fisc pourrait proposer une déduction supplémentaire aux entreprises souhaitant augmenter leur contribution dans des proportions similaires. En partageant leurs gains avec le tiers secteur, elles pourraient s'enorgueillir de contribuer plus directement à la construction de l'économie sociale qu'en se contentant de payer des impôts destinés à être redistribués par l'État.

Si nous voulons nous préparer au déclin du travail de masse tel que nous l'avons connu dans l'économie de marché, il nous faudra transformer de fond en comble la façon dont les hommes participent à la société. En versant des « salaires virtuels » à des millions d'Américains qui consacreront davantage de leur temps à des activités bénévoles dans le cadre de l'économie sociale, en garantissant un salaire social à des millions de chômeurs et de pauvres désireux de travailler dans le tiers secteur, nous aurons accompli les premiers pas d'une longue transition du travail comme prestation marchande classique au travail comme service communautaire dans le cadre d'une économie sociale. Les pouvoirs publics commencent à se détacher de leur orientation exclusive en faveur des activités marchandes et à s'intéresser à la promotion de l'économie sociale, aussi des propositions du type de celles que nous avançons devraient désormais susciter davantage de sympathies. C'est en inventant de nouvelles alliances entre l'État et le tiers secteur que l'on construira des collectivités solidaires, autonomes et durables dans tout le pays.

Mondialiser l'économie sociale

Le secteur indépendant joue un rôle social de plus en plus important dans de nombreux pays. Les gens créent de nouvelles institutions au niveau local comme au niveau national pour satisfaire des besoins qui ne le sont ni par le marché, ni par le secteur public. Jim Joseph, président du Council on Foundations, observe que dans tous les pays ou presque « des gens se réservent entre l'entreprise et l'État un espace où leur énergie personnelle peut se [...] mettre au service du bien public [1] ». Le tiers secteur s'est spectaculairement développé au cours de ces dernières années et devient rapidement une force tangible dans la vie de centaines de millions de personnes et dans un grand nombre de pays.

L'expérience britannique est la plus proche de celle des États-Unis : des milliers d'associations à but non lucratif y prospèrent et le pays connaît ces dernières années un débat politique de même nature sur le rôle du tiers secteur. Il existe actuellement plus de 350 000 organisations de bénévoles au Royaume-Uni, dont le revenu total dépasse 17 milliards de livres (soit 4 % du PNB). Comme aux États-Unis, l'esprit de bénévolat est fortement développé. En 1990, un sondage a établi que plus de 39 % de la population participait à des activités bénévoles dans le tiers secteur [2].

Le tiers secteur français commence seulement à émerger en tant que force sociale. Plus de 43 000 associations à but non lucratif ont été créées récemment en une seule année. L'emploi dans le tiers secteur commence à se développer, tandis qu'il décline dans le reste de l'économie. L'économie sociale y compte aujourd'hui pour plus de 6 % de l'emploi total, ce qui représente autant d'emplois que l'industrie des biens de consommation tout entière. Ainsi que nous l'avons noté précédemment, la France a été un précurseur dans la formation et l'insertion des chômeurs dans des activités du tiers secteur. Pour tenter de réduire le nombre des jeunes chômeurs, un dispositif de Travaux d'utilité collective (TUC) a été lancé. Plus de 350 000 jeunes Français et Françaises reçoivent ainsi de l'État un salaire mensuel en échange d'un travail effectué soit dans le secteur de l'économie sociale, soit dans le secteur public. Certes, en France, beaucoup d'associations sont pauvres et ne comptent que peu d'adhérents, mais leur nombre et leur poids dans la vie publique devraient augmenter dans les années qui viennent[3].

En Allemagne, le tiers secteur grandit plus vite que les secteurs public ou privé. Entre 1970 et 1987, l'économie sociale a connu une croissance de plus de 5 %. A la fin des années quatre-vingt, plus de 300 000 organisations de bénévoles y fonctionnaient. Même si la plupart d'entre elles n'employaient aucun salarié, l'économie sociale comptait tout de même pour 4,3 % de l'emploi rémunéré total en 1987. A la fin de la décennie quatre-vingt, juste avant la réunification, l'économie sociale contribuait pour 2 % au PNB du pays, employait plus de gens que l'agriculture et presque moitié autant que le secteur bancaire ou celui des assurances. Ces dernières années, la croissance de l'emploi dans l'économie sociale contrastait avec la baisse générale du volume de l'emploi en Allemagne. Près d'un tiers des associations à but non lucratif y ont des liens avec des Églises ou des organisations religieuses[4].

En Italie, le bénévolat est resté largement centré autour de l'Église catholique jusque dans les années soixante-dix. Mais au cours des deux dernières décennies, les associations laïques se sont multipliées et jouent un rôle croissant dans les collectivités locales. On estime que plus de 15,4 % de la population adulte italienne consacre une partie de son temps à des activités bénévoles dans le tiers secteur[5].

Au Japon, le tiers secteur s'est développé de façon impressionnante ces dernières années, en partie pour affronter les nombreux problèmes sociaux que connaît le pays. La restauration et la reconstruction rapides du pays dans la période de l'après-guerre ont laissé la société japonaise aux prises avec toute une série de difficultés inédites allant de la pollution de l'environnement aux problèmes de la jeunesse et des personnes âgées. L'affaiblissement de la famille traditionnelle, longtemps considérée comme le premier garant institutionnel du bien-être personnel, a créé au niveau des quartiers et des collectivités un vide que les organismes du tiers secteur sont venus remplir.

Aujourd'hui, des milliers d'organisations à but non lucratif s'activent partout dans la société japonaise pour satisfaire aux besoins culturels, économiques et sociaux de millions de gens. Quelque 23 000 organisations caritatives, les *koeki hojin*, opèrent à l'heure actuelle. Ce sont des organismes de bienfaisance privés, officiellement reconnus par l'État, dont les champs d'action sont la science, l'art, la religion, la charité et autres activités d'intérêt public. Outre les *koeki hojin*, 12 000 organismes de prévention et de protection sociale, les *shakaifukushi hojin*, gèrent des crèches, des services aux personnes âgées, des services de protection maternelle et infantile ou de protection de la femme. La plupart de ces organisations dépendent pour 80 % à 90 % du soutien du secteur public, le reste de leurs dépenses étant couvert par des cotisations, des ventes, des revenus divers et des dons privés d'origine essentiellement locale. Le tiers secteur rassemble également des milliers d'écoles privées, d'institutions religieuses et d'établissements médicaux, ainsi que des fondations caritatives et des coopératives. Signalons encore plus d'un million d'organisations communautaires et collectives, notamment des associations enfantines dépendant généralement des districts scolaires, qui organisent des activités extra-scolaires, des fêtes, des rencontres sportives et des collectes de fonds. Les personnes âgées appartiennent souvent à l'un des 130 000 clubs *Rozin* disséminés dans tout le pays, où elles trouvent de quoi satisfaire leurs besoins sociaux et culturels spécifiques[6].

L'une des forces les plus puissantes du tiers secteur au Japon est constituée par les organisations d'entraide locales, auxquelles participent plus de 90 % des foyers japonais. Ces associations de quartier ont commencé à proliférer dans les années vingt et trente, en grande partie pour affronter les problèmes de l'industrialisation et de l'urbanisation rapides. A la fin des années trente, le gouvernement impérial les embrigada dans la machinerie de l'État. En 1940, il ordonna la constitution systématique d'associations de quartier dans tout le Japon, avec obligation d'y adhérer. Ces regroupements étaient destinés à diffuser la propagande militaire et à contrôler la distribution de nourriture et d'autres biens et services. Après la guerre, on assista de nouveau à l'émergence d'associations de quartier autonomes, sans liens officiels avec l'État. Ce sont les *jichikai*, au nombre de 270 000 aujourd'hui. Généralement, de 180 à 400 foyers y participent. Leurs responsables sont élus, le plus souvent pour deux ans [7].

Les *jichikai* fournissent toutes sortes de services. Ils peuvent aider les personnes ayant des problèmes d'argent, de logement ou de santé. Il n'est pas rare que le *jichikai* fournisse gratuitement les matériaux de construction et la main-d'œuvre nécessaires pour reconstruire une maison du quartier détruite par un incendie. Elle peut également parrainer des activités culturelles, des voyages, une fête ou une foire. Nombre de ces associations défendent des causes diverses, combattent des projets immobiliers indésirables ou des lois injustes sur le logement. Ces dernières années, les questions de protection de l'environnement sont aussi devenues un champ d'intervention de plus en plus fréquent des *jichikai*, qui font souvent pression sur les autorités pour obtenir des mesures de dépollution et une législation plus sévère.

Ne jouissant d'aucune forme de reconnaissance légale, les *jichikai* ne reçoivent aucun subside de l'État et doivent s'en remettre exclusivement aux cotisations de leurs membres. Mais même sans argent public, ces associations n'en continuent pas moins de croître et de prospérer, surtout grâce au haut niveau de participation de leurs membres. La tradition confucéenne, qui insiste fortement sur la coopération et l'harmonie des relations, a contribué à stimuler le bénévolat dans tout le pays et a fait du tiers secteur une force considérable au Japon. Dans les années à venir, les organisations du tiers secteur joueront vraisemblablement un rôle plus important encore au fur et à mesure que l'État réduira les services sociaux et que les collectivités seront contraintes d'assumer davantage de responsabilités.

Une voix nouvelle pour la démocratie

Il n'est pas étonnant que l'intérêt nouveau pour les associations du tiers secteur se développe parallèlement à la généralisation des mouvements démocratiques dans le monde entier. En décembre 1993, des représentants de plusieurs dizaines de pays ont annoncé la constitution d'une nouvelle organisation internationale, Civicus, qui aura pour mission d'aider à « cultiver le bénévolat et l'entraide communautaire », en particulier dans les régions où le tiers secteur commence juste à naître. Son premier directeur exécutif, Miklos Marschall, ancien adjoint au maire de Budapest, déclare : « Nous sommes témoins d'une véritable révolution mondiale qui implique des dizaines de milliers d'associations, de clubs et d'organisations non gouvernementales. » Marschall pense que « les années quatre-vingt-dix seront la décennie du tiers secteur car, partout dans le monde [...] les institutions traditionnelles comme les syndicats, les partis politiques et les Églises ont énormément déçu ». Le vide de pouvoir, affirme Marschall, est en train d'être rempli par la création de petites organisations non gouvernementales (ONG) et de groupes locaux dans des dizaines de pays [8]. Il ajoute que Civicus « offrira un forum à ces groupes, la possibilité de défendre leurs causes au niveau international, et fera aussi fonction de tribunal moral international [9] ».

L'influence grandissante du tiers secteur est particulièrement notable dans les pays ex-communistes. Les ONG, qui ont joué un rôle décisif dans l'effondrement de l'Union soviétique et des anciens régimes satellites de l'Europe de l'Est, sont maintenant des acteurs essentiels dans la reconstruction de cette région du monde. En 1988, plus de 40 000 organisations non gouvernementales illégales opéraient en Union soviétique [10]. Nombre des organisations de bénévoles de Russie et d'Europe orientale étaient soutenues par les autorités ecclésiastiques, qui protégeaient efficacement leurs activités. Ces groupes de bénévoles militaient dans toutes sortes de domaines, depuis la revendication de réformes culturelles jusqu'à la lutte contre la détérioration de l'environnement. Nombre d'entre elles étaient directement engagées dans le combat politique, défiant le pouvoir et les prérogatives de l'État.

Ces mouvements démocratiques émergents se révélèrent bien plus efficaces dans la lutte contre les régimes autoritaires d'Europe orientale et de l'Union soviétique que les groupes traditionnels de résistance, trop imprégnés d'idéologie ou s'appuyant sur des actions paramilitaires. Revenant sur les événements qui menèrent à la chute du communisme en Europe centrale et orientale, l'historien et soviétologue Frederick Starr estime que la rapide croissance des activités du tiers secteur a exercé une énorme pression sur un appareil du Parti déjà affaibli : « L'extraordinaire effervescence des ONG en tout genre est l'aspect le plus caractéristique des révolutions de 1989 [11]. »

Suite à l'effondrement des partis communistes en Europe centrale et orientale, le tiers secteur est devenu un vivier d'idées nouvelles et d'initiatives de réforme ainsi qu'une pépinière de nouveaux leaders politiques. Les quelque 70 000 ONG d'Europe centrale et d'ex-Union soviétique constituent un terrain d'apprentissage de la démocratie participative pour les militants de base [12]. Le secteur privé se bat encore pour voir le jour, tandis que le secteur public, récemment réformé, est encore dans l'enfance. Le tiers secteur aura donc un rôle politique unique à jouer dans cette région. Sa capacité à répondre rapidement et efficacement aux problèmes locaux et, simultanément, à instiller un esprit démocratique dans toute la société devrait, dans une large mesure, décider du succès des tentatives de réforme dans les anciens pays communistes.

Au fur et à mesure que la révolution high-tech et les nouvelles forces du marché se fraient leur chemin en Europe de l'Est et en Russie, la question des mutations technologiques et du chômage montant va probablement focaliser le débat politique de ces pays. La vague montante de xénophobie, de nationalisme et de fascisme alimentée par le chômage croissant, la pression démographique et la mondialisation de l'économie de marché va mettre à rude épreuve l'esprit démocratique novice du tout récent tiers secteur, ainsi que la stabilité politique de ces pays récemment émancipés. L'avenir politique de l'Europe centrale et orientale dépendra probablement de la capacité du tiers secteur à endiguer la montée des passions néo-fascistes et à construire sur le terrain une puissante infrastructure militante au service de la participation démocratique des populations. Si le tiers secteur ne parvient pas à trouver une réponse efficace aux problèmes des mutations technologiques et du chômage structurel à long terme, ces pays pourraient bien succomber à la séduction irrationnelle du fascisme et plonger cette partie du monde dans un nouvel âge de ténèbres.

Si le tiers secteur joue un rôle crucial dans la reconstruction de l'Europe centrale et orientale, son rôle émergent dans les pays en voie de développement d'Asie et de l'hémisphère sud n'est pas moins significatif. Les ONG du tiers monde sont un phénomène relativement nouveau. Elles ont accompagné le mouvement pour les droits de l'homme et les réformes démocratiques dans la période postcoloniale et sont aujourd'hui une force majeure dans la vie politique et culturelle des pays du Sud.

Plus de 35 000 organisations de bénévoles existent aujourd'hui dans les pays en voie de développement [13]. Les ONG du tiers monde travaillent dans des domaines tels que le développement rural, la réforme agraire, l'aide alimentaire, les campagnes d'hygiène préventive, la planification familiale, l'alphabétisation des jeunes enfants et des adultes, le développement économique, le logement, la défense de diverses causes politiques ; elles sont souvent l'unique voix du peuple dans des pays où les gouvernements sont faibles ou corrompus et où l'économie de marché est peu développée, voire inexistante. Dans de nombreux pays en voie de développement, le tiers secteur satisfait plus efficacement les besoins locaux que les secteurs privé et public. C'est particulièrement vrai là où l'économie de marché conventionnelle ne joue qu'un rôle mineur dans la vie économique de la communauté. On estime que l'action des organisations bénévoles influe déjà sur la vie de plus de 250 millions de personnes dans les pays en voie de développement, et que leur champ d'action et leur efficacité continueront de croître dans les années à venir [14].

Le tiers secteur a connu sa plus forte croissance en Asie, où l'on trouve plus de 20 000 organisations bénévoles [15]. A Orangi, un faubourg de Karachi, au Pakistan, le projet pilote *Orangi* s'est acquis l'aide bénévole de 28 000 familles pour mettre en place 130 kilomètres d'égouts souterrains et construire plus de 28 000 latrines pour les habitants. En Inde, l'association des travailleuses indépendantes (Self-Employed Women's Association,

SEWA), qui rassemble une partie de la population féminine pauvre d'Ahmedabad, offre gratuitement aux femmes une aide juridique, un service de garde d'enfants et des cours de menuiserie, de plomberie, de travail du bambou et d'obstétrique [16]. Au Népal, des ONG de terrain travaillant avec les populations locales ont construit 62 barrages pour le quart du prix de constructions comparables réalisées par l'État [17]. Au Sri Lanka, le mouvement Sarvodaya Sharanadana (SSM) emploie 7 700 permanents et travaille dans plus de 8 000 villages pour aider les communautés locales à mobiliser leurs ressources en vue de l'autosuffisance. Les projets du SSM comportent des programmes de nutrition pour les enfants en âge préscolaire, d'assistance aux sourds et aux handicapés et des cours de couture, de réparation mécanique, d'imprimerie et de menuiserie susceptibles de générer des revenus [18]. En Malaisie, l'association des consommateurs de Penang (Consumers Association of Penang, CAP) travaille avec les communautés rurales pour les aider à faire valoir leurs droits auprès du gouvernement et les protéger de projets de développement néfastes [19]. Au Sénégal, le Comité de lutte pour la fin de la faim (COLUFIFA), fort de 20 000 membres, aide les paysans à promouvoir les cultures vivrières plutôt que les cultures d'exportation. Cette association offre aussi aux paysans des formations destinées à améliorer leurs pratiques culturales et de stockage et des programmes de renforcement de l'alphabétisation et d'amélioration des conditions de santé en milieu rural [20]. Aux Philippines, Pamalakaya, une ONG représentant 50 000 pêcheurs, fait pression sur le gouvernement pour préserver les étangs de pêche villageois et promeut la formation et l'éducation permanentes de ses membres [21].

Les ONG d'Asie ont centré une part essentielle de leurs efforts sur l'écologie. Des groupes de protection des forêts, par exemple, sont nés en Corée du Sud, au Bangladesh, au Népal et dans d'autres pays asiatiques pour sauver celles qui ne sont pas encore la proie des exploitants forestiers et des promoteurs. Actuellement, en Inde, plus de 500 organisations de protection de l'environnement tentent de sauver les sols, de planter des arbres, de protéger l'eau et de combattre les pollutions agricoles et industrielles. L'une des actions les plus efficaces de protection de l'environnement de ces dernières années fut lancée par des villageoises déterminées à protéger leurs forêts des exploitants forestiers. Le mouvement Chipko a attiré l'attention du monde entier lorsque ces paysannes se sont couchées devant les bulldozers et se sont enlacées à leurs arbres pour en empêcher l'abattage[22].

Les organisations de femmes se sont également multipliées en Asie au cours des dix dernières années. En Indonésie et en Corée, des clubs maternels aident les femmes à mettre en place un contrôle des naissances efficace. Au Bangladesh, les membres d'une société nationale de juristes féminines ont visité plus de 68 000 villages pour informer les femmes de leurs droits légaux fondamentaux et offrir une aide juridique aux victimes de violences conjugales ou policières[23].

En Amérique latine comme en Asie, les organisations de bénévoles ont littéralement explosé ces vingt-cinq dernières années. Une bonne partie de l'essor du tiers secteur est à porter au crédit de l'Église catholique. Des prêtres, des religieuses et des laïcs ont tissé un réseau de groupes d'action locaux, les communautés ecclésiales de base. Au Brésil, plus de 100 000 communautés de base représentant plus de trois millions de membres ont été créées. Un nombre sensiblement identique de ces communautés existe dans tout le reste de l'Amérique latine. Elles associent les efforts de promotion de l'autonomie des communautés à la défense de causes spécifiques, créant ainsi un mouvement démocratique à la base parmi les habitants les plus pauvres du continent[24]. A Lima, quelque 1 500 cuisines communautaires ont été créées, où plus de 100 000 mères distribuent du lait en poudre aux pauvres. Au Chili, des centaines d'organisations urbaines de bénévoles, les *Organizaciones Económicas Populares* (OEP), prennent en charge des besoins sociaux longtemps négligés par les secteurs public et privé. Certaines OEP ont monté des coopératives de consommateurs et de logement. D'autres ont institué des programmes de santé et d'éducation, des écoles alternatives et des cuisines communautaires[25]. En république Dominicaine, des femmes se sont rassemblées pour créer le *Centro de Investigación para la Acción Femenina* (CIPAF), une ONG qui entend améliorer le sort des paysannes et des femmes pauvres des *barrios* urbains[26]. En Colombie, plus de 700 associations à but non lucratif construisent des logements pour les sans-abri[27].

Toute l'Amérique latine connaît les *juntas de vecinos*, associations de quartier luttant pour l'amélioration du cadre de vie urbain. Ces regroupements de bénévoles aident à construire des écoles, des points de distribution d'eau, organisent des collectes d'ordures et mettent sur pied des services de transport. Les associations parentales ont poussé comme des champignons en Amérique latine au cours des dix dernières années pour aider les parents à mettre sur pied des centres de protection infantile, des jardins maraîchers collectifs, des coopératives de producteurs. Dans des pays où une poignée de grands propriétaires possèdent et contrôlent l'essentiel des terres, des associations et des syndicats de paysans se sont constitués pour obtenir des réformes agraires. L'Union nationale mexicaine des organisations régionales autonomes de paysans et le Mouvement des paysans sans terres, au Brésil, comptent parmi les plus connus et les plus visibles de ces groupes[28].

L'Afrique connaît également une rapide croissance du tiers secteur. Plus de 4 000 ONG opèrent actuellement sur le continent africain et de nombreux observateurs les considèrent comme la « force de développement la plus significative » dans cette partie du monde[29]. En Ouganda, 250 ONG locales apportent des secours d'urgence et gèrent des programmes de santé en direction des plus pauvres. Au Burkina Faso, 2 800 groupes de travail communautaire comptant plus de 160 000 membres, les *Naams*, creusent des fossés, construisent des réservoirs d'eau, bâtissent de petits barrages, entretiennent des forêts communautaires, alphabétisent la population, construisent des maternités, des pharmacies, des écoles et des cliniques villageoises. Les *Naams* encouragent aussi les activités culturelles et accueillent des rencontres sportives locales dans tout le pays[30].

Au Kenya, le mouvement Green Belt (« Ceinture verte »), qui rassemble quelque 80 000 femmes, a planté plus de dix millions d'arbres et appris à ses membres comment restaurer et conserver les sols en utilisant des engrais naturels[31]. Au Zaïre, l'Église du Christ, qui compte 12 millions de fidèles, promeut dans 62 communautés des programmes de prévention sanitaire, de scolarisation primaire et des campagnes de reboisement[32],

Dans de nombreux pays du Sud où l'économie de marché classique est pratiquement absente, tout particulièrement dans les campagnes, les ONG jouent un rôle quelque peu différent de leurs homologues du Nord dans l'économie sociale. Aux États-Unis et dans d'autres pays industrialisés, les organisations du tiers secteur prennent souvent en charge des activités que le marché néglige ou ignore, par exemple en restaurant des logements modestes et en bâtissant des refuges pour les sans-abri. Mais dans le tiers monde, explique Julie Fisher, responsable du programme ONG de l'université Yale, les ONG « couvrent précisément les domaines que le marché dessert dans les pays développés », car le secteur du marchand y existe à peine. « Les gens sont désespérément pauvres et il n'y a pratiquement aucune possibilité pour eux dans le système économique formel, qui n'a aucune signification pour la majorité des habitants de la planète. » Les populations locales n'ont souvent d'autre solution, dit-elle, que d'inventer une économie informelle. Ces succédanés se métamorphosent souvent en véritables activités de marché. La création de microentreprises, de coopératives et de réseaux d'échanges entre les villages annonce l'émergence d'une forme rudimentaire de marché régional ou national. Selon Fisher, « dans le tiers monde, c'est le tiers secteur qui promeut le secteur privé sur une grande échelle ». Les gains du secteur marchand sont souvent utilisés, en retour, pour financer l'expansion du tiers secteur[33].

On le constate partout dans le monde : la croissance accélérée du tiers secteur est due en partie au besoin de remplir le vide politique laissé par les secteurs public et privé, qui désertent le tissu social. Les entreprises transnationales, qui ne connaissent que le marché mondial, sont souvent imperméables aux besoins des collectivités locales concrètes. De nombreux pays du tiers monde sont exclus du marché mondial. Là où son influence se fait sentir, les sociétés locales sont impuissantes à négocier les termes de l'échange. Les lois et les règles sont fixées par des hommes sans visage, derrière les portes closes de conseils d'administration, à des milliers de kilomètres. Les États du tiers monde sont tout aussi peu impliqués sur le terrain. Dans la plupart des pays en voie de développement ou nouvellement industrialisés, l'État n'est que le produit de compromis fragiles, englué dans les méandres de la bureaucratie et gangrené par la corruption.

Victime d'une croissance lente, d'un chômage persistant et d'un endettement croissant, piégés par un marché mondial qui les contraint à pratiquer une concurrence au rabais, les États perdent leur emprise sur les populations locales. Incapables de leur assurer les prestations les plus élémentaires et insensibles aux revendications populaires en faveur d'une plus grande participation, ils sont de plus en plus étrangers à la vie de leurs administrés. C'est particulièrement vrai dans les pays du tiers monde, et cela se reflète dans une modification subtile des circuits de l'aide internationale et de la manière dont les fonds pour le développement sont octroyés. Bien que l'essentiel de l'aide continue à être transférée de gouvernement à gouvernement, un nombre croissant de subsides passent directement des gouvernements du Nord aux ONG travaillant dans les pays en voie de développement ou dans les pays de l'Est. Aux États-Unis, deux ONG créées par le Congrès (Inter-American Foundation et African Development Foundation) délivrent des fonds directement aux organisations de terrain des pays en voie de développement, généralement pour soutenir des projets locaux de développement durable. L'Agence américaine pour le développement international (Agency for International Development, AID) soutient également des initiatives et projets locaux d'ONG partout dans le tiers monde [34].

L'aide internationale aux ONG des pays en voie de développement ou des pays de l'Est commence à se développer, mais l'essentiel des sommes que reçoivent les initiatives du tiers secteur dans ces régions provient toujours directement des ONG des pays industrialisés du Nord. Entre 1970 et 1990, les ONG du Nord ont fait passer leurs aides à celles du Sud de 1 à 5 milliards de dollars. En 1991, les États-Unis étaient la source de près de la moitié des fonds privés transférés aux activités du tiers secteur dans les pays en voie de développement [35].

L'aide internationale directe aux ONG des pays en voie de développement va probablement se développer dans les prochaines années avec l'enracinement du tiers secteur et l'amélioration de ses capacités de répondre aux besoins sociaux au niveau local. Parallèlement, l'économie sociale va « jouer un rôle beaucoup plus significatif dans le marché du travail de ces pays », affirme Miklos Marschall. Comme beaucoup d'observateurs, il estime « que l'une des fonctions premières du secteur des ONG [...] est d'offrir aux gens des possibilités de travail au niveau de leur communauté ». Il se dit convaincu que nombre des nouveaux emplois qui seront créés le seront dans le tiers secteur, et qu'une grande partie de ces emplois seront financés sur la base de contrats entre les ONG et l'État, qui préférera cette solution au lancement de coûteux programmes publics [36].

Martin Khor, directeur du Third World Network, s'inquiète de la façon dont les États du Sud vont financer les revenus sociaux des personnes désireuses — et capables — de travailler dans le tiers secteur. L'aide internationale directe aux ONG de terrain contribuera à fournir une partie des fonds nécessaires, mais les États devront inévitablement compléter cette aide par l'impôt. Khor défend l'instauration d'une taxe à la valeur ajoutée sur les technologies, les produits et les services consommés par les membres les plus fortunés de la société. Ce militant tiers-mondiste estime que les gouvernements peuvent jouer un rôle clé dans la « réduction des inégalités criantes » existant dans les pays en voie de développement en « taxant la consommation des riches [...] pour donner du travail aux pauvres ». Pour lui, la redistribution du revenu est la clé du développement de l'économie sociale dans les pays du tiers monde. Si « vous ne résolvez pas le problème de la distribution sociale du revenu, alors vous ne pouvez pas résoudre celui du développement du tiers secteur, car comment pourriez-vous [le] financer autrement [37] ? »

L'extraordinaire croissance de l'activité du tiers secteur commence à nourrir de nouveaux réseaux internationaux. Les ONG du Nord et du Sud échangent des informations, s'organisent autour d'objectifs communs, s'unissent pour faire entendre leurs voix auprès de la communauté internationale. On pourrait rassembler toute la diversité de leurs initiatives sous un même mot d'ordre : « Penser globalement, agir localement. » Les ONG de la plupart des pays partagent une vision nouvelle qui transcende à la fois l'orthodoxie du marché et les conceptions idéologiques mesquines de la géopolitique et du nationalisme. Leur perspective est celle de la biosphère. La participation démocratique au niveau local, le restauration du tissu social, le service rendu à autrui et un sentiment de responsabilité à l'égard de la communauté biotique constituée par la biosphère terrestre, telles sont les valeurs qui imprègnent les nouveaux militants du tiers secteur.

A la veille de la troisième révolution industrielle, et bien qu'unies dans une représentation commune du futur, les ONG des hémisphères nord et sud sont confrontées à des défis et à des urgences parfois différents. Si les ONG urbaines, au Nord comme au Sud, devront affronter la question du chômage croissant entraîné par les gains de productivité et les mutations technologiques, celles du Sud vont devoir faire face à un autre problème, tout aussi grave : celui de l'introduction des biotechnologies dans l'agriculture, et l'éventualité de la disparition de l'agriculture de plein air sur toute la surface de la planète. Le spectre du chômage de centaines de millions de paysans victimes de la révolution du génie génétique a de quoi alarmer les esprits. La perte des marchés des denrées alimentaires pourrait entraîner les pays du Sud dans une chute vertigineuse et provoquer une crise bancaire internationale sans précédent. La civilisation pourrait s'engouffrer dans une spirale de déclin susceptible de durer des siècles. Ne serait-ce que pour cette raison-là, les ONG du Sud se sentent de plus en plus motivées à résister à la révolution biotechnologique dans l'agriculture, tout en luttant pour une réforme agraire et des pratiques culturales écologiquement plus « soutenables ».

La directrice de la Research Foundation for Science, Technology and National Resource Policy, en Inde, Vandana Shiva, craint que, dans son propre pays, jusqu'à 95 % de la population agricole puisse être réduite au chômage par la révolution biotechnologique au cours du prochain siècle. Si cela se produit, avertit-elle, « nous aurons des milliers de Yougoslavie », avec des mouvements séparatistes, des guerres ouvertes et l'éclatement du sous-continent indien. L'unique alternative viable à un bouleversement social massif et à l'éventuel effondrement de l'État indien est, selon elle, la construction d'un « nouveau mouvement pour la liberté » enraciné dans la réforme agraire et la mise en pratique d'une agriculture écologiquement rationnelle et soutenable [38].

Partout dans le tiers monde, des ONG commencent à s'unir

pour combattre les empiétements de l'agriculture biotechnologique. Dans les années à venir, l'opposition à la brevetabilité des semences naturelles par les sociétés transnationales, mais aussi à l'absorption généralisée de l'agriculture par l'industrie des biotechnologies, va vraisemblablement s'intensifier dans la plupart des pays du Sud. Des millions de paysans combattront pour leur survie et pour sauver leur gagne-pain contre les nouvelles technologies d'épissage des gènes.

L'ultime espoir

Au Nord comme au Sud, tous les pays font face aux menaces mais aussi aux opportunités dont sont porteuses les puissantes évolution du marché et les nouvelles réalités technologiques. Dans leur quête de marchés planétaires, les entreprises transnationales enjambent les frontières, transforment et bouleversent les vies de milliards de personnes. Les victimes de la troisième révolution industrielle commencent à se chiffrer par millions, autant de travailleurs sommés de s'effacer devant leurs substituts mécaniques, plus rentables, plus efficaces. Le chômage monte et les humeurs s'enflamment dans les pays victimes du feu croisé des entreprises cherchant à améliorer leur productivité à n'importe quel prix.

Le tiers secteur et les initiatives de citoyens sont les paratonnerres qui pourraient détourner la rancœur montante d'un grand nombre de chômeurs. S'ils réussissent à stimuler l'esprit de participation démocratique et à raviver le sentiment d'une commune volonté, ils contribueront largement à la capacité du secteur indépendant à agir en tant que facteur de transformation en faveur d'une ère postmarchande. Mais la question de savoir si le tiers secteur pourra croître et se diversifier suffisamment vite pour répondre à la pression croissante du chômage et du sous-emploi reste ouverte. En tout état de cause, face au reflux du marché et de l'État dans la vie quotidienne des populations, l'économie sociale demeure l'ultime espoir d'instaurer un cadre institutionnel alternatif pour une civilisation en pleine transition.

Nos savants high-tech ne croient pas à la crise. Confortablement installés dans leur nouveau village planétaire étincelant, entourés d'un réseau informatique sophistiqué capable de prouesses inimaginables, le futur leur semble radieux. Nombreux sont les membres de cette nouvelle classe du savoir qui envisagent un avenir utopique grandiose caractérisé par une abondance inépuisable. Ces dernières années, des dizaines de futurologues ont rédigé des prophéties époustouflantes annonçant la fin de l'histoire et l'avènement d'un paradis technologique régi par les forces du marché et l'action impartiale de l'expertise scientifique. Les hommes politiques nous incitent à boucler nos ceintures pour le grand voyage vers l'ère postmoderne. Ils nous annoncent un nouveau monde de verre et de silicium, de réseaux de communication planétaires et d'autoroutes de l'information, de cyberespace et de réalité virtuelle, de productivité en flèche et d'abondance matérielle illimitée, d'usines automatiques et de bureaux électroniques. Quel est le prix du ticket d'entrée dans ce nouveau pays des merveilles ? Seulement celui de la requalification, de la reconversion professionnelle, de l'acquisition de nouvelles compétences correspondant aux nombreuses possibilités d'emploi qui s'ouvrent sur le marché effervescent du troisième âge industriel.

Telles sont leurs prédictions, et elles ne sont pas totalement absurdes. Nous sommes effectivement en train de connaître une grande transformation historique, une troisième révolution industrielle qui nous amène inexorablement vers un monde presque sans travailleurs. Les matériels informatiques et les logiciels existent déjà et accélèrent notre passage dans la nouvelle civilisation du silicium. Reste à savoir combien d'êtres humains perdront pied dans cette dernière ligne droite de l'épopée industrielle, et quelle sorte de monde attend le reste du peloton sur l'autre rive.

Les apôtres et les prédicateurs de l'âge de l'information n'ont que peu, ou pas, de doutes sur le succès final de l'expérience en cours. Ils sont convaincus que les bouleversements actuels parviendront à créer davantage d'emplois qu'ils n'en détruiront et que les spectaculaires augmentations de la productivité seront compensées par une demande renforcée de la part des consommateurs et l'ouverture de nouveaux marchés mondiaux qui absorberont le flux des nouveaux biens et services désormais disponibles. Leur foi et, en l'occurrence, toute leur vision du monde dépendent de l'exactitude de ces deux propositions centrales.

Les sceptiques, au contraire, ainsi qu'un nombre croissant de laissés-pour-compte de la troisième révolution industrielle, commencent à se demander d'où ces nouveaux emplois vont bien pouvoir venir. Dans un monde où des technologies sophistiquées de l'information et de la communication pourront remplacer un nombre croissant de travailleurs, seuls quelques heureux élus auront sans doute la chance d'être formés dans les nouvelles professions d'expert ou de gestionnaire de très haut niveau qu'engendrera la nouvelle industrie du savoir. L'idée que les millions de travailleurs victimes du *reengineering* et de l'automation dans l'agriculture, l'industrie et les services pourraient se voir métamorphosés en scientifiques, ingénieurs, techniciens, dirigeants, consultants, enseignants, juristes et autres, et en outre trouver un nombre correspondant de nouveaux emplois dans un secteur high-tech extraordinairement étroit, ressemble, au mieux, à une douce rêverie, au pire à un marché de dupes.

On affirme souvent que de nouvelles technologies, de nouveaux produits et de nouveaux services que l'on ne peut même pas encore imaginer offriront de nouveaux marchés et des emplois par millions. Mais les sceptiques soulignent que ces futures lignes de produits ne demanderont vraisemblablement que fort peu de main-d'œuvre, tant au niveau de la fabrication que de la production ou de la distribution, et n'augmenteront donc pas significativement les effectifs. Même si un produit doté d'un potentiel commercial mondial émergeait aujourd'hui, quelque chose comme la radio ou la télévision par exemple, sa production serait vraisemblablement très fortement automatisée et ne nécessiterait qu'un nombre limité de travailleurs.

De même, nombre d'observateurs se demandent comment les travailleurs victimes de la troisième révolution industrielle, du chômage et du sous-emploi vont bien pouvoir s'offrir tous ces nouveaux produits et services. Les optimistes affirment que l'assouplissement des barrières douanières et l'ouverture de nouveaux marchés mondiaux stimulera la demande « réprimée » du consommateur. Les mécréants invétérés prétendent de leur côté qu'une productivité croissante rencontrera une demande toujours plus faible et déprimée dans le monde entier, au fur et à mesure que la technologie dépouillera les travailleurs de leurs emplois et de leur pouvoir d'achat.

Les sceptiques ont probablement raison de s'inquiéter des mutations technologiques, des pertes d'emploi et de la réduction du pouvoir d'achat. Mais il n'y a pas de raison de croire que l'élan acquis par la révolution technologique et marchande puisse être ralenti ou stoppé dans les années à venir par une quelconque forme de mouvement de résistance organisée. A moins d'une récession mondiale de longue durée, il y a des chances pour que la troisième révolution industrielle continue sur sa lancée, augmentant la productivité, évinçant toujours plus de travailleurs, tout en offrant quelques nouvelles possibilités d'emplois, mais pas suffisamment pour absorber les millions de chômeurs remplacés par les nouvelles technologies. La croissance du marché mondial ne sera pas non plus suffisamment rapide pour absorber la surproduction de biens et de services. La montée du chômage technologique et la baisse du pouvoir d'achat continueront de gripper l'économie mondiale et de saper l'autorité des États.

D'ores et déjà, les États vacillent sous l'impact d'une révolution technologique qui jette des millions d'individus dans le chômage et la misère. La mondialisation de l'économie et l'automatisation de l'agriculture, de l'industrie et des services sont en train de transformer à grande vitesse le paysage politique dans tous les pays. Les dirigeants et les gouvernements du monde entier ne savent absolument plus comment endiguer ce raz de marée technologique qui dévaste des pans entiers de l'industrie, bouleverse les hiérarchies des entreprises et remplace les travailleurs par des machines dans des centaines de professions.

La classe moyenne, qui fut longtemps la voix de la raison et de la modération dans la vie politique des pays industrialisés, est frappée de plein fouet, et de tous côtés, par l'évolution technologique. Pressurée par les réductions de salaires et la montée du chômage, elle a de plus en plus tendance à chercher des solutions rapides et drastiques pour préserver son ancien mode de vie du déchaînement des forces du marché et de la technique. Dans la plupart des pays industrialisés, la crainte d'un avenir incertain pousse de plus en plus de gens à chercher refuge dans des mouvements politiques ou religieux extrémistes qui leur promettent de restaurer l'ordre public et de remettre la population au travail.

La marée montante du chômage mondial et le durcissement de la polarisation entre riches et pauvres créent les conditions d'une agitation sociale et d'une guerre de classe ouverte à une échelle sans précédent dans l'ère moderne. On assiste à une montée générale de la criminalité, de la violence aveugle et des conflits de faible intensité, sans aucun signe d'accalmie pour les années à venir. Une nouvelle forme de barbarie se développe au-delà des murailles du monde moderne. Par-delà les banlieues tranquilles et les enclaves urbaines ou se retranchent les riches et les très riches, des millions d'êtres humains misérables végètent sans espoir. Éperdues d'angoisse et de colère, ces masses humaines qui n'arrivent pas à faire entendre leurs appels à la justice et à l'intégration pourraient bien se faire les porteurs d'un égalitarisme radical. Leurs rangs continuent à grossir, alimentés par les millions de travailleurs licenciés du jour au lendemain et irrémédiablement condamnés à être exclus du village planétaire high-tech.

Mais nos dirigeants continuent de parler d'emploi et de criminalité comme si ces deux grands fléaux de notre temps n'avaient guère de rapport. Ils refusent d'admettre le lien de plus en plus manifeste entre les mutations technologiques, le chômage et l'essor d'une classe de délinquants pour lesquels la criminalité est la seule façon de grappiller quelques miettes d'un gâteau qui rétrécit.

Telle est donc la situation de l'humanité aux premières années de la transition vers la troisième révolution industrielle. Dans les pays développés, les inquiétudes que suscite l'emploi aiguisent les conflits idéologiques. Les libre-échangistes accusent les syndicats d'entraver le processus de mondialisation du commerce et d'inciter le public à la xénophobie avec leurs appels au protectionnisme. Le mouvement ouvrier réplique en reprochant aux transnationales de tirer les salaires vers le bas en mettant les travailleurs en concurrence avec la main-d'œuvre bon marché du tiers monde.

Les partisans optimistes du progrès technologique accusent leurs détracteurs de passéisme et d'utopisme néo-luddiste. Ces derniers reprochent aux technophiles de préférer le profit aux individus et, dans leur quête de gains rapides de productivité, de rester indifférents aux coups terribles que la robotisation porte à des millions de travailleurs.

Aux États-Unis, quelques politiciens progressistes réclament un nouveau *New Deal*. Ils souhaitent que des dépenses massives soient consacrées aux grands travaux, à la rénovation urbaine et à la réforme de la protection sociale. La plupart des observateurs politiques, mais aussi une majorité de l'électorat, hésitent cependant à reconduire l'État dans son rôle d'employeur de la dernière chance, de crainte d'augmenter encore les déficits budgétaires et la dette nationale. Les forces conservatrices agitent le thème du « laissez-faire » et prétendent que si l'État cesse d'intervenir dans l'économie, cela accélérera le processus d'automatisation et de mondialisation dont dépend la croissance du gâteau économique. Étourdis par cette profusion de thèses conflictuelles et contradictoires, nos dirigeants continuent de tergiverser et ne savent que faire des rares propositions constructives qui leur sont faites pour réduire le chômage, créer des emplois, faire diminuer les taux de criminalité et faciliter la transition vers l'ère high-tech.

Que savons-nous de façon certaine ? Que nous entrons dans une nouvelle période de l'histoire où les machines remplaceront de plus en plus le travail humain dans la production des biens et des services. Que les échéances sont certes difficiles à prévoir, mais que nous sommes sur une trajectoire qui nous conduira irrévocablement vers un futur automatisé et que nous atteindrons vraisemblablement le stade d'une production sans travailleurs, au moins dans l'industrie, dans les premières décennies du siècle à venir. Que le secteur tertiaire s'automatisera moins vite, mais aura vraisemblablement atteint un stade de quasi-automation vers le milieu du prochain siècle. Que l'industrie du savoir et de l'information émergente pourra absorber une petite partie de la main-d'œuvre ainsi déplacée, mais certainement pas assez pour peser de façon sensible sur les statistiques du chômage. Que des centaines de millions de travailleurs seront contraints à une oisiveté permanente par les forces conjointes de la mondialisation et de l'automation. Que ceux qui auront encore un emploi travailleront moins longtemps pour permettre une répartition plus équitable des heures de travail disponibles et la création d'un pouvoir d'achat permettant d'absorber les augmentations de production. Qu'avec la substitution croissante des machines aux travailleurs dans les décennies à venir, l'énergie de millions de personnes ne sera plus soumise au processus économique et à la logique du marché. Nous savons enfin que la question de l'excédent de travail humain sera de loin la question centrale de l'ère qui vient, celle que tous les pays devront affronter et résoudre si notre civilisation veut survivre à la troisième révolution industrielle.

Si les talents, l'énergie et les ressources de centaines de millions d'hommes et de femmes ne sont pas réorientés vers des fins constructives, la civilisation continuera probablement de s'enfoncer dans un chaos de violence et de misère dont elle aura du mal à se dégager. C'est pourquoi la recherche d'une alternative aux formes traditionnelles du travail dans le cadre de l'économie de marché est la tâche cruciale à laquelle tous les pays doivent s'atteler. Pour être prêts à entrer dans l'ère postmarchande, il faudra s'impliquer beaucoup plus fortement dans la construction du tiers secteur et la régénérescence du tissu social. Au contraire de l'économie de marché, qui ne s'appuie que sur la « productivité » et peut donc envisager la substitution des machines aux hommes, l'économie sociale repose sur les relations entre les gens, sur la chaleur humaine, la camaraderie, la fraternité et la responsabilité — qualités difficilement automatisables. Précisément parce que ces vertus sont inaccessibles aux machines, elles seront le refuge naturel des victimes de la troisième révolution industrielle qui auront vu leur force de travail perdre quasi toute valeur marchande et seront à la recherche d'un nouveau sens à leur vie.

La résurrection du tiers secteur et sa transformation en une force puissante et indépendante capable d'absorber le flot des travailleurs licenciés par le secteur marchand est une priorité majeure si nous voulons pouvoir affronter les orages technologiques qui s'accumulent à l'horizon. Il faut réfléchir aux modalités du transfert au tiers secteur d'une part croissante des gains de productivité de la troisième révolution industrielle si l'on veut que l'économie sociale supporte la charge grandissante qui va peser sur elle.

Confronté à la perspective impressionnante de devoir absorber un nombre toujours plus grand de travailleurs exclus de l'économie de marché, mais aussi de devoir assurer toujours plus de services sociaux et culturels élémentaires, le tiers secteur aura besoin tout à la fois d'une masse de travailleurs bénévoles et de financements massifs. Le paiement d'un « salaire virtuel » aux bénévoles, la TVA sur les produits et services de l'ère high-tech (destinée exclusivement à financer un salaire social pour les pauvres travaillant dans le tiers secteur), l'indexation sur les gains de productivité des déductions fiscales aux entreprises donatrices ne sont que quelques-unes des mesures susceptibles d'être prises dès maintenant aux États-Unis pour développer le tiers secteur et le rendre plus efficace dans les années à venir. Dans d'autres pays, des approches et des formes d'incitation différentes seront vraisemblablement proposées pour renforcer et élargir la mission de l'économie sociale.

Jusqu'à présent, les rouages de l'économie de marché ont tellement concentré l'attention que l'intérêt pour l'économie sociale n'a guère fait de progrès, ni dans l'opinion, ni auprès des décideurs politiques. Cette relative indifférence ne saurait persister, car il apparaît chaque jour plus clairement qu'un tiers secteur transformé est le seul moyen viable d'absorber de façon constructive la main-d'œuvre en excédent sur le marché mondial.

Nous entrons dans une ère nouvelle de mondialisation et d'automation. Nous apercevons déjà le chemin qui nous mène à une économie virtuellement sans travailleurs. La question de savoir si ce chemin débouchera sur un havre de paix ou sur un gouffre sans fond dépendra de la façon dont notre civilisation se montrera prête à entrer dans l'ère postmarchande qui s'annonce dans le sillage de la troisième révolution industrielle. La fin du travail pourrait bien sonner le glas de la civilisation sous la forme que nous connaissons. Elle peut aussi annoncer l'avènement d'une immense transformation sociale et d'une renaissance de l'esprit humain. L'avenir est entre nos mains.

Postface

Nous avons maintenant la possibilité de créer des millions d'emplois dans le tiers secteur. Pour libérer les compétences et le travail d'hommes et de femmes qui ne trouvent plus leur place dans les secteurs marchand et public, il nous faut de l'argent. En taxant une partie de la richesse engendrée par la nouvelle économie de l'information et en la canalisant vers les collectivités locales, la création d'emploi et la reconstruction du tissu social, nous commencerons à forger l'image de ce que pourrait être notre vie au XXIe siècle.

Mais pour repenser le travail, il nous faut aussi reformuler notre conception des institutions politiques. Les hommes politiques voient généralement la société comme un espace bipolaire continu, avec à une extrémité le marché et à l'autre l'État. Il me semble plus juste de la voir comme reposant sur un trépied constitué par le marché, l'État et l'économie sociale. Chacun de ces trois pôles représente une forme spécifique de capital : le capital privé, le capital public et le capital social. C'est le troisième pôle, le plus ancien et le plus important, mais aussi le moins reconnu, qui constitue le tiers secteur.

Dans la conception traditionnelle, ce qui dominait le débat politique, c'était la recherche du juste point d'équilibre entre l'État et le marché. Désormais, c'est l'équilibre entre les trois forces du marché, de l'État et du tiers secteur qui est à trouver. Cette tripartition doit nous amener à repenser à la fois le contrat social et le sens du travail dans l'ère qui vient.

La clé d'une véritable tentative de transformer le paysage politique dépendra de la volonté politique d'accroître la portée et la visibilité du tiers secteur et d'en faire un acteur à part égale du jeu social aux côtés du marché et de l'État. Mais comme le tiers secteur repose à la fois sur le marché et sur l'État pour sa survie, son avenir dépendra pour une large part de la création d'une nouvelle force politique susceptible de faire pression sur le secteur privé comme sur les pouvoirs publics pour obtenir le transfert d'une partie des énormes bénéfices de la nouvelle économie de l'information dans la création de capital social et la reconstruction de la société civile.

Le potentiel politique de cette nouvelle force existe, mais il n'a pas encore été mobilisé dans un mouvement social de masse. Il rassemble les millions de gens qui, chaque semaine, dans chaque pays, consacrent une partie de leur temps aux milliers d'organisations qui incarnent la floraison du tiers secteur. Ces millions de gens ont déjà compris l'importance de créer du capital social dans leurs quartiers et leurs communautés.

Mais pour l'instant, ces gens-là ne se considèrent pas comme faisant partie d'une force politique potentielle importante — une force qui, une fois mobilisée, pourrait contribuer à transformer la politique du pays. Parmi les participants au tiers secteur, on trouve toutes sortes de gens de toutes origines ethniques et sociales. Ce qu'ils ont en commun, c'est de croire en l'importance du travail au service de la collectivité et de la création de capital social. Si cette valeur commune pouvait être transformée en sentiment d'une identité et d'un objectif communs, nous pourrions redessiner la carte politique selon des coordonnées totalement nouvelles. L'essentiel est de mobiliser les millions d'acteurs de l'économie sociale dans un vaste mouvement susceptible d'exercer une forte pression à la fois sur le secteur privé et sur les pouvoirs publics.

Dans ce nouveau jeu politique, c'est l'État qui joue le rôle du joker. N'oublions pas que les États-nations sont le produit de l'ère industrielle. Le capitalisme avait besoin d'institutions politiques suffisamment puissantes pour contrôler et garantir la sécurité de marchés de vastes dimensions. Maintenant que l'activité marchande est en train de passer de l'ère de l'industrie à l'ère de l'information, et du territoire matériel à l'espace virtuel, les États-nations, prisonniers de leurs frontières géographiques, perdent de plus en plus leur influence et se retrouvent sans mandat bien défini.

Dans l'ère de l'information, l'État jouera probablement un rôle beaucoup plus réduit dans la régulation de l'économie et un rôle beaucoup plus grand dans son rapport au tiers secteur. Conjointement, ces deux forces sociales inscrites dans le territoire peuvent exercer une forte pression sur les entreprises et arracher une partie des bénéfices de la nouvelle économie aux circuits électromagnétiques du cyberespace pour les rapatrier sur le terrain concret des communautés humaines.

Notes

Avant-propos

1. J. C. L. Simonde de Sismondi, *New Principles of Political Economy*, Transactions Publishers, 1991, p. 563.

2. Cf. *Historical Statistics of the United States*, Department of Commerce, Washington, DC, 195, Series D 152-166, p. 138 ; cf. également *Economic Indicators*, Government Printing Office, mars 1994, p. 11, 14.

Introduction

1. Communiqué de presse, Organisation inernationale du travail, Washington, DC, 6 mars 1994 ; International Labor Organization, *The World Employment Situation, Trends and Prospects*, OIT, Genève, Suisse, 1994.

2. « Retooling Lives : Technological Gains Are Cutting Costs, and Jobs, in Services », *Wall Street Journal*, 24 février 1994, p. A1.

3. « 77,800 Managers at AT&T Getting Job Buyout Offers », *New York Times*, 16 novembre, 1995, p. A1.

4. « The Case for Corporate Downsizing Goes Global », *Washington Post*, 9 avril 1995, p. A22.

Chapitre 1

1. « When Will the Layoffs End ? », *Fortune*, 20 septembre 1993, p. 40.

2. *Ibid.*, p. 54-56.

3. « Retooling Lives : Technological Gains Are Cutting Costs, and Jobs, in Services », *Wall Street Journal*, 24 février 1994, p. A1.

4. « Strong Employment Gains Spur Inflation Worries », *Washington Post*, 7 mai 1994, p. A1, A9.

5. « Siemens Plans New Job Cuts as Part of Cost Reductions », *New York Times*, 6 juillet 1993, p. D4 ; « On the Continent, a New Era Is Also Dawning », *Business Week*, 14 juin 1993, p. 41 ; « NTT's Cut of 10,000 Jobs Could Pave Way for Others », *Financial Times*, 1ᵉʳ septembre 1993, p. 5.

6. « Stanching the Loss of Good Jobs », *New York Times*, 31 janvier 1993, p. C1.

7. Leontief, Wassily, *National Perspective : The Definition of Problems and Opportunities*, article présenté au symposium de la National Academy of Engineering, 30 juin 1983, p. 3.

8. « Businesses Prefer Buying Equipment to Hiring New Staff », *Wall Street Journal*, 3 septembre 1993.

9. « Price of Progress : Re-engineering Gives Firms New Efficiency, Workers the Pink Slip », *Wall Street Journal*, 16 mars 1993, p. 1.

10. « Conference Stresses Job Innovation », *Washington Post*, 21 juillet 1993, p. D5. ; « A Rage to Re-engineer », *Washington Post*, 25 juillet 1993, p. H1.

11. Cité *in* « Into the Dark : Rough Ride Ahead for American Workers », *Training*, juillet 1993, p. 23.

12. « Price of Progress... », *op. cit.*

13. « Germany Fights Back », *Business Week*, 31 mai 1993, p. 48.

14. Attali, Jacques, *Lignes d'horizon*, Fayard, Paris, 1990.

15. Barlett, Donald L. et Steele, James B., *America : What Went Wrong ?* Andrews and McMeel, Kansas City, 1992, p. xi.

16. « Germany Fights Back », p. 49.

17. Barlett et Steele, p. 18 ; Drucker, Peter F., *Post-Capitalist Society*, HarperCollins, New York, 1993, p. 68.

18. Krugman, Paul et Lawrence, Robert, « Trade, Jobs and Wages », *Scientific American*, avril 1994, p. 46, 47.

19. « The Myth of Manufacturing's Decline », *Forbes*, 18 janvier 1993, p. 40 ; Judis, John, « The Jobless Recovery », *The New Republic*, 15 mars 1993, p. 22.

20. Winpisinger, William W., *Reclaiming Our Future*, Westview Press, Boulder, 1989, p. 150-151.

21. Masuda, Yoneji, *The Information Society as Post-Industrial Society*, World Future Society, Washington, DC, 1980, p. 60.

22. « Price of Progress. »

23. Churbuck, David et Young, Jeffrey, « The Virtual Workplace », *Forbes*, 23 novembre 1992, p. 186 ; « New Hiring Should Follow Productivity Gains », *Business Week*, 14 juin 1993.

24. Harrison, Bennett, *Lean and Mean : The Changing Landscape of Corporate Power in the Age of Flexibility*, Basic Books, New York, 1994, p. 45-47, 51.

25. US Bureau of Census, *1987 Enterprise Statistics, Company Summary*, US Government Printing Office, Washington, DC, juin 1991, Table 3.

26. US Department of Labor, Bureau of Labor Statistics, *Employment and Earnings*, janvier 1994, p. 182 ; Mishel, Lawrence et Bernstein, Jared, *The Joyless Recovery : Deteriorating Wages and Job Quality in the 1990s*, Economic Policy Institute, Washington, DC, Briefing Paper.

27. Peterson, Wallace C., *Silent Depression : The Fate of the American Dream*, W. W. Norton & Co., New York, 1994, p. 33.

28. « The Puzzle of New Jobs : How Many, How Fast ? », *New York Times*, 24 mai 1994, p. D1.

29. US Bureau of Labor Statistics, *Current Population Survey*, 1993.

30. « Apocalypse — But Not Just Now », *Financial Times*, 4 janvier 1993, p. D1.

31. Drucker, p. 68.

32. « Life on the Leisure Track », *Newsweek*, 14 juin 1993, p. 48.

33. « From Coast to Coast, from Affluent to Poor, Poll Shows Anxiety Over Jobs », *New York Times*, 11 mars 1994, p. A1.

Chapitre 2

1. Say, Jean-Baptiste, *Traité d'économie politique*, Livre I, 1803, cité *in Dictionnaire d'économie et de sciences sociales*, Nathan, Paris, 1993, p. 363.

2. Jones, Barry, *Sleepers Wake ! Technology and the Future of Work*, Oxford University Press, Oxford, 1982, p. 23 ; Standing, Guy, « The Notion of Technological Unemployment », *International Labour Review*, mars-avril 1984, p. 131.

3. McLellan, David (tr.), *Marx's Grundrisse der Kritik der Politischen Ökonomie*, Harpers, New York, 1977, p. 162-163.

4. Clark, John Bates, *Essentials of Economic Theory*, Londres, 1907, p. 452.

5. Leiserson, William M., « The Problem of Unemployment Today », *Political Science Quarterly*, 31 mars 1916, p. 12.

6. La Fever, Mortier, W., « Workers, Machinery, and Production in the Automobile Industry », *Monthly Labor Review*, octobre 1924, p. 3-5.

7. Akin, William, *Technocracy and the American Dream : The Technocrat Movement, 1900-1941*, University of California Press, Berkeley, 1977, p. 76 ; Fano, Ester, « A "Wastage of Men" : Technological Progress and Unemployment in the United States », *Technology and Culture*, avril 1991, p. 274-275.

8. Lubin, Isadore, *The Absorption of the Unemployed by American Industry*, Brookings Institution Pamphlet Series, vol. 1 #3, Washington, DC, 1929 ; « Measuring the Labor-Absorbing Power of American Industry », *Journal of the American Statistical Association*, suppl., mars 1929, p. 27-32.

9. Hunnicutt, Benjamin, *Work Without End : Abandoning Shorter Hours for the Right to Work*, Temple University Press, Philadelphie, 1988, p. 38.

10. Schor, Juliet, *The Overworked American : The Unexpected Decline of Leisure*, Basic Books, New York, 1991, p. 109.

11. Cowdrick, Edward, « The New Economic Gospel of Consumption », *Industrial Management*, octobre 1927, p. 208.

12. Kettering, Charles F., « Keep the Consumer Dissatisfied », *Nation's Business*, janvier 1929 ; Galbraith, John Kenneth, *The Affluent Society*, 4ᵉ éd., Houghton Mifflin, Boston, 1984, p. 127.

13. Dorfman, Joseph, *The Economic Mind in American Civilization*, New York, 1949, vol. 5, p. 593-94.

14. Allen, Frederick Lewis, *Only Yesterday : An Informal History of the Nineteen-Twenties*, New York, 1964, p. 140.

15. Kyrk, Hazel, *A Theory of Consumption*, Boston, 1923, p. 278.

16. Braverman, Harry, *Travail et capitalisme monopoliste. La dégradation du travail au XXᵉ siècle*, Maspero, Paris, 1976.

17. Strasser, Susan, *Satisfaction Guaranteed : The Making of the American Mass Market*, Pantheon Books, New York, 1989, p. 88.

18. « One Dreadful Malady », Collins, James H., « Remarkable Proprietary Beverage », *Printers Ink*, 4 novembre 1908, p. 3-4.

19. Strasser, *op. cit.*, p. 133.

20. Marchand, Roland, *Advertising the American Dream : Making Way for Modernity*, University of California Press, Berkeley, 1985, p. 4, 5.

21. Pitkin, Walter, *The Consumer : His Nature and Changing Habits*, New York, 1932, p. 387-388.

22. Cross, Gary, *Time and Money : The Making of Consumer Culture*, Routledge, New York, 1993, p. 169.

23. Committee on Recent Economic Changes, *Recent Economic Changes*, New York, 1929, p. xv.

24. Harrison, Bennett et Bluestone, Barry, *The Great U-Turn : Corporate Restructuring and the Polarizing of America*, HarperCollins, New York, 1990, p. 38.

25. Akin, p. 77.

26. Mills, Frederick C., *Employment Opportunities in Manufacturing Industries in the United States*, National Bureau of Economic Research, Bulletin #70, New York, 1938, p. 10-15.

27. Keynes, John Maynard, *The General Theory of Employment, Interest and Money*, repris *in Essays in Persuasion*, Macmillan, New York, 1931.

28. Roediger, David et Foner, Philip, *Our Own Time : A History of American Labor and the Working Day*, Greenwood Press, Westport, CT, 1989, p. 243.

29. Engels, Friedrich, *Socialisme utopique et socialisme scientifique*, Éditions Sociales, Paris, 1973, p. 102, 105.

30. Kimball, Dexter S., « The Social Effects of Mass Production », *Science* 77, 6 janvier 1933, p. 1.

31. Hunnicutt, p. 83.

32. *Ibid.*, p. 76.

33. Russell, Bertrand, *In Praise of Idleness and Other Essays*, Londres, 1935, p. 17.

34. Bergson, Roy, *Work Sharing in Industry : History, Methods and Extent of the Movement in the United States, 1929-33*, thèse de doctorat non publiée, University of Pennsylvania, 1933, p. 7-8.

35. Hunnicut, p. 148.

36. Hunnicutt, Benjamin Kline, « The Death of Kellogg's Six-Hour Day », University of Iowa, Iowa City, p. 9.

37. *Ibid.*, p. 22.

38. *Ibid.*, p. 23.

39. *Ibid.*, p. 24.

40. « 5-Day Week Gains Throughout Nation », *New York Times*, 5 août 1932, p. 15.

41. *New York Times*, 14 août 1932, p. 1, cité *in* Hunnicutt, p. 148-149.

42. *Labor*, 22 décembre 1932 et 10 janvier 1933 ; *Congressional Record*, 72nd Congress, 2nd Session, vol. 76, part 3, p. 4303, cité *in* Roedinger et Foner, p. 246.

43. *Thirty-Hour Week Bill*, Hearings on S.5267, 72nd Congress, 2nd Session, p. 13-14.

44. « Great Victory », *Labor*, 11 avril 1933.

45. *Labor*, 8 octobre 1935, cité *in* Roedinger et Foner, p. 252-253.

46. *Congressional Record*, 75th Congress, 2nd Session, vol. 82, part 1, p. 6.

47. Rosenman, S. I. (comp.), *The Public Papers and Address of Franklin D. Roosevelt*, vol. 2, *The Year of Crisis, 1933*, New York, 1938, p. 202, 255.

48. Walker, F. A., *The Civil Works Administration*, New York, 1979, p. 31, 39.

49. Hopkins, Harry, « They'd Rather Work », *Collier's*, 16 novembre 1935, p. 8.

50. *Congressional Digest*, juillet 1938, p. 29, cité *in* Hunnicutt, p. 201.

51. Hunnicutt, p. 206.

52. Strobel, Frederick R., *Upward Dreams, Downward Mobility : The Economic Decline of the American Middle Class*, Rowman and Littlefield Publishers, Lanham, MD, 1993, p. 23.

53. « Anti-Depression Economics », *The Atlantic Monthly*, avril 1993, p. 102.

54. Renner, Michael, « National Security : The Economic and Environmental Dimension », p. 8. Worldwatch Paper #89, Worldwatch Institute, Washington, DC, 1989, p. 8.

55. « No Business Like War Business », *Defense Monitor* #3, 1987, p. 1 ; US Office of Management and Budget, *Budget of the U.S. Government, Fiscal Year 1988*, Table 3-2, OMB, Washington, DC, 1989 ; « Looting the Means of Production », *Ploughshares*, novembre-décembre 1982.

56. Alperovitz, Gar, « The Clintonomics Trap », *The Progressive*, 18 juin 1993, p. 20.

57. US Department of Labor, Bureau of Labor Statistics, Labstat Series Report, *Current Employment Statistics Survey*, 1975.

58. Biotechnology Industry Organization (BIO), *The U.S. Biotechnology Industry : Facts and Figures*, BIO, Washington, DC, 1994, p. 4. Entretien du 16 mars 1994 avec Dennis Chamot.

59. Entretien du 5 avril 1994 avec Murray Weidenbaum.

60. « Corporate Spending Booms, But Jobs Stagnate », *New York Times*, 16 juin 1944, p. D1.

61. Judis, John B., « The Jobless Recovery », *The New Republic*, 15 mars 1993, p. 22 ; Kennedy, Paul, *Preparing for the 21st Century*, Random House, New York, 1993, p. 297.

62. « Middle Class Debt Is Seen as a Hurdle to Economic Gains », *New York Times*, 28 mars 1994.

63. « Retrained for What ? », *Time*, 22 novembre 1993, p. 38 ; « Training for Jobs : O Brave New World », *The Economist*, 12 mars 1994, p. 3.

64. « Statement of Robert B. Reich, Secretary of Labor, Before the Sub-committee on Elementary, Secondary and Vocational Education, Committee on Education and Labor, United States House of Representatives », *Hearings on HR1804 – Goals 2000 : Educate America Act*, Government Printing Office, Washington, DC, 4 mai 1993, p. 1.

65. « Retrained for What ? », *op. cit.*

66. Entretien du 12 avril 1994. Charles Albrecht Jr. dit qu'au fur et à mesure que les nouvelles technologies se complexifient et évincent un nombre croissant de travailleurs, y compris jusqu'au niveau de l'encadrement moyen et au-delà, l'inadéquation de la formation scolaire continue d'interdire à de plus en plus de travailleurs l'accès aux emplois que créent les nouvelles tech-nologies.

67. « Literacy of 90 Million Is Deficient », *Washington Post*, 9 septembre 1993, p. A1.

68. Kozol, Jonathan, *Illiterate America*, Anchor Press/Doubleday, New York, 1985, p. 4, 10.

69. Cité *in* Fano, p. 265.

70. Judis, p. 22.

71. Kennedy, Paul, *Preparing for the 21st Century*, Random House, New York, 1993, p. 297 ; *Historical Tables, Fiscal Year 1995*, Office of Management and Budget, Washington, DC, 1994, p. 57.

72. « Can Defense Pain Be Turned to Gain ? », *Fortune*, 8 février 1993, p. 84.

73. *Ibid.*, p. 84-85.

74. US Department of Labor, Bureau of Labor Statistics, cité *in Economic Report of the President*, Washington, DC, janvier 1989, p. 356-37, et *Economic Report of the President*, Washington, DC, février 1992, p. 344-345. Calculs de Strobel, p. 68, 70.

75. « Gore *vs.* Grace : Dueling Reinventions Show How Clinton, Reagan Views of Government Differ », *Wall Street Journal*, 8 septembre 1993, p. A14.

76. « Free the Economy from Congress », *New York Times*, 8 août 1993, p. E15 ; citation *in* Alperovitz, p. 20.

77. Alperovitz, p. 18.

78. *Ibid.*, p. 18-19.

79. Cyert, Richard M., et Mowery, David C., *Technology and Employment : Innovation and Growth in the U.S. Economy*, National Academy Press, Washing-ton, DC, 1987, p. 1-2.

Chapitre 3

1. Marvin, Carolyn, « Dazzling the Multitude : Imagining the Electric Light as a Communications Medium », *in* Corn, Joseph (éd.), *Imagining Tomor-*

row : History, Technology, and the American Future, MIT Press, Cambridge, MA, 1986, p. 203.

2. *Ibid.*, p. 203-204.

3. Macey, Samuel L., *Clocks and the Cosmos : Time in Western Life and Thought*, Archon Books, Hamden, CT, 1980, p. 73.

4. Carlyle, Thomas, « Signs of the Times », *Edinburgh Review* 49, juin 1829, p. 439-459, repris en version abrégée *in* « The Mechanical Age », *in* Clayre, Alasdair (éd.), *Nature and Industrialization : An Anthology*, Oxford University Press, Oxford, 1977, p. 229-231.

5. Segal, Howard, « The Technological Utopians », *in* Corn, p. 119-120 ; Segal, *Technological Utopianism in American Culture*, University of Chicago Press, Chicago, 1985, p. 20.

6. Howard, Albert, *The Milltillionaire*, Boston, 1895, p. 9.

7. Segal, « The Technological Utopians », *in* Corn, p. 124.

8. Schindler, Solomon, *Young West : A Sequel to Edward Bellamy's Celebrated Novel « Looking Backward »*, Arena, Boston, 1894, p. 45.

9. Howard, p. 17.

10. Clough, Fred M., *The Golden Age, Or the Depth of Time*, Roxburgh, Boston, 1923, p. 34.

11. Kirwan, Thomas, *Reciprocity (Social and Economic) in the 30th Century, the Coming Cooperative Age ; A Forecast of the World's Future*, Cochrane, New York, 1909, p. 53.

12. Bellamy, Edward, *Looking Backward 2000-1887*, Thomas, John (éd.), Harvard University Press, Cambridge, MA, 1967, p. 211.

13. Gillette, King Camp, *Human Drift*, New Era, Boston, 1894, p. 97 ; et *World Corporation*, New England News, Boston, 1910, p. 232.

14. Wooldridge, Charles W., *Perfecting the Earth : A Piece of Possible History*, Utopia, Cleveland, 1902, p. 325 ; Gillette, *World Corporation*, p. 240.

15. Kihlstedt, Folke T., « Utopia Realized : The World's Fairs of the 1930's », *in* Corn, p. 111.

16. Lippmann, Walter, *A Preface to Morals*, Macmillan, New York, 1929, p. 120.

17. Bell, Daniel, « The Clock Watchers : Americans at Work », *Time*, 8 septembre 1975, p. 55.

18. Braverman, Harry, *Travail et capitalisme monopoliste. La dégradation du travail au XXᵉ siècle*, Maspero, Paris, 1976.

19. Cité *in* Tichi, Cecelia, *Shifting Gears : Technology, Literature, Culture in Modernist America*, University of North Carolina Press, Chapel Hill, 1987, p. 75.

20. Galbraith, John Kenneth, *The New Industrial State*, Houghton Mifflin, Boston, 1979, p. 101, 94.

21. Segal, *Technological Utopianism in American Culture*, p. 115.

22. Warren, Maude Radford, *Saturday Evening Post*, 12 mars 1912, p. 11-13, 34-35.

23. Callahan, Raymond, *Education and the Cult of Efficiency*, University of Chicago Press, Chicago, 1964, p. 50-51.

24. National Education Association, *Proceedings*, 1912, p. 492.

25. Frederick, Christine, « The New Housekeeping », *The Ladies' Home Journal*, vol. 29 #9, septembre 1912.

26. Frederick, Christine, *Housekeeping with Efficiency*, New York, 1913, préface.

27. Tichi, p. 102.

28. *Ibid.*, p. 98, 102.

29. *Ibid.*, p. 105.

30. *Ibid.*, p. 116-117.

31. Veblen, Thorstein, *The Engineers and the Price System*, B. W. Huebsch, New York, 1921, p. 120-121.

32. Akin, William, *Technocracy and the American Dream : The Technocrat Movement, 1900-1941*, University of California Press, Berkeley, 1977, p. 139.

33. Chaplin, Ralph, avant-propos de Scott, Howard, *Science vs. Chaos*, Technocracy Inc., New York, 1933, repris *in Northwest Technocrat*, juillet 1965, p. 28.

34. « Technocracy — Boom, Blight or Bunk ? », *Literary Digest*, 31 décembre 1932, p. 5.

Chapitre 4

1. Cité *in* Kurzweil, Raymond, *The Age of Intelligent Machines*, MIT Press, Cambridge, MA, 1990, p. 189.

2. *Ibid.*, p. 14.

3. « Japan Plans Computer to Mimic Human Brain », *New York Times*, 8 août 1992, p. C1.

4. « The Quest for Machines That Not Only Listen, But Also Understand », *Washington Post*, 3 mai 1993.

5. « The Information Technology Revolution », *Technological Forecasting and Social Change*, 1993, p. 69.

6. Cité *in* Brand, Stewart, *The Media Lab : Inventing the Future at MIT*, Viking Press, New York, 1987, p. 181.

7. Negroponte, Nicholas, *The Architecture Machine*, Massachusetts Institute of Technology, Cambridge, MA, 1970, p. 11-13.

8. Kurzweil, p. 413.

9. Negroponte, cité *in* Brand, p. 149.

10. Cité *in* Fjermedal, Grant, *The Tomorrow Makers : A Brave New World of Living-Brain Machines*, Macmillan Publishers, New York, 1986, p. 94.

11. Simons, Geoff, *Robots : The Quest for Living Machines*, Sterling, New York, 1992, p. 52-53.

12. Pascal, Blaise, *Pensées*, Rencontre, Lausanne, 1967, p. 391, n° 340.

13. Babbage, Henry Prevost, *Babbage's Calculating Engines* (1889), Charles Babbage Institute Reprint Series for the History of Computing, vol. 2, Tomash Publishers, Los Angeles, 1982, p. 220-222 ; Bernstein, Jeremy, *The*

Analytical Engine : Computers — Past, Present, and Future, revised ed., William Morrow, New York, 1981, p. 47-57.

14. Augarten, Stan, *Bit by Bit : An Illustrated History of Computers,* Ticknor and Fields, New York, 1984, p. 77 ; Austrian, Geoffrey D., *Herman Hollerith : Forgotten Giant of Information Processing,* Columbia University Press, New York, 1982, p. 312 ; Shurkin, Joel, *Engines of the Mind : A History of the Computer,* W. W. Norton, New York, 1984, p. 92.

15. Kurzweil, p. 176-177.

16. Zientara, Marguerite, *The History of Computing,* CW Communications, Framingham, MA, 1981, p. 52.

17. Noble, David, *Forces of Production : A Social History of Industrial Automation,* Alfred Knopf, New York, 1984, p. 50 ; Fjermedal, Grant, *The Tomorrow Makers,* p. 70 ; Davidow, William, et Malone, Michael, *The Virtual Corporation : Restructuring and Revitalizing the Corporation for the 21st Century,* HarperCollins, New York, 1992, p. 37.

18. Davidow et Malone, p. 37.

19. Masuda, Yoneji, *The Information Society as Post-Industrial Society,* World Future Society, Bethesda, MD, 1981, p. 49.

20. Kurzweil, p. 186.

21. Ceruzzi, Paul, « An Unforeseen Revolution : Computers and Expectations, 1935-1985 », *in* Corn, Joseph J., *Imagining Tomorrow : History, Technology, and the American Future,* Massachusetts Institute of Technology, Cambridge, MA, 1986, p. 190.

22. *Ibid.,* p. 190-191.

23. Jones, Barry, *Sleepers, Wake ! Technology and the Future of Work,* Oxford University Press, New York, 1990, p. 104-105.

24. « The First Automation », *American Machinist,* décembre 1990, p. 6 ; Noble, p. 67.

25. « Automatic Factory », *Fortune,* novembre 1946, p. 160.

26. « Machines Without Men », *Fortune,* novembre 1946, p. 204.

27. Noble, p. 25.

28. *Business Week,* janvier 1946, cité *in* « The End of Corporate Liberalism : Class Struggle in the Electrical Manufacturing Industry 1933-50 », *Radical America,* juillet-août 1975.

29. Noble, p. 249.

30. Philipson, Morris, *Automation : Implications for the Future,* Vintage Books, New York, 1962, p. 89.

31. Langefors, Boerje, « Automated Design », *in* Colborn, Robert, *Modern Science and Technology,* Princeton University Press, Princeton, 1965, p. 699.

32. *Management Report on Numerically Controlled Machine Tools,* Cox and Cox Consulting, Chicago, 1958.

33. Alan A. Smith à J. O. McDonough, 18 septembre 1952, N/C Project Files, archives du MIT.

Chapitre 5

1. Wilson, William Julius, *The Declining Significance of Race : Blacks and Changing American Institutions*, University of Chicago Press, Chicago, 1980, p. 65.

2. Lemann, Nicholas, *The Promised Land : The Great Black Migration and How It Changed America*, Vintage Books, New York, 1992, p. 5, 8.

3. *Ibid.*, p. 5.

4. *Ibid.*, p. 48-49.

5. *Ibid.*, p. 49-50.

6. Peterson, Willis, et Kislev, Yoav, *The Cotton Harvester in Retrospect : Labor Displacement or Replacement ?*, University of Minnesota, St. Paul, septembre 1991, p. 1-2.

7. Jones, Marcus, *Black Migration in the United States with Emphasis on Selected Central Cities*, Century 21 Publishing, Saratoga, CA, 1980, p. 46.

8. Lemann, p. 50, 287.

9. *Ibid.*, p. 6.

10. Jones, Marcus, p. 48.

11. Lemann, p. 17.

12. *Ibid.*, p. 51.

13. Kahn, Tom, « Problems of the Negro Movement », *Dissent*, hiver 1964, p. 115.

14. *Ibid.*, p. 113 ; Wilson, William Julius, *The Truly Disadvantaged*, University of Chicago Press, Chicago, 1987, p. 30.

15. Kahn, p. 115.

16. Wilson, *Declining Significance of Race*, p. 93 ; Sugrue, Thomas J., « The Structures of Urban Poverty : The Reorganization of Space and Work in Three Periods of American History », *in* Katz, Michael (éd.), *The Underclass Debate : Views from History*, Princeton University Press, Princeton, 1993, p. 102.

17. Sugrue, *in* Katz, p. 103.

18. *Ibid.*

19. *Ibid.*, p. 104.

20. Chiffres de l'UAW cités *in Hearings before the United States Commission on Civil Rights*, audition tenue à Detroit les 4 et 15 décembre 1960, Government Printing Office, Washington, DC, 1961, p. 63-65.

21. Judis, John, « The Jobless Recovery », *The New Republic*, 15 mars 1993, p. 20.

22. Boggs, James, « The Negro and Cybernation », *in* Lauda, Donald P., *Advancing Technology : Its Impact on Society*, W. C. Brown Company, Dubuque, 1971, p. 154.

23. Wilson, *Declining Significance of Race*, p. 111-112.

24. Kasarda, John D., « Urban Change and Minority Opportunities », *in* Peterson, Paul E. (éd.), *The New Urban Reality*, The Brookings Institution, Washington, DC, 1985, p. 33.

25. Brown, Michael, et Erie, Steven, « Blacks and the Legacy of the Great Society », *Public Policy*, vol. 29, #3, été 1981, p. 305.

26. US Bureau of the Census, *Census of the Population*, 1960 et 1970, Subject

Reports, Occupational Characteristics, *in* Wilson, William Julius, *Declining Significance of Race*, p. 103.

27. Lemann, p. 201.

28. Brown et Erie, p. 321.

29. Willhelm, Sidney, *Who Needs the Negro ?*, Schenkman, Cambridge, MA, 1970, p. 156-157.

30. Wilson, *The Truly Disadvantaged*, p. 22 ; Magnet, Myron, *The Dream and the Nightmare*, William Morrow and Co., New York, 1993, p. 50-51.

31. Moynihan, Daniel Patrick, « Employment, Income, and the Ordeal of the Negro Family », *Daedalus*, automnne 1965, p. 761.

32. « Endangered Family », *Newsweek*, 30 août 1993, p. 18.

33. « Losing Ground : In Latest Recession, Only Blacks Suffered Net Employment Loss », *Wall Street Journal*, 14 septembre 1993, p. 1.

34. *Ibid.*, p. A12.

35. Entretien du 2 mai 1994. John Johnson craint qu'avec la réduction des effectifs militaires et la restructuration d'autres secteurs de l'administration, les emplois disponibles pour les Africains-Américains continueront à diminuer de façon disproportionnée par rapport au reste de la population active des États-Unis. « Nous devons nous demander comment faire le lien entre les secteurs traditionnels où les gens cherchaient un emploi » et les nouvelles approches pour « fournir un emploi aux gens à des salaires décents », déclare Johnson.

36. Weiner, Norbert, *The Human Use of Human Beings : Cybernetics and Human Beings*, Houghton Mifflin, Boston, 1950.

37. Willhelm, p. 162.

38. *Ibid.*, p 163.

39. Cité par Peter Bart, « Bitterness Rules in Placing Blame », *New York Times*, 15 août 1965.

40. Willhelm, p. 172.

Chapitre 6

1. « The Ad Hoc Committee on the Triple Revolution Memorandum », 22 mars 1964, Appendix 1, *in* MacBride, Robert, *The Automated State : Computer Systems as a New Force in Society*, Chilton Book Co., Philadelphie, 1967, p. 192-193.

2. *Ibid.*, p. 193.

3. *Ibid.*, p. 199.

4. Annoncé *in* « Special Message to the Congress on the Railroad Rules Dispute », 22 juillet 1963, *Public Papers of the Presidents, 1963,* John F. Kennedy, 1er janvier-22 novembre 1963, Washington, Government Printing Office, Washington, DC, 1964, p. 310.

5. « Annual message to the Congress on the State of the Union, janvier 8, 1964 », *Public Papers of the Presidents, 1963-4*, Lyndon B. Johnson, livre 1, 22 novembre 1963-30 juin 1964, US Government Printing Office, Was-

hington, DC, 1965, p. 114 ; voir également « Letter to the President of the Senate and to the Speaker of the House Proposing a National Commission on Automation and Technological Progress, march 9, 1964 », *in Public Papers*, livre 1, p. 357, et « Remarks Upon Signing Bill Creating the National Commission on Technology, Automation and Economic Progress, August 19, 1964 », *in Public Papers*, livre 2, 1ᵉʳ juillet-31 décembre 1964, p. 983.

6. « Report of the National Commission on Technology, Automation, and Economic Progress », Appendix 2, *in* MacBride, Robert, *The Automated State*, p. 213.

7. *Ibid.*, p. 210-211.

8. *Ibid.*, p. 218.

9. *Ibid.*, p. 212.

10. *Ibid.*, p. 220.

11. « A New Fortune Series : Automation and the Labor Market », couverture, *Fortune*, janvier 1965 ; Silberman, Charles, « The Real News About Automation », *Fortune*, janvier 1965, p. 124.

12. See Noble, David, *Forces of Production : A Social History of Industrial Automation*, Alfred A. Knopf, New York, 1984, p. 75.

13. Norbert Weiner à Walter Reuther, 13 août 1949, Weiner Papers, archives du MIT.

14. Reuther, Walter P., « Congressional Testimony », *in* Philipson, Morris (éd.), *Automation : Implications for the Future*, New York, Vintage Books, 1962, p. 269, 275-276.

15. Noble, p. 250.

16. *Ibid.*, p. 253.

17. CIO Committee on Economic Policy, *Automation*, Congress of Independent Organizations, Washington, DC, 1955, p. 21-22.

18. US Bureau of Labor Statistics, *Major Collective Bargaining Agreements — Training and Retraining Provisions*, Bulletin n° 1425-7, Government Printing Office, Washington, DC, 1969, p. 4 ; US Bureau of Labor Statistics, *Characteristics of Major Collective Bargaining Agreements*, 1ᵉʳ janvier 1980, Bulletin n° 2095, p. 105.

19. Kalleberg, Arne L., *et al.*, « Labor in the Newspaper Industry », *in* Cornfield, Daniel B., *Workers, Managers and Technological Change : Emerging Patterns of Labor Relations*, Plenum Press, New York, 1987, p. 64.

20. Raskin, A. H., « A Reporter at Large : Part I, « Changes in the Balance of Power » ; Part II, « Intrigue at the Summit » », *The New Yorker*, 22-29 janvier 1979.

Chapitre 7

1. Harrison, Bennett et Bluestone, Barry, *The Great U-Turn : Corporate Restructuring and the Polarizing of America*, HarperCollins, New York, 1990, p. 7.

2. *Ibid.*, p. 8-10.

3. « The Technology Payoff », *Business Week*, 14 juin 1993, p. 58.

4. Roach, Stephen S., *Technological Imperatives*, Morgan Stanley and Co., New York, 21 janvier 1992, p. 2.

5. Cité par Gary Loveman, « Why Personal Computers Have Not Improved Productivity », minutes de la Stewart Alsop, 1991 Computer Conference, p. 39.

6. « Technology Payoff », p. 58.

7. Brynjolfsson, Erik et Hitt, Lorin. « Is Information Systems Spending Productive ? » (extrait) et « New Evidence on the Returns to Information Systems », Sloan School, MIT WP#3571-93, 4 juin 1993. Le 17 mars 1994, lors d'un entretien, Brynjolfsson affirme que les nouveaux gains de productivité sont tellement importants que « le produit augmente plus vite que le nombre de travailleurs ». A court terme, ajoute l'économiste du MIT, « les tâches les plus ingrates comme les emplois administratifs à faible qualification auront tendance à s'automatiser et donc à disparaître ». Il ajoute que « ces gens vont avoir de plus en plus de difficultés pour trouver du travail, à moins d'acquérir des compétences leur permettant de faire quelque chose dont les ordinateurs sont incapables ». En tout état de cause, il avertit que la troisième révolution industrielle n'a pas encore atteint le stade où les ordinateurs empêcheront tout à fait les gens de trouver un emploi. « Lorsque cela arrivera, dit-il, il nous faudra commencer à penser à de nouvelles manières d'organiser la répartition du travail ou des revenus. »

8. « Plug in for Productivity », *New York Times*, 27 juin 1993, p. 11. Le 15 mars 1994, Stephen Roach souligne lors d'un entretien que « ce qui coûte le plus cher dans les entreprises de service, c'est le personnel... Nous nous rendons compte qu'à certains postes, mais pas à tous, les cols blancs pourraient être remplacés par des technologies de l'information. Certains [métiers] licencient trop dans cette catégorie, ce qui ne s'était encore jamais vu ». Le remplacement de ces cols blancs et travailleurs du tertiaire par des ordinateurs et autres technologies de l'information et de la communication, explique Roach, « est une alternative rentable qui permet aux entreprises de retrouver un avantage concurrentiel ».

9. Entretien *in* Davidow, William H., et Malone, Michael S., *The Virtual Corporation : Restructuring and Revitalizing the Corporation for the 21st Century*, HarperCollins, New York, 1992, p. 66.

10. Chandler, Alfred, *The Visible Hand : The Managerial Revolution in America*, Harvard University Press, Cambridge, MA, 1977, p. 97, cité *in* Beniger, James, *The Control Revolution : Technological and Economic Origins of the Information Society*, Harvard University Press, Cambridge, MA, 1986, p. 224.

11. Reich, Robert, *The Work of Nations : Preparing Ourselves for 21st Century Capitalism*, Random House, New York, 1993, p. 51.

12. *Ibid.*, p. 46.

13. Womack, James, Jones, Daniel et Roos, Daniel, *Le Système qui va changer le monde*, Dunod, Paris, 1992, p. 34-36.

14. *Ibid.*, p. 42.

15. *Ibid.*, p. 25.

16. *Ibid.*

17. *Ibid.*, p. 26.

18. Machlis, Sharon, « Management Changes Key to Concurrent Engineering », *Design News*, 17 septembre 1990, p. 36-37.

19. Harbour, James, « Product Engineering : The "Buck" Stops Here », *Automotive Industries*, 1985, p. 32.

20. Kagono *et al.*, *Strategic vs. Evolutionary Management : A U.S./Japan Comparison of Strategy and Organization*, North-Holland, New York, 1985, p. 112-113.

21. Lincoln, James, Hanada, Mitsuyo et McBride, Kerry, « Organizational Structures in Japanese and U.S. Manufacturing », *Administrative Science Quarterly*, vol. 31, 1986, p. 338-364 ; Kenney, Martin et Florida, Richard, *Beyond Mass Production : The Japanese System and Its Transfer to the U.S.*, Oxford University Press, New York, 1993, p. 42, 105, 107.

22. Ohno, Taiichi, *Toyota Production System*, Productivity Press, Cambridge, MA, 1988, p. 25-26.

23. Womack *et al.*, p. 96.

24. Cité *in* Davidow et Malone, p. 126.

25. Kenney et Florida, p. 54.

26. Womack *et al.*, p. 24 ; également cité *in* *Technology and Organizational Innovations, Production and Employment*, BIT, Genève, Suisse, juillet 1992, p. 33.

27. Entretien du 21 mars 1994. Les études de Loveman confirment, avec d'autres, « une divergence croissance sur le marché du travail » entre « les personnes hautement qualifiées, dotées d'un haut niveau de formation, qui s'en sortent bien, et celles occupant des postes à faible qualification [y compris dans l'encadrement intermédiaire], qui perdent pied ». Pour Loveman, cette tendance se prolongera dans l'avenir.

28. Hammer, Michael et Champy, James, *Le Reengineering : réinventer l'entreprise pour une amélioration spectaculaire de ses performances*, Dunod, Paris 1993, p. 46-47.

29. *Ibid.*, p. 47.

30. *Ibid.*, p. 48.

31. *Ibid.*, p. 49.

32. Entretien du 6 mai 1994. Michael Hammer ajoute : « L'énorme accroissement de leur productivité permettra aux organisations soit de conserver leur taille actuelle avec beaucoup moins d'employés, soit d'augmenter considérablement leur taille sans augmentation significative d'effectifs. » Il s'inquiète d'un « scénario de cauchemar » dans lequel « on pourrait créer une société à deux vitesses » avec d'un côté « ceux qui ont des emplois et créent de la valeur pour les autres » et de l'autre « un nombre important de personnes [...] inemployables ».

33. *Ibid.*, p. 72.

34. Bradley, Stephen, *Globalization, Technology and Competition : The Fusion of Computers and Telecommunications in the 1990's*, Harvard Business School Press, Cambridge, MA, 1993, p. 130.

35. *Ibid.*, p. 129.

36. Davidow et Malone, p. 10.

37. *Ibid.*, p. 168.

38. McBride, Al, et Brown, Scott, « The Future of On-line Technology », *in* Leebart, Derek (éd.), *Technology 2001 : The Future of Computing and Communications*, MIT Press, Cambridge, MA, 1991, p. 29.

39. « Economy May Be Tokyo Power Broker », *Financial Times*, 1ᵉʳ septembre 1993, p. 5.

Chapitre 8

1. *Country Tables : Basic Data on the Agricultural Sector*, FAO, Rome, 1993, p. 332.

2. *Technology on the Farm*, US Department of Agriculture, Washington, DC, 1940, p. 63.

3. McWilliams, Carey, *Ill Fares the Land, Migrants and Migrating Labor in the United States*, Boston, 1942, p. 301-330.

4. « Why Job Growth Is Stalled », *Fortune*, 8 mars 1993, p. 52.

5. Goodman, David, *et al.*, *From Farming to Biotechnology : A Theory of Agro-Industrial Development*, Basil Blackwell, New York, 1987, p. 25, 169 ; Reimund, Donn A., et Kalbacher, Judith Z., *Characteristics of Large-Scale Farms*, 1987, USDA Economic Research Service, Washington, DC, avril 1993, sommaire, p. iii.

6. Reimund et Kalbacher, p. iii.

7. Tosterud, R. et Jahr, D., *The Changing Economics of Agriculture : Challenge and Preparation for the 1980's*, Subcommittee on Agriculture and Transportation, Joint Economic Committee, Congress of the United States, Washington, DC, 28 décembre 1982, p. 18 ; Smith, Stewart, « Is There Farming in Agriculture's Future ? The Impact of Biotechnology », papier présenté à l'Université du Vermont, 14 novembre 1991, révisé le 21 octobre 1992, p. 1.

8. Goodman *et al.*, p. 163.

9. Cochrane, Willard, *Development of American Agriculture : A Historical Analysis*, 2ᵉ édition, University of Minnesota Press, Minneapolis, 1993, p. 190, 195.

10. *Ibid.*, p. 195-196.

11. Goodman *et al.*, p. 25 ; Cochrane, p. 197.

12. Cochrane, p. 126.

13. *Ibid.*, p. 197.

14. Fite, G., « Mechanization of Cotton Production since World War II », *Journal of Agricultural History*, 54(1), 1980.

15. Goodman *et al.*, p. 35-37.

16. Cochrane, p. 127.

17. *Impacts of Applied Genetics*, Office of Technology Assessment, US Congress, Washington, DC, 1981, p. 190.

18. Cochrane, p. 126-127.

19. « The Mechanization of Agriculture », *Scientific American*, septembre 1982, p. 77.

20. Cochrane, p. 137, 158-159.

21. *Poverty in the United States : 1992*, Bureau of the Census, Washington, DC, 1993, table 1, p. 1.

22. *A New Technological Era for American Agriculture*, Office of Technology Assessment, US Government Printing Office, Washington, DC, août 1992, p. 102.

23. *Ibid.*, p. 104-105.

24. *Ibid.*, p. 103.

25. *Ibid.*, p. 109.

26. « Israel Moves to Automate Its Agriculture », *Wall Street Journal*, 9 juin 1993.

27. « Robot Farming », *The Futurist*, juillet-août 1993, p. 54.

28. « Israel Moves to Automate... », *op. cit.*

29. « Robot Farming », p. 54.

30. Goodman *et al.*, p. 122.

31. Engelberger, Joseph, *Robotics in Service*, MIT Press, Cambridge, MA, 1989, p. 157

32. « Computers Help Feed Cows », *Dairy Report*, 1981-1982, p. 28.

33. « Distributed Intelligence and Control : The New Approach to Dairy Farm Management », *in Computers in Agricultural Extension Programs : Proceedings of the 4th International Conference*, American Society of Agricultural Engineers, St. Joseph, MI, 1992, p. 174.

34. Holt, Donald A., « Computers in Production Agriculture », *Science*, 26 avril 1985, p. 422-424.

35. Fox, Michael, *Superpigs and Wondercorn*, Lyons and Burford Publishers, New York, 1992, p. 114.

36. *New Technological Era*, p. 4, 45, 86.

37. *Ibid.*, p. 4 ; Busch, Lawrence, *et al.*, *Plants, Power and Profit*, Basil Blackwell, Cambridge, MA, 1991, p. 8.

38. *New Technological Era*, p. 49 ; Busch, p. 9.

39. US Office of Management and Budget, *Use of Bovine Somatotropin in the United States : Its Potential Effects*, janvier 1994, p. 29-33.

40. « The New Biotech Agriculture : Unforeseen Economic Consequences », *Issues in Science and Technology*, automne 1985, p. 128.

41. *New Technological Era*, p. 4.

42. *New Scientist*, 28 avril, 1988, p. 27, cité *in* Fox, p. 103.

43. *New Technological Era*, p. 87.

44. Cooney, Bob, « Antisense Gene Could Knock Out Broodiness in Turkeys », Science Report, Agricultural and Consumer Press Services, College of Agricultural and Life Sciences, Research Division, University of Wisconsin at Madison ; « Building a Badder Mother », *American Scientist*, juillet 1993, p. 329.

45. « The Blossoming of Biotechnology », *Omni Magazine*, vol. 15 #2, novembre 1992, p. 74.

46. Fox, p. 106.

47. Goodman *et al.*, p. 123, 184, 189.

48. *Vanilla and Biotechnology — Update*, communiqué du Rural Advancement

Fund International (RAFI), Pittsboro, juillet 1991 ; « Vanilla Beans », *Food Engineering*, novembre 1987.

49. Mooney, Pat, et Fowler, Cary, *Vanilla and Biotechnology*, communiqué du RAFI, janvier 1987, p. 1.

50. « Cell Culture System to Produce Less-Costly Natural Vanilla », *Bioprocessing Technology*, janvier 1991, p. 7

51. *Vanilla and Biotechnology — Update*, communiqués du RAFI, juillet 1991 et juin 1989, p. 1 ; entretien du 13 mai 1994. Cary Fowler indique que les effets secondaires du remplacement de la vanille de plein air par des variétés de laboratoires pourraient « avoir un impact économique à plusieurs niveaux » pour les pays producteurs de vanille. Il estime qu'à court terme les techniques de régénération par culture tissulaire serviront probablement à produire des « produits à valeur ajoutée relativement élevée [...] du genre épices ou parfums alimentaires ».

52. *Vanilla and Biotechnology*, communiqué du RAFI, juin 1989, p. 1. Entretien, 13 mai 1994.

53. *Biotechnology and Natural Sweeteners*, communiqué du RAFI, février 1987, p. 1.

54. *Ibid.*, p. 3.

55. « Product Substitution Through Biotechnology : Impact on the Third World », *Trends in Biotechnology*, avril 1986, p. 89.

56. Busch, p. 173 ; cf. également Rogoff, Martin H., et Rawlins, Stephen L., « Food Security : A Technological Alternative », *BioScience*, décembre 1987, p. 800-807.

57. « Tricking Cotton to Think Lab Is Home Sweet Home », *Washington Post*, 29 mai 1988, p. A3.

58. Rogoff et Rawlins, « Food Security » ; entretien du 11 mai 1994. Stephen Rawlins explique que dans la nouvelle agriculture artificielle fortement automatisée, la seule partie du cycle agricole classique qui sera conservée sera l'absorption de l'énergie solaire par la biomasse végétale. « Il faut capter l'énergie à l'extérieur parce que c'est là que se trouve le soleil. Mais vous pouvez faire tout le reste en laboratoire. » Pour lui, « supprimer l'agriculture de plein air [...] c'est se débarrasser de tous les problèmes d'environnement ».

59. « Biotechnology and Flavor Development : Plant Tissue Cultures », *Food Technology*, avril 1986, p. 122.

60. Busch, p. 183.

Chapitre 9

1. Gompers, Samuel, *Seventy Years of Life and Labor : An Autobiography*, Industrial and Labor Relations Press, Cornell, NY, 1925, p. 3-4.

2. Chandler, Alfred D., *The Visible Hand : The Managerial Revolution in American Business*, Harvard University Press, Cambridge, MA, 1977, p. 249-251.

3. *Ibid.*

4. Drucker, Peter, *The Concept of the Corporation*, John Day, New York, 1946.

5. Clark, Wilson, *Energy for Survival*, Doubleday/Anchor Books, Garden City, NY, 1975, p. 170.

6. Ford, Henry, *My Life and Work*, 1923, p. 108-109.

7. Reich, Robert, *The Work of Nations : Preparing Ourselves for 21st Century Capitalism*, Random House, New York, 1992, p. 214.

8. Attali, Jacques, *Lignes d'horizon*, Fayard, Paris, 1990.

9. « GM Drive to Step Up Efficiency is Colliding with UAW Job Fears », *Wall Street Journal*, 23 juin 1993, p. A1.

10. « Mercedes Aims to Improve German Plants' Efficiency », *Wall Street Journal*, 2 septembre 1993, p. A7 ; « German Auto Job Cuts Seen », *New York Times*, 16 août 1993, p. D5.

11. Van Liemt, Gijsbert, *Industry on the Move : Causes and Consequences of International Relocation in the Manufacturing Industry*, BIT, Genève, 1992, p. 76 ; « Labor-Management Bargaining in 1992 », *Monthly Labour Review*, janvier 1993, p. 20.

12. « Mazda Pushing Toward 30% Automation », *Automotive News*, 14 avril 1993, p. 24.

13. Cité *in* James, Samuel D. K., *The Impact of Cybernation on Black Automotive Workers in the U.S.*, p. 44.

14. Wallace, Michael, « Brave New Workplace », *Work and Occupations*, vol. 16 #4, novembre 1989, p. 366.

15. Kennedy, Paul, *Preparing for the 21st Century*, Random House, New York, 1993, p. 86 ; Winpisinger, William, *Reclaiming Our Future : An Agenda for American Labor*, Westview Press, San Francisco, 1989, p. 149.

16. « Boost for Productivity », *Financial Times*, 23 mars 1993.

17. Beniger, James, *The Control Revolution : Technological and Economic Origins of the Information Society*, Harvard University Press, Cambridge, MA, 1986, p. 238 ; Temin, Peter, *Iron and Steel in Nineteenth Century America : An Economic Inquiry*, Massachusetts Institute of Technology Press, Cambridge, MA, 1964, p. 159, 165.

18. Kenney, Martin, et Florida, Richard, *Beyond Mass Production : The Japanese System and Its Transfer to the U.S.*, Oxford University Press, New York, 1993, p. 3.

19. *Ibid.*

20. *Ibid.*, p. 189.

21. Reich, Robert, *The Work of Nations : Preparing Ourselves for 21st Century Capitalism*, Vintage Books, New York, 1992, p. 214-215.

22. Drucker, Peter, *Post Capitalist Society*, HarperCollins, New York, 1993, p. 72-73 ; « Why Job Growth Is Stalled », *Fortune*, 8 mars 1993, p. 51.

23. Drucker, p. 72.

24. Kenney et Florida, p. 171, 173.

25. Van Liemt, p. 202.

26. *Ibid.*, p. 314.

27. Statistiques fournies par International Association of Machinists, mai 1994.

28. Winpisinger, William, *Reclaiming Our Future : An Agenda for American Labor,* Westview Press, San Francisco, 1989, p. 149-150.

29. *Technological Change and Its Impact on Labor in Four Industries,* US Department of Labor, octobre 1992, Bulletin 2409, p. 25.

30. Entretien du 29 avril 1994. William Winpisinger souligne qu'il a « toujours dit aux membres [de son syndicat], que le travail était fait pour les chevaux et les mulets, et même eux ont assez d'intelligence pour lui montrer leur cul » L'ex-président de l'IAM affirme que « tout ce que nous pourrons faire pour rendre [le travail] plus facile et plus agréable sera bienvenue ». Il prévient cependant que « s'il n'y a pas de mécanismes sociaux pour taxer les bénéfices immoraux d'une économie qui emploie 2 % de la population pour produire 100 % des marchandises, alors ce sera la guerre ».

31. *Technological Change and Its Impact,* p. 25.

32. Kenney et Florida, p. 195.

33. *Ibid.,* p. 195-197.

34. « Jobs in America », *Fortune,* 12 juillet 1993, p. 36.

35. Radford, G., « How Sumitomo Transformed Dunlop Tyres », *Long Range Planning,* juin 1989, p. 28.

36. « 1992 : Job Market in Doldrums », *Monthly Labour Review,* février 1993, p. 9.

37. « The Mechanization of Mining », *Scientific American,* septembre 1982, p. 91.

38. *Technological Change and Its Impact,* p. 1.

39. *Ibid.*

40. Noble, David, *Forces of Production : A Social History of Industrial Automation,* Alfred Knopf, New York, 1984, p. 63-65.

41. « Chemical Productivity Jumped in Second Quarter », *Chemical and Engineering News,* 14 septembre 1992, p. 21 ; Braverman, Harry, *Travail et capitalisme monopoliste. La dégradation du travail au XXe siècle,* Maspero, Paris, 1976.

42. « Strong Companies Are Joining Trends to Eliminate Jobs », *New York Times,* 26 juillet 1993, p. D3 ; « Jobs in America », *Fortune,* 12 juillet 1993, p. 40.

43. « Why Japan Loves Robots and We Don't », *Forbes,* 16 avril 1990, p. 151.

44. *Technology and Labor in Copper Ore Mining, Household Appliances and Water Transportation Industries,* US Department of Labor, Bureau of Labor Statistics, Washington, DC, mai 1993, Bulletin 2420, p. 22.

45. *Ibid.,* p. 22-24.

46. *Ibid.,* p. 24.

47. Bradley, Stephen, *Globalization, Technology and Competition,* Harvard Business School, Cambridge, MA, 1993, p. 190 ; Davidow et Malone, p. 57.

48. « New Technologies, Employment Shifts, and Gender Divisions Within the Textile Industry », *New Technology, Work and Employment,* printemps 1991, p. 44.

49. « Production Restructuring in the Textile and Clothing Industries », *New Technology, Work and Employment,* mars 1993, p. 45.

50. Entretien du 14 avril 1994. Jack Sheinkman explique que les mutations technologiques ont joué un rôle dans la suppression de certains des 500 000 emplois qui ont disparu dans le textile au cours des dix dernières années. Il est convaincu que l'automatisation est inévitable, mais plaide en faveur d'un partage plus équitable des gains de productivité avec les salariés, notamment à travers une réduction de la durée hebdomadaire du travail.

51 « New Technologies, Employment Shifts, and Gender Divisions Within the Textile Industry », p. 47.

Chapitre 10

1. « Retooling Lives : Technological Gains Are Cutting Costs and Jobs in Services », *Wall Street Journal*, 24 février 1994, p. A1.

2. « AT&T to Replace as Many as One-Third of Its Operators with Computer Systems », *Wall Street Journal*, 4 mars 1992, p. A4 ; « Voice Technology to Replace 6000 Operators », *Washington Post*, 4 mars 1992, p. B1.

3. Wallace, Michael, « Brave New Workplace », *Work and Occupations*, novembre 1989, p. 375.

4. *Outlook for Technology and Labor in Telephone Communications*, US Department of Labor, Bureau of Labor Statistics, Washington, DC, juillet 1990, Bulletin 2357, p. 1, 11-12.

5. *Ibid.*, p. 12.

6. « Postal Service's Automation to Cut 47,000 Jobs », *Washington Post*, 28 septembre 1991, p. A10. Entretien du 6 avril 1994 : Michael Coughlin, directeur général adjoint des Postes, prévoit que des technologies encore plus modernes comme la « télélecture informatisée » élimineront encore davantage de personnel dans les années à venir et affecteront tous les systèmes de distribution.

7. Entretien du 15 mars 1994. Stephen Roach indique que « dans les années soixante-dix, lors du débat sur l'ère post-industrielle, le secteur des services était la solution mythique censée remplir le vide laissé par les licenciements massifs et la désindustrialisation ». A son avis, « on a cru que ça pourrait marcher jusqu'à ce nous nous rendions compte que les secteurs des services n'étaient pas très productifs dans leur façon d'utiliser leurs salariés. Confrontés à la concurrence, eux aussi ont dû se débarrasser des travailleurs en surnombre ». Roach affirme que la « solution consiste à trouver de nouvelles sources de création d'emploi pour employer les travailleurs d'une façon rentable », mais ajoute qu'à ce jour « nous n'en sommes pas encore là ».

8. « Service Jobs Fall as Business Gains », *New York Times*, 18 avril 1993, p. 1.

9. *Vision 2000 : The Transformation of Banking*, Andersen Consulting, Arthur Andersen and Co., New York, 1991, p. 2, 6-7.

10. « Computers Start to Lift U.S. Productivity », *Wall Street Journal*, 1er mars 1993, p. B3.

11. Leontief, Wassily et Duchin, Faye, *The Future Impact of Automation on Workers*, Oxford University Press, New York, 1986, p. 84.

12. « Retooling Lives », p. A7 ; *Vision 2000*, p. 43.

13. *Vision 2000*, p. 43.

14. *Ibid.*, p. 59.

15. « Re-engineering Work : Don't Automate, Obliterate », *Harvard Business Review*, juillet-août 1990, p. 107.

16. « Re-engineering Aetna », *Forbes ASAP*, 7 juin, 1993, p. 78 ; « The Technology Payoff », *Business Week*, 14 juin 1993, p. 60.

17. « Re-engineering Aetna », p. 78.

18. Beniger, James, *The Control Revolution : Technological and Economic Origins of the Information Society*, Harvard University Press, Cambridge, MA, 1986, p. 280-284.

19. « Can You Afford a Paperless Office ? » *International Spectrum*, mai-juin 1993, p. 16-17.

20. « Technology Payoff », p. 60.

21. « Advances in Networking and Software Push Firms Closer to Paperless Office », *Wall Street Journal*, 5 août 1993, p. B1, B6.

22. Entretien du 29 mars 1994. John Lowenberg explique que l'entreprise était auparavant contrainte d'envoyer sans cesse des manuels et des notices d'instructions actualisés pour que chacun soit « au courant des règles du moment » et que, même ainsi, il était « pratiquement impossible » d'obtenir que tous les employés se réfèrent aux mêmes informations au même moment. « Avec la possibilité de mettre à jour et de distribuer par voie électronique toutes ces instructions à partir d'un point unique, tout le monde reçoit les mêmes textes. »

23. « Reducing the Paper Mountains », *Financial Times*, 23 mars 1993, pages technologie, p. 7.

24. « Software Giant Aiming at the Office », *New York Times*, 9 juin 1993, p. D1.

25. *Ibid.*, p. D5

26. « The Paperless Office Looms on the Horizon Again », *New York Times*, 30 mai 1993, sect. 4, p. 2.

27. Green, J. H., « Will More Computers Mean Fewer Jobs ? », *Desktop Publishing*, août 1982, p. 52-54.

28. Leontief et Duchin, p. 82.

29. « Secretaries Down the Chute », *US News and World Report*, 28 mars 1994., p. 65.

30. « Receptionist Keeps Track of Mobile People », *Wall Street Journal*, 19 juillet 1993, p. B1.

31. « Computers Take On a Whale of a Job : Sifting Through Résumés », *Washington Post*, 30 mai 1993, p. H2.

32. « Homework for Grownups », *American Demographics*, août 1993, p. 40 ; « Home Is Where the Office Is », *Financial Times*, 16 août 1993, p. 8.

33. « Home Is Where the Office Is », p. 8.

34. *Ibid.*

35. « Vanishing Offices », *Wall Street Journal*, 4 juin 1993, p. A1.

36. Entretien du 24 mars 1994 avec Steve Patterson, vice-président de Gemini Consulting Company.

37. « Vanishing Offices », p. A6.

38. « Being There », *Technology Review*, mai-juin 1992, p. 44.

39. *Technology and Labor in Three Service Industries*, US Department of Labor, Bulletin 2367, septembre 1990, p. 19.

40. Harrison, Roy, *Reinventing the Warehouse : World Class Distribution Logistics*, Free Press, New York, 1993, p. 331-335.

41. « 1992 : Job Market in Doldrums », *Monthly Labour Review*, février 1993, p. 9.

42. *Technology and Labor in Three Service Industries*, p. 21.

43. *Ibid.*, p. 21-22.

44. « Job Losses Don't Let Up Even as Hard Times Ease », également titré « Job Extinction Evolving Into a Fact of Life in U.S. », *New York Times*, 22 mars 1994, p. D5.

45. « Technology Is Fueling Retail Productivity, But Slowing Job Gains », *Business Week*, 10 mai 1993, p. 16.

46. *Technology and Labor in Five Industries*, U.S. Department of Labor, Bureau of Labor Statistics, Bulletin 2033, Washington, DC, 1979.

47. « Roboclerk in Tune with Service Industry », *Chicago Tribune*, 28 mai 1990, sect. 3, p. 1.

48. « The Retail Revolution », *Wall Street Journal*, 15 juillet 1993, p. A12.

49. *Technological Change and Its Impact on Labor in Four Industries*, US Department of Labor, Bulletin 2409, octobre 1992, p. 37.

50. *Ibid.* p. 42.

51. *Ibid.*, p. 41.

52. *Ibid.*, p. 38, 42.

53. « Record Store of Near Future », *New York Times*, 12 mai 1993, p. A1.

54. Entretien du 2 avril 1994. D'après Jack McDonald, le système de distribution numérique mis au point pour Blockbuster Video « est véritablement un dispositif de stockage au plus juste ». McDonald souligne qu'avec ce nouveau système de commandes personnalisées, Blockbuster diminuera considérablement ses frais de stockage et économisera sur les coûts traditionnellement élevés du retour des invendus.

55. « Retailing Will Never Be the Same », *Business Week*, 26 juillet 1993, p. 54.

56. *Ibid.*, p. 54-56.

57. *Ibid.*, p. 57 ; « Macy to Start Cable TV Channel, Taking Stores into Living Rooms », *New York Times*, 2 juin 1993, p. A1.

58. « The Fall of the Mall », *Forbes*, 24 mai 1993, p. 106.

59. « Retailing Will Never Be the Same », p. 56 ; « Fall of the Mall », p. 107.

60. « Fall of the Mall », p. 108.

61. *Ibid.*, p. 112.

62. « Introducing Robodoc », *Newsweek*, 23 novembre 1992, p. 86.

63. « Good-Bye Dewey Decimals », *Forbes*, 15 février 1993, p. 204.

64. « Potboiler Springs from Computer's Loins », *New York Times*, 2 juillet 1993, p. D16 ; « Soft Porn from Software : Computer Churns Out a Salacious Novel », *International Herald Tribune*, 5 juillet 1993, p. 3.

65. « Pianomorte », *Washington Post*, 9 août 1993, p. A10.

66. « Synthesizers : Sour Sound to Musicians », *Los Angeles Times*, 6 décembre 1985, p. 24.

67. *Ibid.*, p. 24-25.

68. *Ibid.*

69. « Strike Out the Band », *Los Angeles Times*, 28 novembre 1991, p. F8.

70. « Synthesizers », p. A1.

71. « What's New in Music Technology », *New York Times*, 1er mars 1987, p. 19.

72. « Strike Out the Band », p. F8.

73. « Hollywood Goes Digital », *Forbes ASAP*, 7 décembre 1992, p. 58.

74. « How'd They Do That ? », *Industry Week*, 21 juin 1993, p. 34.

75. *Ibid.*, p. 35.

76. « Waking Up to the New Economy », *Fortune*, 27 juin 1994, p. 37.

Chapitre 11

1. « The American Dream : Fired Up and Melted Down », *Washington Post*, 12 avril 1992, p. A1.

2. *Ibid.*

3. Reich, Robert, *The Work of Nations : Preparing Ourselves for 21st Century Capitalism*, Random House, New York, 1992, p. 213.

4. Harrison, Bennett et Bluestone, Barry, *The Great U-Turn : Corporate Restructuring and the Polarizing of America*, HarperCollins, New York, 1988, p. 110-111.

5. Strobel, Frederick, *Upward Dreams, Downward Mobility : The Economic Decline of the American Middle Class*, Rowman and Littlefield, Lanham, MD, 1993, p. 147.

6. Mishel, Lawrence et Bernstein, Jared, *The State of Working America 1992-93*, Economic Policy Institute, Washington, DC, 1992, p. 249.

7. « The Perplexing Case of the Plummeting Payroll », *Business Week*, 20 septembre 1993, p. 27 ; US Department of Labor, *Re-employment Increases Among Displaced Workers*, Bureau of Labor Statistics, Washington, DC, octobre 14, 1986.

8. « The 6.8% Illusion », *New York Times*, 8 août 1993, p. 15 ; « Into the Dark : Rough Ride Ahead for American Workers », *Training*, juillet 1993, p. 22.

9. « Family Struggles to Make Do After Fall from Middle Class », *New York Times*, 11 mars 1994, p. A1.

10. « Into the Dark », p. 22 ; « The 6.8% Illusion », p. 15.

11. « Retrain Who to Do What ? », *Training*, janvier 1993, p. 28 ; « Jobs in America », *Fortune*, 12 juillet 1993, p. 35.

12. Mitchell, Daniel J. B., « Shifting Norms in Wage Determination », Brookings Papers on Economic Activity, #2, Brookings Institution, Washington, DC, 1985, p. 576.

13. Mishel et Bernstein, p. 191.

14. Harrison et Bluestone, p. 115.

15. Entretien du 25 mars 1994 avec Jared Bernstein, économiste à l'Economic Policy Institute.

16. « Sharp Increase Along the Borders of Poverty », *New York Times*, 31 mars 1994. Fin 1992, 18 % des employés à plein temps du pays gagnaient moins de 13 091 dollars par an ; ils étaient 12 % en 1979.

17. Burns, Scott, « Disaffected Workers Seek New Hope », *Dallas News*, 21 août 1988, p. H1.

18. Reich, p. 56-57 ; « RIP : The Good Corporation », *Newsweek*, 5 juillet 1993, p. 41.

19. Mishel et Bernstein, p. 3-4.

20. « The Next Priority », *Inc. Magazine*, mai 1989, p. 28.

21. Mishel et Bernstein, p. 155.

22. « RIP », p. 41.

23. Mishel et Bernstein, p. 157.

24. « Not Home Alone : Jobless Male Managers Proliferate in Suburbs, Causing Subtle Malaise », *Wall Street Journal*, 20 septembre 1993, p. A1.

25. *Ibid.*

26. *Ibid.*

27. « Caught in the Middle », *Business Week*, 12 septembre 1988, p. 80.

28. « Not Home Alone », p. A6.

29. « A Nation in Transition », *Washington Post*, 28 mai 1992, p. A19.

30. Mishel et Bernstein, p. 41.

31. *Ibid.*, p. 2.

32. *Ibid.*, p. 14.

33. « College Class of '93 Learns Hard Lesson : Career Prospects Are Worst in Decades », *Wall Street Journal*, 20 mai 1993, p. B1.

34. Barlett, Donald et Steele, James, *America : What Went Wrong ?*, Andrews et McMeel, Kansas City, 1992, p. 19-20.

35. « Bring CEO Pay Down to Earth », *Business Week*, 1er mai 1989, p. 146 ; « Median Pay of Chief Executives Rose 19 % in 1992 », *Washington Post*, 10 mai 1993 ; Reich, *Work of Nations*, p. 204 ; cf. également « Pay Stubs of the Rich and Corporate », *Business Week*, 7 mai 1990, p. 56 ; « A Great Leap Forward for Executive Pay », *Wall Street Journal*, 24 avril 1989, p. B1.

36. Mishel et Bernstein, p. 6, 249.

37. Chiffres du US Bureau of the Census rapportés par le *New York Times*, 27 septembre 1990, p. 10, cité *in* Strobel, p. 165.

38. « The 400 Richest People in America », *Forbes*, 26 octobre 1987, p. 106 ; « Economists Suggest More Taxes on Rich », *Christian Science Monitor*, 23 avril 1992, p. 15.

39. Mishel et Bernstein, p. 255.

40. Barlett et Steele, p. xi.

41. Reich, p. 259-260.

42. *Ibid.*, p. 177-178.

43. *Ibid.*, p. 104.

44. *Ibid.*

45. Harrison et Bluestone, p. 69-70.

46. Cité *in* « Into the Dark », p. 27.

47. Reich, p. 302-303.

48. Phillips, Kevin, *The Politics of Rich and Poor : Wealth and the American Electorate in the Reagan Aftermath*, Harper Perennial, New York, 1991, p. 201.

49. Entretien du 23 mars 1994. Paul Saffo constate qu'on peut observer cette dichotomie croissante entre riches et pauvres partout dans le monde, et tout particulièrement dans les pays ex-communistes où la libéralisation des marchés a fait naître une nouvelle classe d'entrepreneurs du jour au lendemain. « A Moscou, dit-il, quelques-uns de ces nouveaux millionnaires habitent dans des immeubles au pied desquels de vieilles babouchkas bradent leurs derniers biens. » Pour Saffo, « une telle polarisation est grosse de bouleversements encore plus profonds ».

50. « Number of Americans in Poverty up for Third Year, Health Care Drops, Census Bureau Announces », *Commerce News*, 4 octobre 1993, p. 1, 4, 9, 12, 13 ; « Number of Poor Americans Rises for 3rd Year », *Washington Post*, 5 octobre 1993, p. A6.

51. « Number of Poor Americans Rises for 3rd Year », *op. cit.*

52. « Food Stamps Now a Fact of Life for 25 Millions in U.S. » *Washington Post*, 24 mai 1992, p. A1 ; « Growing Hunger », *Utne Reader*, novembre-décembre 1993, p. 63.

53. « Growing Hunger », p. 63, 65.

54. *Ibid.*, p. 63.

55. Entretien du 29 mars 1994 avec Don Reeves, analyste économique auprès de Bread for the World.

56. « Number of Americans », p. 20.

57. Merva, Mary et Fowles, Richard, *Effects of Diminished Economic Opportunities on Social Stress : Heart Attacks, Strokes, and Crime*, Economic Policy Institute, Washington, DC, 16 octobre 1992, p. 1-2. Au cours d'un entretien, le 14 mars 1994, Fowles s'inquiète que l'obsession nationale des déficits n'empêche la Maison-Blanche et le Congrès de débloquer les fonds nécessaires au traitement des problèmes conjoints que sont la montée du chômage, la hausse de la criminalité et la dégradation de la santé des Américains. « Ce qui est vraiment tragique, dans le débat sur les déficits, est qu'il semble aujourd'hui politiquement impossible à quiconque au Congrès de proposer une augmentation des dépenses publiques en matière de protection sociale. » Fowles convient, avec d'autres économistes (comme Gar Alperovitz par exemple), que le pays pourrait se permettre d'augmenter ses déficits à court terme pour stimuler l'économie mais, tout comme Alperovitz, il reste

convaincu que, pour des raisons politiques, cette perspective ne se concré-
tisera pas dans un futur proche.

58. « Number of Americans », p. 2, 20.

59. Mishel et Bernstein, p. 9.

60. « Even with Good Pay, Many Americans Are Unable to Buy a Home », *Wall Street Journal*, 5 février 1988.

61. Mishel et Bernstein, p. 389.

62. Phillips, p. 184.

63. « The Economic Crisis of Urban America », *Business Week*, 18 mai 1992, p. 38.

64. *Ibid.*, p. 40

65. Reich, p. 303.

Chapitre 12

1. Irvine, Lieutenant General C. S., « Keynote Address », Proceedings of the Electronics Industries Association Symposium, 1957.

2. Olesten, Nils O., « Stepping Stones to N/C », *Automation*, juin 1961.

3. Kuusinen, Larry, conducteur de machine chez Boeing, entretien du 5 juin 1979 avec Noble, David, *in Forces of Production : A Society History of Industrial Automation*, New York, Alfred Knopf, 1984, p. 242.

4. Dohse, Knuth, Jurgerns, Ulrich et Malsch, Thomas, « From Fordism to Toyotism ? The Social Organization of the Labor Process in the Japanese Automobile Industry », *Politics and Society* 14 #2, 1985, p. 115-146.

5. Sakuma, Shinju, et Ohnomori, Hideaki, « The Auto Industry », ch. 2 *in Karoshi : When the Corporate Warrior Dies*, National Defense Council for Victims of Karoshi, Mado-sha Publishers, Tokyo, 1990.

6. Kenney, Martin, et Florida, Richard, *Beyond Mass Production : The Japanese System and Its Transfer to the U.S.*, Oxford University Press, New York, 1993, p. 271.

7. *Ibid.*, p. 278.

8. « Management by Stress », *Technology Review*, octobre 1988, p. 37. Cf. également Parker, Mike, et Slaughter, Jane, *Choosing Sides : Unions and the Team Concept*, Labor Notes, Detroit, 1988.

9. « Management by Stress », p. 39.

10. *Ibid.*, p. 42.

11. See « Workers at Risk », *Detroit Free Press*, 7 juillet 1990, p. 1A, 6A-7A ; « Injury, Training Woes Hit New Mazda Plant », *Automotive News*, 13 février 1989, p. 1, 52.

12. Kenney et Florida, p. 265. Cf. également *Karoshi : When the Corporate Warrior Dies*.

13. Simons, Geoff, *Silicon Shock : The Menace of the Computer Invasion*, Basil Blackwell, New York, 1985, p. 165.

14. Brod, Craig, *Techno-Stress : The Human Cost of the Computer Revolution*, Addison-Wesley Publications, Reading, MA, 1984, p. 43.

15. *Ibid.*, p. 43, 45.

16. *Ibid.*

17. Rapport de l'OTA cité *in* « Big Brother Is Counting Your Key Strokes », *Science*, 2 octobre 1987, p. 17.

18. Rawlence, Christopher (éd.), *About Time*, Jonathan Cape, Londres, 1985, p. 39.

19. Brod, p. 43.

20. Enquête du NIOSH cité *in* Brod, p. 26.

21. « Employers Recognizing What Stress Costs Them, UN Report Suggests », *Washington Post*, 28 mars 1993, p. H2.

22. *World Labour Report 1993*, BIT, Genève, 1993, p. 65, 70.

23. *Ibid.*, p. 66, 68.

24. *Ibid.*, p. 66.

25. *Ibid.*, p. 67.

26. « Age of Angst : Workplace Revolution Boosts Productivity at Cost of Job Security », *Wall Street Journal*, 10 mars 1993, p. A8.

27. « Temporary Workers Are on Increase in Nation's Factories », *New York Times*, 6 juin 1993, p. A1-D2.

28. « Into the Dark : Rough Ride Ahead for American Workers », *Training*, juillet 1993, p. 24-25.

29. « Cutbacks Fuel Contingent Workforce », *USA Today*, 3 mars 1993, p. 1B.

30. « Hired Out : Workers Are Forced to Take More Jobs with Few Benefits », *Wall Street Journal*, 11 mars 1993, p. A1.

31. « Cutbacks Fuel Contingent Workforce », *op. cit.*

32. « Into the Dark », p. 26.

33. Entretien du 28 mars 1994. Belous reconnaît que la restructuration des entreprises et le recours croissant au travail temporaire vont susciter des troubles dans les années à venir. « Ce que nous sommes en train de vivre, dit-il, est aussi radical et révolutionnaire que la première puis la deuxième révolution industrielle. » Tout en avertissant que le futur « ne sera pas un lit de pétales de roses », en particulier pour les ouvriers qualifiés, il estime qu'à long terme on peut « raisonnablement espérer » que les travailleurs du savoir, au moins, sauront actualiser suffisamment leurs connaissances pour s'adapter aux rapides changements des politiques et pratiques d'embauche qui vont continuer à caractériser une économie mondiale survoltée.

34. « Temporary Work : The New Career », *New York Times*, 12 septembre 1993, p. F15. Entretien du 16 mars 1994 : Nancy Hutchins indique qu'avec le recours accru à l'emploi juste-à-temps « la question fondamentale est de savoir ce qu'il advient de la structure de classe aux États-Unis si nous n'avons pas une couche moyenne très nombreuse ayant la sécurité de l'emploi. Qu'est-ce que cela signifie pour des gens qui, littéralement, ne savent pas où ils vont travailler, s'ils vont travailler, ni combien d'argent ils vont gagner ? »

35. « Cutbacks Fuel Contingent Workforce », *op. cit.*

36. US Department of Labor, *Employment and Earnings*, janvier 1988, cité

411

in du Rivage, Virginia L., *New Policies for the Part-Time and Contingent Workforce*, Economic Policy Institute, Washington, DC, 18 novembre 1992, p. 3, 7, 12.

37. « Outsource Tales », *Forbes ASAP*, 7 juin 1993, p. 37.

38. Cité *in* « The Disposable Employee Is Becoming a Fact of Life », *Business Week*, 15 décembre 1986, p. 52.

39. Harrison, Bennett, et Bluestone, Barry, *The Great U-Turn : Corporate Restructuring and the Polarizing of America*, HarperCollins, New York, 1988, p. 48.

40. « Temporary Workers Are on Increase. »

41. « Jobs in America », *Fortune*, 12 juillet 1993, p. 47 ; « Temporary Work : The New Career. »

42. « Jobs in America », p. 48.

43. « Cutbacks Fuel Contingent Workforce. »

44. « Experimenting with Test-Tube Temps », *USA Today*, 11 octobre 1993.

45. « Abuse of Temporary Workers Compared to a "Sweatshop" », *Washington Post*, 23 juin 1993.

46. Tilly, Chris, *Short Hours, Short Shrift : Causes and Consequences of Part-Time Work*, Institute, Washington, DC, 1990, cité *in* duRivage, p. 4.

47. « UAW Faces Test at Mazda Plant », *New York Times*, 27 mars 1990, p. D8.

48. « Job Seeking, Reemployment, and Mental Health : A Randomized Field Experiment in Coping with Job Loss », *Journal of Applied Psychology*, octobre 1989, p. 759.

49. Cottle, Thomas T., « When You Stop You Die », *Commonweal*, 19 juin 1992, p. 16.

50. « Violence in the Workplace », *Training and Development*, janvier 1994, p. 27.

51. *Ibid.*, p. 28, 30.

52. *Ibid.*, p. 32.

53. Cottle, p. 17.

Chapitre 13

1. *The OECD Jobs Study : Facts, Analysis, Strategies*, OCDE, Paris, 1994, p. 7.

2. UNDP, *Human Development Report 1993*, Oxford University Press, New York, 1993, p. 35.

3. « Clues to Rising Unemployment », *Financial Times*, 22 juillet 1993, p. 18.

4. « Japan Begins to Confront Job Insecurity », *Wall Street Journal*, 16 septembre 1993, p. A10.

5. « Japan Inc. Slams Its Entrance Doors in the Faces of New College Graduates », *Wall Street Journal*, 5 octobre 1993, p. B1.

6. *Ibid.*

7. « The American Economy », *New York Times*, 27 février 1994, p. F6.

8. « EC Expects Economy to Contract 0.5% This Year, Led By 2% Decline in Germany », *Wall Street Journal*, 1ᵉʳ juillet 1993.

9. « Pull Me Up, Weigh Me Down », *The Economist*, 24 juillet 1993, p. 57 ; « Ireland's Jobless Rate », *Wall Street Journal*, 10 novembre 1992 ; « Italian Jobless Rate Increases », *Wall Street Journal*, 1ᵉʳ février 1993, p. A7A ; « Belgian Jobless Rate Unchanged », *Wall Street Journal*, 5 novembre 1992, p. A9 ; « Denmark's Jobless Rate Rose », *Wall Street Journal*, 8 octobre 1992, p. C26 ; « Spain's Jobless Rate Climbs », *Wall Street Journal*, 16 février 1993, p. A3.

10. « Crash Landing for West German Economy », *Financial Times*, 1ᵉʳ mars 1993 ; « Rips in the Employment Featherbed », *Financial Times*, 30 mars 1993.

11. « How Germany Is Attacking Recession », *Fortune*, 14 juin 1993, p. 132.

12. *Ibid.*

13. « Massive Layoffs Foreseen in Western Europe », *Washington Post*, 21 septembre 1993, p. C3.

14. *Employment/Unemployment Study : Interim Report by the Secretary General*, OCDE, Paris, 1993, p. 6.

15. « Threat to 400,000 Jobs in Europe's Auto Parts Sector », *Financial Times*, 18 octobre 1993.

16. *World Labour Report 1993*, p. 19-20.

17. *Employment/Unemployment Study*, p. 6 ; « Europeans Fear Unemployment Will Only Rise », *New York Times*, 13 juin 1993, p. A1.

18. « Europeans Fear Unemployment », *op. cit.*

19. *Employment Outlook*, Organization for Economic Co-operation and Development, juillet 1993, p. 20 ; *Human Development Report 1993*, p. 37.

20. *Employment Outlook*, juillet 1993, p. 18.

21. « Europe's Safety Nets Begin to Tear », *Wall Street Journal*, 1ᵉʳ juillet 1993 ; « Europe's Recession Prompts New Look at Welfare Costs », *New York Times*, 9 août 1993, p. A8.

22. « Europe's Safety Nets. »

23. *Ibid.*

24. « Europeans Fear Unemployment. »

25. « A labour market "gripped by Euro-sclerosis" », *Financial Times*, 21 juin 1993.

26. « Is Europe's Social-Welfare State Headed for the Deathbed ? », *Newsweek*, 23 août 1993, p. 37.

27. « Europe's Recession Prompts Look », p. A8.

28. Entretien du 9 mai 1994. Le Commissaire européen Padraig Flynn explique que l'Europe va « devoir réfléchir autrement à la façon de financer notre système de protection sociale ». Tout en affirmant que le filet de la protection sociale « doit être maintenu », il défend l'idée d'une redéfinition des modalités actuelles de la politique sociale qui s'attacherait tout particulièrement à déterminer « quelles sont les politiques de protection sociale qui encouragent véritablement la réinsertion des gens dans la vie professionnelle ».

29. « Wage Cuts Anger French Students (cf. May 1968) », *New York Times*, 24 mars 1994, p. A3 ; « Passions Ignited, French March for Wages Again », *New York Times*, 26 mars 1994, section internationale, p. 3.

30. « An Unemployment Boom », *World Press Review*, février 1993, p. 40.

31. « Homeless in Europe », *Parade Magazine*, 15 août 1993, p. 8.

32. Entretien du 5 mai 1994 avec Harley Shaiken, professeur au département Travail et technologie de l'université de Californie, Berkeley.

33. *Human Development Report 1993*, p. 35.

34. Van Liemt, Gijsbert, *Industry on the Move : Causes and Consequences of International Relocation in the Manufacturing Industry*, BIT, Genève, 1992, p. 313 ; « Your New Global Workforce », *Fortune*, 14 décembre 1992, p. 52.

35. « Those High-Tech Jobs Can Cross the Border Too », *New York Times*, 28 mars 1993, Sect. 4, p. 4.

36. « Northern Mexico Becomes Big Draw for High-Tech Plants », *New York Times*, 21 mars 1993, p. F1.

37. « Global Workforce », p. 52-53.

38. Entretien du 5 mai 1994. Harley Shaiken explique que dans les pays en voie de développement comme le Mexique, les transnationales sont bien décidées à maintenir les salaires au plus bas en construisant des usines automatiques high-tech, à la pointe du progrès. Même les spécialistes hautement qualifiés qui ont la chance d'avoir un emploi sont terriblement mal payés par rapport à leurs collègues des États-Unis. Les entreprises économisent certes de l'argent en amont, au niveau de la production, mais elles en perdent en aval, du côté de la consommation, car les nouveaux marchés ne sont pas en mesure de générer un pouvoir d'achat suffisant pour absorber les produits fabriqués. Selon Shaiken, « si vous diminuez les salaires, vous diminuez le pouvoir d'achat. Ainsi, les facteurs mêmes qui permettent une production à peu de frais sont la garantie que vous ne disposerez pas d'un marché de consommation solide ».

39. « Rendered Surplus », *Far Eastern Economic Review*, 22 juillet 1993, p. 18.

40. « China's Much-Needed Effort to Improve Productivity Will Take Economic Toll », *Wall Street Journal*, 16 février 1944, p. A13.

41. « Indians, Foreigners Build Silicon Valley », *Washington Post*, 1er août 1993, p. A21.

42. Kennedy, Paul, *Preparing for the 21st Century*, Random House, New York, 1993, p. 182-183, 189.

43. *Population Pressures Abroad and Immigration Pressures at Home*, Population Crisis Committee, Washington, DC, 1989, p. 18-20.

44. *Human Development Report 1993*, p. 37.

45. *Population Pressures*, p. 20.

Chapitre 14

1. Merva, Mary et Fowles, Richard, *Effects of Diminished Economic Opportunities on Social Stress*, Economic Policy Institute, Washington, DC, 16 octobre 1992, p. 1-2.

2. *Ibid.*, p. 11 ; « Nation's Prison Population Rises 7.2% », *Washington Post*, 10 mai 1993.

3. « Life on the Shelf », *Newsweek*, 2 mai 1994, p. 14.

4. « Youth Joblessness Is at Record High in New York City », *New York Times*, 4 juin 1993, section métropolitaine.

5. « Shootout in the Schools », *Time*, 20 novembre 1989, p. 116 ; « Reading, Writing and Intervention », *Security Management*, août 1992, p. 32.

6. « Wild in the Streets », *Newsweek*, 2 août 1993, p. 43.

7. « Getting Ready to Die Young », *Washington Post*, 1er novembre 1993, p. A1.

8. « Unhealed Wounds », *Time*, 19 avril 1993, p. 30.

9. *Ibid.*, p. 28.

10. Wacquant Loïc, « Émeutes dans la ville », *Courrier de l'UNESCO*, février 1993, p. 10.

11. « Gang Membership Grows in Middle-Class Suburbs », *New York Times*, 24 juillet 1993, p. 25, section métropolitaine.

12. « Danger in the Safety Zone », *Time*, 23 août 1993, p. 29.

13. *Ibid.*, p. 32.

14. « A City Behind Walls », *Newsweek*, 5 octobre 1992, p. 69.

15. Louv, Richard, *America II*, Houghton Mifflin, Boston, 1983, p. 233.

16. « Enclosed Communities : Havens, or Worse ? », *Washington Post*, 9 avril 1994, p. E1.

17. « Reengineering Security's Role », *Security Management*, novembre 1993, p. 38.

18. « Security Industry Trends : 1993 and Beyond », *Security Management*, décembre 1992, p. 29.

19. *Ibid.*

20. « Émeutes dans la ville », p. 8.

21. *Ibid.*

22. *Ibid.*, p. 11.

23. « Germany's Furies », *Newsweek*, 7 décembre 1992, p. 31.

24. « Italy's Neo-Fascists Gain Dramatically », *Washington Post*, 31 mars 1994, p. A25.

25. « Every Man a Tsar », *The New Yorker*, 27 décembre 1993.

26. Gardels, Nathan, « Capitalism's New Order », *Washington Post*, 11 avril 1993, p. C4.

27. Van Creveld, Martin, *The Transformation of War*, Free Press, New York, 1991. Les chefs d'entreprise commencent aussi à s'inquiéter des possibilités de conflits de faible intensité. Le 24 mars 1994, lors d'un entretien, Richard Sobow, vice-directeur général de Lincoln Electric, signale que le plus gros problème qui attend les États-Unis est celui de la polarisation entre une

société opulente appartenant au premier monde et une culture paupérisée digne du tiers monde. Améliorer le niveau d'éducation du sous-prolétariat (*underclass*) sans lui garantir des emplois pourrait mener à la rébellion aussi bien qu'à la réforme, car l'éducation fait naître des meneurs et ceux-ci sont porteurs d'un potentiel de résistance organisée. Sobow affirme que « tout cela finira par une révolution ». Et ajoute : « A mon avis, elle sera sanglante. »

Chapitre 15

1. Marcuse, Herbert, *Éros et civilisation*, Minuit, Paris, 1963, p. 10, préface.

2. Roediger, David et Foner, Philip, *Our Own Time : A History of American Labor and the Working Day*, Greenwood Press, Westport, CT, 1989, p. vii.

3. Masuda, Yoneji, *The Information Society as Post-Industrial Society*, World Future Society, Washington, DC, 1981, p. 74.

4. *Society for the Reduction of Human Labor Newsletter*, Hunnicutt, Benjamin Kline, et McGaughey, William (éds.), hiver 1992-1993, vol. 3 #1, p. 14.

5. Schor, Juliet, *The Overworked American : The Unexpected Decline of Leisure*, Basic Books, New York, 1991, p. 1, 2, 5, 29, 32.

6. Jones, Barry, *Sleepers Wake ! Technology and the Future of Work*, Oxford University Press, New York, 1982, ch. 9.

7. Entretien du 18 mars 1994. L'ancien sénateur Eugene McCarthy défend l'idée que dans l'ère high-tech, l'exigence de redistribuer le travail deviendra le principal cri de ralliement des forces qui se battent pour la justice économique. « Nous devons veiller à instaurer une redistribution du travail qui permette à chacun de réclamer son dû sur ce qui a été produit. »

8. Entretien du 8 avril 1994. Lynn Williams dit que l'automatisation de pointe des emplois industriels va continuer à s'accélérer dans les années à venir. Ce dirigeant syndical avoue franchement que « nous devrions être capables de contrôler plus rationnellement cette révolution technologique » en trouvant des façons créatives de partager les formidables gains de la productivité au bénéfice des travailleurs.

9. « VW Opts for Four Day Week in Move to Cut Wage Costs », *Financial Times*, 25 octobre 1993, p. 1.

10. Entretien du 3 mai 1994. Peter Schlilein dit que Volkswagen pouvait seulement choisir entre éliminer des milliers de travailleurs ou réduire la durée hebdomadaire du travail à 28,8 heures, en raison du fléchissement mondial de la demande d'automobiles et « ce qui est plus important, des énormes progrès de notre productivité ». La hausse de productivité et la chute du pouvoir d'achat vont vraisemblablement pousser à des décisions similaires de réduction de la semaine de travail et de partage du travail disponible dans les autres industries dans les années à venir.

11. « Europeans Ponder Working Less So More of Them Can Have Jobs », *New York Times*, 22 novembre 1993, p. A1, 6.

12. *Ibid.*

13. *Ibid.*, p. A6.

14. *Ibid.*

15. *Memorandum on the Reduction and Reorganization of Working Time*, Commission des communautés européennes, Bruxelles, 1982, p. 60.

16. *Report on the Memorandum from the Commission of the European Communities on the Reduction and Reorganisation of Working Time*, D. Ceravolo, Parlement européen, Commission des affaires sociales et de l'emploi, 1983, p. 9.

17. *The Five-Year Economic Plan : Sharing a Better Quality of Life Around the Globe*, Economic Planning Agency, Government of Japan, juin 1992 ; « Labor Letter : Japan's Diet Slims the National Work Week by Four Hours », *Wall Street Journal*, 13 juillet 1993, p. 1.

18. « Japan Finds Ways to Save Tradition of Lifetime Jobs », *New York Times*, 28 novembre 1993, p. A1.

19. Cité *in* William McGaughey, « The International Dimensions of Reduced Hours », *Society for the Reduction of Human Labor Newsletter*, vol. 1, n° 1, p. 6.

20. Barber, Randy, et Ghilarducci, Teresa, *Pension Funds, Capital Markets and the Economic Future*, Center for Economic Organizing, Washington, DC, 24 janvier 1993, p. 1.

21. Leontief Wassily, « The Distribution of Work and Income », *Scientific American*, septembre 1982, p. 194-195. Entretien du 14 mars 1994. Leontief estime que le temps libre devrait être considéré comme « une part des revenus » et estime « qu'il faut trouver des moyens d'encourager les loisirs ». Il s'inquiète cependant de ce que « si nous travaillons moins » nous risquons de « tout simplement passer plus de temps devant la télévision ». Selon Leontief, une utilisation constructive des loisirs ne saurait venir que d'une « amélioration de l'éducation ».

22. Zalusky, John, *The United States : The Sweatshop Economy*, AFL-CIO, Economic Research Department, Washington, DC, 1993, p. 1.

23. Zalusky, p. 6.

24. « U.S. Unions Back Shorter Week, But Employers Seem Reluctant », *New York Times*, 22 novembre 1993, p. A6 ; Zalusky, p. 5.

25. *Ibid.*, p. 1.

26. Entretien du 21 mars 1994. John Zalusky admet que les syndicats, s'ils agissent seuls, n'ont pas la force politique nécessaire pour imposer des modifications au Fair Labor Standards Act. Il s'inquiète particulièrement des difficultés de plus en plus nombreuses faites aux activités syndicales aux États-Unis et signale que ce pays est l'un des rares à contrevenir à la clause des droits de l'homme stipulée par l'OIT en 1993, qui garantit aux travailleurs le droit à la liberté d'association et le droit de négociation. Ces pratiques antisyndicales, dit Zalusky, créent un climat détestable et entravent les tentatives d'action concertée des travailleurs pour réformer les normes et les pratiques de travail, notamment ce qui touche à la rémunération des heures supplémentaires.

27. « Labor Wants Shorter Hours to Make Up for Job Losses », *New York Times*, 11 octobre 1993, p. A10.

28. Entretien du 18 mars 1994. Dennis Chamot estime que la dernière vague de chômage technologique n'est pas un phénomène nouveau. « Nous

avons déjà connu des mutations massives de ce genre » dit-il, et à chaque fois « nous nous sommes adaptés à la hausse des niveaux de productivité en réduisant le temps de travail ». Certes, Chamot n'espère pas voir dans un délai bref l'instauration de la semaine de 34 heures, mais, d'après lui, nous devons commencer à préparer le terrain politique en vue de son adoption si nous voulons réduire efficacement le fossé grandissant entre les gains de productivité et la surproduction, d'une part, et la montée du chômage et la baisse du pouvoir d'achat, de l'autre.

29. US Congress, House Committe on Education and Labor, Subcommittee on Labor Standards, *Hearings on H.R. 1784 : To Revise the Overtime Compensation Requirements of the Fair Labor Standards Act of 1936*, 96ᵉ Congrès, 1ʳᵉ session, 23-25 octobre 1979. Voir aussi Conyers, John, « Have a Four-day Worlweel ? Yes », *American Legion*, avril 1980, p. 26. Extrait d'une lettre personnelle de Conyers aux représentants datée du 15 février 1979, Hunnicutt, p. 311 (photocopie dans la documentation de l'auteur).

30. Congressman Lucien Blackwell, US Congress, House of Representatives, *H.R. 3267, The Full Employment Act of 1994*, 23 mars 1994.

31. McCarthy, Eugene et McGaughey, William, *Non-Financial Economics : The Case for Shorter Hours of Work*, Praeger, New York, 1989, p. 143.

32. Entretien du 6 mai 1994. Michael Hammer défend l'idée que « si vous voulez réduire à la fois les horaires de travail et les rémunérations, cela revient, pour l'essentiel, à demander aux gens d'adopter une démarche plus solidariste dans leur manière de concevoir leurs revenus et cela, vous n'êtes pas sûrs d'y arriver ». Hammer ajoute qu'il « n'est pas sûr que nous puissions réduire l'importance du travail [...] car, dans notre société, il y a un tas de gens qui ne savent pas trop que faire du temps libre dont ils disposent déjà, et personnellement, je ne vois pas comment ils se débrouilleront si on leur en offre davantage ».

33. McCarthy et McGaughey, p. 156.

34. « Survey Says Employees Less Willing to Sacrifice », *Washington Post*, 3 septembre 1993, p. A2.

35. Robert Haft International Poll, « Family Time Is More Important Than Rapid Career Advancement : Survey Shows Both Men and Women Support Parent Tracking », San Francisco, 28 juin 1989, p. 4-5, cité *in* Schor, p. 148.

36. Étude du ministère du Travail américain citée *in* Roediger et Foner, p. 275.

37. Schor, p. 12-13.

38. Roediger et Foner, p. 276.

39. Cf. James, Selma, *Women, Unions and Work*, Londres, 1976, p. 15.

Chapitre 16

1. Van Til, Jon, *Mapping the Third Sector : Voluntarism in a Changing Social Economy*, Foundation Center, Washington, DC, 1988, p. 3 ; O'Neill, Michael,

The Third America : The Emergence of the Nonprofit Sector in the United States, Jossey-Bass Publishers, San Francisco, 1989, p. 6. ; *Nonprofit Almanac 1992-1993*, Independent Sector, Washington, DC, p. 29.

2. Van Til, p. 113 ; Rudney, Gabriel, *A Quantitative Profile of the Independent Sector*, Working Paper n° 40, Program on Non-Profit Organizations, Institution for Social and Policy Studies, Yale University, 1981, p. 3.

3. O'Neill, p. 6.

4. Hodgkinson, Virginia A., et Weitzman, Murray S., *Giving and Volunteering in the United States : Findings from a National Survey*, Independent Sector, Washington, DC, 1992, p. 2.

5. *The Non-profit Almanac 1992-1993*, p. 6 ; quote *in* O'Neill, p. 2.

6. Weisbrod, B. A., *The Voluntary Non-profit Sector*, Heath, Lexington, MA, 1977, p. 170.

7. Hodgkinson et Weitzman, p. 1 ; O'Neill, p. 8.

8. Jeantet, Thierry, *La Modernisation de la France par l'économie sociale*, Economica, Paris, 1986, p. 78.

9. Tocqueville, Alexis de, *De la démocratie en Amérique*, Gallimard, Paris, 1961, t. 2, p. 113.

10. *Ibid.*, p. 117.

11. Lerner, Max, « The Joiners », *in* O'Connell, p. 86.

12. *Ibid.*, p. 82.

13. Krikorian, Robert, « Have You Noticed ? An American Resurgence is Underway », *Vital Speeches of the Day*, 1ᵉʳ mars, 1985, p. 301.

14. Alan Durning, *How Much Is Enough ?*, W. W. Norton, New York, 1992, p. 29.

Chapitre 17

1. Communiqué de presse de la Maison-Blanche, 12 avril 1994.

2. « Now It's Our Turn », *Reader's Digest*, mai 1985, p. 109.

3. Ronald Reagan, discours télévisé sur le budget cité *in* « A Vision of Voluntarism », *Time*, 19 octobre 1981, p. 47.

4. Ellis, Susan, et Noyes, Katherine, *By the People : A History of Americans as Volunteers*, Jossey-Bass Publishers, San Francisco, 1990, p. 290-291.

5. « 2 Million Points of Light », *Across the Board*, mars 1989, p. 12.

6. « The Elusive 1000 Points », *Newsweek*, 1ᵉʳ décembre 1989, p. 49.

7. Townsend, Kathleen Kennedy, « Americans and the Cause of Voluntarism : The Forgotten Virtue of Voluntarism », *Current*, février 1984, p. 11.

8. *Ibid.*

9. *Ibid.*, p. 15.

10. *Ibid.*, p. 16, 17.

11. Theobald, Robert, *The Guaranteed Income*, Anchor Books, New York, 1967, p. 19.

12. « A Minimum Guaranteed Income : Experiments and Proposals », *International Labour Review*, mai-juin 1987, p. 263.

13. Friedman, Milton, « The Case for the Negative Income Tax », *National Review*, 7 mars 1967, p. 239 ; « PRO and CON Discussion : Should the Federal Government Guarantee a Minimum Annual Income for All U.S. Citizens ? », Congressional Digest, octobre 1967, p. 242.

14. « Guaranteed Annual Income : A Hope and Question Mark », *America*, 11 décembre 1971, p. 503.

15. Hum, Derek et Simpson, Wayne, « Economic Response to a Guaranteed Annual Income : Experience from Canada and the United States », *Journal of Labor Economics*, janvier 1993, part 2, p. S280, S287.

16. Entretien du 23 mars 1994. Don Kennedy s'inquiète de ce que « les partisans de l'économie de l'offre » ignorent la question de la demande agrégée : « Que faites-vous lorsque vous avez fabriqué les meilleurs produits du monde, au plus faible coût possible et avec la qualité maximale, et que personne ne peut se les payer ? » Puisque « la demande est fonction du revenu, dit-il, nous devons réfléchir à une distribution de celui-ci, et pas seulement au coût des suppressions d'emplois ». Le problème est de savoir comment « fournir un revenu à des gens qui ne parviennent pas à trouver un emploi rémunérateur [...]. Si c'est une technologie sans travailleurs qui produit les richesses de la société, il nous faut alors imaginer une manière totalement différente de partager ces richesses, et ne pas en rester au système des salaires ».

17. « Minimum Guaranteed Income », p. 271.

18. « Federal Volunteer Programs », Congressional Digest, mai 1990, p. 132 ; Seasons of Service, Corporation for National Service, Washington, DC, 1994.

19. Entretien du 13 avril 1994, North Carolina Governor's Office of Citizens' Affairs.

20. « The American Economy and the Rest of the World : Two Sides of the Same Coin », conférence de Felix G. Rohatyn à la John F. Kennedy School of Government, Harvard University, 1993, Albert H. Gordon Lecture on Finance and Public Policy, 30 novembre 1993.

21. « Too Few Good Enterprise Zones », *Nation's Business*, octobre 1993, p. 30.

22. Entretien du 18 mars 1994 avec Sara Melendez, présidente de Independent Sector.

23. « U.S. Is Paying More Low-Earners for Working, I.R.S. Survey Finds », *New York Times*, 17 avril 1994, p. 23 ; « Hill to Get Welfare Bill, Clinton Officials Predict », *Washington Post*, 27 décembre 1993, p. A8.

24. « Weld, Cellucci File Plan to Replace Welfare with Work Benefits », communiqué de presse des autorités du Massachusetts, Executive Department, State House, Boston, 14 janvier 1994 ; « Massachusetts Welfare Reform Would Drop Cash Benefits, Require Work », *Washington Post*, 15 janvier 1994, p. A6.

25. « Unions Fear Job Losses in Welfare Reform », *Washington Post*, 6 janvier 1994.

26. Center for Study on Responsive Law, *Aid for Dependent Corporations*

(AFDC), Essential Information Inc., Washington, DC, janvier 1994. Étude réalisée sur la base de chiffres de consommation tirés de *Catalogue of Federal Domestic Assistance*, US Office of Management and Budget, 1993, et de *Estimates of Federal Tax Expenditures for Fiscal Years 1994-1998*, Joint Committee on Taxation, 1993 ; « The Fat Cat Freeloaders », *Washington Post*, 6 mars 1994, p. C1.

27. Peterson, Wallace, *Silent Depression*, W. W. Norton, New York, 1994, p. 202.

28. *Ibid.*, p. 203.

29. « A New Kind of Tax : Adopting a Consumption Tax », *Current*, mai 1993, p. 17.

30. « The VATman Cometh », *The Economist*, 24 avril 1993, p. 17.

31. « New Kind of Tax », *op. cit.*

32. *Ibid.*

33. « VATman Cometh. »

34. *Information Technology Industry Data Book 1960-2004*, Computers and Business Equipment Manufacturers Association (CBEMA), Washington, DC, 1993, p. 4.

35. « The Entertainment Economy », *Business Week*, 14 mars 1994, p. 60.

36. « Ad Gains Could Exceed 6 % This Year », *Advertising Age*, 3 mai 1993, p. 4.

37. « A Federal Value-Added Tax Could Compete with Mainstay of the States : The Sales Tax », *The Bond Buyer*, 6 juillet 1993, p. 1.

38. Corporate Contributions, 1992, The Conference Board, New York, 1994, p. 6, 9-11 ; *Non-Profit Almanac, 1992-3*, Independent Sector, Washington, DC, p. 60.

Chapitre 18

1. Entretien du 18 mars 1994. Jim Joseph dit que, de plus en plus, « les gens se tournent vers des alternatives non gouvernementales pour satisfaire les besoins et servir l'intérêt général ». Si des subventions publiques venaient compléter les ressources locales du tiers secteur, beaucoup de gens « pourraient trouver des emplois productifs, porteurs de sens et contribuant au bien public ».

2. « Policy Issues for the UK Voluntary Sector in the 1990s », *in* Ben-Ner, Avner, et Gui, Benedetto (éds.), *The Non-Profit Sector in the Mixed Economy*, University of Michigan Press, Ann Arbor, 1993, p. 224, 230.

3. « Public Authorities and the Non-Profit Sector in France », *in* Anheier, Helmut, et Seibel, Wolfgang (éds.), *The Third Sector : Comparative Studies of Nonprofit Organizations*, Walter de Gruyter, New York, 1990, p. 298-299.

4. « Employment and Earnings in the West German Nonprofit Sector : Structure and Trends 1970-1987 », *in* Ben-Ner et Gui, p. 184, 188 ; « A Profile of the Third Sector in Western Germany », *in* Anheier et Seibel, Walter de Gruyter, New York, 1990, p. 323.

5. « The Italian Nonprofit Sector : An Overview of an Undervalued Reality », *in* Ben-Ner et Gui, p. 206, 211.

6. Amenomori, Takayoshi, *Defining the Non-Profit Sector : Japan*, The John Hopkins University Institute for Policy Studies, Baltimore, juillet 1993.

7. « Traditional Neighborhood Associations in Industrial Society : The Case of Japan », *in* Anheier et Seibel, p. 347-358.

8. Entretien du 4 mai 1994. Miklos Marschall explique que dans son propre pays, la Hongrie, mais aussi dans d'autres pays d'Europe orientale, « les ONG ont été la force motrice des changements » qui contribuèrent à faire basculer les vieux régimes communistes. L'interdiction des partis politiques « avait confiné l'opposition aux seules formes légales d'organisation, celles du secteur associatif ».

9. « World Volunteerism Group Forms », *New York Times*, 21 décembre 1993, p. A12.

10. Starr, Frederick S., « The Third Sector in the Second World », *World Development*, Vol. 19 #1, p. 69.

11. *Ibid.*, p. 65.

12. *Ibid.*, p. 70.

13. Fisher, Julie, *The Road from Rio : Sustainable Development and the Non-Governmental Movements in the Third World*, Praeger, Westport, CT, 1993, p. 91.

14. *Human Development Report 1993*, United Nations Development Project Program, Oxford University Press, New York, 1993, p. 93.

15. Fisher, p. 89-91.

16. *Human Development Report 1993*, p. 86-87.

17. Fisher, p. 167.

18. Durning, Alan, *Action at the Grass Roots : Fighting Poverty and Environmental Decline*, Worldwatch Institute, Washington, DC, 1989, p. 11 ; *Human Development Report 1993*, p. 95.

19. Cordoba-Novion, Cesar et Sachs, Céline, *Urban Self-Reliance Directory*, International Foundation for Development Alternatives, Nyon, Suisse, janvier 1987, p. 33.

20. « Colufifa : 20,000 Individuals Fighting Hunger », *African Farmer*, #4, juillet, p. 81.

21. « Philippines : Pamalakaya, Small Fishermen's Movement », IFDA Dossier, International Foundation for Development Alternatives, Nyon, Suisse, 1987, #61, p. 68-69.

22. Fisher, p. 124 ; Rush, James, *The Last Tree*, The Asia Society, New York, distribué par Westview Press, 1991, p. 55.

23. Fisher, p. 40, 104.

24. Durning, p. 11.

25. « Alternative Resources for Grass Roots Development : A View from Latin America », *Development Dialogue*, vol. 1, 1987, p. 114-134 ; « Another Development Under Repressive Rule », *Development Dialogue*, vol. 1, 1985.

26. *Human Development Report 1993*, p. 87.

27. Fisher, p. 23.

28. Lopezlera-Mendez, Luis, *Sociedad Civil y Pueblos Emergentes : Las Orga-*

nizaciones Autónomas de Promoción Social y Desarrollo en Mexico, Promocion del Desarrollo Popular, Mexico City, 1988, p. 60.

29. Fisher, p. 89 ; « In Search of Development : Some Direction for Further Investigation », *The Journal of Modern African Studies*, vol. 24 #2, 1986, quote on p. 323.

30. *Human Development Report 1993*, p. 93-94.

31. « Kenya's Green Belt Movement », *The UNESCO Courier*, mars 1992, p. 23-25 ; « Reforestation with a Human Touch », *Grassroots Development*, vol. 12 #3, 1988, p. 38-40.

32. Fisher, p. 108.

33. Entretien du 22 mars 1994. Fisher explique que « la plupart des États du tiers monde sont très mal à l'aise vis-à-vis de la croissance du secteur associatif, qui représente une source de pouvoir alternatif ». Malgré cette réticence, estime Fisher, le tiers secteur continue de croître et va devenir une force institutionnelle puissante et viable dans de nombreux pays en voie de développement, où il jouera probablement un rôle essentiel dans l'élaboration des projets nationaux au cours des années à venir.

34. Durning, p. 47.

35. *Human Development Report 1993*, p. 88.

36. Entretien du 4 mai 1994. Miklos Marschall dit que, tout en ne croyant pas que « les ONG puissent jamais assumer toutes les responsabilités des gouvernements », il est convaincu que « les petites ONG sont beaucoup plus efficaces en matière de traitement du chômage que les grosses bureaucraties d'État. Parce qu'elles s'appuient sur une base locale et sont bien plus au fait des véritables besoins, elles disposent d'une vision beaucoup plus claire de la situation sociale dans une région donnée, contrairement aux programmes publics qui se contentent de porter les gens sur des registres d'assistance ». A son avis, l'essentiel pour élargir le rôle et les responsabilités des ONG et faire progresser l'économie sociale est « d'encourager les projets de partenariat entre l'État et le tiers secteur ».

37. Entretien du 18 mai 1994. Pour Martin Khor, s'il est vrai que le tiers secteur va jouer un rôle de plus en plus important dans la défense de causes diverses et la réforme de la société, ainsi que dans les activités d'aide sociale, les gouvernements des pays du tiers monde vont continuer d'être considérés, dans un avenir prévisible, comme les principaux garants institutionnels du bien-être et de la sécurité des populations.

38. Entretien du 27 avril 1994. Vandana Shiva estime que dans les pays comme l'Inde, la troisième révolution industrielle va probablement élargir encore le fossé entre riches et pauvres. En effet, les nouvelles technologies informationnelles y créeront une nouvelle élite de manipulateurs d'abstractions tandis que, d'autre part, les nouvelles biotechnologies élimineront massivement les petites exploitations familiales dans les campagnes. Selon Shiva, « l'Inde ne pourra survivre avec des enclaves de prospérité pendant que le reste de la population n'aura plus aucun droit à la survie sous la forme d'un travail ou d'un quelconque moyen de subsistance ».

Bibliographie

AKIN William, *Technocracy and the American Dream : The Technocrat Movement, 1900-1941*, University of California Press, Berkeley, 1977.

Andersen Consulting, *Vision 2000 : The Transformation of Banking*, Chicago, 1991.

ANHEIER Helmut et SEIBEL Wolfgang, éds., *The Third Sector : Comparative Studies of Nonprofit Organizations*, Walter de Gruyter, New York, 1990.

ATTALI Jacques, *Lignes d'horizon*, Fayard, Paris, 1990.

BARLETT Donald et STEELE, James, *America : What Went Wrong ?* Andrews and McMeel, Kansas City, MO, 1992.

BENIGER James, *The Control Revolution : Technological and Economic Origins of the Information Society*, Harvard University Press, Cambridge, MA, 1986.

BEN-NER Auner et GUI Benedetto (éds.), *The Non-Profit Sector in the Mixed Economy*, University of Michigan Press, Ann Arbor, 1993.

BERARDI Gigi et GEISLER Charles (éds.), *The Social Consequences and Challenges of New Agricultural Technologies*, Westview Press, Boulder, CO, 1984.

BRADLEY Stephen *et al.* (éds.), *Globalization, Technology, and Competition : The Fusion of Computers and Telecommunications in the 1990s*, Harvard Business School Press, Cambridge, MA, 1993.

BRAND Stewart, *The Media Lab : Inventing the Future at MIT*, Viking Press, New York, 1987.

BRAVERMAN Harry, *Labor and Monopoly Capital : The Degradation of Work in the 20th Century*, Monthly Labor Press, New York, 1974 (trad. fr. *Travail et capitalisme monopoliste. La dégradation du travail au XX siècle*, Maspero, Paris, 1976).

BROD Craig, *Techno Stress : The Human Cost of the Computer Revolution*, Addison-Wesley, Reading, MA, 1984.

BRYNJOLFSSON Erik et HITT Lorin, *Is Information Systems Spending Productive ? New Evidence and New Results*, Massachusetts Institute of Technology, Working Paper #3571-93, Cambridge, MA, 4 juin 1993.

BUSCH Lawrence, LACY William et BURCKHARDT Jeffrey, *Plants, Power, and*

Profit : *Social, Economic, and Ethical Consequences of the New Biotechnologies*, Basil Blackwell, Cambridge, MA, 1991.

CALLAHAN Raymond, *Education and the Cult of Efficiency*, University of Chicago Press, Chicago, 1964.

CARNEVALE Anthony Patrick, *America and the New Economy*, US Department of Labor, Washington, DC, 1991.

CHANDLER Alfred Jr., *The Visible Hand* : *The Managerial Revolution in American Business*, Harvard University Press, Cambridge, MA, 1977.

Clinton/Gore National Campaign, *Technology, The Engine of Economic Growth*, 1992.

COCHRANE Willard, *The Development of American Agriculture* : *A Historical Analysis*, University of Minnesota Press, Minneapolis, 1993.

CORN Joseph (éd.), *Imagining Tomorrow* : *History, Technology, and the American Future*, MIT Press, Cambridge, MA, 1986.

CORNFIELD Daniel, *Workers, Managers and Technological Change* : *Emerging Patterns of Labor Relations*, Plenum Press, New York, 1987.

Council on Competitiveness, *Gaining New Ground* : *Technology Priorities for America's Future*, Washington, DC, mars 1991.

CROSS Gary, *Time and Money : The Making of Consumer Culture*, Routledge, New York, 1993.

CYERT Richard et MOWERY David (éds.), *Technology and Employment : Innovation and Growth in the U.S. Economy*, National Academy Press, Washington, DC, 1987.

DAVIDOW William et MALONE Michael, *The Virtual Corporation* : *Restructuring and Revitalizing the Corporation for the 21st Century*, HarperCollins, New York, 1992.

DEREK Leebart (éd.), *Technology 2001* : *The Future of Computing and Communications*, MIT Press, Cambridge, MA, 1991.

DRUCKER Peter, *Post-Capitalist Society*, HarperCollins, New York, 1993 (trad. fr. *Au-delà du capitalisme : la métamorphose de cette fin de siècle*, Dunod, Paris, 1993).

DU RIVAGE Virginia, *New Policies for the Part-Time and Contingent Workforce*, Economic Policy Institute, Washington, DC, 18 novembre 1992.

DURNING Alan B., *Action at the Grassroots* : *Fighting Poverty and Environmental Decline*, Worldwatch Institute, Washington, DC, 1989.

DURNING Alan B., *How Much Is Enough ?*, W. W. Norton, New York, 1992.

EDQUIST Charles, *Technological and Organisational Innovations, Productivity and Employment*, OIT, Genève, 1992.

ELLIS Susan et NOYES Katherine H., *By the People* : *A History of Americans as Volunteers*, Jossey-Bass, San Francisco, 1990.

ELLUL Jacques, *Le Système technicien*, Calmann-Lévy, Paris, 1977.

ENGELBERGER Joseph, *Robotics in Service*, MIT Press, Cambridge, MA, 1989.

FERMAN Louis, KORNBLUH Joyce et MILLER J. A., éds., *Negroes and Jobs*, University of Michigan Press, Ann Arbor, 1968.

FISHER Julie, *The Road from Rio* : *Sustainable Development and the Nongovernmental Movement in the Third World*, Praeger, Westport, CT, 1993.

FJERMEDAL Grant, *The Tomorrow Makers : A Brave New World of Living Brain Machines*, Macmillan, New York, 1986.

FOX Michael, *Superpigs and Wondercorn : The Brave New World of Biotechnology and Where It May Lead*, Lyons and Burford, New York, 1992.

GIDEON Siegfried, *Mechanization Takes Command*, W. W. Norton, New York, 1948.

GIMPEL Jean, *La Révolution industrielle du Moyen Age*, Seuil, Paris, 1975.

GOODMAN David, SORJ Bernardo et WILKINSON John, *From Farming to Biotechnology : A Theory of Agro-Industrial Development*, Basil Blackwell, New York, 1987.

GORZ André, *Métamorphoses du travail : quête du sens*, Galilée, Paris, 1988.

GRANT George, *Technology and Empire*, House of Anansi Press, Toronto, 1969.

GREEN Mark, éd., *Changing America : Blueprints for the New Administration*, New Market Press, New York, 1992.

GUMPERT Gary, *Talking Tombstones & Other Tales of the Media Age*, Oxford University Press, New York, 1987.

HAMMER Michael et CHAMPY James, *Re-engineering the Corporation : A Manifesto for Business Revolution*, HarperCollins, New York, 1993 (trad. fr. *Le Reengineering*, Dunod, Paris, 1993).

HARMON Roy *et al.*, *Re-Inventing the Factory : Productivity Breakthroughs in Manufacturing Today*, Free Press, New York, 1989.

HARMON Roy *et al.*, *Re-Inventing the Factory II : Managing the World Class Factory*, Free Press, New York, 1992.

HARMON Roy *et al.*, *Re-Inventing the Warehouse : World Class Distribution Logistics*, Free Press, New York, 1993.

HARRISON Bennett et BLUESTONE Barry, *The Great U Turn : Corporate Restructuring and the Polarizing of America*, HarperCollins, New York, 1990.

HARRISON Bennett, *Lean and Mean : The Changing Landscape of Corporate Power in the Age of Flexibility*, HarperCollins, New York, 1994.

HEILBRONER Robert, *The Making of Economic Society*, Prentice-Hall, Englewood Cliffs, NJ, 1980.

HODGKINSON Virginia et WEITZMAN, Murray, *Giving and Volunteering in the United States : Findings from a National Survey*, Independent Sector, Washington, DC, 1992.

HUMPHREY John, *New Technologies, Flexible Automation, Work Organisation and Employment in Manufacturing*, OIT, Genève, 1992.

HUNNICUTT Benjamin Kline, *Work Without End : Abandoning Shorter Hours for the Right to Work*, Temple University Press, Philadelphie, 1988.

INNIS Harold, *Empire and Communications*, University of Toronto Press, Buffalo, NY, 1972.

International Labor Organization, *The World Employment Situation, Trends and Prospects*, OIT, Genève, 1994.

International Labor Organization, *World Labour Report 1993*, OIT, Genève, 1993.

JAMES Samuel D. K., *The Impact of Cybernation Technology on Black Automotive Workers in the U.S.*, UMI Research Press, Ann Arbor, 1985.

JARRATT Jennifer et MAHAFFIE John, *Future Work : Seven Critical Forces Reshaping Work and the Work Force in North America,* Jossey-Bass Publishers, San Francisco, 1990.

JENKINS Clive et SHERMAN Barrie, *The Collapse of Work,* Eyre Methuen, Londres, 1979.

JONES Barry, *Sleepers, Wake ! Technology and the Future of Work,* Oxford University Press, New York, 1990.

JONES Marcus, *Black Migration in the United States with Emphasis on Selected Central Cities,* Century 21 Publishing, Saratoga, CA, 1980.

JUENGER Frederich Georg, *The Failure of Technology,* Gateway Editions, Chicago, 1956.

KATZ Michael (éd.), *The Underclass Debate : Views from History,* Princeton University Press, Princeton, NJ, 1993.

KENNEDY Paul, *Preparing for the Twenty-first Century,* Random House, New York, 1993 (trad. fr. *Préparer le XXI siècle,* Odile Jacob, Paris, 1994).

KENNEY Martin et FLORIDA Richard, *Beyond Mass Production : The Japanese System and Its Transfer to the United States,* Oxford University Press, New York, 1993.

KERN Stephen, *The Culture of Time and Space,* Harvard University Press, Cambridge, MA, 1983.

KORTEN David, *Getting to the 21st Century : Voluntary Action and the Global Agenda,* Kumarian Press, Hartford, 1990.

KOZOL Jonathan, *Illiterate America,* Anchor Press/Doubleday, New York, 1985.

KRAUT Robert (éd.), *Technology and the Transformation of White Collar Work,* Lawrence Erlbaum Associates, Hillsdale, NJ, 1987.

KURZWEIL Raymond, *The Age of Intelligent Machines,* MIT Press, Cambridge, MA, 1990.

LE GOFF Jacques, *Pour un autre Moyen Age,* Gallimard, Paris, 1977.

LEMANN Nicholas, *The Promised Land : The Great Black Migration and How it Changed America,* Vintage Books, New York, 1992.

LEONTIEF Wassily et DUCHIN Faye, *The Future Impact of Automation on Workers,* Oxford University Press, New York, 1986.

LOUV Richard, *America II,* Houghton Mifflin, Boston, 1983.

MACBRIDE Robert, *The Automated State : Computer Systems as a New Force in Society,* Chilton Book Co., Philadelphie, 1967.

MAGNET Myron, *The Dream and the Nightmare : The Sixties' Legacy to the Underclass,* William Morrow, New York, 1993.

MASUDA Yoneji, *The Information Society as Post-Industrial Society,* World Future Society, Bethesda, MD, 1980.

MCCARTHY Eugene et MCGAUGHEY William, *Non-Financial Economics : The Case for Shorter Hours of Work,* Praeger, New York, 1989.

MCCARTHY Kathleen, HODGKINSON Virginia et SUMARIWALLA Russy, *The Nonprofit Sector in the Global Community : Voices from Many Nations,* Jossey-Bass Publishers, San Francisco, 1992.

MCLUHAN Marshall, *Understanding Media : The Extensions of Man,* McGraw-

Hill, New York, 1964 (trad. fr. *Pour comprendre les médias : les prolongements technologiques de l'homme*, Seuil, Paris, 1977).

MERVA Mary et FOWLES Richard, *Effects of Diminished Economic Opportunities on Social Stress : Heart Attacks, Strokes, and Crime*, Economic Policy Institute, Washington, DC, 16 octobre 1992.

MEYROWITZ Joshua, *No Sense of Place : The Impact of Electronic Media on Sociable Behavior*, Oxford University Press, New York, 1985.

MISHEL Lawrence et BERNSTEIN Jared, *The State of Working America 1992-1993*, Economic Policy Institute, Washington, DC, 1992.

MUMFORD Lewis, *Technics and Human Development*, Harcourt Brace Jovanovich, New York, 1966 (trad. fr. *La Technologie et le développement humain*, Fayard, Paris, 1973).

NELSON Robert, *Reaching for Heaven on Earth*, Rowman & Littlefield, Savage, MD, 1991.

NOBLE David, *Forces of Production : A Social History of Industrial Automation*, Alfred A. Knopf, New York, 1984.

O'CONNELL Brian (éd.), *America's Voluntary Spirit*, Foundation Center, Washington, DC, 1983.

OFFE Claus et HEINZE Rolf, *Beyond Employment*, Temple University Press, Philadelphie, 1992.

Office of Management and Budget, *A Vision of Change for America*, US Government Printing Office, Washington, DC, février 1993.

O'NEILL Michael, *The Third America : The Emergence of the Nonprofit Sector in the United States*, Jossey-Bass, San Francisco, 1989.

Organisation for Economic Co-operation and Development, *Employment Outlook July 1993*, OCDE, Paris, 1993.

Organisation for Economic Co-operation and Development, *Employment/ Unemployment Study Interim Report by the Secretary General*, OCDE, Paris, 1993.

Organisation for Economic Co-operation and Development, *The OECD Jobs Study : Facts, Analysis, Strategies*, OCDE, Paris, 1994.

PARKER Mike et SLAUGHTER Jane, *Choosing Sides : Unions and the Team Concept*, Labor Notes, Detroit, 1988.

PETERSON Wallace, *Silent Depression : The Fate of the American Dream*, W. W. Norton, New York, 1994.

PETERSON Willis et KISLEV Yoav, *The Cotton Harvester in Retrospect : Labor Displacement or Replacement ?*, University of Minnesota Press, St. Paul, 1991.

PHILIPSON Morris, *Automation : Implications for the Future*, Vintage Books, New York, 1962.

PHILLIPS Kevin, *The Politics of Rich and Poor : Wealth and the American Electorate in the Reagan Aftermath*, HarperCollins, New York, 1990.

REICH Robert, *The Work of Nations : Preparing Ourselves for 21st Century Capitalism*, Random House, New York, 1992 (trad. fr. *L'Économie mondialisée*, Dunod, Paris, 1993).

RENNER Michael, *Jobs in a Sustainable Economy*, Worldwatch Institute, Washington, DC, 1991.

RIFKIN Jeremy, *Algeny*, Viking, New York, 1983.

RIFKIN Jeremy, *Biosphere Politics*, Crown, New York, 1991.

RIFKIN Jeremy, *Declaration of a Heretic*, Routledge and Kegan, Paul, Boston, 1985.

RIFKIN Jeremy, *Entropy*, Bantam Books, New York, 1980.

RIFKIN Jeremy, *The North Will Rise Again*, Beacon Press, Boston, 1978.

RIFKIN Jeremy, *Time Wars*, Simon & Schuster, New York, 1987.

RIVKIN Steven *et al.*, *Shortcut to the Information Superhighway*, Progressive Policy Institute, Washington, DC, 1992.

ROACH Stephen, *Making Technology Work*, Morgan Stanley, New York, avril 1993.

ROACH Stephen, *Technology Imperatives*, Morgan Stanley, New York, janvier 1992.

ROEDIGER David et FONER Philip, *Our Own Time : A History of American Labor and the Working Day*, Greenwood Press, Westport, CT, 1989.

SALAMON Lester M. et ANHEIER Helmut, *Toward an Understanding of the International Nonprofit Sector*, Working Papers of the Johns Hopkins Institute for Policy Studies, Baltimore, 1992.

SCHOR Juliet, *The Overworked American : The Unexpected Decline of Leisure*, Basic Books, New York, 1991.

SEGAL Howard, *Technological Utopianism in American Culture*, University of Chicago Press, Chicago, 1985.

SIMONS Geoff, *Robots : The Quest for Living Machines*, Sterling, New York, 1992.

SIMONS Geoff, *Silicon Shock : The Menace of the Computer Invasion*, Basil Blackwell, New York, 1985.

STRASSER Susan, *Satisfaction Guaranteed : The Making of the American Mass Market*, Pantheon, New York, 1989.

STROBEL Frederick, *Upward Dreams, Downward Mobility : The Economic Decline of the American Middle Class*, Rowman and Littlefield, Lanham, MD, 1993.

THEOBALD Robert, *The Guaranteed Income*, Anchor Books, New York, 1967.

TICHI Cecilia, *Shifting Gears : Technology, Literature, Culture in Modernist America*, University of North Carolina Press, Chapel Hill, 1987.

TILLY Chris, *Short Hours, Short Shift : Causes and Consequences of Part-Time Work*, Economic Policy Institute, Washington, DC, 1990.

TURKLE Sherry, *The Second Self : Computers and the Human Spirit*, Simon & Schuster, New York, 1984.

United Nations Development Programme (UNDP), *Human Development Report 1993*, Oxford University Press, New York, 1993.

US Congress Office of Technology Assessment, *A New Technological Era for American Agriculture*, US Government Printing Office, Washington, DC, mars 1985.

US Department of Labor, Bureau of Labor Statistics, *Outlook for Technology and Labor in Telephone Communications*, bulletin 2357, juillet 1990.

US Department of Labor, Bureau of Labor Statistics, *Technological Change and Its Impact on Labor in Four Industries : Coal Mining, Pharmaceutical Preparations, Metalworking Machinery, Eating and Drinking Places*, bulletin 2409, octobre 1992.

US Department of Labor, Bureau of Labor Statistics, *Technology and Labor in Copper Ore Mining, Household Appliances, and Water*, bulletin 2420, mai 1993.

US Department of Labor, Bureau of Labor Statistics, *Technology and Labor in Three Service Industries : Utilities, Retail Trade, and Lodging*, bulletin 2367, septembre 1990.

VAN CREVELD Martin, *The Transformation of War*, Free Press, New York, 1991.

VAN LIEMT Gijsbert (éd.), *Industry on the Move : Causes and Consequences of International Relocation in the Manufacturing Industry*, BIT, Genève, 1992.

VAN TIL Jon, *Mapping the Third Sector : Volunteerism in a Changing Social Economy*, The Foundation Center, Washington, DC, 1988.

WATSON Dennis, ZAZUETA Fedro et BOTTCHER A. (éds.), *Computers in Agricultural Extension Programs : Proceedings of the 4th International Conference*, American Society of Agricultural Engineers, St. Joseph, MO, 1992.

WEINER Norbert, *The Human Use of Human Beings : Cybernetics and Human Beings*, Houghton Mifflin, Boston, 1950.

WILLHELM Sidney, *Who Needs the Negro ?*, Schenkman, Cambridge, MA, 1970.

WILSON William Julius, *The Declining Significance of Race : Blacks and Changing American Institutions*, University of Chicago Press, Chicago, 1980.

WILSON William Julius, *The Truly Disadvantaged*, University of Chicago Press, Chicago, 1987 (trad. fr. *Les Oubliés de l'Amérque*, Desclée De Brouwer, Paris, 1994).

WINPISINGER William, *Reclaiming Our Future : An Agenda for American Labor*, Westview Press, Boulder, CO, 1989.

WOMACK James, JONES Daniel et ROOS Daniel, *The Machine That Changed the World*, Macmillan, New York, 1990.

WOOLEY Benjamin, *Virtual Worlds : A Journey in Hype and Hyperreality*, Blackwell, Cambridge, MA, 1992.

ZALUSKY John, *The United States : The Sweatshop Economy (AFL-CIO)*, Industrial Relations Research Association Meeting, Anaheim, CA, 6 janvier 1993, AFL-CIO Economic Research Department, Washington, DC, 1993.

Table